U0898050

山东大学重点学科建设基金资助

东方考古

第15集

山东大学文化遗产研究院 编

科学出版社
北京

内 容 简 介

《东方考古》是山东大学文化遗产研究院编辑的关于考古学和古代东方文明研究的系列丛书，分集陆续出版。本丛书以中国东方地区和东亚地区考古学为重点，广泛吸收国内外学者的最新研究成果，体现了考古学研究的新思路、新理论和新方法。

第 15 集收录 18 篇研究论文和 2 篇调查、发掘报告，内容涉及聚落考古、动植物考古等方面的研究。

本书可供历史学、考古学等方面的专家学者和大专院校相关专业师生参考、阅读。

图书在版编目（CIP）数据

东方考古．第 15 集 / 山东大学文化遗产研究院编．—北京：科学出版社，2019. 3

ISBN 978-7-03-060832-1

Ⅰ. ①东… Ⅱ. ①山… Ⅲ. ①考古学－研究－亚洲－文集 Ⅳ. ① K883-53

中国版本图书馆 CIP 数据核字（2019）第 047413 号

责任编辑：孙 莉 董 苗 / 责任校对：邹慧卿
责任印制：肖 兴 / 封面设计：陈 敬

科学出版社出版
北京东黄城根北街 16 号
邮政编码：100717
http://www.sciencep.com

中国科学院印刷厂印刷
科学出版社发行 各地新华书店经销
*
2019 年 3 月第 一 版 开本：787×1092 1/16
2019 年 3 月第一次印刷 印张：19 插页：2
字数：436 000

定价：150.00 元
（如有印装质量问题，我社负责调换）

目　录

Contents

比较框架下的复杂社会历时性分析
——未来的举措*

Gary M. Feinman[1] 著

张亦弛[2] 译　　陈雪香[3] 校

（1. 美国菲尔德博物馆；2. 南京大学历史学院；3. 山东大学文化遗产研究院）

内容提要：从20世纪中期开始，许多研究都以以往强调社会复杂性的广泛模式的研究为基础，突出了组织复杂性的广泛层级中模式变化的重要方面。然而，本章的中心原则是：20世纪中期框架的关键部分要保留，进而还需进行审慎的再评价和修改。我们很有必要运用更系统的、跨学科的方法来检验广泛的组织模式（例如“国家”）中公认的变化，并完善目前的理论框架。为了扩充现有的比较框架，我们需要关注几个来自不同学术传统的理论主张，它们并不仅仅局限于阶层复杂性的阶梯式层级。在研究社会变迁的长期序列时，一个有利于我们记录和解读组织复杂性变化以及政治经济整合模式变化的框架将会提供一个更全面有力的观点，来阐释“世界历史”及其包含的多种途径。

关键词：复杂社会　历时性分析　比较框架　借鉴与完善

2007年《科学》杂志评价称，“每个人的DNA都具有唯一性”是目前顶级的科学发现（Kennedy 2007）。更具体地说，人与人之间基因组的差异比我们预想的更加明显（Pennisi 2007）。至少在十年前，《科学》杂志就骄傲地宣称“人类基因组”的秘密已基本被揭开，不过当时尚缺乏对不同人类基因组序列的比较。遗传学家们最初设想的是一组全物种范围内的基因组图谱，这组图谱包含个体变异的相对最小元素。不过它已经早早地表现出其多样性，这种多样性超出了大多数科学家的想象。

这些进化生物学的研究成果正在被快速应用之中。或许我们这些在较长时间尺度中研究人类社会或研究深度历史的学者也可以借鉴这种发现和解释的道路。一个多世纪前，早期社会科学家就认识到人类社会多样性的广泛模式（例如Morgan 1877）。不过人们常常把这种最初的认识与人类生物学的原理混为一谈。直到半个多世纪之后，

---

* 译自：Gary M. Feinman, Chapter 3 Comparative Frames for the Diachronic Analysis of Complex Societies: Next Steps, in *The Comparative Archaeology of Complex Societies*, ed. by Michael E. Smith, Cambridge University Press, 2012, pp. 21-43. 译文得到作者允许，译者文责自负。篇幅原因，省略原文注释。

类似的关于人类组织的总的理论体系才得以从马克思主义和新进化论的角度被重建并重构。但此时的（例如 White 1959）观点都与过去简单的生物学解释适当分离。尽管如此，之后的概念取向（研究/方法）还是和早期一样，强调社会多样性的广泛模式［例如 Service（1971）对人类社会发展阶段的划分：血缘群、部落、酋邦和国家］，这种模式以政治经济复杂性的不同程度来组织和区分不同的社会。正如2001年的早期基因组研究工作一样，这些研究的重点还是放在粗略的模式上。因此这一时期的主要工作以以下这些文章标题为特征，例如《文化的演变（*The Evolution of Culture*）》（White 1959）、《原始社会组织（*Primitive Social Organization*）》（Service 1971）、《政治社会的演变（*The Evolution of Political Society*）》（Fried 1967）、《史前国家的演变（*The Evolution of the Prehistoric State*）》（Haas 1982）。这种比较工作的重点是研究"相似性"。并且很多讨论都认为促使全球不同地区向更高层次的组织模式（例如国家）过渡的各种原动力是一致的，这些研究多集中在对这些原动力的相对优势的评估上。

从20世纪中期开始，人类学考古学家和相关学科的学者都在学习有关社会变化和社会多样性的知识。正如人类基因组的调查研究一样，许多这方面的新知识都突出强调了组织复杂性的广泛层级中模式变化的重要特征。这种组织复杂性的轮廓在几十年前已经被描绘出来。事实上，最近的比较研究已经认识到这种多样性，相关文章也开始采用带有一些复数名词的标题，例如《古代国家（*Archaic States*）》（Feinman 和 Marcus 1998），《帝国（*Empires*）》（Alcock et al. 2001）、《酋邦：权力、经济和意识形态（*Chiefdoms: Power, Economy, and Ideology*）》（Earle 1991）、《理解早期文明（*Understanding Early Civilizations*）》（Trigger 2003）和《前现代国家形成中的集体行为（*Collective Action in the Formation of Pre-Modern States*）》（Blanton 和 Fargher 2008）。然而，本章的中心原则是，20世纪中期框架的关键部分要保留，并且要进行审慎地再评价和修改。具体来说，我支持运用更系统的、跨学科的方法来检验广泛的组织模式（例如"国家"）中公认的变化。换句话说，目前的比较方法关注的是社会变化和相似性。如果要适应并解释各种可以归入"国家"（或者"酋邦"）的社会变化，进一步修改理论框架十分必要。在一些相关学科中，对于社会变化的研究仍然是学者们关注的重点。基于分层社会的考古学对话和考古学框架应当对目前应用于这些相关学科的理论构想和概念框架开放。我们针对人类群体和小团体的比较考古学观点不一定非要局限于过去，最好能对更近的时段甚至是现在的社会组织研究做出贡献，并且从中受益。

一、挑战：理解社会变化和社会多样性

经过几十年持续的田野工作，再加上创新型实验室分析、扩充的计算机技术和最新的档案研究，考古人类学中对复杂社会或分层社会的历时研究正建立在更加稳固、基于更广泛地域研究的实证基础上。在全球大多数地区，与古代政治经济有关的消息得以广泛发布，其深度和质量都比50年前增加了几个数量级。并且，在某些重要地区，区域和家户层次的研究成果都有了明显扩大，甚至出现了许多与以往不同的新观点。这些优势为我们提供了实践基础，我们可以凭借这种基础，以过去不可行的新方式对聚落、经济和权力关系进行评价研究。

除了考古人类学之外，很多相邻学科（或其中某些领域）的学者也在研究较长时间范围内人类社会经济的转变（以及关于变化的理论）。这些学科包括历史、古典文学、地域研究、政治学、经济史以及社会学。出乎意料的是，在如何将复杂的社会政治构成甚至一种获得广泛接受的元语言概念化以促进信息交流和比较的问题上，各学科间很少有对话讨论，也几乎没有形成一致的看法。在考古人类学中，对这些问题的考察在很长时间内一直是研究的焦点，但相当一部分学者似乎总在回避系统的比较。吸引人类学以外的学者参与研究的努力也很少。事实上，尽管考古学家一直有效地向出版社、新闻界以及公众传达他们对最古老或最富有的人的看法，但在传播这一领域对分层社会兴起（和演变）的长期的兴趣以及对其做出的长期贡献上，考古学家们却一直没有获得成功。

缺少有效的沟通桥梁以及缺乏与其他学科的交流是要付出代价的。譬如说，最近的《科学》（Kennedy、Norman 2005）概述了推动当代科学研究的125个重大问题，其中包括“皮肤细胞如何变成神经细胞？”“物理学规律可以统一吗？”“我们在宇宙中是孤独的吗？”令人遗憾的是，在这一问题清单中，社会科学类的问题相对较少，涉及人类社会结构多样性的问题就更少了。一些问题则根本没有出现在清单中，例如“不平等在人类社会中是如何制度化的？”和“导致人类社会兴起、衰落、重组的因素或条件有哪些？”，这些问题不仅仅是“把我们的历史理解为一个种类”的关键，还与评价当今政治经济动力的转变密切相关。

在这一问题清单中，和上述关于社会组织的焦点问题紧密相关的唯一一个问题是“合作行为是如何发展的？”（Pennisi 2005）。当然，这个问题关系到我们对人类社会变化的普遍理解。但在未来取得突破的路径几乎完全被囊括在进化生物学和博弈理论的范畴内，完全没有提到任何关于人类社会团体和合作行为平衡的时空变化的考古学发现或实证发现（Pennisi 2005）。我提出上述广泛科学议程的问题并不是想批评《科学》杂志的选择，而是想表达对考古人类学与其他领域和更广泛的受教育公众之间交流和连接（或不进行交流）的方式的关注。获得最大阅读量的关于复杂社会兴起和崩塌的论文竟然不是由考古学家撰写的（Diamond 1999、2005），这一事实即便不会令人深感担忧，也会让人觉得奇怪。

理论的建构以及对历史上聚落、经济和权力的比较研究在很大意义上是“世界历史”综合考察的一个版本（Yoffee 2005: 195；Northrup 2005；Sanderson 1999: 223），它的确反映出一个关注的焦点，即人类社会是如何随着时间的推移而产生、发展、重新配置以及变化的。Boas在80多年前就提出“最好将我们（人类学）的目标定义为‘试图从生物学、心理学和文化的角度来理解人类是如何一步步成为今天这个样子的’（Boas 1932: 606）”。Boas，所设想的学术事业的关键在于，它具有全球包容性、明确的历史特征和必要的比较。

正如Smith（2006: 6）所强调的那样，在几十年间考古学理论相对停滞不前的情况下，一种重现活力并且更明确的研究复杂社会的比较方法正在有序地发展。与Hunt所说的一致，“没有比较，就没有调查和知识”。还有一点需要强调，比较不应该局限于一个单一维度。与目前研究生命史和现代生物进化综论的典型方法类似，制定社会进化的比较分析方案应当考虑各种不同的方面和规模。因为这些比较分析影响着一些十分重要的理论问题，同时，分析方案的制定也要适当地依据这些理论问题来进行。尽管多角度比较的重要性显而易见，但我还是想强调这一点，因为最近出现了一种相反的理论（Yoffee 2005）。这一理论认为从整体来看，具体的社会变化序列才是比较研究的重点。使用这种研究方法的结果是找到并强调许多历时发展系列的唯一性。然而，在没有对关于社会结构和经济结构动态变化的理解以及其他可以帮助我们理解这些序列的更广泛的原则进行筛选的情况下，我们并不能从这些变化序列中看出多少关于过去的相关性更广泛的信息。

在这里我想再强调一次，同生命历程研究的理论框架进行的类比，可以为我们提供有用的信息，因为考察人类社会进化的总体概念框架同样必须是复杂多面的（Shermer 2007；Watts 2007）。生物进化演变的具体分支序列对于生命历程研究的综合理论来说很重要，对于社会进化来说也是一样。然而，推动生物知识发展的并非是那些历史序列（例如马和牛的进化序列）本身。真正能够同时从一般和具体意义上解释生命历程的，是对更具一般性的总体原则的应用。这些原则涉及繁殖策略、捕食关系、社会性、种群和资源动态（当然还有遗传学）以及其他有关这些序列研究的广泛的比较关系。

这一讨论的其他部分提出了一些主要举措，以使考古学家用于考察复杂社会的比较框架得到扩充和加强。这一正在扩大的议程应当同时包括以下两个内容：一是加强同其他学科的对话交流；二是加强对元语言的探索，或者进一步探索结构上更广博（见 Pearson、Sherman 2005）、对复杂社会（特别是在阶层复杂性上有可比性的不同社会）变化的系统分析有促进作用的理论框架。如果有足够的学术理由可以把对非西方案例（或非西方历史）、考古学中的复杂社会或部分早期国家（曾被认为是原始国家）的研究区分开来，那么这些理由应当被证明或指向特定的问题焦点。它们不应该反映主观的或过时的学科障碍或其残留。这些学科障碍残留主要反映出至少几十年前，甚至是几个世纪以前的学术惯例或当时优先考虑的问题，它们基本上是靠着学术界的惯性思维和不变的惯例才维持到今天（Wallerstein 2003）。

更具体地说，我建议，为了更系统地考虑各种变化，对考古人类学家使用了 50 多年的（强调阶级复杂性和特殊文化演变的）基本二维框架进行扩充是很有必要的。这里介绍了来自不同学术传统的几个理论主张，旨在定义和解释具有相似层级复杂度的社会变化的重要轴线。这些独立但平行的观点为理论扩张提供了方向，同时说明了加强跨学科交流的潜在增益。与此同时，它们也挑战了一些传统观念，在这些传统观念提出的限制下，可以对不同历史案例进行适当比较。

二、扩充比较框架

如前所述，对于某个特定地区随时间变化的社会序列（或者更重要的，对人为记录的转变）的考察不足以让我们理解社会的进化，正如仅仅依靠对化石记录的狭隘处理不足以解释生命历程一样。然而，在更广泛的比较理论背景下，历时观点在严格的同步分析上的优势是显而易见的（Adams 2004: 349）。正因如此，很不幸的是，通过对古代复杂社会的考察得出的框架和结论在针对后世国家的研究中却很少被涉及（例如 Smith 2006），反之亦然。显然，广泛的对话，即便不是比较国家和治国方略以及政治权力循环（在施行过程中的兴起、衰落和转变）的总体思想，也能够提供很多信息，并且可以增加过去和现在的复杂社会中可识别的模式变化的种类（见 Jones、Phillips 2005 中的类似讨论）。

正如 Trigger（2003: 3）所说："社会科学面临的最重要问题是'人类行为在多大程度上是被跨文化因素，而不是特定文化的特有因素所塑造的'"。然而，考虑到扩大比较范围的呼吁和相关论点，我们有必要评定和重新考虑人类考古学家一般是如何构建古代国家或复杂社会的相似性和差异问题的。尽管有时学者们已经将注意力集中于复杂社会的子集，例如小国家（城邦）（例如 Hansen 2000；Nichols、Charlton 1997）和帝国（Alcock et al. 2001），但是致力于构建那些将不同组织特征合成为动态变化的跨文化理论（比较和对比）的一般框架的理论建设和系统比较还是比较少的（然而可参考 Trigger 1993）。我认为，重新定位或者扩充主要的新进化理论观点将促使考古学方法与相关学科在比较研究的努力上保持一致，同时将释放潜力，推动更多研究过去和现在复杂社会的总体框架的形成。

如前所述，以下关于复杂社会变化的讨论将这种考虑与任何必要或统一的变化途径分离开来（见 Drennan 1991: 114）。换句话说，在考察任何具体区域的序列甚至是全球序列时，研究者都不会对整个发展进程或发展过程中任何大致的方向性转变进行假设（例如 Blanton et al. 1993: 13-23；Claessen 2000: 45-69）。复杂社会的发展进程有两种可能的情况：一是在更大的政治组织出现之前一定会先出现小的城邦（参见 Yoffee 2005），二是最先出现的一般是较大的领土国家，随后才分裂成更小的政治单位（参见 Marcus 1992、1998）。这两种可能的进程是彼此相反的，然而实际情况是，这两种情况都没有足够的证据来证明其可靠性。事实上，瓦解和重新配置是历史记录的一致特征，不同地区的历史也显示出了不同的发展路径。如果发现了趋同的变化模式，甚至是似乎存在本质方向性的跨文化趋势，那么我们就需要对这种历史模式进行解释，而不应该认为它是注定的或"自然的"。然而，为了描述和理解社会多样性及社会变化，我们还是有必要使用比较框架，这也是本文关注的中心。在过去 50 年（甚至更长）的大部分时间里，Sahlins 和 Service（1960）一直在协调之前由他们的导师 White（1949、1959）和 Steward（1949）提出的看似矛盾的进化论方法，英国国家考古人类学的大多数比较方法和新进化论方法都因此被搁置。这一协调（见 Sahlins 1960）曾经被很多理论家讨论、剖析和修改（Claessen 2000: 191-195；Flannery 1983；Sanderson 1990: 131-138；Segraves 1974；Trigger 1989: 292），它概括了新进化论研究议程的两个核心方面：一般社会演变和具体社会演变。基本上，人们认为一般社会演变研究关注的是与组织复杂性增加直接相关的广泛的、共享的社会模式（例如 Service 在 1971 年提出的血缘群、部落、酋邦、国家模型的核心特征）。而具体的社会演变研究的关注点则被认为是与特定地区传统和每个案例对不同社会经济环境的具体适应情况相联系的社会变化的残留及其独特方面。具体演变的重点是每个社会文化群体、社会或地区族群独立的演变路径。相比之下，一般演变的主要关注点是与组织复杂性的逐步增加明确相关的模式变化的定义和识别（Drennan、Peterson 2006）。许多考古学分析中都隐含着这一理论框架。在这个框架下，跨文化相似性通常被看作是阶层复杂性的不同等级的指标和属性，而这些模式中的变化则被认为是以更多案例的具体因素或特异性因素为基础的。

这里推荐的框架建立在以前的研究之上，这些研究已经认识到与阶层复杂性增加相关的、广泛的跨文化演变模式。同时，我的观点不是要反对某地区或其周围地区的历史对社会多样性或社会变化有明显的、重要的影响，并以此来消除某些特定的特征（Harris 1968: 645）。很明显，看似独特的地区因素和文化因素是社会演变的一个方面。与不同程度的阶层复杂性相联系的因素是社会演变的第二个方面，尽管这不是一种使社会类型（例如酋邦和国家）具体化的尝试。我强烈希望继续严格遵循这种社会分类法或继续将其具体化的观点在其他地方也表现出来（Blanton et al. 1993: 13-23；Feinman、Neitzel 1984）。然而，如果对这种组织模式和类型进行剖析，可以想见，我们能明显发现，在跨文化层面上，不同社会的阶层复杂性和组织规模（即政治组织规模和社会的最大社区规模）要素之间有很强的相关性（例如 Feinmam 1995: 259-261；Kosse 1990；本册中 Drennan 和 Peterson 的文章）。其他社会变量也与这两个因素有广泛的联系，这在很多之前的研究中都有过记载（例如 Fried 1967；Johnson、Earle 2000；Service 1971）。

然而，这里的目的是扩充现有的解释框架，加入一个新的比较层面，以便认识和系统地探索与不同跨文化的社会政治经济整合实践相关联的模式变化。在阶层复杂性有一定可比度的不同社会中，我们或许可以找到虽然互不相同但仍处于一定模式下的各种社会经济一体化整合模式。

Sahlins 和 Service（1960）的理论协调的基本前提在过去几十年中一直广泛影响着考古人类学家对相似性和差异的解释。这种二维方法对社会多样性理解的影响可能部分源于它和一些早期方法［包括新马克思主义分析法（例如 Armillas 1957）和美国人类学家 Coon（1962）提出的术语“等级（grade）”“界线（cline）”（见 Sander、Price 1968: 217-218）］的相似之处。然而，这个基础框架对其他研究国家的学科的影响则要小得多。要开始关于早期或现代国家的结构相似性和变革史的对话，就要将某些基本理论原则和基本公理广泛分享，使它们得到更多探索，而不能仅仅局限于一个学科或一部分学者。根据整个学术界关于国家的丰富知识储备，主要结构相似性和跨文化演变模式不能仅仅局限于阶层复杂性的阶梯式层级［或者叫所谓的“总体进化结构”（Spencer 1997: 234）］是越来越清晰的事实。下一部分将探讨其他模式变化轴线。

三、层级模式下的组织多样性

虽然被明确描绘出来的跨文化演变的一般轴线还很少，Trigger（1993）提到了一个明确描绘的例子，但是从丰富的古代国家研究资料中总结出的模式化变异性，特别是与政治组织规模有关的特性和技术上、交流上的主要突破已经得到认可。一些研究发现，作为区域网络的一部分的小国家（常常会共享同一种文化传统）的特征（例如与邻国的高度连通性，较小的官僚基础以及对政治间交流的依赖）往往与较大国家的一般特征不同（例如 Feiman 1998；Friedman 1977；Trigger 1993）。同样，帝国的属性（规模、民族和文化差异性、通过征服和强迫建立）将其与较小的政治组织区分开来（Alcock et al. 2001；Doyle 1986；Sinopoli 2001: 444-447）。法律或正式主权和更多有限边界（可定义为领土）也是两个重要特征，它们往往是把许多现代国家和更早期国家区分开来的标准，而不管这些国家的相对大小（Claessen 1985；Spruyt 2002）。工业时代的国家通常以国家的名义要求对领土和人口享有法律主权，这在过去并不是很常见（Hansen、Stepputat 2006）。然而，较早的时候也可能会有被认为与西方政治“现代性”（Rokkan 1969；Tilly 1975）相关的其他独特性质（Blanton、Fargher 2008: 290-299）。最后，正如Marcus（2008: 259-261）所说的那样，可以想象，某地区首个国家兴起的相关进程和此后其他国家形成的过程是不同的，但这并不意味着各地最初建立的国家之间的相似度要高于同一地区不同时期国家间的相似度。

如果规模和某些通信或运输技术可以与国家的其他特征联系在一起，那么复杂社会的其他跨文化变异轴线也是值得研究的。在这里，我重点关注了复杂社会中不同的政治经济整合模式。

通过一系列不同的方法（其中一些更多地靠理论驱动，而另一些则是从对特定案例的更有针对性的对比中获取经验），一些在不同学科和全球不同地区进行独立研究的学者指出，具有高度集中、高度个性化权力的国家，也往往更不平等，对外部资源也有更多的依赖。或者说，权力或权力分配安排更为分散的政治形式常常会更平等，也更多地依赖基本经济生产。一些不同领域的研究者关注着对跨文化社会演变的另一个轴线或另一个维度的定义问题，虽然这个定义还需要通过对长期社会变化和社会多样性的比较分析来检验，但他们也已经提出了集中具有广泛相似性的演变模式。在本次讨论的其他部分，我主要对这些模式做了述评。不过，在讨论这些具体研究之前，我先简要说一下我所说的“社会整合”的意思，以及为什么整合模式中的跨文化演变深深植根于人类的事业。

四、整合的意义

整合已经和规模、复杂性、边界一起，被看作是所有社会基础的核心因素或核心特征，并且可以在时间和空间尺度上进行比较（Blanton et al. 1993: 14-19）。具体来说，整合是社会单位和用于获得连通度的手段或机制之间的相互依存关系。很多手段都可以实现家庭或更大社会部门的整合，其中最主要的手段就包括经济政治整合的模式。在复杂的等级社会中，政治整合与权力来源或政权资金有关（例如Brumfiel 1992: 554-555；Wolf 1982: 97）。政治人物可以调动权力或资金来获得追随者并追求他们的政治目标。

Lehman（1969）把得到系统支配的权力和成员间的权力进行对比，前者大部分是通过机构或团体来进行支配的，而后者存在于通过个人社会联系发展起来的、以个人为中心的社会网络中。正如Blanton（1998: 141-149）所说，这两种支配权力的手段都包括物质和权力的认知象征基础，尽管它们采用的是不同的方式并且会给社会其他方面带来不同影响。当然，这些策略或权力基础都不是相互排斥的，并且它们经常被共同使用，只不过使用的方式和程度不尽相同。

由于在几乎每个人类社会体系中都存在一定程度的不平等，至少体现在性别、年龄、能力和性格上（例如 Cashdan 1980；Flanagan 1989），某种等级关系或不平等的关系是人类社会整合的关键方面。这种等级关系在动物界的很多部分都有其根源，其中就包括灵长类动物（Chase et al. 2002）。除了这些根深蒂固的惯例之外，在群体中组织和发展所需的合作和社会学习技能也被认为是将人类和其他动物区分开来的重要特征（Herrmann et al. 2007；Tomasello 1999）。这些社会惯例有助于使公开的等级行为在人类历史中的一个较长时期内，以及在许多更小规模的社会中受到很大程度的控制（例如 Boehm 1993）。因此，这些看似矛盾的等级制度和合作关系的不同组合可能是人类群体相互关联的特征（Stone 2008: 77-80）。并且，鉴于这些特征在人类意义上的深刻根源，随之产生的综合战略可能会以一套不同但重复的方式向模式化转变。

五、社会整合模式分析的相似之处

十几年前，我和我的同事（Blanton 1998；Blanton et al. 1996；Feinman 1995；Feinman et al. 2000）把复杂社会资料库中政治经济组织的团体（网络）模式和排他型（网络）模式并列起来进行分析。我们的原始比较框架建立在个人导向的酋邦和群体导向的酋邦之间（Renfrew 1974；Renfrew 2001），以及基本经济和财富金融之间（D' Altroy、Earle 1985）的现有的跨文化对比之上。虽然我们的原始表述中有更多与一个比较连续体各部分相关的对比特征（例如 Feinman et al. 2000:453），但是在这里我强调了这些备选组织模型内核的关键特征。在本节中，我提取了那些与社会整合的团体策略和排他策略相关的因素。团体组织一般与权力共享、不太明显的分层现象以及集中于基础地区生产的经济情况相关联。而更多的排他型权力配置则适合于高度集中或高度个性化的规则、个人权力网络、更明显的不平等程度以及被长途网络和远距离流动严重削减的经济。

在一些案例中，规模、集权、等级制度和不平等性不会完全一致地（阶段式）变化，这一团体—排他轴线有助于从概念上理解这些看似神秘的案例（Feinman 2000、2001；Feinman et al. 2000）。换句话说，这些案例超出了前述二维框架的预测范围，因为在这种二维框架中，变化要么是一般演变结构的结果，要么是一些特定的、特殊的因素所导致的。在一些历史案例中，虽然权力的分配并不平等，但或许权力不是集中在某个统治者或某个家族手中，又或许，虽然存在超级家庭和分层决策机构，但是分层表现并不是很突出（或者虽然存在不平等，但表现得相对不明显）。从上述角度来看，考虑到另外的变化轴线，如果我们能形成这样的观念：在团体性的政治组织中也会存在等级阶层，那么这种观念能帮助我们将上面这种历史案例概念化。

我们还需要注意，团体—排他策略并不意味着文化约束。也就是说，人们期望看到一个特定地区或社会的连续体随时间推移而发生的转变。整合战略可能在机会出现且条件允许的情况下发生改变。例如，已经有学者说明了前西班牙裔玛雅人（Blanton et al. 1996）和古普韦布洛人（Feinman et al. 2000）历史上曾出现的这种变化。与 Yoffee 的断言（2006: 400）相反，这些社会整合的替代形式从来没有被用于社会类型的再形成或复活，而是为了认识那些可以帮助我们理解人类组织多样性和社会变化模式的社会演变的重复模式。

我已经研究了不同地理区域、不同时代、不同学科的不同整合模式。显而易见，一系列学术领域的学者已经在全球的复杂社会资料中发现了相似的模式化变化轴线或相似的差异。这包括一些对团体策略和排他策略（Blanton et al. 1996）的原始对比有启发作用的、以实证为基础的研究（例如 Lehman 1969；Renfrew 1974）。不过，这部分讨论的主要焦点是最近发表的相似又独立的概念性观点。同时值得注意的是，一些考古学家已经有建设性地独立利用团体—排他轴线来讨论和解释复杂社会的多样性及其变化（例如 Earle 1997；King 2006；Mills 2000；Trubitt 2000；Willey 1999）。

Grinin（2004）提出的一个重要的相应观点对“君主制”和“民主制”国家作了对比。他认为后者以古代雅典和罗马共和国为代表，拥有其他地区早期国家的大部分基本属性，但政治权力并不被某一个统治者所垄断（而是由更多的人共享、授权和制约）。Grinin 的观点很重要，因为他认识到古代雅典和罗马共和国与其他早期国家一样，都是存在层级的，但是它们的政治整合模式并不是高度集权的，权力并不是集中在某一个全能统治者身上。

和许多团体导向的国家类似，对于 Grinin 所分析的“民主”国家来说，农业生产对经济至关重要，“民主国家”的税收也大部分用于财政。尽管“民主”国家也一定存在社会分层，但与其他古代国家相比表现得并不突出（Grinin 2004: 110-111）。与团体性政治组织一样，一般的社会机制以及放逐法等惩罚措施都是由雅典议会投票决定的（见 Ober 2008: 75-76）。在没有皇家法令或强制措施的情况下，这种制裁可以鼓励人们遵守文化守则。Grinin 主要倾向于将他所说的“民主”国家与西方联系起来，但是“民主”国家的一些基本属性和那些被描述为“团体性”的非西方国家是一致的。所以较轻微的霸权行为不是欧洲或西方社会独有的。

在对更晚时期的研究中，高度政治参与和相对经济平等之间的积极关联也在对当代政治组织的跨国研究中（Russett 1964）以及一个大型跨文化人种学样本（Ember et al. 1997）中得到了描述。在这种共时样本中发现这些模式是很重要的研究成果，因为诸如收入相对不平等的种种因素反映出了在特定历史背景下，财富创造和转移的长期代际历史。

相反，排他性权力配置的复现性并不是古代王国、中世纪君主制国家或非西方国家所特有的。例如，当代美国在过去几十年中出现的行政权力日益集中和财富差距日益扩大的趋势不可能是偶然的、不相关的（《美国政治科学协会工作组报告》2004；Domhoff 2006；Feinman 2010）。相应地，针对当代社会的数学建模总体上表明了，在以明显收入分配不均为特征的背景下（Acemoglu 2005；Acemoglu et al. 2004），依赖个人网络（通过经济交易）加强自身权力的统一行政机构的优势是很强大的。换句话说，当存在明显的财富差距时，领导人可能会发现，单方面行动变得更加容易。这种关系提供了一种潜在的机制。通过这种机制，权力和财富差距的转变可以随着时间的推移，在不同的具体历史背景下并行。

这些从当代国家研究中得出的观点表明，国家的演变可能具有模式化的结构特征，这种特征具有广泛的时空适用性。例如，集中的政治权力（和相关的个性化行为）、明显的社会经济分层以及对基于交换的经济活动（而不是基本生产活动）的强调同时出现的现象，或许比我们原来想象的更加广泛（Blanton et al. 1996）。同时，如果这些一致的研究被用于概括国家演变的重复模式，而这些国家又与组织复杂性的广泛阶梯式层级明确不符，那么就需要一个新的、更全面的框架来分析和解释国家的变化。从概念上看，既然已经认识到国家的变化不是严格地由独特的历史路径或每个文化具体的、特殊的因素所导致的，那么我们就可以实施一个研究计划来定义和解释国家资料库中（随着时间和空间变化而发生）的模式变化。

六、通向更广泛理解的道路

对团体—排他维度的批评质疑了这些社会属性往往同时出现的原因，同时也想知道为什么整合策略可能在这个连续体中某个特定的社会背景下发生转变。对这些具体社会演变模式进行研究的一个有效途径可能会涉及对集体行为问题（Olson 1965）和建立在此方法上的相关作品（尤其是 Blanton、Fargher 2008；Levi 1988；Lichbach 1996）的考虑。这些观点力求通过探究拥有共同目标的个体愿意牺牲多少个人利益去承担组织工作的成本（Levi 1988: 8），来将微观研究和宏观研究连接起来（例如 Collins 1988）。正如 Lichbach（1996: 32）所说，当互惠合作受到个人战略行为的威胁时，就会出现集体行为问题或合作者的困境。虽然这一系列讨论看起来抽象，但根本的问题实际上是 Hobbs（2003）提出的关键困境。“个体总是在追逐自身利益，那么究竟是什么使社会联系在一起？”（Blanton、Fargher 2008: 6；Lichbach 1995）。换句话说，是什么样的整合策略和实践保持了社会系统的完整性？为什么不同的社会契约在某些特定情况下似乎比较受欢迎？要评估这些问题，必须考虑统治者和被统治者的利益。

为了解释管理制度的变异性，Levi（1988）的研究特别考察了政府获得财政收入的方式和政治权力 / 政治发言权相对分散的联系。Levi（1988: 2）的关注点是统治策略、政治整合、收入和资源，尤其是收入和资源对权力的支持方式。这些因素基本包含了我们重点关注的团体—排他轴线的那些被提取出来的特征，以及其他学者的对比或比较（例如 Ember et al. 1997；Grinin 2004；Russett 1964）。Levi 的观点基本上是，依赖于开采本地资源的统治者越多，被统治者就拥有更多的约束权和发言权。或者，如果统治者的财政基础越多地依赖于外部，并且垄断性越强（例如庇护关系），那么权力就越集中（Fargher、Blanton 2007）。这一观点为传统模式提供了一种可供检验的替代选择，这些传统模式经常将以农业为主的国家与绝对权力的表现联系起来（Bates、Lien 1985: 53-54）。

Blanton 和 Fargher（2008）通过一个大型的全球史案例样本为这些期望提供了强有力的支持，同时也说明基本模式在世界范围内得到了支持，在古今案例的分析中都占据了一席之地。对于较晚时期历史案例的研究为标志着团体—排他轴线两极的一套核心特征所表现出的模式化变异性提供了理论基础。重要的是，相似的政治经济安排可以通过不同历史路径（可能在某些前提条件下）出现。正如我们所知道的，在满足一系列必要或重要条件时，具有相似层级结构或属性的酋邦和国家可以在不同的地理和文化背景中发展[Tilly（2000）针对民主提出了相似的观点]。在研究社会变迁的长期序列时，一个能让我们记录和解读组织复杂性变化以及政治经济整合模式变化的框架将会提供一个更全面有力的观点，来阐释“世界历史”及其包含的多种途径。

七、结语和未来方向

如前所述，考古人类学可以从探究古今复杂社会多样性的扩大的跨学科对话中得到大量潜在的收获，同时也可以对其做出贡献。Fletcher（11 章）和 Smith（12 章）也探讨了这一主题。在我们这个领域，我们最好关注一下对变化模式的理解，特别要关注社会政治和经济整合的手段和模式，因为关于这一方面的系统的、跨文化的研究太少了。具体来说，我们也可以更明确地开始探讨和界定前工业政治组织和工业政治组织之间的差异。太多差异都是被假设的，而不是被记录的。现代国家和以前的国家之间明显存在重大差异，但研究者提出的差异并非全都经过实证检验。这样的对话可能会促使研究者对将世界人为划分为“西方”和“其他地区”的做法进行更仔细的考察（见 Blanton、Fargher 2008；Fargher、Blanton 2007）。在我们的模型要求对政府机构和发言权进行更多考虑的时候，我们一定要意识到，这样的研究焦点自然会引出对连接不同社会的不同整合模式和整合机制的分析。然而，在研究和复原历史上的政治机构时，不应该仅仅将权力赋予那些在过去拥有权力的人（参见 Baines、Yoffee 1998）。

正如 Claessen 和 Skalník（1978）在几十年前所说明的那样，广泛的跨学科比较需要对国家及国家所属的社会的特征和属性进行分类和剖析。这样的理论方法需要探索分层程度如何像前文所说的那样，与政治权力的相对集中度相联系。这样的观点不仅有助于定义变异性轴线，而且有助于我们认识模式变化的因果联系和动力。这是一个关键点，它意味着要了解国家的变化，必须超越《早期国家（*The Early State*）》和其他后续的比较研究作品中大部分的共时比较（例如 Feinman、Neitzel 1984；Hansen 2000）。最近，沿着这些路线，Drennan 和 Peterson（2006: 3960；Tilly 1984: 14）已经有力地证实，只有在长序列中对各种案例进行考察和比较，才能理解人类社会构造的模式变化。虽然我赞成正在进行的多案例历时比较（Drennan、Peterson 2006；Peterson、Drennan，第 6 章），但是并不需要纯粹以自下而上的归纳方式进行这种分析。不过，特定的解释可能以牺牲更多理论框架为代价，出卖了研究人员未表达出的偏见。如果发生这种情况，可能导致对特定实证案例的错误表述以及现有模型的虚假的不确定性（见 Kiser、Hechter 1991）。前文已经指出，分析国家的不同属性如何随其他特征的变化而变化是研究的一个重要方面。如果在一个广泛的序列中探讨这种模式，我们的观点就不会局限于广义的国家属性和特定历史的独有特征，而是可以找出不同国家的模式变化和结构变化（例如团体性的、排他的或民主的、以统治者为中心的不同模式）。我猜测，和层级复杂性关联不大的模式变化将会得到明确的阐释，这种结构多样性也将有助于确定国家之间差异化的重要轴线。同时，无论多么强大的模式或框架都不能单独或完全地解释社会多样性的一个重要方面。所以在比较背景下，对历史、文化和地区因素的考虑仍然很重要。虽然我将历时比较看作是研究国家及其多样性以及衰落—再生循环的总体框架中的主要理论组成部分，但是这样一个将重点放在跨时空国家的大规模多学科框架显然需要一系列不同的、相辅相成的理论训练、方法和框架来引导（Blanton 1990）（其中部分引导是同步进行的）。正如 Fracchia 和 Lewontin（1999: 78）所说：“文化发展转型理论的优点在于它们至少提供了一种通用框架。这一框架赋予了人类的长期历史一种可以被理解的表象。但是，我们不应该把对可理解性的探寻和对实际历史过程的探寻相混淆。”有很多方法可以让我们理解全球历史，我们可能最终需要这些方法来理解历史上的聚落、经济和政治。

这种广泛的基础理论建设或理论框架（包含许多考古学解释中强调的超过两个的标准变化维度）有些比较宏大，有些则比较冗长复杂（见 Smith、Peregrine，第 2 章）。然而，为理解和解释国家之间的差异和相似性而设计的理论框架实际上是探索全球人类社会历史的一个框架，是一套十分复杂的相互关联的问题。所以，最终我们的社会科学和行为科学将需要一种在形式上类似于引导理论（有些是历时的，有些是同步的）的理论框架。这些引导理论都旨在解释一个可比较的大题目或一系列问题——贯穿生物进化的生命历史（见 Mayr 1982）。虽然旨在解释生物进化现象的理论并没有被恰当地设计或组织，以解决和解释我们所关心的一系列研究问题（例如 Bryant 2004；Fracchia、Lewontin 1999；Gould 1987），但我还是认为，一个包含多尺度现象的、类似的多方面结构最终将被用于解释人类社会，包括人类社会的历史、丰富的多样性以及它们随时间变化的方式和原因（Goldstone 1998）。要走向这个更广泛的理论，就必须采用协调一致的新方案，进行更广泛的沟通和更系统的比较研究。

Comparative Frames for the Diachronic Analysis of Complex Societies: Next Steps

Gary M. Feinman[1] Translated by Zhang Yichi[2] Proofread by Chen Xuexiang[3]

(1. The Field Museum in Chicago; 2. School of History, Nanjing University; 3. Research Institute of Cultural Heritage, Shandong University)

Abstract: Since the mid-twentieth century, many researches have highlights significant aspects of patterned variation within the broad tiers of organizational complexity, basing on former researches which stressed broad modes of societal diversity. Nevertheless, it is a central tenet of this chapter that key frames that were part of that mid-twentieth-century framework remain in place and require judicious reevaluation and modification. It's necessary to argue for more systematic and cross-disciplinary approaches to examine the recognized variation within broad organizational modes (such as "states") and modify theoretical frames. To expand existing comparative frames, we should consider several theoretical propositions drawn from different scholarly traditions, not limited in stepped tiers of hierarchical complexity. When examining long-term sequences of societal change, a framework that enables us to document and explicate both shifts in organizational complexity as well as changes in the modes of political and economic integration will yield a more holistic and explanatory perspective on "world history" and the diverse pathways that it encompasses.

Key words: complex societies, diachronic analysis, comparative frames, reference and improvement

良渚文化玉器工业初探

郭明建

（中国国家博物馆）

内容提要：辨识古代手工业可通过直接和间接两种的证据，相对而言，良渚文化玉器中体现的玉器工业的间接证据更加充分和值得深入研究。通过对玉器数量与种类的空间分布分析，以及对发掘或采集的五种主要良渚文化玉器之玉质、形制、纹饰和大小的系统考察，可将良渚文化主要分布区划分为良渚遗址群、太湖东北部和太湖东南部三个玉器风格区，三区中的不同聚落中则又可分别辨识出大型、中型或小型规模的玉器工业。这些玉器工业中规模最大者即良渚遗址群和以寺墩为代表者；大中型玉器工业的产品，不仅大量自用，还部分输出，影响到整个环太湖地区。大中型玉器工业应具备专业的制玉工匠或工匠集团。而良渚文化的玉器资源的不均衡性，进一步导致了各地贵族使用奢侈品的不同策略。

关键词：良渚文化　玉器工业　间接证据

已有考古研究表明，玉器是良渚文化最重要的资源之一，且与一般实用器物不同，良渚文化玉器大多是具有宗教礼器及身份象征功能的“奢侈品”①。所以，如果能够理清玉器的生产组织及其流通体系，将对认识良渚文化社会的组织结构等问题大有帮助。据国外考古学家研究，识别某一区域的手工业有直接和间接两个方面的证据。直接证据主要是指各种可以显示手工业生产地点的遗迹和遗物，如陶器生产中的陶窑、陶轮、半成品、废品；间接证据则是可以观察到的分布于各个手工业产品中的可以显示其生产组织的某些特征，比如一致的尺寸、相似的纹饰、独特的造型、生产者的特殊标

① 大多数对良渚文化玉器功能研究的论著均持此类观点，代表作如：张光直：《谈“琮”及其在中国古史上的意义》，《文物与考古论集》，文物出版社，1986年；张明华：《良渚玉戚研究》，《考古》1989年7期；张忠培：《良渚文化的年代和其所处社会阶段——五千年前中国进入文明的一个例证》，《文物》1995年5期；刘斌：《良渚文化的冠状饰与耘田器》，《文物》1997年7期；邓淑苹：《由良渚刻符玉璧论璧之原始意义》，《良渚文化研究——纪念良渚文化发现六十周年国际学术讨论会文集》，科学出版社，1999年，等等。

记[①]。如果这两方面证据都比较充分清晰，就可以辨识出某一地区主要的手工业生产地点以及大致的流通情况。

良渚文化玉器工业的直接证据较少，对此笔者曾有专文探讨，总体结论为：在环太湖地区，除了基本无岩体出露的嘉兴地区，苏皖浙交界区域的广大山区及东部平原的孤立小山都应具备玉矿成矿的地质条件；良渚遗址群的塘山遗址和宁镇地区的丁沙地遗址是两个明确的玉器加工地点，其他区域也可能存在当地的制玉作坊，如杨墩、新地里、福泉山等[②]。相对直接证据而言，良渚文化玉器生产的间接证据由于出土玉器数量较多，其实更加值得深入分析。本文即主要针对此方面的研究，具体方法即统计和比较良渚文化各小区和遗址中出土玉器的数量、种类、玉质、具体形制、刻纹和尺寸等特点，从中梳理出各小区和聚落中玉器工业的概况。

一、良渚文化玉器的分布

良渚文化分布区各小区和遗址玉器数量、种类的分析是本文论述的基础，只有了解玉器分布的具体情况，才能进一步推断哪里可能存在玉器生产中心。

（一）玉器的分布区域与统计问题

根据目前良渚文化聚落分布和玉器的发现情况，本文将其主要分布区分为良渚遗址群、余杭东部地区、湖州地区、嘉兴西部地区、嘉兴东部地区、苏沪南部地区、苏沪东部地区、苏州西部地区、无锡常熟地区和常州江阴地区十个小区。

不过，要准确统计良渚文化各小区和遗址玉器的实际数量目前仍是比较困难的。首先，除各地的遗址在历史上曾遭受到不同程度的破坏外，近代以来各地开展的考古工作和发表的资料也是不均匀的：其中良渚遗址群面积虽较小，但目前开展的工作较全面，发现的遗址也较多，且发掘了瑶山[③]、反山[④]、汇观山[⑤]、吴家埠[⑥]等出土玉器较多的遗址，本区资料发表的也较全面；而“遗址群”外围的圣堂、西南山等遗址也有少量玉器发现，因此本文认为此区的范围也应包括这些遗址[⑦]。余杭东部地区面积也

① 此类研究的代表性文章如：Costin, Cathy, L. Craft Production Systems. *Archaeology at the Millennium: A sourcebook*, edited by Gary M. Feiman and Douglas T. Price. New York, Kluwer Academic Plenum Publisher, 2001: 277; Costin, Cathy L. Craft specialization: Issues in Defining, Documenting and Explaining the Organization of Production. *Archaeological Method and Theory (3)*, edited by Michael B. Schiffer. Tucson, University of Arizana Press, 1991: 38; Rice, Prudence M. Pottery *Analysis: A Sourcebook*. Chicago, the University of Chicago Press, 1987: 184.

② 郭明建：《良渚文化玉器产地的综合分析》，《中国国家博物馆馆刊》2017年7期。本文第三部分中关于制玉遗存的相关分析亦烦参考此文，下文不再重复注释。

③ 浙江省文物考古研究所：《良渚遗址群考古报告之一——瑶山》，文物出版社，2003年。

④ 浙江省文物考古研究所：《良渚遗址群考古报告之二——反山》，文物出版社，2005年。

⑤ 浙江省文物考古研究所：《浙江余杭汇观山良渚文化祭坛与墓地发掘简报》，《文物》1997年7期，4～17页。

⑥ 浙江省文物考古研究所：《余杭吴家埠新石器时代遗址》，《浙江省文物考古研究所学刊》，科学出版社，1993年，55～84页。

⑦ 郭明建：《良渚文化宏观聚落研究》，《考古学报》2014年1期，6页。

较小，之前开展工作也较少，遗址发现较少，玉器主要出土于横山[①]、玉架山[②]、灯笼山[③]等少数遗址，而后两者尚未发表详细资料。湖州地区之前有较多良渚文化遗址发现，但发掘工作极少，重要玉器主要采集于辉山[④]、新安桥、杨家埠[⑤]等遗址。嘉兴西部地区是目前发现良渚文化遗址最多的区域，之前的发掘也较多，有一些出土玉器较多的遗址，如新地里[⑥]、荷叶地[⑦]、佘墩庙[⑧]、普安桥[⑨]、姚家山[⑩]等，但很多资料也尚未发表；此外，在本区湾里村、店街塘、大园里、太平高桥[⑪]等遗址之前也采集到较多重要玉器。嘉兴东部地区之前发现的遗址也较多，但发掘工作较少，一些重要玉器主要采集于戴墓墩[⑫]、曹庄[⑬]、双桥[⑭]等遗址。苏沪南部地区面积广大，但目前发现的遗址相对稀疏，发掘工作也不多，玉器主要发现或采集于亭林[⑮]、王焰[⑯]等遗址；苏沪东部地区之前发现的遗址较多，发掘工作也较多，张陵山及东山、赵陵山[⑰]、草鞋山[⑱]、

① 浙江省余杭县文管会：《浙江余杭横山良渚文化墓葬清理简报》，《东方文明之光——良渚文化发现60周年纪念文集》，海南国际新闻出版中心，1996年。

② 楼航、葛建良、方中华：《浙江余杭玉架山发现良渚文化环壕聚落遗址》，《中国文物报》2010年2月26日第4版。

③ 浙江省文物考古研究所：《杭州市余杭区临平灯笼山遗址发掘喜获成果》，《中国文物报》2009年1月16日第2版。

④ 浙江省文物考古研究所：《浙江北部地区良渚文化墓葬的发掘》，《浙江省文物考古研究所学刊——建所十周年纪念（1980～1990）》，科学出版社，1993年。

⑤ 林华东：《良渚文化研究》，浙江教育出版社，1998年，41、42页。

⑥ 浙江省文物考古研究所、桐乡市文物管理委员会：《新地里》，文物出版社，2006年。

⑦ 刘斌：《海宁荷叶地遗址》，《崧泽·良渚文化在嘉兴》，浙江摄影出版社，2005年。

⑧ 浙江省文物考古研究所、海宁市博物馆：《海宁佘墩庙遗址》，《崧泽·良渚文化在嘉兴》，浙江摄影出版社，2005年。

⑨ 北京大学考古系、浙江省文物考古研究所、日本上智大学联合考古队：《浙江桐乡普安桥遗址发掘简报》，《文物》1998年4期。

⑩ 王宁远、周伟民、朱宏中：《桐乡市姚家山良渚文化遗址》，《中国考古学年鉴·2005》，文物出版社，2006年，185～187页；王宁远、周伟民、朱宏中：《桐乡姚家山发现良渚文化高等贵族墓葬》，《崧泽·良渚文化在嘉兴》，浙江摄影出版社，2005年，252～254页。

⑪ 嘉兴市文化局编：《崧泽·良渚文化在嘉兴》，浙江摄影出版社，2005年，53、60、61页。

⑫ 平湖市博物馆：《平湖戴墓墩遗址良渚墓葬发掘简报》，《崧泽·良渚文化在嘉兴》，浙江摄影出版社，2005年。

⑬ 嘉兴市文化局编：《崧泽·良渚文化在嘉兴》，浙江摄影出版社，2005年，42页。

⑭ 浙江省文物考古研究所：《嘉兴双桥遗址发掘简报》，《浙江省文物考古研究所学刊》，科学出版社，1993年；嘉兴市文化局编：《崧泽·良渚文化在嘉兴》，浙江摄影出版社，2005年，7、16、21页。

⑮ 上海博物馆考古研究部：《上海金山区亭林遗址1988、1990年良渚文化墓葬的发掘》，《考古》2002年10期。

⑯ 吴江县文化馆：《江苏吴江县首次出土玉琮》，《考古》1987年2期；南京博物院：《江苏吴县张陵山遗址发掘简报》，《文物资料丛刊·6》，文物出版社，1982年；南京博物院等：《江苏吴县张陵山东山遗址》，《文物》1986年10期。

⑰ 南京博物院：《赵陵山：1990～1995年度发掘报告》，文物出版社，2012年；苏州市考古研究所：《昆山绰墩遗址》，文物出版社，2011年。

⑱ 南京博物院：《苏州草鞋山良渚文化墓葬》，《东方文明之光——良渚文化发现60周年纪念文集》，海南国际新闻出版中心，1996年。

少卿山[①]、绰墩[②]、福泉山[③]等遗址均出土了较多玉器，材料发表也较充分。苏沪西北部之前发现的遗址也较多，但只在近期于彭家墩遗址[④]开展了发掘工作，详细资料也尚未发表。无锡常熟地区之前发现的遗址相对稀疏，发掘工作也较少，玉器主要出土于邱承墩[⑤]、嘉菱荡[⑥]等遗址。常州江阴地区之前发现的遗址更为稀疏，发掘工作主要集中于寺墩[⑦]、高城墩[⑧]两处遗址，但其出土玉器均较多（图一）。其次，由于良渚文化各种玉器的体量相差较大，如果统一按“件”统计，则不同小区和遗址的统计数据必然难于比较，有失客观。

基于以上两个原因，本文首先从良渚文化大、中、小三种体量的玉器中，选取八种典型器型，尽量全面统计它们在已发表材料中的详细数量，以此代表各小区玉器数量的多少（表一）。其中玉琮至三叉形器的具体分布情况可见下文，其他玉器具体分布情况可参见各小区已发表的详细资料[⑨]。当然，仍是由于资料发表的原因，这些不同体量和种类的玉器统计的精确度仍然不同。总体来说，玉琮、玉钺、冠形器和三叉形器四种玉器，由于体量较大、功能特殊或较有特色，对其报道都较详细，所以本文的统计数据较准确。而玉璧、玉镯、锥形器，尤其是珠管，由于出土数量较多或无特殊功能，很多报道则数量不详，本文统计有所偏差。如在彭家墩、白墙里[⑩]等遗址均有玉璧出土，但其数量均不明确，且无详细图文，此种情况我们均未统计；又如很多遗址出土的“串饰”珠管，只以“串”为单位进行了统计，而不知其单体数量，此种情况我们均每串计为10件。

（二）大、中、小型玉器的具体分布情况

良渚文化的大型玉器主要是玉琮、玉钺、玉璧三种。根据表一的统计，良渚文化各小区三种大型玉器的数量以良渚遗址群和常州江阴地区最多，其次为苏沪东部地区、无锡常熟地区和嘉兴西部地区，最少的为工作开展较少的余杭东部地区、嘉兴东部地区、湖州地区和苏沪南部地区。具体到遗址，这些大型玉器一般只出土于等级较高的

---

① 苏州博物馆、昆山县文管会：《江苏省昆山少卿山遗址》，《文物》1988年1期；苏州博物馆等：《江苏昆山市少卿山遗址的发掘》，《考古》2000年4期，32～49页。

② 苏州市考古研究所：《昆山绰墩遗址》，文物出版社，2011年。

③ 上海市文物管理委员会：《福泉山——新石器时代遗址发掘报告》，文物出版社，2000年。

④ 李婷：《西部发现良渚文化祭坛及贵族墓地，填补考古空白》，《姑苏晚报》2011年1月12日第1版。

⑤ 南京博物院、江苏省考古研究所、无锡市锡山区文物管理委员会：《邱承墩——太湖西北部新石器时代遗址发掘报告》，科学出版社，2010年。

⑥ 常熟市文物管理委员会：《江苏常熟良渚文化遗址》，《文物》1984年2期。

⑦ 南京博物院：《江苏武进寺墩遗址的试掘》，《考古》1981年3期，193～200页；南京博物院：《1982年江苏常州武进寺墩遗址的发掘》，《考古》1984年2期，109～129页；江苏省寺墩考古队：《江苏武进寺墩遗址第四、五次发掘》，《东方文明之光——良渚文化发现60周年纪念文集》，海南国际新闻出版中心，1996年；陈丽华：《江苏武进寺墩遗址的新石器时代遗物》，《文物》1984年2期。

⑧ 南京博物院、江阴博物馆：《高城墩》，文物出版社，2009年。

⑨ 由于良渚文化的玉器资料众多，本文不一一列出出处，参考资料详情可参见拙作《良渚文化宏观聚落研究》的相关注释。

⑩ 李晓鹏、陈培华、肖国强：《白墙里遗址：桐乡“土筑金字塔”初揭面纱》，《浙江日报》2006年8月21日第6版。

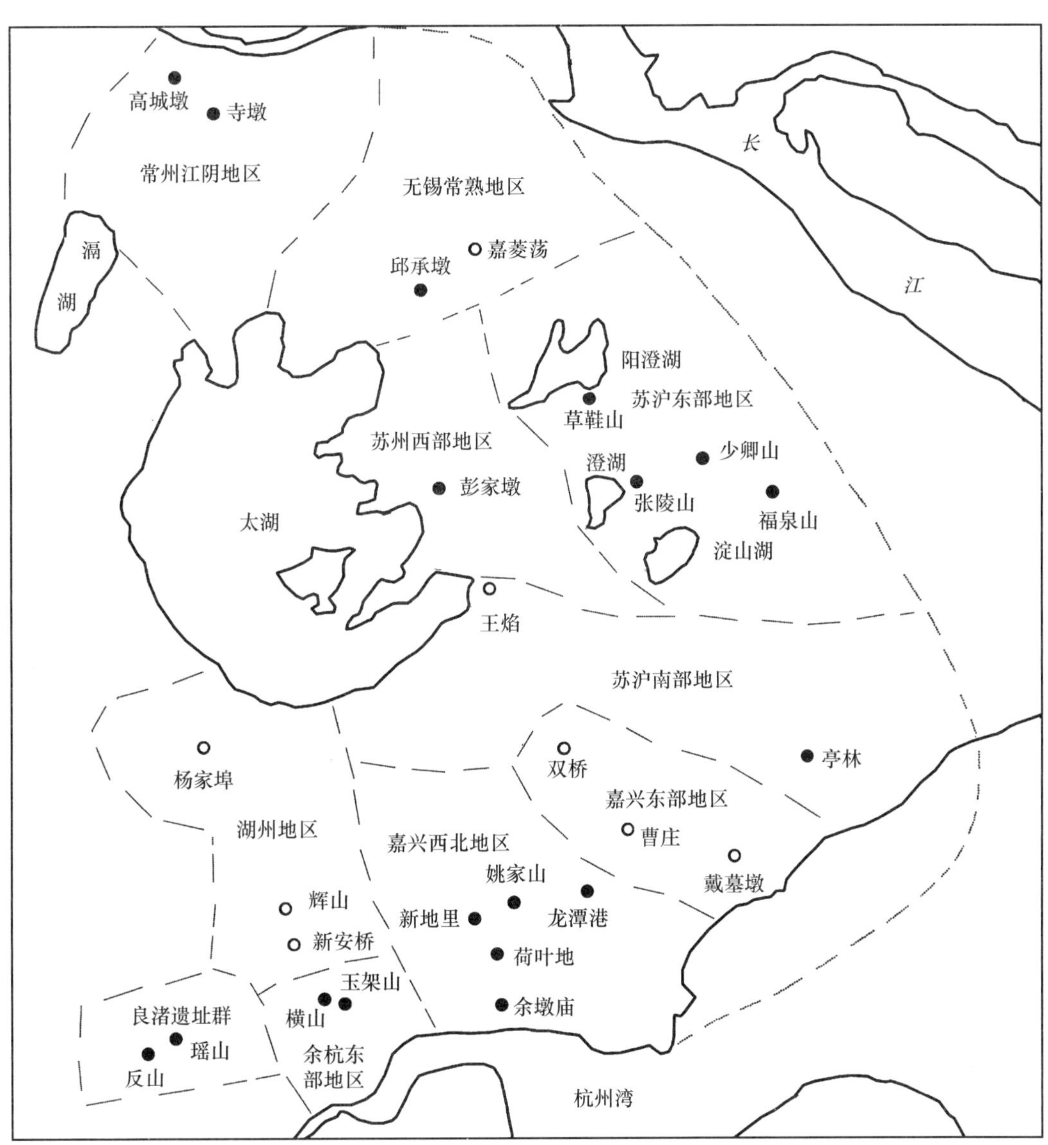

图一 良渚文化玉器分布的主要小区和遗址

注：良渚文化时期的海岸线参考孙林、高蒙河：《江南海岸线变迁的考古地理研究》，图三，《东南文化》2006年4期

表一 良渚文化各小区玉器数量统计表

器型		良渚遗址群	余杭东部地区	湖州地区	嘉兴西部地区	嘉兴东部地区	苏沪南部地区	苏沪东部地区	无锡常熟地区	常州江阴地区	合计
玉琮	数量	46	9	3	12	4	2	19	6	67	168
	比例	27.4%	5.4%	1.8%	7.1%	2.4%	1.2%	11.3%	3.6%	39.9%	100.0%
玉璧	数量	142	5	1	14	7	1	14	31	53	268
	比例	53.0%	1.9%	0.4%	5.2%	2.6%	0.4%	5.2%	11.6%	19.8%	100.0%

续表

<table>
<tr><th colspan="2">器型</th><th>良渚遗址群</th><th>余杭东部地区</th><th>湖州地区</th><th>嘉兴西部地区</th><th>嘉兴东部地区</th><th>苏沪南部地区</th><th>苏沪东部地区</th><th>无锡常熟地区</th><th>常州江阴地区</th><th>合计</th></tr>
<tr><td rowspan="2">玉钺</td><td>数量</td><td>16</td><td>2</td><td rowspan="2">暂无数据</td><td>7</td><td>4</td><td rowspan="2">暂无数据</td><td>17</td><td>7</td><td>8</td><td>61</td></tr>
<tr><td>比例</td><td>26.2%</td><td>3.3%</td><td>11.5%</td><td>6.6%</td><td>27.9%</td><td>11.5%</td><td>13.1%</td><td>100.0%</td></tr>
<tr><td rowspan="2">大型玉器</td><td>数量</td><td>204</td><td>16</td><td>4</td><td>33</td><td>15</td><td>3</td><td>50</td><td>44</td><td>128</td><td>497</td></tr>
<tr><td>比例</td><td>41.0%</td><td>3.2%</td><td>0.8%</td><td>6.6%</td><td>3.0%</td><td>0.6%</td><td>10.1%</td><td>8.9%</td><td>25.8%</td><td>100.0%</td></tr>
<tr><td rowspan="2">冠形器</td><td>数量</td><td>31</td><td>4</td><td rowspan="12">暂无数据</td><td>14</td><td>1</td><td rowspan="2">未发现</td><td>9</td><td>3</td><td>1</td><td>63</td></tr>
<tr><td>比例</td><td>49.2%</td><td>6.3%</td><td>22.2%</td><td>1.6%</td><td>14.3%</td><td>4.8%</td><td>1.6%</td><td>100.0%</td></tr>
<tr><td rowspan="2">三叉型器</td><td>数量</td><td>14</td><td>1</td><td>4</td><td colspan="5" rowspan="2">未发现</td><td>18</td></tr>
<tr><td>比例</td><td>77.8%</td><td>5.6%</td><td>22.2%</td><td>100.0%</td></tr>
<tr><td rowspan="2">玉镯</td><td>数量</td><td>98</td><td>1</td><td>18</td><td>1</td><td rowspan="2">暂无数据</td><td>50</td><td>17</td><td>8</td><td>193</td></tr>
<tr><td>比例</td><td>50.8%</td><td>0.5%</td><td>9.3%</td><td>0.5%</td><td>25.9%</td><td>8.8%</td><td>4.1%</td><td>100.0%</td></tr>
<tr><td rowspan="2">锥形器</td><td>数量</td><td>237</td><td>14</td><td>142</td><td>17</td><td>12</td><td>81</td><td>14</td><td>26</td><td>543</td></tr>
<tr><td>比例</td><td>43.6%</td><td>2.6%</td><td>26.2%</td><td>3.1%</td><td>2.2%</td><td>14.9%</td><td>2.6%</td><td>4.8%</td><td>100.0%</td></tr>
<tr><td rowspan="2">中型玉器</td><td>数量</td><td>380</td><td>20</td><td>179</td><td>19</td><td>12</td><td>140</td><td>34</td><td>35</td><td>819</td></tr>
<tr><td>比例</td><td>46.4%</td><td>2.4%</td><td>21.9%</td><td>2.3%</td><td>1.5%</td><td>17.1%</td><td>4.2%</td><td>4.3%</td><td>100.0%</td></tr>
<tr><td rowspan="2">珠管</td><td>数量</td><td>5365</td><td>21</td><td>1624</td><td>24</td><td>27</td><td>470</td><td>471</td><td>368</td><td>8370</td></tr>
<tr><td>比例</td><td>64.1%</td><td>0.3%</td><td>19.4%</td><td>0.3%</td><td>0.3%</td><td>5.6%</td><td>5.6%</td><td>4.4%</td><td>100.0%</td></tr>
</table>

注：① 本表统计的玉器数量不含既未发表图片又无详细文字说明的各种器类以及残器；② 苏州西部地区因基本没有详细玉器出土数量资料，故未统计；③ 本表统计数量主要为 2011 年底之前出土的玉器（此后至今还未有足以改变各区玉器数量对比形势的遗址发现）

墓地和墓葬中，其中良渚遗址群和常州江阴地区主要出土于反山、瑶山、寺墩和高城墩遗址，苏沪东部地区和无锡常州地区主要出土于福泉山、草鞋山和邱承墩遗址。除上述遗址外，其他地区和遗址出土的大型玉器均较零散，少者只有一两件，多者也不超过 10 件。具体到器型，则可以看到三者分布的不同规律：作为良渚文化中数量最多的大型玉器，玉璧在同一区域甚至同一墓地不同墓葬中的使用是非常不均匀的，目前多数良渚文化的玉璧都出自良渚遗址群的反山 M23、M14、M20 和寺墩的 M3、被破坏的 M4 及灌电站周围低地（此地可能也原有一墓），其数量约为全部玉璧数量的 60%；良渚文化玉钺的使用则较为严格，基本一墓一件，个别较多者也不过四、五件，所以各小区玉钺的数量与本区发掘的高等级墓葬的数量相关；良渚文化中体量最大的玉琮，其使用情况则介于玉琮和玉钺之间，大多数高等级墓葬均随葬 1～4 件，只有寺墩 M3 出土了数十件玉琮。

良渚文化的中型玉器种类最多，在此本文选取了数量较多或较有特色的玉镯（包括筒形镯、玉瑗和玉环等均为镯形的玉器器）、锥形器、冠形器和三叉形器四种。此外良渚文化的常见中型玉器还有玉璜、玉管、锥形坠、玉玦及各种串饰、端饰等等，但由于它们均不及四者典型，本文没有进行统计。以四者为代表，可以看到良渚文化的中型玉器数量仍以良渚遗址群最多，其次为苏沪东部地区和嘉兴西部地区，再次为无锡常熟地区和常州江阴地区，数量最少的仍为工作开展较少的余杭东部地区、嘉兴东部地区、湖州地区和苏沪南部地区。具体到遗址，因为很多中等级墓葬甚至低等级墓葬都有中型玉器随葬，所以它们的分布并不像大型玉器一样明显集中于少数高等级墓地，尽管它们的出土数量仍然是最多的。具体到器型，四种中型玉器中，玉镯是一种各地区均较流行的器型，一般高等级墓葬均随葬五六件玉镯，中等级墓葬一般也随葬一两件。而锥形器、冠形器和三叉形器则具有地区流行性。据表一统计，良渚遗址群出土的锥形器数量约占总数量的一半，这是因为在瑶山和反山的大墓中，大都随葬成组的锥形器，加上随葬的单件锥形器，一般每墓锥形器的数量会达十几件。出土锥形器的数量其次的是嘉兴西部地区，本区锥形器也较流行，多数中高等级墓葬都有锥形器随葬，有的墓葬甚至也有成组锥形器；本区又以新地里遗址发现的锥形器较多。出土锥形器的数量再次的为苏沪东部地区，但本区锥形器主要集中于福泉山遗址的高等级墓葬，本区其他中低等级墓葬中基本不见锥形器，可见它在本区其实不甚流行。除上述地区外，其他地区出土的锥形器的数量均较少，但具体情况却不相同。其中在余杭东部地区、嘉兴东部地区、苏沪南部地区考古工作开展的虽然较少，但从已发掘墓葬的情况看，这三个地区也较流行锥形器；而无锡常熟地区和常州江阴地区的锥形器只在部分高等级墓葬中出土，中低等级墓葬很少见锥形器出土，说明这两个地区不太流行锥形器。良渚文化冠形器的分布情况与锥形器相似。据表一统计，良渚遗址群最流行冠形器，其数量占总数量的一半，且在良渚遗址群中冠形器的使用非常严格，基本每墓只有一件，且反山、瑶山、汇观山的大墓每墓必有冠形器；出土冠形器数量其次的为嘉兴西部地区，但在这一地区它的分布较无规律，一些高等级墓葬并无冠形器出土，一些中低等级墓葬却随葬冠形器，且有的不只一件；苏沪东部地区出土的冠形器数量也较多，但其主要出土于高等级墓葬中，而且和嘉兴西部地区一样，也有很多高等级墓葬不随葬冠形器。除上述地区外，良渚文化其他小区的冠形器数量都较少，尤其是常州江阴地区，只有寺墩遗址的地层中发现过一件残器，可见这些地区多不流行冠形器。良渚文化出土三叉形器的地区性差异最为明显，目前发现的三叉形器四分之三出土于良渚遗址群中，且它在反山和瑶山等大墓中也是每墓只有一件，但与冠形器不同，并不是每座大墓都有三叉形器随葬；良渚遗址群外其余几件三叉形器则都出土于余杭东部和嘉兴西部地区，但其数量有限。总之，可以大体看到，良渚文化的锥形器、三叉形器和冠形器主要流行于环太湖地区西南部，而越到环太湖地区西北部数量越少，其数量似乎是以太湖为中心逆时针递减。

良渚文化的小型玉器以玉珠和玉管数量最多，此外还有少量的玉片等器型，它们的使用不仅限于中高等级的墓葬，很多低等级墓葬也有随葬。而且在玉器工业中，由于这些小型玉器用料较少、制作简单，主要由小块玉料甚至加工大型玉器剩余的边角料制成，且其多无长途贸易的价值，所以可以认为它们具有一定的指示意义，可以在一定程度上反映出本地区玉器生产的规模。根据表一统计，良渚遗址群——尤其是反山遗址出土了目前大多数的玉珠和玉管。出土玉珠和玉管数量其次的是嘉兴西部地区，且在本区它们绝大多数出自新地里遗址。出土玉珠和玉管数量再次的为苏沪东部地区、无锡常熟地区和常州江阴地区，而在这些地区，它们也主要出自福泉山、邱承墩、高城墩和寺墩等高等级墓地，不过这几个墓地玉珠和玉管的数量都不还及新地里遗址数量的一半。除上述地区外，其他小区出土玉珠和玉管的数量几乎可以忽略；其中值得一提的是嘉兴东部地区和苏沪南部地区，与其他小区小型玉器在中低等级墓葬中也较常见的情况不同，这里发掘过的墓葬都很少出土玉珠和玉管。

综上所述，可见不论在哪个小区，玉器均主要出土于高等级的墓地和墓葬。所以各地区玉器的总数量实际与本地区发现高等级墓葬的数量密切相关。根据上文统计，尤其是参考大型玉器的分布情况，笔者认为在良渚文化分中，玉器总数量的分布应大致为“磁铁状”：其中良渚遗址群和常州江阴地区为磁铁的两极，其玉器数量最多，总体量最大，而这两区的玉器又以反山和寺墩遗址最多。距离“两极”较近的无锡常熟地区、苏沪东部地区和余杭东部地区，玉器数量也较多，也有邱承墩、草鞋山、福泉山、横山和玉架山等出土玉器较多的遗址；目前尤其值得注意的余杭东部地区，它虽然面积较小，之前工作也有限，但仍出土了数量可观的玉器。距离“两极”较远的嘉兴西部地区、嘉兴东部地区和苏沪南部地区，从目前情况看，只有嘉兴西部地区的情况较清晰，虽然其出土玉器总数量较多，但分布明显较零散，即使发掘面积较大的新地里、姚家山等遗址也仅有数件大型玉器出土，本区玉器的实际数量应不多于上述三个地区。而嘉兴东部地区和苏沪南部地区从目前发现的玉器，尤其是珠管的情况看，其玉器数量可能还不及嘉兴西部地区。最后，至于目前工作较少的苏州西部地区和湖州地区，其实际情况则有待下一步工作的评估。

（三）各小区间玉器种类的差异

关于良渚文化玉器的种类，根据目前的资料分析，各小区间是大同小异的：其中玉琮、玉璧、玉钺、玉镯、筒形镯、玉瑗、玉环、锥形器、玉珠、玉管等器型均为各小区均常见的器型；玉璜、琮式管、锥形坠、玉玦、玉钺瑁和镦、榫头状端饰、绿松石器等器型虽然各小区数量都不多，但也基本都有。而除上述各区都较流行且数量较多的器型，良渚文化出土的其他玉器实际数量都较少，且仅流行于部分地区，下面笔者就按照每个地区的情况详细分析。

良渚遗址群的玉器数量最多，其器型也是最为齐全的。除上述共有器型外，冠形器、三叉形器、带盖柱形器、柱形器、圆（环形）牌饰、长管等器型在本区最为流行，其他小区都很少见。而遗址群中目前所见等级最高的反山 M12 的玉器，更是最有特色，它有一些良渚文化中独一无二或特别少见的器型，如“特殊长管”、锥形器套管、权杖瑁和镦、柄型器（其他遗址虽也有“柄型器”出土，但只是名称相同而已）、镶嵌端饰、龙纹管等。而瑶山和汇观山遗址出土的手柄、弹形器、玉匙、匕形器、器座形器等也是本区特有的。

余杭东部地区由于发掘遗址较少，玉器种类总体不太明确，但从已有资料看，其器型总体和良渚遗址群很相近，也流行锥形器、冠形器、三叉形器等器型，只是种类不及前者丰富。此外，据悉玉架山 M200 的玉器较有特色，其透雕刻纹平顶冠形器、成双玉箸均为良渚文化中首次发现，其玉匕则原来也只在瑶山、汇观山遗址采集到过。嘉兴西部地区的玉器种类从目前情况看也大体与良渚遗址群相似，种类也不及前者丰富。但姚家山等遗址出土有玉质生产工具，如玉镰、耘田器等，则是其他地区未见的。

嘉兴东部地区和苏沪南部地区由于发掘的遗址有限，其玉器种类总体情况也不明确，但从已发现的玉器看，大都是一些常见器型。苏沪东北部地区的玉器种类除上述常见者外，出土玉器最多的福泉山遗址则有一些特殊：如有较多锥形器套管，其玉柄型器、角形器、角尺形器也是本遗址特有；此外，张陵山东山、少卿山出土的玉圆片也是其他地区未见的。

无锡常熟地区和常州江阴地区虽然出土的玉器数量较大，但大多数却是良渚文化主要的常见器型。除邱承墩遗址出土的绿松石片状饰及其地层中出土的柄型器外，这两个地区的玉器种类非常单调，尤其是寺墩和邱承墩遗址，其出土玉器大多为玉琮和玉璧，其他器型的玉器比例非常小，基本无特殊器型。

综上所述，可以看到在良渚文化中，良渚遗址群的玉器种类最为齐全，其他小区除了常见器型外只有很少的特殊器型。各小区玉器种类的数量，自太湖西南部至太湖北部大体呈逆时针递减，无锡常熟地区和常州江阴地区的玉器种类最少。

二、五种玉器的具体分析

在大体了解玉器分布情况的基础上，下文将以良渚文化五种玉器为代表，分析它们在不同期别不同小区和遗址的具体异同之处[①]。这五种玉器即玉琮、玉璧、玉钺、冠形器和三叉形器，之所以选择它们，一是其出土数量较多，具有足够可比较的标本量，二是其造型相对复杂，能体现出不同加工技术和风格的差异。对五种玉器的分析主要集中于玉质、形制、刻纹和尺寸四个方面，所依据资料除已经发表的报告、著作和图录外，尤其对玉质的考察，主要依据笔者亲自观测。

（一）玉琮

良渚文化的各种玉器中，玉琮是一种功能最重要、制作最复杂、体量最大、数量较多且基本都施刻纹的大型玉器，因此它体现的生产加工信息也是最多的。

1. 形制与纹饰概况

良渚文化玉琮的形制首先可按照节数分为单节或双节玉琮（下文简称单双节琮）和多节玉琮（三节或以上）两大类[②]。其中前者一般上下射径、孔径一致或相近，孔径相对较大，后者则多数上下射径、孔径有一定差距，孔径相对较小。前者主要流行于

① 参考前人研究的基础上，笔者将良渚文化分为四期：第一期大体以福泉山黄土层和黑褐土层部分墓葬（M126、M135、M139、M143、M145、M149、M150、M151）、庙前报告划分的第一期墓葬为代表；第二期大体以福泉山灰黄土层下部和黑褐土层部分墓葬（M94、M120、M124、M132、M144）、庙前报告划分的第二期墓葬、新地里第一、二期墓葬为代表；第三期大体以福泉山灰黄土层中部墓葬（M60、M65、M74、M103、M109、M136）、庙前报告划分的第三、四期部分墓葬和新地里第三、四期墓葬为代表；第四期大体以福泉山灰黄土层上部墓葬（M9、M40、M67、M101、M128）和新地里第五、六期墓葬为代表。各遗址分期详情可参见拙作：《良渚文化宏观聚落研究》，《考古学报》2014 年 1 期。

② 所谓玉琮的“一节”，可分两种情况定义：一种为神人纹和兽面纹都有刻划的玉琮，相邻的两个刻纹凸面（神人纹在上，兽面纹在下）作为一节；另一种为仅刻划神人纹或兽面纹的玉琮，一个刻纹凸面即为一节。此外，有的玉琮有三个刻纹凸面，上、下凸面刻划神人纹，中间凸面刻划兽面纹，本文称为“一加半”结构，数据统计中算为 1.5 节；有的玉琮则因再切割等原因，使原有的一个刻纹凸面只剩一半，数据统计中算为 0.5 节。

良渚文化早期，后者主要流行于良渚文化晚期。后者除了节数的不同，其他形制特点均相近，其横剖面大都为方形或圆角方形（图二，1），前者的横剖面则较复杂。

根据横剖面形状，良渚文化的单双节琮首先可分为圆环形琮和方形琮两类。其中前者横剖面整体为圆环形，四个刻纹凸面均呈圆弧状，大体平行于琮的孔内壁，此类玉琮的数量相对较少（图二，2）。后者横剖面整体为方形，数量相对较多，具体又细分为四种：

第一种：四个刻纹凸面中部向外凸出形成钝角，孔径很大，横剖面总体接近圆环形，简称为近环形方形琮，这种琮的数量很少，进一步又有近圆环形和近方环形两种（图二，3、4）。

第二种：四个刻纹凸面中部向外凸出形成钝角，孔径相对较大，横剖面总体为钝角弧边方形，简称为钝角方形琮，这种琮是单双节琮的主要形制（图二，5～7）。

第三种：四个刻纹凸面中部也向外凸出，但角度接近直角，孔径也相对较大，横剖面总体接近正方形，简称为近方形琮（图二，8）。

第四种：和第三种琮接近，但射径相对较大，孔径相对很小，简称为小孔近方形琮。这种玉琮的数量良渚文化早期有限，且一般尺寸很大，出土这种玉琮的墓葬都是规格极高者，如反山 M12：98“琮王”；到良渚文化晚期，除了射径较大者外，有些射径稍大或较小的玉琮也做成这种样式，但总体数量仍较少（图二，9、10）。

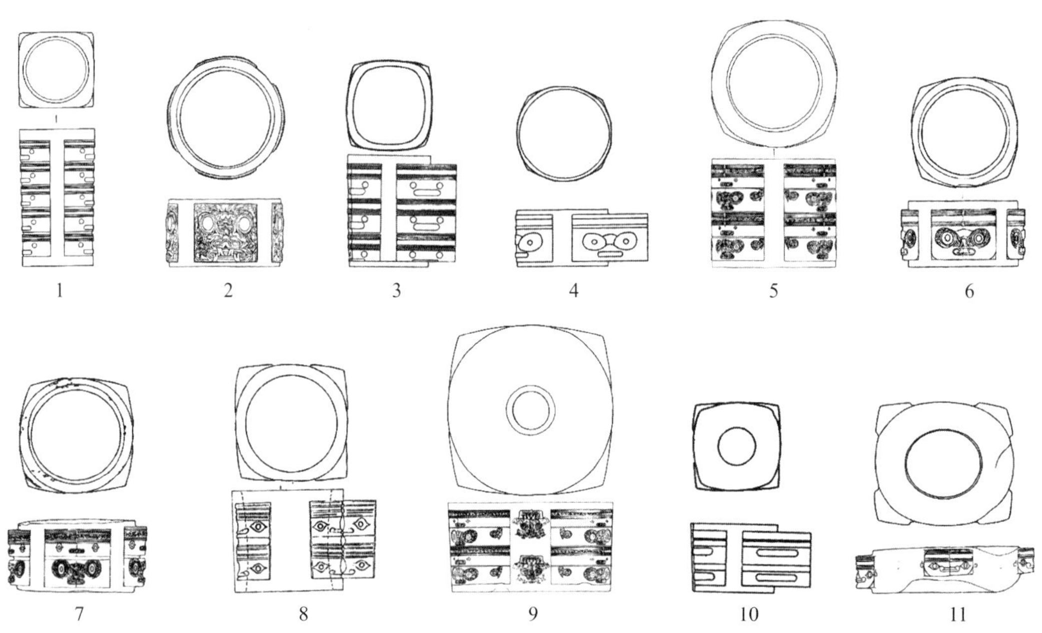

图二　良渚文化玉琮的横剖面和刻纹主题

横剖面：1. 方形多节琮（邱承墩 M3：11）　2. 圆环形琮（瑶山 M9：4）　3. 近方环形方形琮（福泉山 M40：110）　4. 近圆环形方形琮（寺：18）　5～7. 钝角方形琮（反山 M12：93、瑶山 M7：34、瑶山 M2：22）　8. 近方形琮（少卿山 82M1：2）　9、10. 小孔近方形琮（反山 M12：98、汇观山 M4：2）　11. 四脚形琮（瑶山 M7：50）

刻纹主题：1、3、8、10、11. 简化的神人纹　2、4、6. 复杂的兽面纹　5. 复杂的神人兽面纹 + 鸟纹　6、11. 有“脸庞线”的简化神人纹　7. 复杂的神人兽面纹　8、11. 有“杏仁眼”的简化神人纹　9. 完整的神人兽面纹 + 复杂的神人兽面纹 + 鸟纹除上述四种琮，瑶山 M7：50 玉琮的横剖面形状是一个特例。这件玉琮射径较大，四个刻纹凸面非常突出，横截面整体似俯看的四脚圆凳，可称为四脚形琮（图二，11）。

除了形制，刻纹主题和图案填充方式也是区别不同玉琮的另一种主要方式（对它们具体类型的划分也适用于其他刻纹玉器，因此下文不再赘述）。

玉琮的刻纹主题可分为三种：

第一种为完整的神人兽面纹，此类图像在玉琮中只见于反山 M12：98“琮王”的四个槽面上。此外，反山、瑶山的少量其他种类玉器上也有，如反山 M12 玉钺和瑶山 M2 冠形器（图二，9；图九，2；图一四，20）。

第二种为较复杂的神人兽面纹或兽面纹，其中神人部分刻划眼睛和嘴部，兽面部分刻划较完整的眼睛、鼻梁和嘴部。这类主题只存于单双节琮上（图二，2、4～7）。

第三种为简化的神人纹，即只保留有神人的眼睛和嘴部，而无兽面部分。部分图像可能因磨损或极度简化，仅留有神人嘴部，双目也缺失。多节玉琮上均为这一主题，部分单双节琮也刻划这种主题（图二，1、3、8、10、11）。

此外，在上述刻纹主题上，有的兽面纹或神人纹还用两条简单的弧形表现脸庞，本文称之为脸庞线，但这种纹饰总体较少（图二，6、11）；少数玉琮还刻有鸟纹，但它们也均与第一、二种刻纹主题结合出现，不独立存在（图二，5、9）。

刻纹图案的填充方式，即刻纹主题轮廓内用何种形式的线条填充。在玉器加工中，它是一项更细节的内容。借鉴已有研究成果[①]，可分为以下几类：

直线：主要用于填充神人图像的上部，即一般用两组弦纹表示神人的冠，这种线条在良渚文化刻纹中数量很多（图三，1～6）。

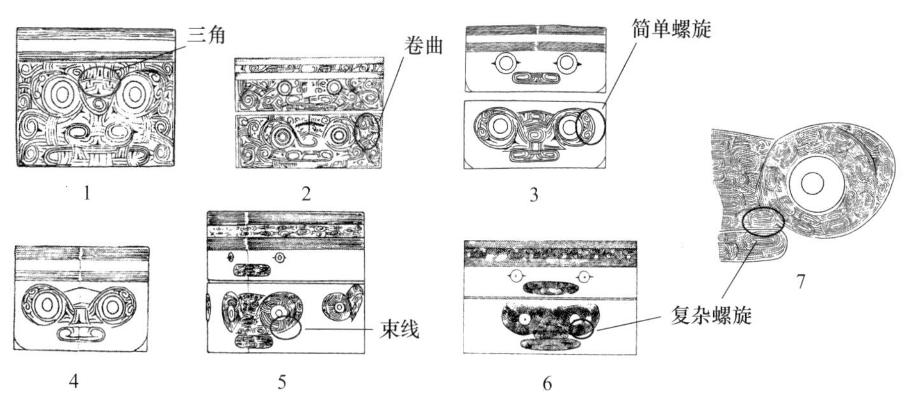

图三 良渚文化玉琮图案的填充方式

1、2. 三角和曲线的组合（瑶山 M10：19、高城墩 M13：采 316） 3、4. 三角、束线和简单螺旋的组合（反山 M12：97、瑶山 M7：34） 5、6. 复杂螺旋和束线的组合（反山 M12：93、寺墩 M5：13） 7. 螺旋和简单曲线组合（反山 M12：98 单独的兽面纹部分）

① 方向明：《良渚文化玉器纹饰研究》，《良渚文化研究——纪念良渚文化发现六十周年国际学术讨论会文集》，科学出版社，1999 年，187～201 页；秦岭：《良渚玉器纹饰的比较研究——从刻纹玉器看良渚社会的关系网络》，《浙江省文物考古研究所学刊（第八辑）——纪念良渚遗址发现七十周年学术研讨会论文集》，科学出版社，2006 年，23～52 页。

简单的曲线：有较规则者，也有不规则者，散见于各种图案，基本上各种玉器刻纹都见（图三，1～7）。

弧线狭长三角：简称三角，主要用于填充神人和兽面的眼睑、獠牙、嘴角、鼻梁和羽冠等部分，其中神人和兽面的眼睑部分最为常见（图三，1～4）。

卷曲纹：简称卷曲，有多种形式，多呈 S 形或圈状卷曲，与螺旋类似，但是不及后者规整，其分布较零散（图三，1、2）。

螺旋纹：简称螺旋，较卷曲规整，有较简单的和较复杂的两种，前者多在 3 圈左右，后者多在 5 圈或更多，它们的应用也比较普遍（图三，3～7）。

束线：多为一组纵向线与一组横向或斜向线结合，形似一组线束住另一组线，最常见于兽面的眼睛，在良渚文化刻纹中也较常见（图三，1～6）。

这几类填充方式除直线和简单曲线较为普遍外，其他多有一些固定组合，其中较常见的有以下几类：

三角和卷曲的组合：如瑶山 M9：4 图案，很多亦有束线。值得注意的是，有此类填充组合的刻纹主题本身也较特殊，其神人部分总体和兽面较相似，有的图案兽面部分甚至也有羽冠。这种填充组合很少，目前只见于瑶山和高城墩的少量玉琮（图三，1、2）。

三角、束线和简单螺旋的组合：如反山 M12：97 的图案。这种组合相对简单，有这种填充方式的玉琮相对较多（图三，3、4）。

复杂螺旋和束线的组合：如反山 M12：93 的图案。这种组合较复杂，有这种填充方式的玉琮也很少，且其造型也一般较精美（图三，5、6）。

除上述三种较常见的填充组合外，反山 M12“琮王”的复杂兽面纹部分和 M12 玉钺的刻纹基本属于螺旋和简单曲线的组合，这种组合是良渚文化玉器刻纹中最为复杂的填充方式，目前也仅见于二者（图三，7）。

在此需要强调，以上介绍的填充线条和组合看似类型繁多，但其实主要见于数量总体较少的较完整或复杂的神人兽面纹中。而且即便在此类图案中，只有轮廓线而无复杂填充的也占多数。其他数量众多的简化神人纹，其填充都很简单，普遍情况为：眼部除表现瞳孔的圆形外，至多再用一周杏仁状曲线（简称杏仁眼）表现眼睛外轮廓（图二，8、11），或再用一条短线表示眼睑；表示嘴部的长方形凸块上有时只有一条横线，有时用一周简单的曲线表现出嘴部轮廓，仅有少数复杂者用螺旋等方式填充其中（图二，3、8、10、11）。

2. 第一、二期玉琮

目前明确属于良渚文化第一期的玉器大墓可能只有张陵山 M4 和瑶山 M9 等少数墓葬，而反山、瑶山和高城墩的多数墓葬应属良渚文化第二期或介于第一、二期之间难以区分。鉴于此，笔者将两期的玉琮以及其他玉器放在一起分析。

属于此期的玉琮共计 54 件。32 件出自良渚遗址群，其中反山者 13 件，瑶山者 19 件。良渚遗址群外发现玉琮共 22 件，但只有高城墩者较多，共 7 件；出自少卿山、张陵山及东山者各 2 件，普安桥、新地里、赵陵山者各 1 件。此外，玉架山 M200、灯笼山、新安桥、荷叶地 M3、王焰、湾里村、店街塘、戴墓墩均有采集或出土背景不详玉琮各1件，依其形制观察，属于此期的可能性也较大，在此一并讨论（图四）。

在玉质上，本期玉琮反山、瑶山和高城墩者基本都以鸡骨白为主，多数有红褐色等瑕斑；其他遗址者则多以青绿色调为主，也多有褐色瑕斑（因此，下文除特殊者外，其他玉琮玉质不再重复说明）。从形制看，本期玉琮均为单节或双节。按照本期玉琮的的具体形制并结合其刻纹特点可以将它们总体分为四类，下文详细分析，并介绍其尺寸情况。

第一类为圆环形琮，共3件，出自瑶山和张陵山，均为单节。其中瑶山M9：4和M10：15在玉质、尺寸方面都较接近（图五），刻纹主题均为复杂的兽面纹，其填充方式均有三角和卷曲组合（图二，2；图四，1）；张陵山M4：02则不同，其玉质为青绿色，刻纹主题及填充方式也较特殊，在良渚文化玉琮中独一无二，似为前两者的简化形式；其体型亦较粗较矮，均显示了其独特之处（图四，2；图五）；此外，据悉玉架山M200也出土圆环形琮，其刻纹主题和填充方式同瑶山者也很相似，不过详细资料尚未发表。

本期其他三类玉琮均为方形琮。其中第二类为小孔近方形琮2件，为反山M12：98“琮王”（图二，8）和瑶山M12：2784，其出土的两墓均为各自墓地最大者。两者的玉质、具体形制相近，但无论是从刻纹主题和填充方式的复杂性，还是尺寸方面，前者均超过后者：前者为双节琮，两节均刻划复杂的神人兽面纹和鸟纹，并在四个刻纹凸面之间刻划四组八个完整的神人兽面图案；填充方式主要为简单和复杂的螺旋组合，且复杂神人纹的弦纹带间也有填充。后者为单节琮，仅刻划复杂的神人兽面纹，图案填充方式则为简单螺旋、束线和三角的组合。此外本期四脚形琮瑶山M7：50也暂归入此组（图二，11），其具体形制前已详述，刻纹主题则为有杏仁眼的简化神人纹。本类3件琮的尺寸均较大，明显超过其他玉琮。

除上述形制较特殊的玉琮外，本期其他玉琮按照刻纹主题又可以分为两类。其中第三类形制则大都为钝角方形琮，除瑶山M7：34刻划复杂兽面纹外，其他均刻划复

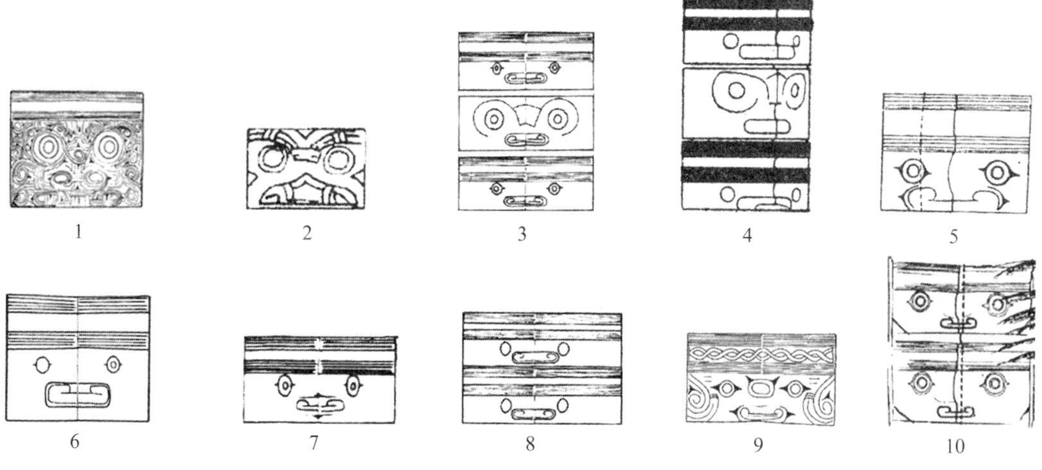

图四　良渚文化第一、二期的玉琮

1. 瑶山M10：15　2. 张陵山M4：01　3. 瑶山西区2824　4. 张陵山东山T6：1　5. 王焰　6. 反山M23：163　7. 普安桥M11：18　8. 反山M23：22　9. 瑶山M10：16　10. 新地里M137：9

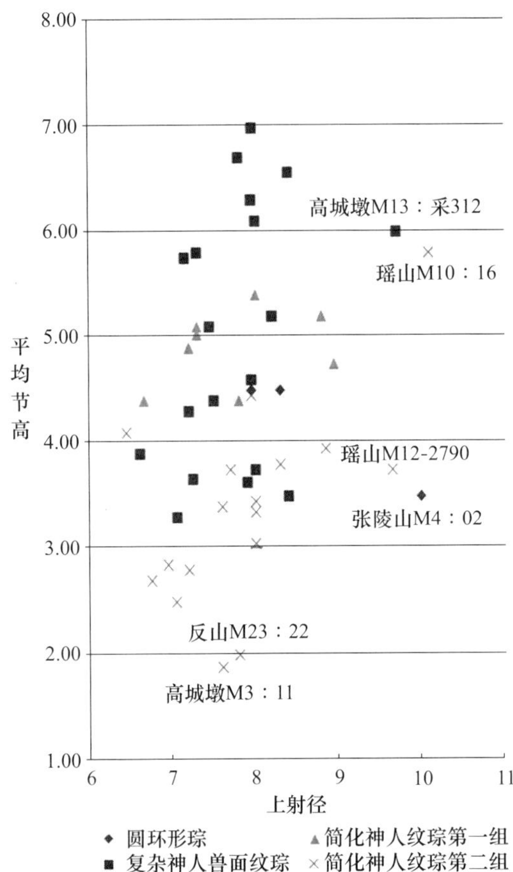

图五　第一、二期玉琮的上射径和平均节高统计

注：由于第二类的 3 件玉琮形体较大，未统计其中

杂神人兽面纹。按照图案填充方式的不同，又可以分四组：第一组为填充三角卷曲组合者，共有 3 件，即瑶山 M10：19（图三，1）、M12-2789 和高城墩 M13：采 316（图三，2），均为单节琮。总体看来，三者包括玉质在内的所有特点都非常接近。第二组为主要填充束线和复杂螺旋组合，且顶端弦纹带间也有填充者，也共有 3 件，均出自良渚遗址群。总体来看，它们的各种特征也大体接近，只有瑶山 M2：22 稍有不同，即它为单节，且填充三角较多（图二，5、7；图三，5），而反山 M12：93 和 M12：96 则为双节。第三组是填充三角和简单螺旋组合，共有 4 件，也均出自良渚遗址群，即瑶山 M12-278、M12-2788、M7：34 和反山 M12：97。总体来看，其特征也大体接近，刻纹图案多有脸庞线。只有瑶山 M7：34 仅刻划兽面纹，较特殊（图二，6；图三，3、4）；此外尚未详细发表资料的灯笼山玉琮可能也属此组，据介绍，它为“青白玉”，似乎也只刻划一复杂的兽面纹。第四组为轮廓线内仅有简单填充者，共有 10 件。其中 7 件出自良渚遗址群，即瑶山西区：2841、2842、M12-2787、反山 M17：1、M17：2、M12：90、M18：6，另外张陵山东山 T6：1、高城墩 M13：采 312 和新安桥[①]各一件

① 古方主编：《中国出土玉器全集 • 8 • 浙江》，科学出版社，2005 年，37 页。

（图四，3、4）。这些玉琮多为单节，但也有两节和一加半结构者。在玉质上，它们均以鸡骨白为主。在尺寸上，此组玉琮数据较广泛，其中高城墩者射径较大，较为特殊（图五）。

第四类玉琮为刻划简化神人纹者，它们大多为钝角方形或近方形琮。按照刻划凸面的形状大体可以分为两组，其中第一组为刻纹凸面较高瘦者，它包括反山 M16：8、M23：163、瑶山 M2：23、高城墩 M5：1、M11：3、M11：7、少卿山 M1：1 和王焰遗址的 9 件玉琮。它们除瑶山者为双节琮外，其他均为单节琮，其尺寸则总体接近（图四，5、6）。第二组为刻纹凸面较扁长者，它包括出自反山 M12：92、M23：22、126、瑶山 M10：16、M12-2785、2790、2791、西区 2844、2845、高城墩 M3：11、M5：2、新地里 137：9、普安桥 M11：18、少卿山 M1：2 的 14 件玉琮（图三，7～10），此外，荷叶地 M3：24 和湾里村、店街塘、戴墓墩采集玉琮的刻纹凸面虽然无详细尺寸，但从照片看也应属于此组。本组玉琮的情况较为复杂，形制上，单、双节者均较多。玉质上，本组反山 M23：126 较为特殊，它与良渚遗址群的多数玉器不同，以墨绿 - 黄绿色为主。从横剖面看，本组中也有两件玉琮较特殊，即反山 M23：22 和高城墩 M3：11 为近圆环形，且它们的平均节高在本组中也都非常小（图四，8；图五）。从其刻纹主题的填充方式看，本组玉琮神人眼睛部分可分为只有圆圈、有眼睑的和有杏仁眼的三种，大多数玉琮神人嘴部只有轮廓线，只有瑶山西区的 2844 嘴部填充有螺旋，而新地里的玉琮则是本组中唯一有脸庞线者（图四，10）。此外，瑶山 M10：16 填充方式为三角和简单曲线的组合，且弦纹间填充绞索线，是良渚文化玉器中的一个孤例，且这件玉琮的体型在本组中也较大（图四，9）。从尺寸上看，本组玉琮除上述的特殊者外，瑶山 M12-2790 射径也稍大（图五）。

除上述玉琮外，本期赵陵山遗址 M77 出土素面玉琮一件，其整体为方柱形，且中间已钻孔，似为单双节琮的毛坯。而高城墩 M8 中还发现有玉琮残块 5 块。

综上所述，对本期玉琮有以下认识：第一，本期的玉琮绝大多数出自良渚遗址群，且它们的类型较齐全，玉质基本一致，多数刻纹精美。不过在遗址群内部，瑶山和反山的玉琮也有一些区别，其中反山 M12：93、96、98 的刻纹主题和填充方式在所有良渚文化玉琮中最为复杂，瑶山的玉琮不见这种现象；而本期圆环形琮及三角和卷曲结合的填充方式也只见于瑶山，反山不见。这种区别的形成一方面有两者具体年代不同的原因，即瑶山墓地的年代总体早于反山墓地；另一方面也表明了良渚遗址群中应存在不同的玉器风格。第二，良渚遗址群外，高城墩出土的玉琮相对较多，类型也较全，而在玉质、刻纹主题和填充方式方面，它与瑶山、反山的玉琮有诸多相似之处，尤其是三角和卷曲组合的填充方式目前仅见于瑶山和高城墩的部分玉琮。第三，本期良渚遗址群外的玉琮，除高城墩外，其他遗址出土的玉琮以灯笼山、新安桥和张陵山东山者较为特殊。在玉质上，它们并非青绿色调，而是与良渚遗址群相同以鸡骨白为主；且三者也出土有除良渚遗址群及高城墩外仅有的三件刻划复杂神人兽面纹或兽面纹的玉琮。第四，本期刻划简化神人纹的玉琮均较相似，唯有张陵山玉琮 M4：016 显示出较大的特殊性，其玉质为淡黄绿色，刻纹主题和填充方式与其他玉琮相差较大，尺寸也与本期另两件圆环形琮明显不同。

3. 第三期玉琮

本期发现的玉琮数量相对较少，共计 25 件。在良渚遗址群中，仅有反山 M14 和 M20 两墓出土了 7 件单双节琮。在良渚遗址群外，共有 18 件玉琮，其中出自草鞋山者 6 件，邱承墩者 5 件，福泉山和绰墩者各 1 件。此外，大园里、曹庄各采集到 1 件玉琮，玉架山 M149、M200 和 M21 出土 3 件玉琮，依其形制观察，它们属于此期的可能性也较大。这些玉琮中，除单双节琮外，还有较多的多节玉琮。

本期的单双节琮基本都是钝角方形琮或近方形琮。按照刻纹主题的不同可把它们分为两类，其中第一类为刻划复杂神人兽面纹者，共 3 件，分别为反山 M20：122、124 和福泉山 M65：60。其中反山 M20：124 为双节琮，其他两者为单节琮。三者的横截面形状、尺寸都较接近，玉质也都以鸡骨白为主。但刻纹的具体细节上存在不同：反山 M20：122 的填充组合为三角和简单螺旋组合，且上部弦纹间也填充螺旋（图六，1）；反山 M20：124 除刻划复杂神人兽面纹外，还配有鸟纹，但仅有轮廓线而无具体填充（图六，2）；福泉山 M65：60 在神人和兽面嘴部填充螺旋，这种情况在良渚玉琮

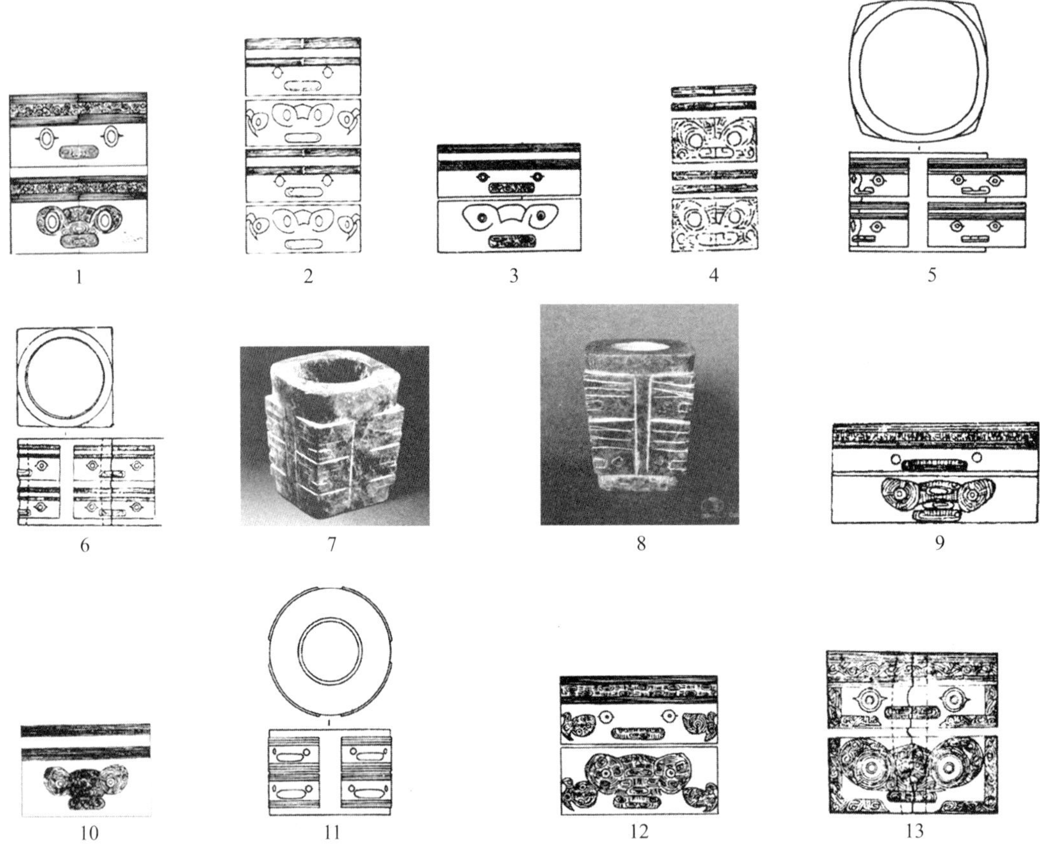

图六　良渚文化第三、四期玉琮

1. 反山 M20：122　2. 反山 M20：124　3. 福泉山 M65：60　4. 草鞋山 M199：1　5. 福泉山 M65：49　6. 绰墩　7. 大园里　8. 玉架山 M21　9. 横山 M2：11　10. 汇观山 M2：34　11. 福泉山 M40：91　12. 福泉山 M9：21　13. 寺墩 M4：1（1～8. 第三期　9～13. 第四期）

中较为少见（图六，3）。另外，本期草鞋山的M199：1也刻划复杂兽面纹，也可暂时归入此类。但其尺寸颇小，玉质以鸡骨白为主，刻纹的填充方式也较为特殊，除直线和曲线外也有简单的卷曲（图六，4）。

第二类为刻划简化神人纹的单双节琮，共有7件，即反山M14：179、M14：180、M14：181、M20：121、M20：123、福泉山M65：49和绰墩玉琮。除反山M20：123的刻纹凸面较高瘦外，其余玉琮的刻纹凸面均为扁长型。这些玉琮玉质均以鸡骨白为主；横截面多为钝角方形或近方形，只有福泉山M65：49横剖面总体接近弧边方环形，绰墩玉琮的横截面基本为方形（图六，5、6），与反山者相差较大。从尺寸上看，这些玉琮中，反山者尺寸都比较接近，但绰墩和福泉山者则尺寸相对较小（图七）。

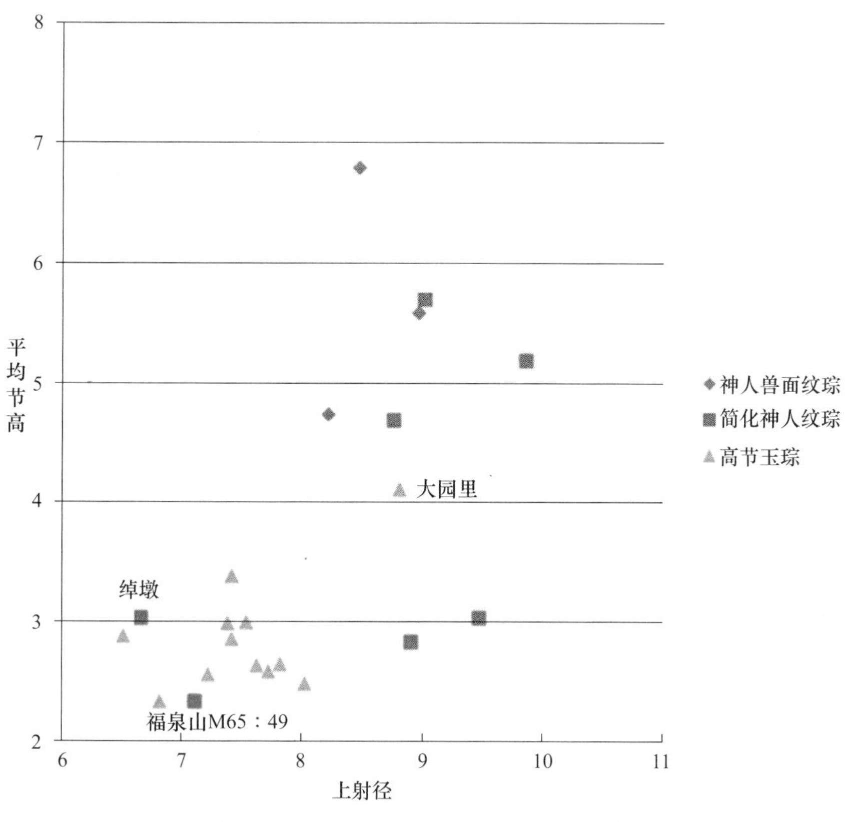

图七 第三期玉琮的上射径和平均节高的统计

注：由于草鞋山小琮尺寸较小，未统计其中

本期出土的多节玉琮有10件，均出自草鞋山和邱承墩遗址，即草鞋山M198I：1、M198Ⅰ：21、M198Ⅱ：2、M199：4、M199：9、邱承墩M3：6、M3：10、M3：11、M5：3、M5：5，其节数为5～12节不等。从玉质上看，除邱承墩玉琮M3：6完全沁为黄白色，草鞋山M199：9为茶褐色外，其他玉琮的玉质均较相似，均以青绿色调为主，杂有其他颜色的网斑。在刻纹上，它们都是只有轮廓线而无具体填充者；它们的具体尺寸也均较接近。

除上述分期明确者外，玉架山M149、M200、M21出土的玉琮，后者及大园里、曹庄遗址采集的玉琮属于此期的可能性也较大。其中大园里玉琮为 2.5 节，刻划简化的神人纹，最下一节缺失一半，可能原应为多节玉琮；此件玉琮射口突出较高，较为特殊，其射径则为本期玉琮中最小者（图六，7）。玉架山 M21 出土的双节玉琮也较独特，其玉质为褐色，刻划简化神人纹，但其刻划潦草，弦纹带部分仅刻有几条不甚直的线（图六，8）。此外，本期福泉山 M53 还出土了残琮两件。

综上所述，对本期玉琮有以下的认识：第一，本期良渚遗址群的玉琮与之前相比各种特征均变化不大，但其数量已经大大减少。第二，福泉山 M65：60、绰墩、大园里和玉架山 M21 玉琮均较有特色，显示出其独特性。第三，草鞋山和邱承墩的多节玉琮总体特征接近，但与大园里采集玉琮差距较大；草鞋山小琮则较特殊。

4. 第四期玉琮

本期出玉琮数量较多，共计 82 件，并以多节玉琮为主。这些玉琮大多出自寺墩遗址，共计 60 件；此外，出自福泉山者 6 件，汇观山和横山各 4 件，亭林和反山各 1 件。此外吴家埠和佘墩庙之前各采集和发掘 2 件玉琮，双桥遗址之前散布出的玉琮中有 2 件有详细的图文资料[①]，太平高桥、杨家埠[②]、辉山[③]和嘉菱荡之前各采集到 1 件玉琮，这些玉琮依其形制看属于此期的可能性也较大，在此一并分析。

本期单双节琮总体可以分为三类。第一类为圆环形琮，共 6 件，除汇观山 M2：34、横山 M2：11、福泉山 M40：91 和寺墩 M3：43 外，福泉山 M67：4 应该是此类琮的半成品，吴家埠采集 06693[④]从照片看与此类琮形制接近，因此一并讨论。本类琮的情况复杂。在玉质上，除福泉山的两件玉琮为沁白色叶蛇纹石外，其他均以鸡骨白为主。在节数和刻纹上，吴家埠和汇观山者均为单节琮，刻划复杂神人纹，寺墩和横山者玉琮也为单节琮，均刻划复杂神人兽面纹，福泉山 M40：91 为双节琮，刻划简化神人纹（图六，9～11）。在填充方式上，吴家埠、寺墩和福泉山者仅有轮廓线，汇观山者填充螺旋和束线组合，横山者则填充束线。在尺寸上，这些琮之间的差距明显，其中吴家埠者射径最大，福泉山 M67：4 射径最小，此外，福泉山 M40：91 壁较厚，显示出其特殊之处（图八）。

第二类为小孔方形琮，数量较多，共 10 件，其中寺墩出土 8 件，即寺：19、20、24、26、27 和 M3：5、29、41，汇观山出土 2 件，即 M4：1、2。这些玉琮以单节者为多，也有双节者。在玉质上，寺墩出土者均为蟹青 - 灰白色，汇观山 M4：1 为鸡骨白，M4：2 则为浅绿色。从刻纹主题和填充方式看，这些玉琮已发表者均刻划简化神人纹，有些神人眼部也缺失；多数玉琮只有轮廓线而无填充，唯有寺：26 嘴部填充了螺旋。从尺寸看，寺：27 射径较大远超其他玉琮，寺墩其他玉琮尺寸也较大；而汇观山两琮则射径较小，和一般方形琮接近（图八）。

---

① 嘉兴市文化局编：《崧泽・良渚文化在嘉兴》，浙江摄影出版社，2005 年，7、16、21 页。

② 浙江省文物考古研究所、上海市文物管理委员会、南京博物院：《良渚文化玉器》，文物出版社、两木出版社，1990 年，41 页。

③ 浙江省文物考古研究所、上海市文物管理委员会、南京博物院：《良渚文化玉器》，文物出版社、两木出版社，1990 年，43 页。

④ 浙江省文物考古研究所：《良渚遗址群考古报告之三——良渚遗址群》，文物出版社，2005 年，295 页。

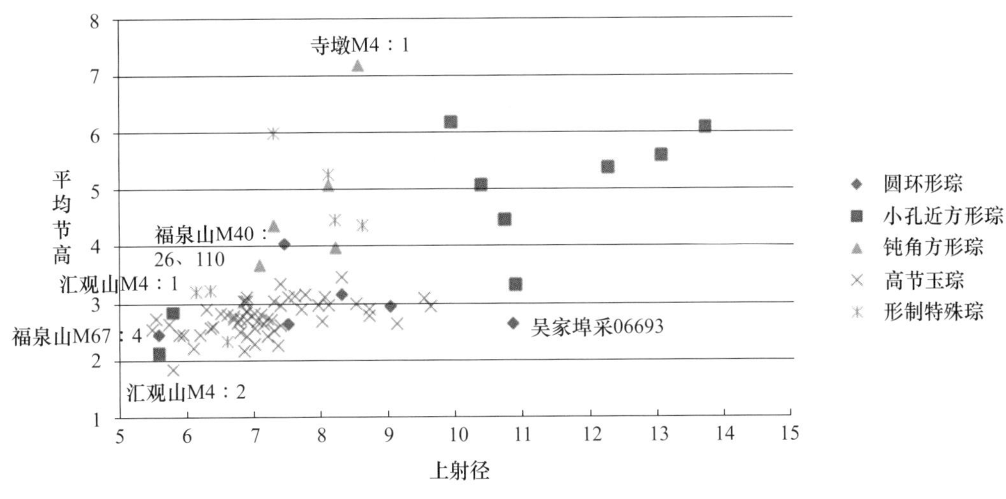

图八 第四期玉琮的上射径和平均节高统计

注：由于寺：27 尺寸较大，未统计其中

本期其他方形琮可归为第三类，共 6 件，即寺：18、M4：1、M5：13、福泉山 M9：14、21 和汇观山 M2：29，但它们差别较大。在玉质上，福泉山两琮以黄绿色为主，汇观山和寺墩者则均以鸡骨白为主。从横剖面形状看，寺：18 为近圆环形方形琮，福泉山两琮为近方环形，寺墩 M4：1、M5：13 为钝角方形琮；汇观山者为近方形琮。从节数和刻纹主题看，汇观山者为刻划简化神人纹的单节琮，寺：18 为刻划复杂兽面纹的单节琮，其余四琮均刻划复杂的神人兽面纹；除寺墩 M5：13 为一加半结构外，其他为单节琮。从填充方式看，其中福泉山 M9：14、寺：18 和汇观山者无填充；福泉山 M9：21 神人和兽面部分两侧皆有鸟纹，且兽面部分和鸟纹相连，鸟纹身体部分较为扁长，上角尖锐，螺旋的填充也较特殊，这些特点均为良渚玉琮中的孤例（图六，12）；寺 M4：1 的构图也较特殊，其神人和兽面图案两旁有边框，框中也有填充，也为良渚玉琮中的孤例（图六，13）；寺墩 M5：13 兽面眼睛扁长、上角尖锐，填充方式为束线和复杂螺旋结合，且其弦纹间也有填充，与横山圆环形琮 M2：11 相似，也较独特（图三，6）。从尺寸上看，寺墩 M4：1 的平均节高的明显较高，M5：13 尺寸不明，其他玉琮则相差不大（图八）。

除了上述单节和双节玉琮外，良渚文化本期还有几件形制较特殊的玉琮：其中寺墩 M1：3 虽为两节，但显示出多节玉琮上下射径相差较大的特性，而且也刻划简化神人纹，所以本文把它放在多节玉琮中分析。寺墩的寺：21、22、23、25、28 也均为单节或双节琮，但均无图发表，这些玉琮的射径和平均节高虽都接近钝角方形琮，但孔径却都较小，似乎代表了一种横截面介于小孔近方形和钝角方形琮之间的形制（图八）。福泉山 M40：26 和 M40：110（图二，3）是能够组合在一起的一对琮，说明它们是后来被切割开的。两者共七节，玉质经鉴定为滑石，剖面和其他几件福泉山玉琮相似，为近方环形的钝角方形，两琮刻划主题为简化神人纹且无填充，显示出单双节琮与多节玉琮间的过渡状态（图八）。

本期共发现多节玉琮 48 件（包括寺墩 M1：3），其中除亭林 M16：17，反山

M21：4，横山 M2：14、18、21 外，其余 43 件均出自寺墩遗址，且它们主要出于 M3、被破坏的 M4 以及灌电站附近的低地中。另外太平高桥、杨家埠、辉山、嘉菱荡和吴家埠（1345-2-158）[①]之前各采集到 1 件玉琮，佘墩庙发掘及采集到 2 件玉琮，双桥遗址有两件图文资料详细的玉琮，它们也均可归为此组。这些玉琮的节数为 2（寺墩 M1：3）至 15 节不等，其中 10 节以上者，除双桥遗址发现一件外，其余均出自寺墩遗址；而反山 M21：4 和佘墩庙 M6：1 还为带半节的玉琮。在玉质上，这些玉琮大多为墨绿 - 黛青 - 灰白色，但其受沁程度有所不同；只有几件玉琮的玉色较特殊，其中横山 M2：18 为浅绿色，太平高桥玉琮为深黄绿色，杨家埠和反山玉琮为鸡骨白。从刻纹主题和填充方式看，这些玉琮发表图者都刻划简化神人纹，且大多数都只有轮廓线，只有少数嘴部填充螺旋。从尺寸看，这些玉琮均比较接近（图八）。

综上所述，对于本期的玉琮有如下认识：第一，寺墩遗址出土本期绝大多数的玉琮，且类型也较齐全，其单节和双节玉琮的刻纹主题及填充方式等均显示出自己的特点。这些情况都与第一、二期的良渚遗址群相似。第二，本期良渚遗址群仍有少量玉琮出土，但与之前的变化较大，出现了一些与之前流行样式不同的玉琮，如汇观山的小型小孔近方形琮，反山和吴家埠的多节玉琮。第三，本期福泉山遗址出土玉琮多较特殊，如近方环形滑石质琮 M40：110 和 M40：26，厚壁圆环形琮 M40：91 和半成品琮 M67：4，刻纹主题和填充方式较特别玉琮 M9：21 等，均具有自己的特色。第四，本区其他遗址出土的部分玉琮也有一些较有特点者，如横山的圆环形琮等，但由于数量较少，具体情况还不明确。

除上述分期基本明确的玉琮外，良渚文化中还有一些分期不明的玉琮。如在良渚遗址群中，瓶窑曾出土一件残半玉琮，吴家埠遗址也曾采集到素面玉琮[②]；良渚遗址群外，姚家山遗址也出土了三件小玉琮。另外，据悉良渚文化中还有一些遗址也曾出土过玉琮或残琮，如良渚遗址群内的羊尾巴山、卢村、扁担山、钟家村等[③]，良渚遗址群外的湖州东林乡[④]、常州青墩[⑤]以及属于第四期的福泉山 M9：13 等，但它们尚无详细图文发表。

（二）玉钺

与玉琮相比，玉钺的形制差异较小。在良渚文化中，它们多为常态，即总体形状呈“风”字形，顶部大都为平顶（少数不平者也多为后期残损所致），两侧边总体外斜呈斜线或半凹线，刃部为弧刃，多数玉钺上部有一较小的穿孔，部分玉钺有上下两个穿孔，且靠近顶端的孔多为半孔。这种常态玉钺的高度以 20 厘米为界，又大体分长、短两种。其中长体者数量较少，短体者数量较多。此外，除常态钺外，在良渚文化中，

① 浙江省文物考古研究所：《良渚遗址群考古报告之三——良渚遗址群》，文物出版社，2005 年，200 页；古方主编：《中国出土玉器全集 • 8 • 浙江》，科学出版社，2005 年，144 页。

② 浙江省文物考古研究所：《良渚遗址群考古报告之三——良渚遗址群》，文物出版社，2005 年，197、204 页。

③ 浙江省文物考古研究所：《良渚遗址群考古报告之三——良渚遗址群》，文物出版社，2005 年，42、49、59、67 页。

④ 林华东：《良渚文化研究》，浙江教育出版社，1998 年，41 页。

⑤ 国家文物局：《中国文物地图集 • 江苏分册》下册，中国地图出版社，2008 年，256、257 页。

还有少数形制较特殊的玉钺。即与常态钺相似，但刃部整体平直的平刃钺；四角较圆钝，肩部和刃部都呈弧形，且多带大孔的钺（简称大孔圆钝钺）；肩宽和刃宽接近的近长方形钺等，但它们的数量都较少。良渚文化的玉钺基本为素面，目前仅发现反山M12：100有刻纹图案（图九）。

下面按照期别介绍各期玉钺的具体情况。

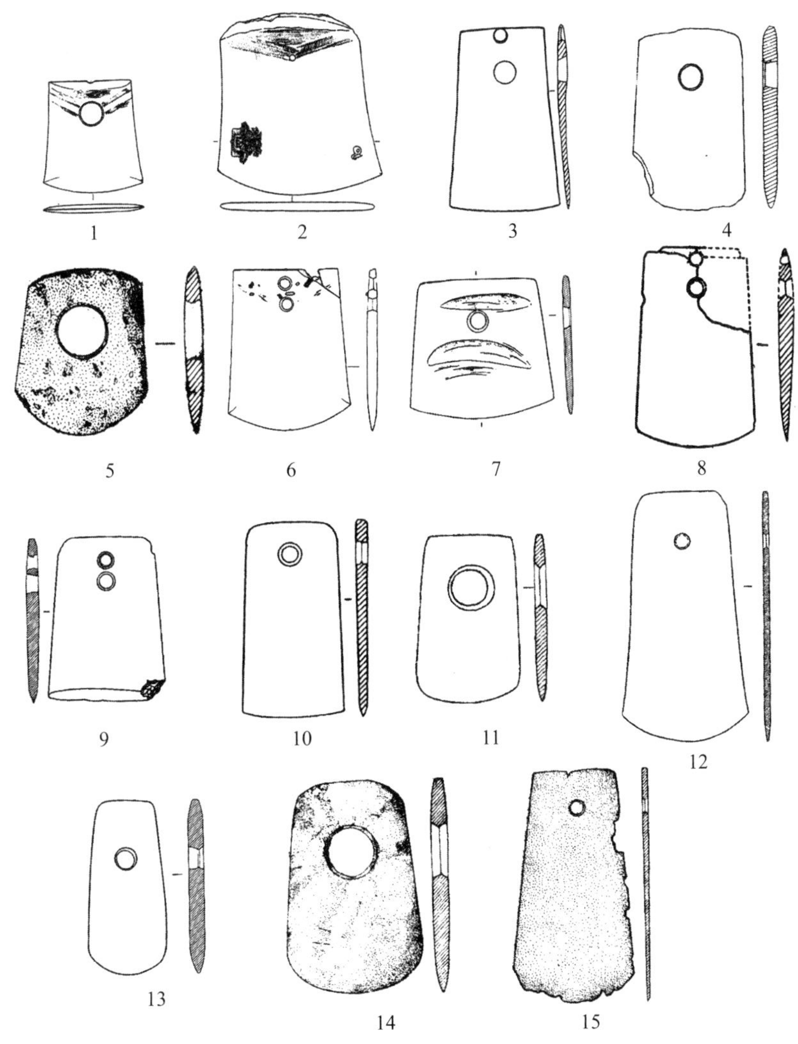

图九　良渚文化的玉钺

1～3、6～8. 常态短体钺（瑶山M3：12、反山M12：100、福泉山M144：12、反山M14：177、新地里M121：9、绰墩） 4、10. 近长方形钺（金家浜M7：11、龙潭港M9：31） 5、11、14. 大孔圆钝钺（张陵山东山M1：7、草鞋山M198Ⅰ：4、寺墩M3：42） 9. 平刃钺（大坟） 12、15. 常态长体钺（邱承墩M3：6、寺墩M3：86） 13. 圆钝的长体钺（邱承墩M3：12）

注：1～5. 第一、二期 6～13. 第三期 14、15. 第四期

1. 第一、二期玉钺

属于本期的玉钺共有24件，其中出自瑶山9件，即M2：14、M3：12、M7：32、

M8：14、M9：14、M10：14、西区 –2792、2840、3047；反山 3 件，即 M12：100、M16：45、M17：22；高城墩 4 件，即采：317、M1：1、M5：18、M13：2；少卿山 2 件，即 M1：3、4；张陵山 2 件，即 M4：016[①]、东山 M1：7；此外，福泉山 M144：13、普安桥 M11：70、金家浜 M7：11[②] 各 1 件。数量上仍以出自良渚遗址群者为多数。此外荷叶地 M9：19 属于本期的可能性也较大，在此一并讨论。

从玉质上看，本期玉钺良渚遗址群者均为鸡骨白，部分夹杂色斑。遗址群外，金家浜和高城墩 M1、M5 三件也为鸡骨白；高城墩 M13 和采：317 两钺整体为灰绿色；少卿山、张陵山和荷叶地的 4 件玉钺为不同程度的黄绿色；福泉山和普安桥玉钺总体呈现墨绿色，并有杂色斑。这些玉钺中，张陵山东山者曾做过矿物成分鉴定，但郑建和闻广两位先生对其有不同的意见，郑建先生鉴定其为透闪石软玉，闻广先生认为是硬水铝石；且此钺的形制、颜色也与一般玉钺不同，非常接近良渚文化常见的凝灰岩大孔石钺，所以其材质是否为“玉”尚且存疑（图九，5）。

从形制看，本期玉钺除了金家浜者为近长方形钺（图九，4），张陵山东山者为大孔圆钝钺外，其他玉钺均为常态短体钺（图九，1）。其中有两钺较特殊，福泉山者其刃部弧度较小，接近平刃（图九，3），而反山 M12：100 顶部为弧顶，上部的穿孔非常小；且它还是目前良渚文化中发现的唯一一件有刻纹的玉钺，刻划完整的神人兽面纹和鸟纹，且图案的填充方式基本全为螺旋。此钺的上述特点均显示了它的非同寻常，同时也突出了反山 M12 的规格之高（图九，2）。

从具体尺寸看，本期玉钺尺寸大多相近。只有两件较特殊：一是上述张陵山东山玉钺，其体型很小。二是刻纹的反山 M12：100，其体型远远大于本期其他玉钺。

综上，本期玉钺除较上述形制较特殊的金家浜玉钺和反山 M12：100 外，其他玉钺的差别主要是玉质的不同，与本期玉琮的情况相似，即良渚遗址群与高城墩者多为鸡骨白，遗址群外的玉钺则多为青绿色调。

2. 第三期玉钺

属于本期的良渚文化玉钺共有 21 件，其中出自邱承墩者 7 件，即 M3：12、26，M5：6、8、13，M11：24、28；福泉山 5 件，即 M65：46，M74：33、37，M109：15，M136：3；反山 2 件，即 M14：177、M20：144；草鞋山 2 件，即 M198：13、14；此外还有绰墩、新地里 M121：9、金石墩[③]M8：8、大坟[④]M2：7、龙潭港[⑤]M9：12 各 1 件。以福泉山和邱承墩遗址出土最多。此外由于马厩[⑥] 遗址采集玉钺与本期龙潭港玉钺形制非常接近，在此一并讨论。

---

① 浙江省文物考古研究所、上海市文物管理委员会、南京博物院：《良渚文化玉器》，文物出版社、两木出版社，1990 年，173 页。

② 桐乡市博物馆：《桐乡金家浜遗址发掘简报》，《崧泽・良渚文化在嘉兴》，浙江摄影出版社，2005 年。

③ 海宁市博物馆：《浙江海宁金石墩遗址发掘报告》，《东南文化》2003 年 5 期。

④ 陆耀华：《浙江嘉兴大坟遗址的清理》，《文物》1991 年 7 期；嘉兴市文化局编：《崧泽・良渚文化在嘉兴》，浙江摄影出版社，2005 年，73 页。

⑤ 浙江省文物考古研究所、海盐县博物馆：《浙江海盐龙潭港良渚文化墓地》，《考古》2001 年 10 期。

⑥ 国家文物局：《中国文物地图集・浙江分册》下册，文物出版社，2010 年，303 页；古方主编：《中国出土玉器全集・8・浙江》，科学出版社，2005 年，43 页。

在玉质上，本期草鞋山M198Ⅰ：14为黑褐色绢云母质，福泉山M74：37为米黄色蛇纹石，两者均属“假玉”范畴。新地里和草鞋山M198Ⅰ：13为受沁的灰白色，福泉山M109、金石墩和反山M14（图九，6）、M20所出四钺均为鸡骨白，福泉山M136：3玉质为青蓝色，福泉山M74：33和大坟的玉钺为墨绿色，福泉山M65：46、绰墩、龙潭港、马厩和邱承墩的11件玉钺则呈现出不同程度的黄绿色。

从总体形制看，本期除了大坟玉钺（图九，9）和福泉山M109：15为平刃钺，龙潭港（图九，10）和马厩的玉钺为近长方形钺，草鞋山M198I：14为大孔圆钝钺（图九，11），邱承墩M3：10则为圆钝的长体钺（图九，13），其余玉钺均为常态钺。而本期的常态钺除短体者外（图九，6），邱承墩遗址还出现了4件长体钺（图九，12；图一〇）。此外本期短体钺中有两件形制稍有特殊，即新地里者体态较宽（图九，7；图一〇），绰墩者顶部则有突出的榫形物（图九，8）。

从尺寸看，本期玉钺除新地里者体形较宽，邱承墩有4件长体钺外，其他玉钺均相差不大，并总体较第一、二期时变瘦（图一〇）。

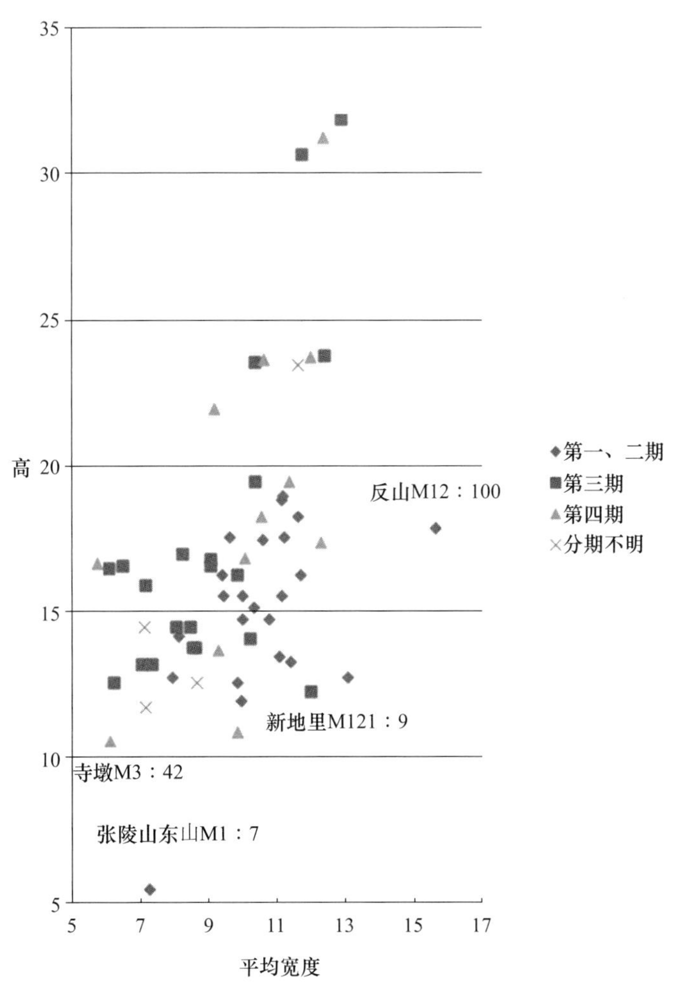

图一〇 良渚文化玉钺的尺寸统计

注：平均宽度为玉钺肩宽和刃宽的平均值

综上所述，可见本期玉钺的情况较为复杂，各遗址出土者均显示出自己的特色，各种特征都相似者较少，仅有反山与金石墩玉钺、龙潭港和马厩玉钺较为相似。而且即使是玉钺数量较多的邱承墩和福泉山遗址内部，其玉钺也显示出多样性。

3. 第四期玉钺

属于本期的良渚文化玉钺数量较少，仅有 12 件，其中出自福泉山者 4 件，即 M9：16、25，M40：82、86；寺墩 4 件，即 M3：42、57、86，M5：1；横山 2 件，即 M1：01、M2：40；汇观山 1 件，M4：20。此外，吴家埠遗址采集玉钺 0070-2-1[①] 属此期的可能性也较大，也在此一并讨论。

在玉质上，本期寺墩 M3：57、M3：86（图九，15）情况不明，福泉山 M40：86 为青灰色滑石质，横山 M2：40 与汇观山、吴家埠者玉色为以鸡骨白为主，福泉山、寺墩和横山遗址出土其他 6 件玉钺则均为不同程度的黄绿色。

在形制上，本期玉钺除寺墩 M3：42 为大孔圆钝钺外（图九，14），其他玉钺均为常态钺，其中长体者 4 件，有寺墩 M3：86 和福泉山者除 M9：25 外的 3 件，其余 7 件则为短体钺。

在尺寸上，寺墩的大孔钺形体较小；本期的 4 件常态长体钺尺寸则总体和第三期长体钺相近；7 件常态短体钺的尺寸则和第一、二期的玉钺比较接近（图一〇）。

综上所述，本期的玉钺数量较少，其中良渚遗址群及横山出土者仍多为鸡骨白的短体常态钺。福泉山和寺墩玉钺均有长体和短体的常态钺，其玉质则多为黄绿色。此外寺墩遗址还出土了唯一一件形制特殊的大孔圆钝钺。

此外，除了上述分期明确的玉钺外，良渚文化中还有几件期别不明的玉钺，如横沼[②]、庄桥坟[③]、徐巷[④]、仙坛庙[⑤]M143 和淳安县[⑥]出土的玉钺。从形制看，这些玉钺除淳安钺为常态长体钺外，其余均为常态短体钺。在玉质上，庄桥坟玉钺 M147：6 为较罕见的深黄色，其他玉钺均为深浅不一的黄绿色。从尺寸看，除仙坛庙玉钺不明外，其他玉钺尺寸都与第二期玉钺尺寸相近（图一〇）。

（三）玉璧

玉璧是良渚文化数量最多的大型玉器，其形制也最为简单，整体形状均为中心穿圆孔的正圆形，只有寺墩遗址的寺：6 为一件切半玉璧。良渚文化玉璧的玉质也多较特殊，即大多数与多节玉琮相似，玉色在墨绿 - 蟹青 - 灰白色范围，只有少数为鸡骨白等其他颜色。绝大多数良渚玉璧均为素面，仅有极少数有刻划图案。良渚玉璧的尺寸，

① 浙江省文物考古研究所：《良渚遗址群考古报告之三——良渚遗址群》，文物出版社，2005 年，188 页。

② 嘉兴市文化局编：《崧泽·良渚文化在嘉兴》，浙江摄影出版社，2005 年，50 页。

③ 浙江省文物考古研究所、平湖市博物馆：《平湖庄桥坟遗址发掘的主要收获》，《崧泽·良渚文化在嘉兴》，浙江摄影出版社，2005 年。

④ 姚勤德：《江苏吴县南部地区古遗址调查简报》，《考古》1990 年 10 期。

⑤ 浙江省文物考古研究所、海盐县博物馆：《海盐仙坛庙遗址的发掘》，《崧泽·良渚文化在嘉兴》，浙江摄影出版社，2005 年。

⑥ 鲍艺敏：《从淳安发现的玉琮、玉钺看淳安古文化与良渚文化的关系》，《南方文物》1993 年 3 期。

直径大多数都在 13 厘米以上，大体以 18 厘米为界又可以分为大小两种，而大型玉璧中，超过 25 厘米者也极少，又可称为特大型玉璧；玉璧的孔径，据笔者统计，小型玉璧大都在 3.5～5.4 厘米之间，超出此范围者很少，其中又大多集中在 3.8～4.8 厘米之间；大型玉璧的孔径较分散，但绝大多数也在 3.5～5.6 厘米之间。此外，至于良渚文化早期少数直径小于 13 厘米的所谓“玉璧”，加之其孔径都较大，本文认为应称为小玉璧或玉瑗比较恰当。

如上节所述，良渚文化玉璧分布极不均匀，它们大多出土于反山和寺墩的 5 座墓葬及寺墩灌电站周围的低地中（也应为一墓）。下文按期别详细分析各遗址出土玉璧的具体情况，并重点分析上述墓葬出土的玉璧。

1. 第一、二期玉璧

属于本期的玉璧共 77 件。其中出自反山者共 61 件，它们之中又有 54 件出自 M23，此外 M22 出土 3 件，M12 出土 2 件，M15、M16 各出土 1 件。除反山外，出自高城墩者 8 件，其中 M8、M9 各 2 件，M1、M2、M5、M10、M13 和采集者各 1 件。另外出自吴家埠 M13 者 2 件、钵衣山[①]M2 者 1 件、少卿山 M9 者 2 件、张陵山东山 M1 者 1 件。此外，荷叶地已发表的 2 件玉璧，属于本期的可能性也较大，所在此一并讨论。

从玉质上看，本期大部分玉璧玉色均在墨绿 - 蟹青 - 灰白色范围内，只有高城墩和反山的少数玉璧有以鸡骨白或灰白色为主者。

从形制看，本期玉璧除反山 M12 出土两件小玉璧外，其他玉璧多为小型玉璧。本期的大型玉璧数量较少，而直径超过 21 厘米者只有张陵山东山和少卿山的 3 件玉璧，而且值得注意的是，少卿山出土的两件玉璧上还有刻符。本期玉璧的孔径多在 5 厘米以下，但良渚遗址群和高城墩出土的部分玉璧孔径有在 5 厘米以上的，其中反山 M23：169 最大，为 6.6 厘米（图一一）。

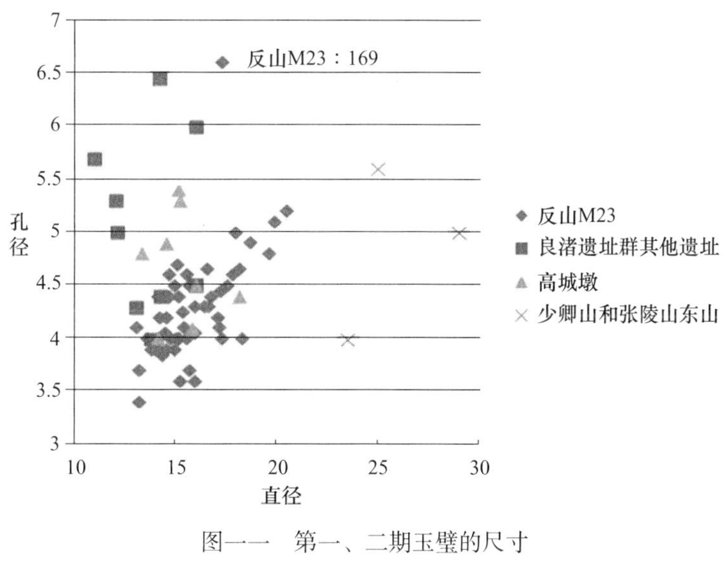

图一一　第一、二期玉璧的尺寸

① 浙江省文物考古研究所：《浙江余杭钵衣山遗址发掘简报》，《文物》2002 年 10 期。

综上所述，本期玉璧中以张陵山东山和少卿山的 3 件大型玉璧较为特殊，尺寸与良渚遗址群和高城墩出土者明显不同。后两者的玉璧大都为小型玉璧，玉质有少数以鸡骨白或灰白色为主者。高城墩玉璧的尺寸与反山 M23 者总体接近；反山 M23 出土玉璧则除了反山 M23：169 孔径较大外，其余尺寸较接近。

2. 第三期玉璧

属于本期的玉璧共 110 件。其中出自反山者 69 件，它们之中 M14 出土 26 件，M20 出土 43 件。此外，出自邱承墩者 25 件，其中 M3 出土 7 件，M5 出土 9 件，M11 出土 6 件，采集 3 件；出自草鞋山者 5 件，M199 出土 3 件，M198 出土 2 件；出自横山者 4 件，M1、M2 各 2 件；福泉山 3 件，M60 出土 2 件，M109 出土 1 件；另外，叭喇浜[①]M11、大坟 M1、新地里 M121、庙前[②]第五六次发掘 M7 各 1 件。

从玉质看，本期反山出土的玉璧少数为以鸡骨白为主并夹杂斑者，但大多为墨绿 - 蟹青 - 灰白色。邱承墩出土玉璧多为青绿色。其他遗址出土者，除福泉山 M60：46 小玉璧为沁灰白色蛇纹石质，草鞋山 M199：10 为茶褐色外，其他玉璧玉色也多在墨绿 - 蟹青 - 灰白色范围内。

从形制看，本期反山出土玉璧大都为小型玉璧，除 M14：223 孔径较大，小玉璧 M20：5 直径较小外，其余玉璧尺寸大都接近，但两墓玉璧的尺寸也明显聚类成两组，M14 出土者总体之间小于 M20 出土者；此外大坟 M1：6 和新地里 M121：21 都是小型玉璧，福泉山 M60：46、M109：8 则为小玉璧。本期横山、邱承墩、草鞋山、叭喇浜、庙前出土者则多为大型玉璧，只有少数小型玉璧。其中邱承墩 M3、M5 和 M11 的玉璧尺寸也存在类似反山的情况，即三墓可以明显聚类成三组。其他遗址出土的玉璧，草鞋山者整体孔径较大，较有特点，横山者尺寸则相对较接近（图一二）。

综上所述，本期玉璧的情况与上期仍比较相似，即反山者大多为小型玉璧，并有少数玉质以鸡骨白为主者，良渚遗址群外的玉璧多为大型玉璧，且各遗址甚至各墓葬的玉璧都呈现出尺寸较接近的现象。

3. 第四期玉璧

属于本期的良渚文化玉璧共 63 件。其中出自寺墩者 45 件，它们之中 M3 出土 24 件，M1 出土 2 件，M4、M5 出土各 1 件，采自 M4 被破坏部分和灌电站周围低地中的 27 件。此外出自汇观山者 5 件，M3 出土 4 件，M4 出土 1 件；出自新地里者 3 件，M28 出土 2 件，M73 出土 1 件；出自福泉山者 3 件，M40 出土 2 件，M9 出土 1 件；出自姚家山 M3、龙潭港 M12、亭林 M16 者各 1 件，此外余墩庙采集玉璧与 M12 发掘玉璧、双桥遗址采集 2 件玉璧[③]属于此期的可能性也较大，在此一并讨论。

从玉质上，本期的玉璧除福泉山 M40：118 为青白色、寺：15 为乳白色外，其他玉璧的颜色均在墨绿 - 蟹青 - 灰白色范围内。

① 浙江省文物考古研究所：《桐乡叭喇浜遗址发掘》，《沪杭甬高速公路考古报告》，文物出版社，2002 年。

② 浙江省文物考古研究所：《良渚遗址群考古报告之四——庙前》，文物出版社，2005 年。

③ 嘉兴市文化局编：《崧泽·良渚文化在嘉兴》，浙江摄影出版社，2005 年，7、16、21 页。

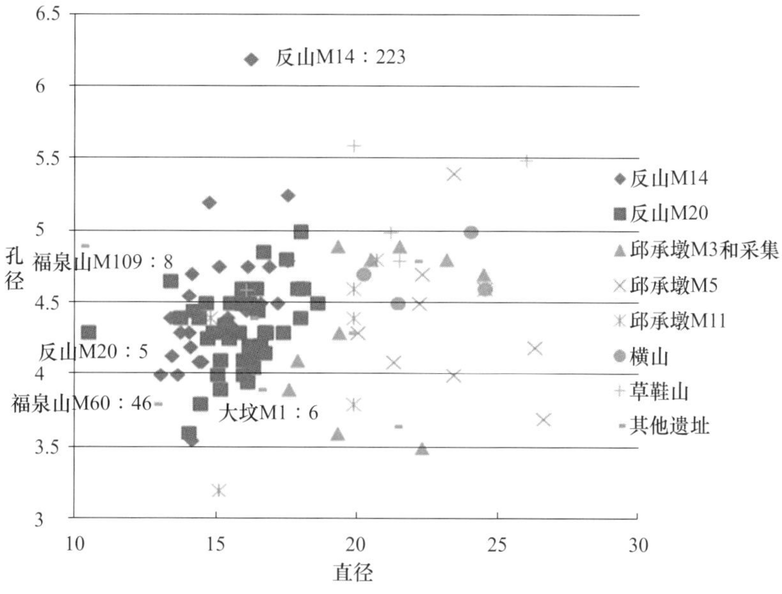

图一二　良渚文化第三期玉璧的尺寸

从形制看，本期除寺墩 M1：8、M4：2、寺：13 和汇观山 M3：19、20 的 5 件玉璧，其余直径多集中在 16～24 厘米之间，孔径多集中在 3.5～5.5 厘米之间，即大都为大型玉璧。在寺墩遗址中，M3 出土的玉璧尺寸数据明显相对集中；M5 仅出土了一件玉璧 M5：50，但为较特殊的超大型玉璧；M1 也仅出土两件玉璧，但其中一件 M1：8 也为较特殊的小玉璧；此外采集的玉璧中，特殊者亦较多，除上述的切半玉璧寺：6 外，寺：17 是目前良渚文化中发现的唯一一件直径超过 30 厘米的玉璧，寺：7 是本期出土玉璧中孔径最小者，仅有 3 厘米。本期其他遗址出土的玉璧，汇观山者仍有三件小型玉璧或小玉璧；福泉山的 3 件大型玉璧直径较接近；新地里遗址出土的三件玉璧中，两件大型玉璧尺寸较接近，但与另一件小型玉璧相差较大；双桥采集的两件大型玉璧直径相同，孔径也较接近；亭林、龙潭港和佘墩庙的 4 件玉璧也只有佘墩庙采集者为小型玉璧（图一三）。

综上所述，总体看来本期玉璧除汇观山外，其他遗址都以大型玉璧为主，而各遗址甚至各墓葬玉璧尺寸分别聚类的现象依然存在。

另外，除上述分期较明确的玉璧外，良渚文化中还有一些采集的或未详细发表的分期不详的玉璧。它们分别出自良渚遗址群的吴家埠、金家卫、庙桥头、金家弄、安溪、钟家村、桑树头等地点①，遗址群外的玉架山、新安桥②、大坟墩③、大墩岗④、木排

① 浙江省文物考古研究所：《良渚遗址群考古报告之三——良渚遗址群》，文物出版社，2005 年，188、190～196、200、209～212、290、295～297 页。

② 古方主编：《中国出土玉器全集 · 8 · 浙江》，科学出版社，2005 年，37 页。

③ 浙江省文物考古研究所、海宁博物馆：《海宁大坟墩遗址发掘简报》，《崧泽 · 良渚文化在嘉兴》，浙江摄影出版社，2005 年，第 90～100 页；浙江省文物考古研究所、海宁博物馆：《浙江省海宁市大坟墩遗址的发掘》，《浙江省文物考古研究所学刊（第七辑）》，杭州出版社，2005 年，117～141 页。

④ 嘉兴市文化局编：《崧泽 · 良渚文化在嘉兴》，浙江摄影出版社，2005 年，42、45 页。

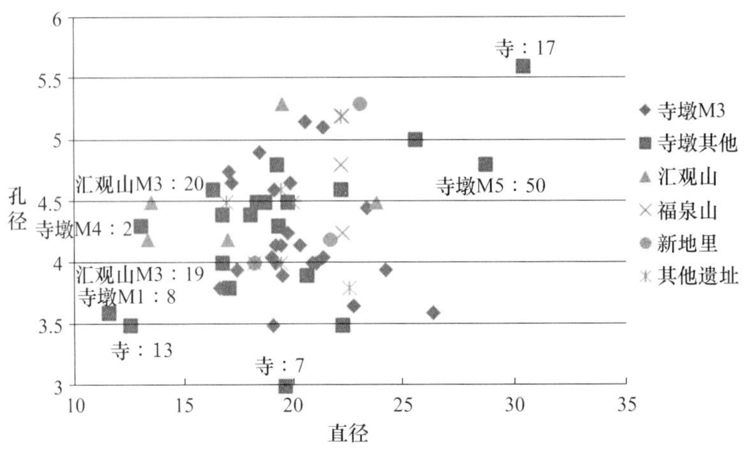

图一三　良渚文化第四期玉璧的尺寸统计

地[①]、石泉高地[②]、戴墓墩、庄桥坟、三条桥、黄土山[③]、嘉菱荡等遗址，而且其数量不在少数，仅据良渚遗址群报告介绍，其中历年征集的玉璧就达 48 件。这些玉璧的玉质除嘉菱荡和吴家埠有以黄白色为主者外，其余均在墨绿 - 蟹青 - 灰白色范围内。从形制上看，大坟墩、庄桥坟、三条桥、黄土山、嘉菱荡、玉架山和良渚遗址群采集的部分玉璧为大型玉璧，其他均为小型玉璧。其中安溪采集玉璧 07454 最为特殊，其为直径 26.3 厘米的特大型玉璧，且上有刻划图案。

（四）冠形器

良渚文化的冠形器，又有玉梳背等命名，据现有资料分析，它应为一种佩戴在头上的发饰。虽然其体量较小，但造型亦较复杂，出土数量也较多，且部分冠形器还有刻纹，可以提供较多的玉器生产加工信息。

1. 形制概况

根据总体形状的不同，冠形器可分为三类：

第一类，冠顶中部为圆弧状；榫部与冠身下缘宽度一致，或其榫部与冠身为一体；冠身上无镂孔。此类冠形器大都属良渚文化第一、二期，且此期中时代较早的几座墓葬出土冠形器均为此形式，可见其年代总体最早（图一四，1～6）。

第二类，冠顶中部为弓形，其下的冠身上多有一长圆形或圆形镂孔，根据其榫部情况又可以分为三组：

A 组，冠身下缘平直，榫部与冠身下缘的宽度一致，或为一体。

B 组，冠身下缘平直，榫部宽度小于冠身下缘宽度。

C 组，冠身底部两角内凹，冠榫宽度也小于冠身下缘宽度。

---

① 嘉兴市文化局编：《崧泽 · 良渚文化在嘉兴》，浙江摄影出版社，2005 年，53 页。

② 沈咏嘉、李林：《海盐县石泉高地遗址的初步调查》，《浙江省文物考古研究所学刊（第三辑）》，长征出版社，1997 年。

③ 常熟市文物管理委员会：《江苏常熟良渚文化遗址》，《文物》1984 年 2 期。

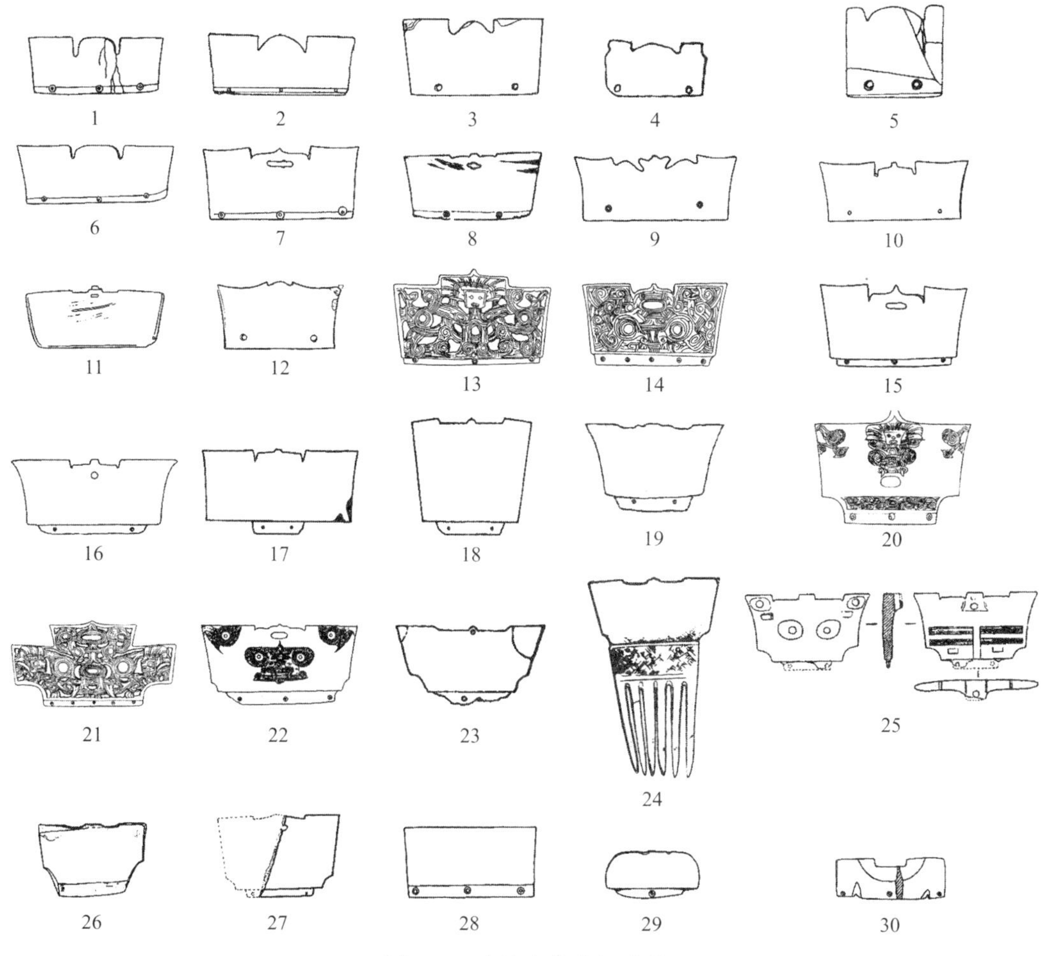

图一四　良渚文化的冠形器

1～6. 第一类（瑶山 M14：10、张陵山 M4：03、新地里 M108：33、金家浜 M8：8、后头山 M9：8、邱承墩 M4：4） 7～12. 第二类 A 组（瑶山 M8：3、普安桥 M11：6、徐家浜 M6：5、新地里 M98：5、龙潭港 M9：12、新地里 M6：1） 13～19. 第二类 B 组（反山 M15：7、瑶山 M11：86、瑶山 M9：6、后头山 M21：6、福泉山 M109：1、福泉山 M101：39、汇观山 M4：4） 20～27. 第二类 C 组（瑶山 M2：1、反山 M16：4、反山 M22：11、金家浜 M4：1、周家浜 M30：1、草鞋山 M199：1、新地里 M5：1、寺墩 78T3：1） 28～30. 造型特殊（瑶山 M4：28、庙前 IIIM9：5、罗墩 M7：2）

注：6、11、17、18、24、25. 第三期　12、19、26. 第四期　27. 分期不明　余 . 第一、二期

第三类，造型特殊者，详见下文。

下面按照分期分析出土冠形器的详细情况。

2. 第一、二期的冠形器

本期出土的冠形器数量最多，共 41 件。其中出自瑶山者 14 件，反山 7 件，吴家埠、金家浜、新地里各 2 件，钵衣山、庙前、普安桥、徐家浜[①]、少卿山、张陵山、张

① 浙江省文物考古研究所：《桐乡章家浜、徐家浜良渚文化墓葬发掘》，《沪杭甬高速公路考古报告》，文物出版社，2002 年。

陵山东山[①]、赵陵山[②]、罗墩[③]各 1 件。

从形制看，本期冠形器属第一类者共 10 件，其中瑶山 M1：3、M5：3、M14：10（图一四，1）与张陵山 M4：03（图一四，2）、张陵山东山者、新地里 M108：33（图一四，3）、后头山 M13：2、金家浜 M8：8（图一四，4）的 8 件冠形器总体形状均较相似；所区别的，只是后头山 M13：2、新地里 M108：33、金家浜 M8：8 榫部和冠身为一体，其他则榫部与冠体区分较明显；此外，金家浜 M8：8 冠身上端两角内凹，较特殊。后头山 M9：8（图一四，5）和 M21：7 两件冠形器总体高胖，与上述冠形器不同。它们的榫部和冠身也为一体，且后者冠身两侧较薄，更为特殊。

从玉质看，这些冠形器中，新地里和金家浜者均为黄褐色叶蜡石，后头山 M13：2、M9：8 与金家浜者以黄褐色为主，其他冠形器则均为鸡骨白。

从尺寸上看，这些冠形器中，瑶山出土者总体相差不大，张陵山和张陵山东山者也与瑶山出土的冠形器比较接近，但其更加扁长；其他冠形器尺寸则都较小，尤其是后头山的冠形器，两件较高胖者长度只有上述冠形器的一半左右（图一五）。

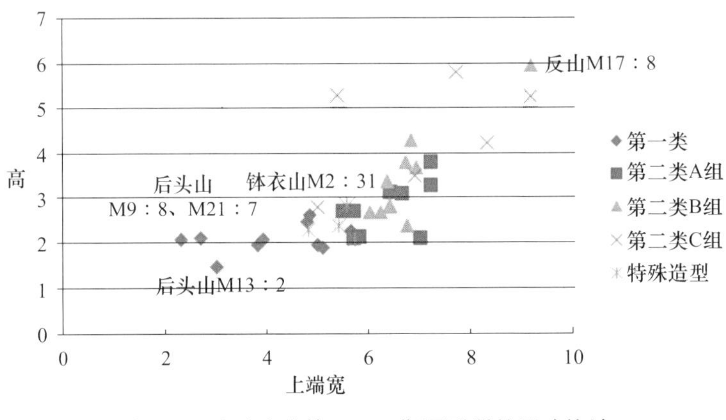

图一五　良渚文化第一、二期冠形器的尺寸统计

本期冠形器属于第二类 A 组的冠形器共有 9 件。其中瑶山 M7：63、M8：3、M10：4、M12-2850、反山 M12：81、吴家埠 M8：3、普安桥 M11：6 的 7 件（图一四，8）均较相似，它们的榫部与冠体均区分明显，冠顶弓状下都有椭圆形长镂孔。此外，新地里 M98：5（图一四，10）与上述冠形器稍有差别，其榫部和冠身为一体，且无镂孔；而徐家浜 M6：5 最为特殊，其冠顶中部形状较复杂，如连枝花状，榫部和冠身为一体，且也无镂孔（图一四，9）。

从玉质上，本期良渚遗址群和普安桥出土冠形器均为鸡骨白，新地里者为黄褐 - 红褐色的叶蜡石，徐家浜者则为黄绿色。从尺寸看，本期瑶山 M8、新地里和徐家浜者较小，其他冠形器尺寸接近（图一五）。

① 浙江省文物考古研究所、上海市文物管理委员会、南京博物院：《良渚文化玉器》，文物出版社、两木出版社，1990 年，83 页。

② 古方主编：《中国出土玉器全集 · 7 · 江苏　上海》，科学出版社，2005 年，23 页。

③ 苏州博物馆、常熟博物馆：《江苏常熟罗墩遗址发掘简报》，《文物》1999 年 7 期。

本期冠形器属于第二类B组的冠形器共有10件。其中反山M15：7最为特殊，其冠顶弓形部分凸出，冠身整体则透雕出一个近完整的神人图案，其填充方式主要是三角和卷曲组合（图一四，13）。除此件外，本组其他冠形器瑶山M3：5、M6：1、M9：6、M11：86、西区2805、反山M17：8、M18：2、后头山M21：6、少卿山M1：15总体形状均较相似；只是后头山M21：6弓部下端镂孔非长圆形而是圆形（图一四，16），此外瑶山M11刻划复杂兽面纹，填充方式为三角和卷曲组合（图一四，14）；反山M17也刻划近完整的兽面纹，其填充方式主要是三角、束线和复杂螺旋组合。

从玉质看，此组冠形器除瑶山M9：6为蟹青-灰白色外，其他均为鸡骨白为主。从尺寸看，本期的冠形器中，反山M17：8体型很大，远超其他冠形器；其他冠形器均较接近（图一四）。

本期冠形器属于第二类C组的共6件。其中反山M16：4较为特殊，其冠顶中部弓形部分突出甚高，下部两角内凹处也较大，且与榫部宽度一致，冠身整体透雕一复杂的兽面纹，两侧又有两个侧身的复杂神人纹，这种刻纹主题在良渚文化玉器中尚属孤立，图案的填充方式主要是三角和卷云组合（图一四，21）。除此件外，瑶山M2：1也较有特色，其冠顶中部只凸出一尖，下部两角内凹处也较大，也与榫部宽度一致；冠身刻划较完整的神人纹和鸟纹，镂孔在神人纹之下，且其下部还有一纹饰带，其图案的填充方式为三角和简单螺旋组合（图一四，20）。此外反山M22：11、M23：36、金家浜M41、钵衣山M2：31四者总体形状较为接近，它们的榫部和冠身区分均较明显，下部两角内凹处均较小，但也各有特点。其中反山M22者刻划了一复杂兽面纹和鸟纹，图案填充方式主要是束线和复杂螺旋组合（图一四，22）；钵衣山和反山M23者（图一四，23）镂孔均为较小的圆形，位置均在弓形部分中。

在玉质上，本期的冠形器除钵衣山者为淡绿色外，其他均以鸡骨白为主。从尺寸看，本期冠形器多较大，只有钵衣山者总体较小（图一五）。

本期还有四件形制特殊的冠形器。庙前M9：7冠身近半圆形，顶部有两个缺口，而榫部只有一个穿孔，整体制作非常粗糙（图一四，29）；罗墩M7：2，冠顶下凹较薄，整体似半个铜钱状，且其下端也有两个豁口（图一四，30），榫部与冠身为一体。上述这两件冠形器都似乎是利用原来玉料形状就势加工而成。另外，赵陵山冠形器和瑶山M4：28（图一四，28）造型非常简单，其整体为梯形，仅是区分了榫部和冠身。这四件冠形器的玉质，罗墩和瑶山者均为鸡骨白；赵陵山者为浅黄绿色，并有大面积沁白；庙前者则为墨绿色，并有大面积白色网斑。从尺寸看，这几件冠形器都较小。此外，本期吴家埠还出土一件“冠状玉饰”M15：4，但无图和详细介绍，从资料描述看，其尺寸较大，且近方形。

综合上述，对于本期冠形器可得出以下结论：第一，良渚遗址群出土了本期大多数的冠形器，且具体种类也较多，有刻纹的冠形器也都出本区。但在遗址群内部，各遗址的情况也不相同，其中反山、瑶山、吴家埠三遗址的冠形器玉质基本都为鸡骨白，体型较大的冠形器也主要出自这三个遗址；其中，反山的冠形器数量虽少，但多为造型特殊和有刻纹者，瑶山也有两件刻纹冠形器。而钵衣山和庙前出土的两件冠形器则为绿色玉料，体型也较小，尤其是庙前者制作非常粗糙。第二，良渚遗址群外出土冠形器，玉质情况比较复杂，但大都不是鸡骨白，而且新地里和金家浜还有叶蜡石质的冠形器，尺寸也大多数较反山、瑶山者较小，且未见有刻纹者。具体来说，张陵山、张陵山东山、普安桥和少卿山的冠形器，各种特点与良渚遗址群的同类冠形器相近；而后头山、新地里、金家浜、徐家浜和罗墩的大多数冠形器，各种特点与良渚遗址群的同类冠形器相差较大，均有各自的不同特点。

3. 第三期冠形器

属于本期的冠形器共 12 件，其中出自福泉山者 4 件，反山、邱承墩各 2 件，龙潭港、周家浜[①]、大坟、草鞋山各 1 件。

本期属第一类的冠形器仅有邱承墩 M4：4，它与上期同类冠形器形制基本一致，但其玉质为浅绿色，尺寸也与上期同类冠形器中较大者相似（图一四，6；图十六）。

本期冠形器尚未发现属第二类 A 组者，属于第二类 B 组者有 4 件，其中反山 M20：96、福泉山 M101：39、M109：1（图一四，18）三者冠身均无镂孔。龙潭港 M9：12 有一长圆形镂孔，且其顶部弓状处减薄，没有榫部，四角圆滑，较为特殊（图一四，11）。从玉质上看，本期反山和福泉山出土者均以鸡骨白为主，龙潭港者则为翠青色。从尺寸看，四件冠形器中福泉山 M101：39 整体高胖，体型较小，其他三件则较扁长，体型较大（图一六）。

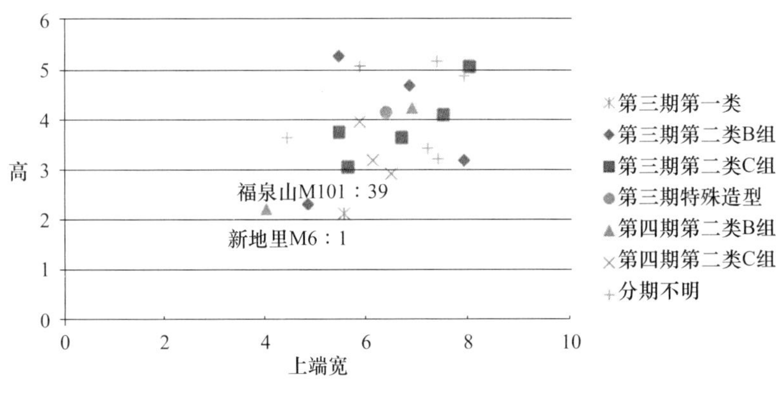

图一六　良渚文化第三、四期冠形器尺寸统计

本期属于第二类 C 组的冠形器有 6 件。它们的整体形状与第一、二期同组冠形器形制简单者相近。其中福泉山 M74：44、M60：54、反山 M14：174 都有镂孔，前者为长圆形孔，后两者为圆形孔。而周家浜 M30：1、大坟 M1：7、草鞋山 M199：1 无镂孔，其中草鞋山者最为特殊，此冠形器后部有一凸块，上有一竖孔，正面有未刻完的兽面纹和鸟纹组合，背面也有四组弦纹（图一四，25）。在玉质上，本组冠形器除福泉山 M74：44 为黄褐色外，其余均以鸡骨白为主。从尺寸看，本组冠形器中除周家浜者尺寸不明，以草鞋山的冠形器体型最大（图一六）。

① 浙江省文物考古研究所、海盐博物馆：《海盐周家浜遗址发掘概况》，《崧泽·良渚文化在嘉兴》，浙江摄影出版社，2005 年。

本期冠形器形制特殊者有邱承墩 M5：18 一件，其整体为倒梯形，与上期瑶山 M4 和赵陵山者相近；其玉质为青白色；尺寸和本期其他冠形器的均值接近。

综上所述，属于本期的冠形器数量较少。其中以龙潭港、草鞋山者和福泉山 M101：39 较为特殊，与本期同类冠形器区别明显，与之前同类冠形器差异也较大。其他冠形器，与之前同类者相比，邱承墩 M4：4、福泉山 M74：44、M60：54、反山 M14：174 变化较小，其他则变化较大，其中最为突出的就是镂孔的普遍消失。

4. 第四期冠形器

属于本期的冠形器仅有 5 件，其中出自汇观山者 2 件，新地里 3 件。

本期无属第二类 A 组的冠形器，属第二类 B 组的也仅汇观山 M4：4 一件，其冠身无镂孔，整体较高胖（图一四，19）；玉质以鸡骨白为主；尺寸较大。此外，新地里 M6：1 较特殊，总体形状介于第一类和第二类冠形器之间，冠身无镂孔且与榫部连为一体，顶部造型为中间凸出但两端下凹，在良渚文化中尚未见同样形制者（图一四，12）；其玉质为较斑斓的绿色叶蜡石；尺寸亦较小（图一六）。

本期属于第二类 C 组的冠形器有新地里 M5：1、M124：12 和汇观山 M3：3。其中汇观山者有一圆形镂孔，整体造型较规整，新地里两者则无镂孔，整体造型较粗糙，尤其是 M5：1 冠体下端减薄，且没有榫部。三者的玉质，新地里 M124：12 为灰白 - 淡青色为主的萤石，其余两者以鸡骨白为主。三者尺寸总体接近，但新地里 M5：1 较高胖（图一六）。

综上所述，本期的冠形器，汇观山者与之前良渚遗址群同类者相比变化不大，玉质也仍以鸡骨白为主。新地里的三件冠形器则均较特殊，各有特点。两遗址间的冠形器相差较大。

除上述分期明确的冠形器外，良渚文化中还有一些分期不明的冠形器。其中资料较详细者有良渚遗址群采集 4246-2-461、02756[①]、姚家山 M2：11、佘墩庙：采 0365、佘墩庙：采 0366、寺墩 78T3：1（图一四，17）。这些冠形器均属第二类 C 组，其中姚家山 M2：11、佘墩庙：采 0366 无镂孔，良渚遗址群采 02756 有长圆形镂孔，其他三者有圆形镂孔。从玉质看，这些冠形器除寺墩者情况不明外，佘墩庙的两件冠形器分别为黄绿色和红褐色，其余三件以鸡骨白为主。从尺寸看，良渚遗址群采集 4246-2-461、姚家山 M2：11、佘墩庙：采 0366 体型较高胖，其他三者体型较扁长（图一六）。总体来看，良渚遗址群采集的两件冠形器与遗址群中分期明确的冠形器对比，有较相似者；其他四件冠形器与分期明确的其他冠形器相比，也有各种特征均相似者。

（五）三叉形器

根据三叉形器在良渚文化墓葬中的出土位置判断，它也应为一种佩戴于头部的装饰。三叉形器的造型总体也较复杂，部分三叉形器还有刻纹图案，亦能体现较多的玉器生产加工信息，不过与上述玉器相比，其数量总体较少，且仅流行于环太湖南部地区。

---

① 浙江省文物考古研究所：《良渚遗址群考古报告之三——良渚遗址群》，文物出版社，2005 年，213、290 页。

1. 形制概述

根据三叉形器的总体性状，可分为四类。

第一类，两侧叉斜直，中叉相对较短，叉座下部凸出（图一七，1）。

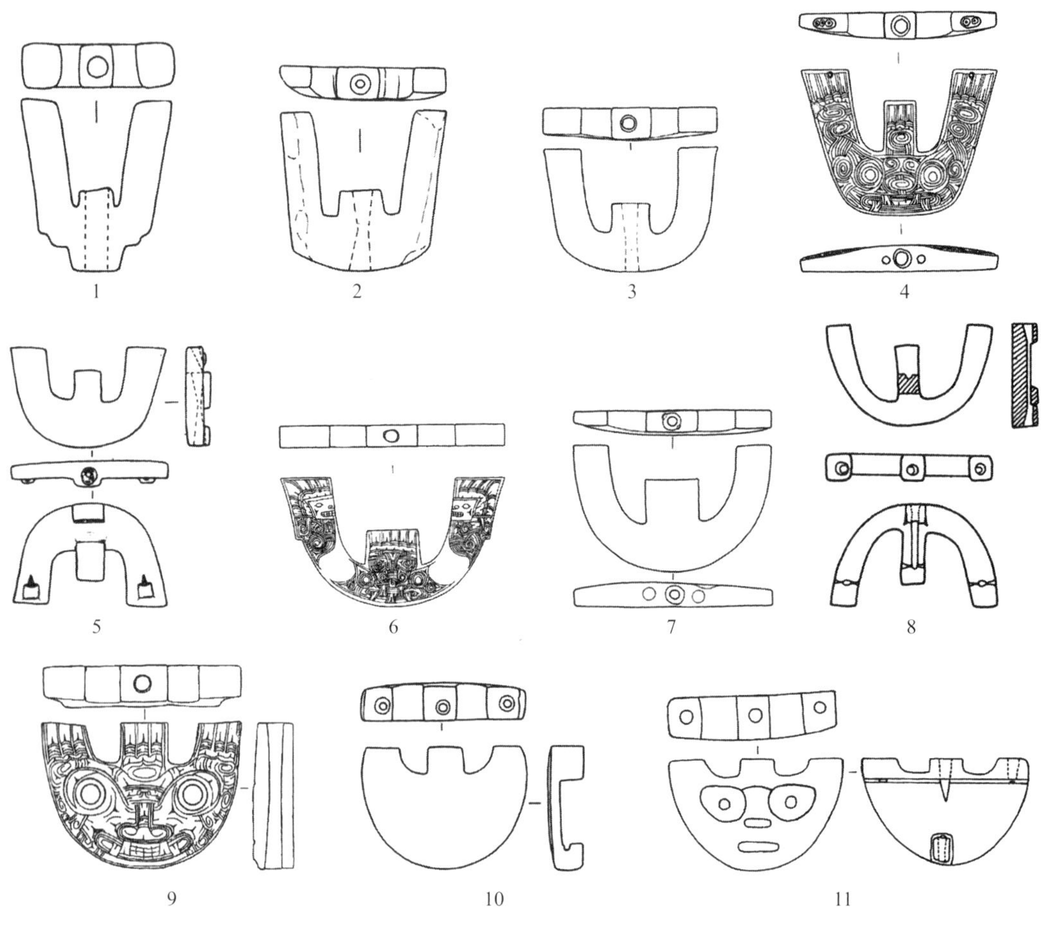

图一七　良渚文化的三叉形器

1. 第一类（徐家浜 M6：3）　2～5. 第二类（瑶山西区 2581、瑶山 M12：2807、瑶山 M9：2、普安桥 M11：5）　6～8. 第三类（瑶山 M7：26、反山 M16：22、叭喇浜 M13：3）　9～11. 第四类（瑶山 M10：6、反山 M20：91、横山 M2：4）

第二类，两侧叉整体斜直，叉体整体近 U 形，中叉大都相对较短（图一七，2-5）。

第三类，两侧叉为弧形，叉体整体近大半圆形，中叉与两侧叉差距大都相对较小（图一七，6-8）。

第四类，三叉高度一致，都相对较短，叉体整体外为近大半圆形（图一七，1-4）。

下文按照期别分析三叉形器的具体情况。

2. 第一、二期的三叉形器

良渚文化的三叉形器大都属于此期。本期共出土三叉形器 14 件，其中出自瑶山者 8 件，反山 3 件，徐家浜、新地里、普安桥各一件。从玉质看，本期瑶山和反山者均以鸡骨白为主，普安桥者也有大面积的沁白，但仍有未沁的青灰色部分，新地里者为淡黄色叶蜡石，徐家浜者以红褐色为主。

在形制上，徐家浜 M6：3（图一七，1）和新地里 M108：5 是良渚文化中目前发现的仅有的两件第一类三叉形器，但这两者也有一些差异，如新地里者两侧叉顶部不平且有孔，而徐家浜者顶端近平无孔。此外，两者的尺寸也是所有三叉形器中最小的（图一八）。

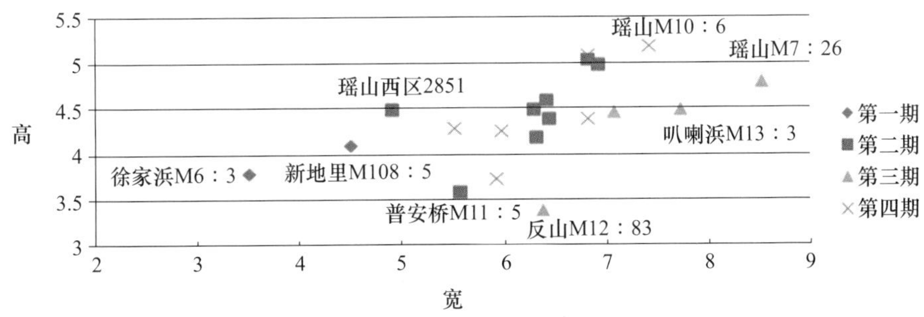

图一八　良渚文化三叉型器的尺寸统计

本期属于第二类的三叉形器最多，共有 8 件。其中瑶山者 6 件，即 M2：6、M3：3、M8：8、M9：2、M12：2807（图一七，3）、西区 2851（图一七，2）；此外，反山 M17：7 和普安桥 M11：5 者各一件。它们的具体形制各不相同，其中普安桥者最为特殊，叉体背面有 4 个凸块（图一七，4）；其他三叉形的区别主要为穿孔数量和位置的不同，且三叉皆有穿孔，其中瑶山西区 2851、M12：2807、M3：3、反山者仅中叉有穿孔，普安桥者、瑶山 M2：6、M8：8、M9：2 三叉均有穿孔，且有的底部和两侧叉侧面还有穿孔。此外本类三叉器中，还有两件有刻纹者，其中瑶山 M9：2 刻划复杂的戴冠兽面纹，图案填充主要是三角和卷云组合，瑶山 M3：3 也刻划复杂的戴冠兽面纹，图案填充方式则主要是三角和简单曲线。从尺寸看，本类三叉形器除普安桥和瑶山西区出土者较小外，其他尺寸均较接近（图一八）。

本期属于第三类三叉形器的有瑶山 M7：26（图一七，6）、反山 M12：83 和 M16：22（图一七，6）3 件。三者的形制总体相近，但穿孔方式也各不相同。此外，瑶山 M7：26 有刻纹，其刻划复杂兽面纹和两个复杂的侧脸神人纹，填充方式主要是三角和卷云组合（图一七，6）。从尺寸上看，这三件三叉形器相差较大，其中瑶山 M7 出土者为目前所见最大的三叉形器，反山 M12：83 较小（图一八）。

本期属于第四类的三叉形器的仅有瑶山 M10：6 一件。它也是仅中叉有穿孔。此外，它刻划复杂神人纹，图案的填充方式主要是三角和简单曲线的组合。其尺寸较大，为本类三叉形最大者（图一七，9；图一八）。

综上所述，反山和瑶山遗址拥有本期绝大多数的三叉形器，且类型也较齐全。而各遗址出土的三叉形器均呈现出自己的特色。新地里和徐家浜的三叉形器在各种特征上均与其他遗址差异较大；普安桥者形制虽与良渚遗址群同类器型相似，但也有明显的独特之处。瑶山和反山者似乎也有较大区别，如仅中叉穿孔和有刻纹的三叉形器大都出自瑶山遗址。

3. 第三、四期的三叉形器

属于第三期的三叉形器目前仅发现 3 件。其中叭喇浜 M13：3 属于第三类三叉形器，其具体形制与之前普安桥者总体接近，即背后有四个凸块，且三叉皆有穿孔（图一七，9）。反山 M14：135 和 M20：91 的三叉形器（图一七，11）均属于第四类三叉形器，但其背后均有凸块，且三叉皆有穿孔。而前者还刻划有复杂兽面纹和鸟纹的组合，填充方式主要是束线和复杂螺旋组合。从玉质看，三者均以鸡骨白为主，但叭喇浜者仍保留较多未沁尽的黄绿色。从尺寸看，叭喇浜者尺寸较大，与尺寸最大的三叉形器瑶山 M7：26 相近，反山者则较小（图一八）。

属于第四期的三叉形器也仅有 3 件。其中背景资料明确的有横山 M2：4（图一七，11）和汇观山 M4：6，而姚家山 M7 的三叉形器也应属于此期。从形制看，三者均属于第四类三叉形器，其总体形状也较相似，即背后均有凸块，三叉均有穿孔。此外，横山者，刻划复杂兽面纹，但其仅有简单轮廓线而无填充。从玉质上看，三者均以鸡骨白为主。三者的尺寸也总体相差不大（图一八）。

综上所述，良渚文化第三、四期的三叉形器由于数量较少，总体情况不甚明确。较明确的是，这两期三叉器均较流行背后有凸块，三叉均穿孔的形制。这两期各遗址出土的三叉形器在玉质等特征上也相差不大。唯一较有特色的是叭喇浜的三叉形器，它与之前普安桥的三叉形器总体接近，其尺寸在这两期的三叉形器中最大。

（六）其他玉器

除上述五种玉器外，良渚文化各小区和遗址出土的其他玉器也有一些各自的特点。如已知出土的六件玉鸟形器，良渚遗址群中共发现 4 件，均出自反山和瑶山的墓葬中，其造型均为双翅展开的飞翔状。在良渚遗址群外，福泉山遗址的墓葬中出土一件，但其形象为侧面站立状，与良渚遗址群中的玉鸟形式明显不同，而且其雕刻也较生动；新地里遗址的灰坑中也发现一件，它也是侧面站立状，但其体型很小，头部的比例也很小，与福泉山者亦明显不同。但总体来说，其他玉器生产加工信息不及上述五种玉器，限于篇幅本文不再对它们一一分析。

三、结　　语

（一）不同区域中的玉器工业

上文分析，可见良渚文化主要分布区内各小区和各遗址的玉器，在数量、种类、玉质、形制、刻纹和尺寸等特征上均呈现出一系列自己的特点，这些特点即区分不同玉器工业的间接依据。综合上述特点，首先在小区层面上，可以将良渚文化的主要分布区归并为三个玉器风格区（图一九）。

1. 良渚遗址群

即上文划分的良渚遗址群小区。本区出土的玉器数量最多，器形最为齐全，具体到每种玉器，本区的具体形制也最多。本区玉器的玉质较统一，除玉璧大多为墨绿 - 黛

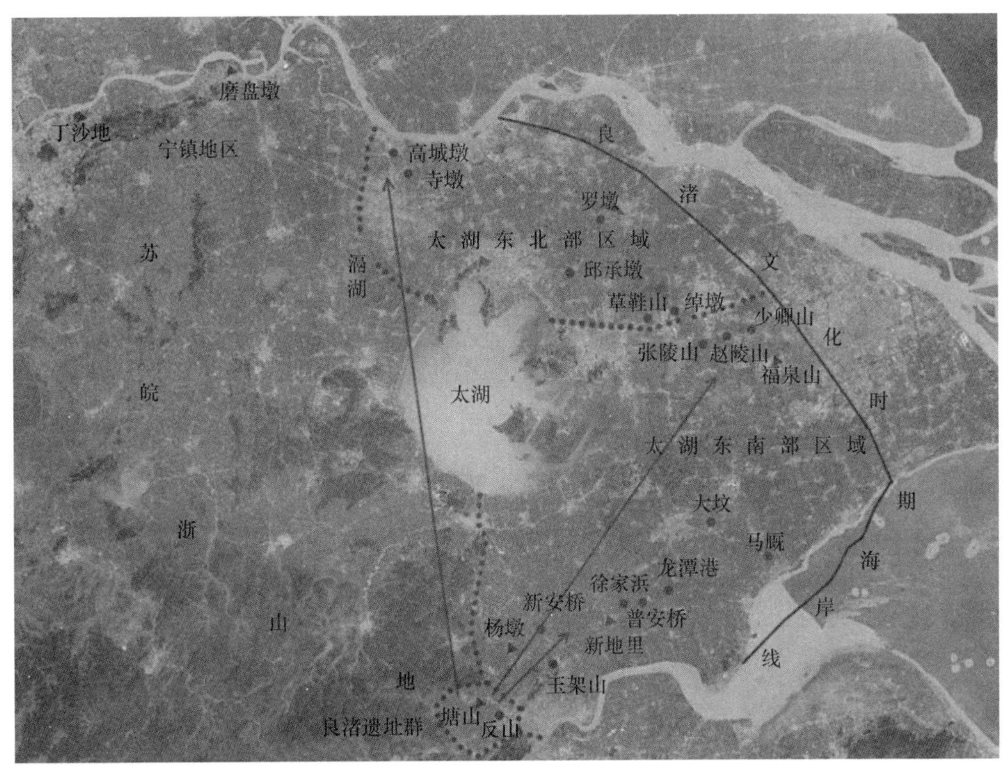

▲ 有制玉遗存的遗址　● 可能存在玉器工业或输入玉器的遗址 ⟶ 良渚文化玉器的输出方向

图一九　良渚文化的玉器风格区与玉器交流路线

青-灰白色外，其他绝大多数玉器均以鸡骨白为主，只有极少数其他颜色者。而良渚文化绝大多数刻纹主题复杂、并有线条填充的玉器，基本都出自本区；尤其是除玉琮外其他器形的玉器，如玉钺、冠形器、三叉形器等，本区外则极少有刻纹者。本区各种玉器的具体尺寸方面，均有一些特大型玉器。至于各种玉器的具体形制，本区更显示出明显的特色，如本区流行刻划完整或有填充的复杂神人兽面纹单双节琮、短体常态玉钺、小型玉璧等。

本区中已在塘山遗址发现了较明确的制玉作坊遗存，而且在瑶山、外窑、钟家村、吴家埠等遗址也曾采集到玉料和玉器半成品，因此可以肯定本区存在自己的制玉工业，发现的玉器可能基本都是本地制作。

但在本区内部，不同遗址出土的玉器亦显示出自己的独特之处，其中以瑶山和反山遗址最为明显，如圆环形琮以及以三角和卷曲组合填充的玉琮、仅中叉穿孔和有刻纹的三叉形器仅见或多见于瑶山，刻划完整或复杂神人兽面纹并以螺旋组合填充的玉琮、玉璧多见或仅见于反山，可见本区内部亦有不同的制玉风格。此外，遗址群内钵衣山和庙前出土的两件绿色玉料、体型较小且制作粗糙的冠形器则说明了本区除生产大量高端产品外，还制作少量较低端的玉器。不过，本区的玉器大多属于良渚文化第一、二期，至第三、四期时，本区出土玉器的数量明显减少，而且出现了小型小孔近方形琮、多节玉琮等与之前流行样式不同的玉器，这种现象应反映了良渚文化晚期本区玉器工业的衰落。

2. 太湖东北部地区

本区涵盖太湖东北部阳澄湖南岸至滆湖间的广大区域，主要包括上文划分的常州江阴地区、无锡常熟地区和苏沪东部地区的北部，以草鞋山、邱承墩、高城墩和寺墩四遗址为主要代表。本区玉器的数量也较多，其中大部分又集中于寺墩遗址；但本区的玉器种类较少，多为玉琮和玉璧，不流行锥形器、冠形器、三叉形器等器型。在良渚文化第一、二期，除罗墩遗址出土少量玉器外，本区玉器大都出于高城墩遗址。但该遗址的玉器在玉质、形制、刻纹、尺寸方面都与良渚遗址群者非常相似，例如，除玉璧外的大多数玉器玉质也以鸡骨白为主，流行短体常态玉钺和小型玉璧等，尤其是三角和卷曲组合填充图案的玉琮目前仅见于瑶山和高城墩遗址，说明高城墩的玉器很可能大部分甚至全部是从良渚遗址群输入的。至良渚文化第三、四期，本区才形成自己的玉器风格。这一时期本区玉料大多为墨绿 - 黛青 - 灰白色，玉器多刻纹简单或无纹饰，玉器具体形制方面则流行多节玉琮、长体和短体的常态玉钺和大型玉璧。其中在第三期，草鞋山和邱承墩是良渚文化中目前发现的最早使用大量多节玉琮和大型玉璧的两个遗址。草鞋山 M198Ⅰ：14 大孔圆钝钺、M199：1 带有凸块双面刻纹冠形器和邱承墩 M3：10 圆钝长体钺是本期最具本区特色的产品。至第良渚文化第四期，寺墩则成为良渚文化中出土玉器最多的遗址，且其几种玉器的具体形制均较齐全，本期几件尺寸特大或特小的玉琮、玉钺和玉璧也均出自该遗址。这些现象均与良渚文化早期的良渚遗址群相似，可见此期寺墩已成为一个新的玉器中心。而本遗址出土的带边框的神人兽面纹玉琮 M4：1、大孔玉钺 M3：42、切半玉璧寺：6 等则是本期最具本区特色的产品。

本区内目前尚未发现明确的制玉遗存，且本区发现的珠、管等小型玉器的数量也较少。但这一地区，尤其是寺墩遗址距宁镇地区的丁沙地制玉遗址以及以生产燧石制玉工具为主、并生产少量小型玉器的磨盘墩遗址最近。所以笔者认为，本区不排除并无自己的制玉工业的可能，早期的玉器主要从良渚遗址群输入，晚期的玉器——尤其是寺墩遗址玉器也不排除主要是由宁镇地区输入的可能。换言之，本区可能主要是一个玉器的“输入消费区”。

3. 太湖东南部区域

本区涵盖太湖东南部自澄湖北岸至杭州湾间的广大区域，主要包括上文划分的苏沪东部地区南部、苏沪南部地区、嘉兴东部地区、嘉兴西部地区和余杭东部地区等。本区域出土玉器的总体数量较少，平均到每个遗址和墓葬则更明显较前两区为少。本区玉器种类数量介于上述两区之间，其中距良渚遗址群较近的余杭东部和嘉兴西部地区玉器种类较多，且多与良渚遗址群者相同；靠近太湖东北部较近的地区则玉器种类相对较少，锥形器和冠形器主要见于福泉山等高等级墓地，不见三叉器等器型。由于本区面积广大而且遗址众多，玉器具体特征较复杂。总体来说，本区玉器的玉质除玉璧和多节玉琮多为墨绿 - 黛青 - 灰白色外，其他玉器有较多的青绿 - 黄绿色者，但鸡骨白及其他玉色者也为数不少；此外本区还有较多的蛇纹石、叶蜡石等“假玉”质者，为本区一特色。本区玉器的具体形制也较多样，单节或双节和多节玉琮、短体和长体的常态玉钺均较流行；其中距良渚遗址群较近的余杭东部和嘉兴西部地区还较流行锥形器、冠形器和三叉形器；唯一较统一的情况是本区基本都流行大型玉璧。而与上述两区相比，本区的各种器型中极少有尺寸特大者出现。

在本区内部，玉架山、杨墩、新地里、福泉山等遗址皆出土了玉料或玉器半成品，尤其以福泉山遗址数量较多。而本区中不同遗址出土玉器各自的特征也较明显，对此上文都已详述，如福泉山的近方环形玉琮和厚壁圆弧形琮、横山的圆环形琮、张陵山的刻纹圆环形琮、张陵山东山和少卿山的大型玉璧、玉架山刻划潦草的双节玉琮、后头山的高胖型冠形器、金家浜的近长方形玉钺、徐家浜和新地里的冠形器及三叉形器均是最具有各遗址特色的玉器产品。这些情况均说明本区的很多遗址，如福泉山、张陵山、新地里、徐家浜等均应有自己的玉器工业。

除了上述本地特征较明显的产品，本区还有一些与它们差异较大，而与良渚遗址群同类产品较相似的玉器，如灯笼山、新安桥和张陵山东山刻划复杂神人兽面纹或兽面纹的玉琮，张陵山、张陵山东山、普安桥和少卿山的冠形器等。它们之间的相似性说明这些玉器均可能是良渚遗址群输出的产品。而横山 M2：11 与寺墩 M5：13 两玉琮亦较相似，则说明本区也有可能是太湖东北部区域的输出品。

（二）不同聚落中的玉器工业

综合上述三个玉器风格区的情况，可以推测良渚文化主要分布区中普遍存在制玉和输入玉器的现象，很多聚落都应拥有自己的玉器工业。不过，这些地点的制玉规模和对外影响显然是不同的。

在良渚文化早期，以瑶山、反山玉器为代表的良渚遗址群的制玉工业无疑是良渚文化中规模最大，影响最广的。其用料上乘，制作精良，产品众多；除大量自用外，其部分产品还输出到高城墩、灯笼山、张陵山东山等地，影响范围波及整个环太湖地区。至良渚文化晚期，良渚遗址群的制玉工业明显衰退，太湖东北部的寺墩则成为玉器数量最多的聚落，虽然它的制玉地点可能并不在本区，但它无疑代表了一个新的规模最大的玉器工业。不过这一玉器工业的特征与之前良渚遗址群者均有明显差别，其用料朴素、器型简单、缺乏纹饰、数量取胜，具有自己的特征。而也正因如此，寺墩外发现的与其相似的同期玉器大多数亦很难判断是否与它相关。

除上述两处规模最大的制玉工业外，良渚文化其他聚落总还有一些中等规模的玉器工业，但它们的产品数量差异较大，延续时间也各不相同。其中规模较大者为福泉山的玉器工业，其延续时间较长，拥有一系列有特色的产品；而良渚文化晚期草鞋山和邱承墩代表的制玉工业似乎也具备一定规模，而且其大量制作多节玉琮、长体常态玉钺和大型玉璧的行为应为寺墩制玉工业的前身。除三者外，玉架山、新地里、张陵山等地也应有自己的制玉工业，但从目前资料看了，其规模似乎均较小。这些中等规模的制玉工业可能对外也有一些影响，如大坟 M2 的平刃钺与福泉山 M109 出土的平刃钺各种特征都比较相似，可能是后者输出而来，但这种证据并不确凿，或者说即使它们对外有些影响，也非常有限。反而这些聚落中却存在一些较确切的舶来品，如上述的张陵山东山的玉琮和冠形器等。

最后，庙前、周家浜和罗墩等玉器所代表的，是良渚文化规模最小的一种制玉工业。这些聚落本身的规格均较低，出土的玉器也非常有限，虽有一些具有自己特色的产品，但制作多较粗糙。

（三）良渚文化玉器工业生产方式初探

从良渚文化玉器的制作工艺分析，除庙前等出土的冠形器等小件玉器可能为当地居民简单加工外，良渚文化的大中型玉器，尤其造型复杂、刻纹精细者，绝非一般人能为。综合对各遗址玉器特征的分析以及各小区制玉遗存发现的情况来看，良渚文化主要的大中型制玉工业，如良渚遗址群、寺墩、福泉山等，都有自己的制玉风格，也即代表了不同的制玉工匠或工匠集团。

至于这些工匠或工匠集团是否固定居住于某个聚落制作玉器，还是在一定区域具有一定的职业流动性，目前尚无明确的结论。但从良渚文化出土玉器的某些现象看，这些专业的制玉工匠应该具有"按需定制"和"批量生产"的生产方式。例如良渚遗址群中反山、瑶山两墓地随葬玉器的各自特点，以及反山、邱承墩、寺墩等同一墓地不同墓葬随葬玉璧尺寸上各自聚类的现象，就应为工匠按照不同的墓主或亲属的要求，分批制作不同的玉器的结果。这种生产方式导致了同一批次制作的同一墓地或墓葬出土的玉器比较相似，同一玉胚制作的玉璧则尺寸聚类。又如，良渚文化少数墓葬随葬的"对琮"，即反山的 M12：93 和 M12：96、福泉山的 M40：110 和 M40：26 以及横山的 M2：14 和 M2：21，前后两者均非常相似，也应为当时工匠批量生产后又切割开来。再如，高城墩遗址的玉琮等玉器明显与良渚遗址群者同源，但与太湖东北部区域其他遗址一样，它也并没有冠形器和三叉形器等器型，显然这也是因为上述器型并不在当地贵族的"需求订单"之中，制玉工匠没有为其制作。

（四）余论——良渚文化贵族的奢侈品使用策略

在史前时代，由于玉器的稀缺性及其各种优异的物理特性，使之成为这一时期最重要的奢侈产品。在良渚文化中，玉器的使用更是达到了一个空前高峰的局面。然而，良渚文化玉器的分布又是极不均衡的。纵向来看，良渚文化中高级墓地代表的贵族阶层占有绝大多数的玉器，而且这些玉器均质量较好，由专业制玉工匠制作；良渚文化低等级墓地代表的平民阶层只使用少量小型玉器，且它们多为当地居民简单制作的产品。横向来看，良渚文化各小区和遗址占有的玉器资源也是差异极大的。仅从数量分析，根据上文统计，良渚遗址群和寺墩遗址就占有良渚文化目前发现约 2/3 的玉器，其他地区的众多遗址仅占有约 1/3 的玉器。

由于良渚玉器大多是具有宗教礼器及身份象征功能的"奢侈产品"，所以在一个分级社会中，很容易解释良渚文化玉器在纵向分布上的不均衡现象。良渚文化的贵族生前可能需要借助玉器进行宗教礼仪活动，而且通过分配玉器给下属居民，可以显示实力，巩固统治；死后则需要随葬玉器作为自己身份、地位和财富的象征。掌握权势的他们当然比平民需要并占有更多的玉器资源。

至于良渚文化各小区占有的玉器资源存在较大差异，笔者认为则是由当地玉矿资源和人口密度的不均衡造成的。根据笔者的分析，苏皖浙交界区域的宜溧山地和天目山脉等山区应是良渚文化玉料的主要来源区，良渚遗址群和太湖东北部正是距这一地区最近的区域，两者更容易获得更多的玉料资源，拥有更多的玉器。而从目前良渚文化遗址发现的情况看，太湖东北部地区遗址密度较低，良渚遗址群的面积则很小，也就是说两者区域内的人口有限。两方面的因素结合，即出现了目前考古资料显示的两区大量玉器集中于少量遗址的现象。

反观太湖东南部区域，其中苏沪地区的孤立小山区域理论上虽然也具备玉矿成矿的地质条件，但其矿藏规模应不会太大，嘉兴地区则基本无岩体出露，发现玉矿的可能极小。因此太湖东南部区域的遗址能获取的玉器资源本就非常有限。而更为不利的是，本区域的嘉兴西部、嘉兴东部和苏沪东北小区却都是良渚文化中遗址密度最高的区域之一，也就是说其人口密度最大。这种背景之下，则出现了目前考古资料显示的本区较少的玉器分散在很多遗址中，且有很多“假玉”质玉器的现象。

最后，还可以进一步推测，良渚文化各小区占有玉器资源的不均衡又会反作用于良渚文化社会本身，导致了各地贵族政治影响力的不同和奢侈产品使用组合策略的差异。其中，良渚遗址群和寺墩遗址由于占有大量玉器资源，其政治影响力也较大。良渚古城、莫角山遗址以及寺墩墓地的兴建就应在建立在这种基础之上，即他们可利用玉器，通过交易或“夸富”等手段吸引更多劳动力来修建大型建筑。而太湖东南部的贵族由于能够获得的玉器资源有限，他们不得不利用其他奢侈产品来弥补玉器的不足。除一些“假玉”质玉器外，如福泉山等遗址流行的彩绘陶器、刻纹陶器和异形陶器等高端陶器，以及嘉兴地区流行的象牙器、鲨鱼牙齿和獐牙器等就是这类产品。当然，上述玉器资源占有的格局和各地奢侈产品的使用策略也不是处于静态之中的，也会随着社会环境的变化而变化，如在良渚文化晚期，随着良渚遗址群的玉器工业的明显衰退，精美的刻纹陶器似乎在遗址群中的卞家山和庙前等遗址大量流行开来。

A Preliminary Study on Jade Industry in Liangzhu Culture

Guo Mingjian
(National museum of China)

Abstract: Ancient handicraft industry could be distinguished by direct and indirect evidence. Indirect evidence in Liangzhu jade is abundant and more valuable. Through the spatial analysis for the sum and category of jade in Liangzhu Culture, and the systematic research on the nature, typology, decoration and size of five main kind jades in Liangzhu Culture, Liangzhu area could be divided into three style areas: Liangzhu sites group, northeast area and northwest area to Tai lake, and many sites had jade industries of large, medium or small scale. Liangzhu sites group and the industry represented by Sidun had the largest scale. Productions of the large or medium jade industries were not only used by local nobles, but also were exported to the whole around Tai lake area. These industries should have professional jade maker or group. The unbalance occupations of jade in different districts made different luxury using plans between nobles within the Liangzhu Culture area.

Key words: Liangzhu culture, jade industry, indirect evidence

由新见阳小叔䵼父鼎看叔姬鼎等铜器及相关问题

黄锦前

（河南大学历史文化学院）

内容提要：据上下文及有关金文文例，阳小叔䵼父鼎铭的“阳”应为国族名，系位于今江汉地区的姬姓唐国；“阳小叔”系唐国公室，“䶒叔姬”系其妻，“䶒”为其氏。传世叔姬鼎（金父鼎）铭的“[illegible]”字应系“阳叔”二字之误摹，“金”字系“䵼”字之摹误，作器者“[illegible]金父”实应系“阳叔䵼父”，与新见之阳小叔䵼父鼎的“阳小叔䵼父”及上博藏叔姬鼎的“阳伯”系同人；鼎铭的“叔姬”与阳小叔䵼父鼎的“䶒叔姬”及上博藏叔姬鼎的“叔姬”亦系同人，为“阳（小）叔䵼父”即“阳伯”之妻；该鼎时代应为春秋早期。东周时期唐国的君长或称“阳伯”，或称“阳侯”，与同在南土地区的同宗姬姓曾国之君或称“曾侯”、或称“曾伯”相似。

关键词：阳小叔䵼父鼎　叔姬鼎（金父鼎）　叔姬鼎　唐国

新近出版的《商周青铜器铭文暨图像集成续编》著录有一件阳小叔䵼父鼎（该书称“叔䵼父鼎”）[①]，见于2014年9月日本东京中央秋季拍卖会，原藏于日本大阪某收藏家。体呈半球形，口微敛，窄沿方唇，双立耳，圜底，三蹄足。颈饰无目窃曲纹，腹饰环带纹（图一）。与1957年河南陕县上村岭（今属三门峡市湖滨区）虢国墓地出土的尹小叔鼎（M1819：5）[②]形制近同，时代应为春秋早期前段。鼎内壁铸铭文作（图二）：

> 唯王正月吉日丁丑，阳小叔䵼父作䶒叔姬宝鼎，其万年无疆，子子孙永宝用飨。

作器者“阳小叔䵼父”，对照江小仲母生鼎[③]“江小仲母生”、邓小仲鼎[④]“邓小仲”

---

① 吴镇烽编著：《商周青铜器铭文暨图像集成续编》第1卷，上海古籍出版社，2016年，264、265页，0215号。

② 中国科学院考古研究所：《上村岭虢国墓地》，科学出版社，1959年，图版伍捌，1，37页，图三四；中国社会科学院考古研究所：《殷周金文集成》，中华书局，1984～1994年；《殷周金文集成》（修订增补本），中华书局，2007年（以下简称“集成”）4.2214。

③ 集成4.2391。

④ 集成4.2528；李学勤、艾兰：《欧洲所藏中国青铜器遗珠》，文物出版社，1995年，81页。

及尹小叔鼎“尹小叔”、卫鼎[①]“文考小仲姜氏”、盠尊（盠驹尊）[②]“朕文考大仲”及大簋（六月大簋）[③]“朕皇考大仲”等来看，称“小”应与排行有关[④]，所谓“阳小叔”，实即“阳叔”，二者无别；“阳”应系国族名；“阳小叔”当系阳国公室。“龏叔姬”据上下文和有关文例来看，或即阳小叔之妻，“龏”为其氏。

图一　阳小叔䝨父鼎

1

2

图二　阳小叔䝨父鼎铭文

① 集成 5.2616。

② 集成 11.6011。

③ 集成 8.4165。

④ 拙文：《邓国铜器铭文综论》，未刊稿。

类似形制和纹饰的鼎，在江汉地区的随枣走廊一带多有出土，如襄阳出土的曾仲子敔鼎[①]、枣阳曹门湾出土的龙纹鼎[②]、郭家庙墓地出土的卫伯须鼎[③]、随州尚店出土的鄁公汤鼎[④]、熊家老湾出土的黄季鼎[⑤]、何家台出土窃曲纹鼎[⑥]、桃花坡出土重环纹鼎[⑦]、曾伯从宠鼎[⑧]，等等，结合上揭铭文辞例方面的特征也与淮域诸国同类铭文接近来看，鼎铭的"阳"，应读作"唐"，系南土地区的姬姓唐国。

《国语·郑语》载史伯云："当成周者，南有荆蛮、申、吕、应、邓、陈、蔡、随、唐。"韦昭注："应、蔡、随、唐，皆姬姓也。"《左传》宣公十二年："楚子使唐狡与蔡鸠居告唐惠侯。"杜预注："唐，属楚之小国，义阳安昌县东南有上唐乡。"《史记·楚世家》："十一年……楚昭王灭唐，九月，归入郢。"正义引《括地志》云"《世本》云，唐姬姓之国。"

据应国墓地出土的考史簋（M257：1、M257：2）[⑨]及传世的昭王时器中觶[⑩]铭可知，姬姓唐国至迟在昭王时已在南土；阳飤生簋蓋[⑪]、匜[⑫]所自出的枣阳县资山一带，应即唐国疆域范围。包山楚简163、176号简的"塦君"[⑬]，吴良宝认为"塦"当读作"唐"，即西周、春秋时期的诸侯国唐国故地[⑭]，可信。将出土和传世文献互证，可知唐国应在今随枣走廊的随州与枣阳之间[⑮]。

阳（唐）既为姬姓国，上述"阳小叔"系阳国公室，"龏叔姬"系其妻，这似与古书所谓"同姓不婚"的原则相违背。

据文献，古人有所谓"同姓不婚"的原则，但据铜器铭文来看，春秋晚期，因楚、蔡关系恶化，蔡与同姓吴国以婚姻为纽带结盟，以联合抗楚[⑯]。最近公布的一批春秋初年的贾国铜器，如贾伯簋[⑰]、贾伯壶[⑱]"贾伯作鄁孟姬尊簋/尊壶"，贾叔鼎[⑲]、贾叔

---

① 湖北省文物考古研究所：《曾国青铜器》，文物出版社，2007年，426页。
② 湖北省文物考古研究所：《曾国青铜器》，文物出版社，2007年，64～67页。
③ 湖北省文物考古研究所：《曾国青铜器》，文物出版社，2007年，131～133页。
④ 湖北省文物考古研究所：《曾国青铜器》，文物出版社，2007年，143页；随州市博物馆：《随州出土文物精粹》，76，文物出版社，2009年，71页。
⑤ 湖北省文物考古研究所：《曾国青铜器》，文物出版社，2007年，158～161页。
⑥ 湖北省文物考古研究所：《曾国青铜器》，文物出版社，2007年，209～211页。
⑦ 湖北省文物考古研究所：《曾国青铜器》，文物出版社，2007年，252～255页。
⑧ 湖北省文物考古研究所：《曾国青铜器》，文物出版社，2007年，423、424页。
⑨ 河南省文物考古研究院、平顶山市文物管理局、河南大学历史文化学院：《河南平顶山应国墓地M257发掘简报》，《华夏考古》2015年第3期，9～21页。
⑩ 集成12.6514。
⑪ 集成7.3984、3985。
⑫ 集成16.10227。
⑬ 湖北省荆沙铁路考古队：《包山楚简》，文物出版社，1991年，图版七四、八〇，"释文"，29、30页。
⑭ 吴良宝：《战国楚简地名辑证》，武汉大学出版社，2010年，313～316页。
⑮ 拙文：《新刊唐侯制随夫人诸器及有关问题》，未刊稿。
⑯ 详参拙作：《楚系铜器铭文研究》，合肥：安徽大学博士学位论文（汉语言文字学，指导教师：黄德宽），2009年6月，207～213页。
⑰ 吴镇烽编著：《商周青铜器铭文暨图像集成》，上海古籍出版社，2012年，11卷，73～78页，05130、05131、05132号。
⑱ 吴镇烽编著：《商周青铜器铭文暨图像集成》，上海古籍出版社，2012年，22卷，344～347页，12417、12418号。
⑲ 吴镇烽编著：《商周青铜器铭文暨图像集成续编》，上海古籍出版社，2016年，1卷，237、238页，0203号。

簋[1]“贾叔作晋姬尊鼎 / 尊簋”，贾子伯歆父壶[2]、贾子伯歆父盘[3]“贾子伯歆父作孟姬尊壶 / 宝盘”，铭文明确表明此时同为姬姓的晋、贾二国之间有联姻。《左传》庄公二十八年“晋献公娶于贾”，亦可进一步印证晋、贾二国的联姻绝非偶然，而系常态[4]。近年发掘的湖北枣阳曹门湾墓地 M43 的墓主或即该墓所出夨叔匜（M43 : 2）[5]铭所云之“孟姬”，应系嫁至曾国的姬姓虞国女子，亦系同姓通婚之例。总之，文献所谓“同姓不婚”的原则，应灵活看待，而不能一味地死看所谓的原则[6]。

因此，身为姬姓阳国公室的“阳小叔”，娶姬姓女子“龏叔姬”为妻，并无不可，换言之，上述对鼎铭的理解，也就并无矛盾。

传世有一件叔姬鼎（或称“金父鼎”）[7]，原藏梁伯谟（《复斋》），现下落不明。鼎内壁铸铭文过去一般释作[8]：

□金父作叔姬宝尊鼎，其万子孙永宝用。

此铭系摹本[9]。整体上来看，所摹文字多失真，且有明显错误，如按照通常的金文文例来讲，“万”字下应有“年”字，而此铭却无，应系误摹或漏摹所致。

就目前的摹本并对照新见之阳小叔𣪕父鼎铭文来看，铭文开头二字摹写或有误。具体而言，“□”字原摹作□，不识，其构形颇为奇特，仔细分析，很可能系“阳叔”二字即□、□之误摹，下文的“叔”字摹作□，亦可为佐证；“金”字原摹作□，或系“𣪕”字即□之摹误。换言之，作器者过去所谓的“□金父”实际上应系“阳叔𣪕父”，与新见之阳小叔𣪕父鼎的作器者阳小叔𣪕父系同人。同样，鼎铭的“叔姬”与阳小叔𣪕父鼎的“龏叔姬”亦应系同人，为阳叔𣪕父之妻。按照名从主人的原则，该鼎亦应改称阳叔𣪕父鼎。

鼎铭的时代，《殷周金文集成》等定为西周晚期[10]，据铭文来看，或偏早，而应与新见之阳小叔𣪕父鼎时代相当，为春秋早期前段。

传世又有一件叔姬鼎[11]，原藏费念慈，现藏上海博物馆。《殷周金文集成》定其时代为春秋早期[12]，从铭文字体看可从。鼎铭作：

叔姬作阳伯旅鼎，永用。

① 吴镇烽编著：《商周青铜器铭文暨图像集成续编》，上海古籍出版社，2016 年，2 卷，92、93 页，0432 号。

② 吴镇烽编著：《商周青铜器铭文暨图像集成续编》，上海古籍出版社，2016 年，3 卷，123、124 页，0838 号。

③ 吴镇烽编著：《商周青铜器铭文暨图像集成续编》，上海古籍出版社，2016 年，3 卷，300 页，0947 号。

④ 拙文：《读近刊贾国铜器》，《北方文物》待刊。

⑤ 武汉大学历史学院、湖北省文物考古研究所、湖北荆州文物保护中心、枣阳市博物馆考古队：《湖北枣阳郭家庙墓地曹门湾墓区（2015）M43 发掘简报》，《江汉考古》2016 年 5 期，47 页图版一九，48 页图版二二、拓片四。

⑥ 拙文：《从吴叔襄鼎谈到枣阳曾国墓地出土的夨、卫、郘诸器》，《北方民族考古》第四辑，科学出版社，2017 年，151～162 页。

⑦ 集成 5.2562。

⑧ 如张亚初：《殷周金文集成引得》，中华书局，2001 年，41 页。

⑨ 目前所录拓本系《积古》据《复斋》、《攈古》据《积古》摹入，参见吴镇烽编著：《商周青铜器铭文暨图像集成》，上海古籍出版社，2012 年，4 卷，262 页，02083 号。

⑩ 中国社会科学院考古研究所：《殷周金文集成》，五册，中华书局，1985 年 6 月，“铭文说明”，5 页。

⑪ 集成 4.2392。

⑫ 中国社会科学院考古研究所：《殷周金文集成》，四册，中华书局，1986 年，“铭文说明”，102 页。

鼎铭的“叔姬”，与上揭阳叔㪤父鼎（叔姬鼎、金父鼎）的“叔姬”及新见阳小叔㪤父鼎的“𢍰叔姬”或即同人。

鼎铭云“叔姬作阳伯旅鼎”，据上下文和有关同类铭文来看，“阳伯”应系“叔姬”之夫、君，如孟姬湆簋[①]“孟姬湆……其用追孝于其辟君武公”、南姞甗[②]“南姞肁乍厥皇辟伯氏宝𩱦彝”、胡应姬鼎[③]“胡应姬……用作厥嫡君公叔乙尊鼎”、姬㚸母鼎[④]“姬㚸母……用旨尊厥公厥姊”等，均可为佐证。换言之，“阳伯”应系阳国之君，“叔姬”系其妻，此鼎系叔姬为其亡夫阳伯所作。结合阳叔㪤父鼎（叔姬鼎、金父鼎）及阳小叔㪤父鼎铭文来看，鼎铭的“阳伯”与阳叔㪤父鼎（叔姬鼎、金父鼎）的“阳叔㪤父”及阳小叔㪤父鼎的“阳小叔㪤父”很可能亦系同人，叔姬鼎称“阳伯”，“伯”应非排行，而应系爵称。又古代妻子对丈夫称伯，《诗·卫风·伯兮》：“伯也执殳，为王前驱。”朱熹集传：“伯，妇人目其夫之字也。”所以无论从哪个角度去理解，阳小叔又称“阳伯”，其实并不矛盾。阳小叔㪤父鼎及传世的叔姬鼎（金父鼎）称“阳（小）叔”，应系其即位之前作为公室时的称谓。

传世和出土的唐国铜器，如鴋仲多壶[⑤]、鴋姬簋盖[⑥]、阳飤生簋盖[⑦]、阳飤生匜[⑧]等，时代皆为春秋早期；湖北郧县五峰乡萧家河、乔家院出土的仲瀕儿鈚（M1：2）、仲瀕儿盘（M1：4）、唐子仲瀕儿匜（M1：1）、唐子斨戈（M4：14）等[⑨]，时代为春秋晚期；陕西西安张家坡出土的鴋仲鼎（M319：1）[⑩]，时代为西周晚期；北京保利艺术博物馆购藏的阳仲卣[⑪]，上海博物馆藏阳尹簋[⑫]，皆为西周早期器。西周早期阳国的铜器，近

---

① 集成 7.4071、4072。

② 吴镇烽：《獄器铭文考释》，《考古与文物》2006 年 6 期，64 页，图九。

③ 李学勤：《胡应姬鼎试释》，载复旦大学出土文献与古文字研究中心编《出土文献与古文字研究（第六辑）——复旦大学出土文献与古文字研究中心成立十周年纪念文集》，上海古籍出版社，2015 年 1 月，109～111 页；吴镇烽编著：《商周青铜器铭文暨图像集成续编》，上海古籍出版社，2016 年，1 卷，274、275 页，0221 号。

④《中国夏商周三代金铜器》，鼎 13，台北：震荣堂，2011 年，58 页；吴镇烽编著：《商周青铜器铭文暨图像集成续编》，上海古籍出版社，2016 年，1 卷，160 页，0153 号。

⑤ 集成 15.9572；周亚：《〈宧图集古图〉笺注》，上海古籍出版社，2012 年，75 页。

⑥ 集成 7.3945；林巳奈夫：《殷周时代青铜器の研究：殷周青铜器综览一》，图版，簋 388，东京：吉川弘文馆，1984 年，131 页。

⑦ 集成 7.3984、3985：襄樊市博物馆、谷城县文化馆：《襄樊市、谷城县馆藏青铜器》，《文物》1986 年 4 期，17 页，图六、七；襄樊市博物馆：《湖北谷城、枣阳出土周代青铜器》，《考古》1987 年 5 期，图版叁：1，413 页，图四：2。

⑧ 集成 16.10227；《文物》1986 年 4 期，17 页，图四、五；《考古》1987 年 5 期，图版肆：3，413 页，图四：3。

⑨ 郧县博物馆：《湖北郧县肖家河出土春秋唐国铜器》，《江汉考古》2003 年 1 期，3～8 页；黄旭初、黄凤春：《湖北郧县新出唐国铜器铭文考释》，《江汉考古》2003 年 1 期，9～15 页；黄凤春：《湖北郧县乔家院春秋殉人墓》，《考古》2008 年 4 期，28～50 页；王红星主编：《尘封的瑰宝～丹江口水库湖北淹没区文物图珍》，湖北美术出版社，2004 年，124、125、128 页；湖北省文物局：《汉丹集萃～南水北调工程湖北库区出土文物图集》，文物出版社，2009 年，137 页。

⑩ 中国社会科学院考古研究所：《张家坡西周墓地》，中国大百科全书出版社，1999 年，图版 101：4，138 页图 103：3。

⑪《保利藏金》编辑委员会：《保利藏金（续）——保利艺术博物馆精品选》，岭南美术出版社出版，2001 年，136～143 页。

⑫ 集成 6.3578。

年所见甚夥，过去我曾有总结和分析[①]，兹不赘述。东周时期的阳国铜器，除上述诸器外，《商周青铜器铭文暨图像集成续编》著录有一件私人收藏的春秋晚期的阳侯制随夫人壶（《续编》称“阳侯杁隋夫人壶”）[②]，其铭文作“阳侯制随夫人行壶，其永祜福”，时代为春秋早期。据上揭上博藏叔姬鼎铭可知，春秋早期阳国的君长称“阳伯”，据阳侯制随夫人壶，可见其又称“阳侯”，这与同在南土地区的同宗姬姓曾国之君或称“曾侯”、或称“曾伯”[③]一样。

综上，据上下文及有关金文文例，阳小叔䤙父鼎铭的“阳”应为国族名，系位于今江汉地区的姬姓唐国；“阳小叔”系唐国公室，“鄬叔姬”系其妻，“鄬”为其氏。传世叔姬鼎（金父鼎）铭的“[illegible]”字应系“阳叔”二字之误摹，“金”字系“䤙”字之摹误，作器者“[illegible]金父”实应系“阳叔䤙父”，与新见之阳小叔䤙父鼎的“阳小叔䤙父”及上博藏叔姬鼎的“阳伯”系同人；鼎铭的“叔姬”与阳小叔䤙父鼎的“鄬叔姬”及上博藏叔姬鼎的“叔姬”亦系同人，为“阳（小）叔䤙父”即“阳伯”之妻；该鼎时代应为春秋早期。东周时期阳国的君长或称“阳伯”，或称“阳侯”，与同在南土地区的同宗姬姓曾国之君或称“曾侯”、或称“曾伯”相似。

附记：近日黄凤春公布了随州市博物馆藏铭文与唐侯制随夫人壶铭基本相同的 3 件唐侯制随夫人鼎等有关材料，推定这些器物可能都出自随州义地岗的同一座墓葬（黄凤春：《谈“唐侯制随夫人”壶的国别、年代及相关问题》，复旦大学出土文献与古文字研究中心网站，2018 年 7 月 19 日，http://www.gwz.fudan.edu.cn/Web/Show/4278；武汉大学简帛网，2018 年 7 月 19 日，http://www.bsm.org.cn/show_article.php?id=3193）。据随州所出与壶铭基本相同的 3 件唐侯制随夫人鼎等有关材料，本文所讨论的阳国诸器的国属等问题可以坐实，记于 2018 年 7 月 28 日。

According to the Newly Emerged Yangxiaoshulifu Tripod to Discuss on the Bronzes Such as Shuji Tripod and Other Related Issues

Huang Jinqian
(School of History and Culture，Henan University)

Abstract: According to the context and relevant examples of the bronze inscriptions, “Yang” of the inscriptions of Yangxiaoshulifu tripod should be the name of a country or a family, which is the state of the Tang surnamed Ji located in the Jianghan Region area,

① 拙文：《颗器及相关铜器系联研究》，未刊稿。
② 吴镇烽编著：《商周青铜器铭文暨图像集成续编》，上海古籍出版社，2016 年，3 卷，110 页，30829 号。
③ 拙文：《出土古文字资料所见曾侯世系》，未刊稿。

Yangxiaoshulifu is a subfamily of Yang patriarchal clan, Gongshuji is his wife. "[illegible]" of the inscriptions of Shuji tripod should be the false copy of the two words of "Yang" and " Shu", and the "Jin" should be the false copy of "Li". The owner of the Shuji tripod is Yangshufu, who is the same person as "Yangbo" of the inscriptions of Yangbo tripod which collected in Shanghai Museum, Shuji of Shuji tripod is the same person as Gongshuji of Yangxiaoshulifu tripod, and "Yangbo" of Yangbo tripod collected in Shanghai Museum,who is the wife of Yangxiaoshulifu, that is Yangbo. The age of the Ding should be in the early spring and Autumn Period. In the Eastern Zhou Dynasty, Yang monarch called "Yangbo", or "yanghou", similar to the monarchs of the Zeng state which located in south called "Zenghou", or "Zengbo".

Key words: Yangxiaoshulifu tripod, Shuji tripod (Jinfu tripod), Shuji tripod,Tang State

青州南燕历史遗存及影响研究

李宝垒[1]　刘光辉[2]

（1. 潍坊市文物局；2. 潍坊峡山生态经济开发区教育体育管理服务中心）

内容提要：南燕国，是东晋十六国时期鲜卑族慕容德占据海岱地区建立的一个以鲜卑慕容部军事贵族为主体、汉胡结合的联合政权。东晋隆安二年（399 年），慕容德带部自邺城、滑台转战至青州，攻克广固城，建立南燕，定都广固，割据青州 12 年。慕容家短短的 12 年统治，加强了汉族与北方少数民族的融合，影响了地区的社会文化发展，是青州历史上浓墨重彩的一笔。王朝虽已消失在历史长河中，但却给地方留下了宝贵的地上及地下财富。

关键词：南燕　历史遗存　后世影响

一、历 史 遗 存

南燕国，作为定都山东的唯一一个国家，虽为鲜卑慕容族建立的少数民族政权，存世短短的 12 年，但给山东，特别是今天的青州地区留下了许多宝贵的财富。如帝都广固城、青州地区出土的带有慕容鲜卑文化特色的文物，以及与南燕有关的寺院、石刻等。

（一）广固城遗址

对于广固城的地望，清光绪《益都县图志》中有多处引经据典的记载，摘录如下：

永嘉五年（311 年），于广县西北筑广固城，为青州治，后改为幽州治。①

尧山，在府城西北十里。（《通志》云，在县西八里。）《水经注·淄水篇》：“浊水，东北流，径尧王山东。”《从征记》曰：“广固城北三里，有尧山祠。尧因巡狩登此山，后人遂以名山。”②

瀑水涧，即石子涧，在府城西南。《水经注·淄水篇》：“阳水，又东北流，石井水注之。水出南山，北流注井，井际广固城东侧。”③

① 《益都县图志》校勘整理委员会：《益都县图志》（点校本），中国文史出版社，2006 年，107 页。
② 同①，123 页。
③ 同①，129 页。

北阳水，即浊水，亦曰绳水。……东北流经广固城西，水侧山际有五龙口，东北流径尧山东，西望胡公陵。……《齐乘》：水出府城西南三十里九回山，（俗名九扈山）古广县为山也（今山多种桃，俗称水源曰“桃花井”）。东北径五龙口，又北径广固废城，与《水经注》合。①

五龙口，《水经注》：“浊水，东北流，径广固城西。城在广县西。北四里，四周绝涧，阻水深隍。晋永嘉中，东莱人曹嶷所筑也。水侧山际有五龙口。”②

从这五条记载中可以看出广固城的位置，即位于尧山（今称之为尧王山）南三里处，浊水（今称之为北阳河）流经广固城西侧，广固城在广县城的西北方向四里处（图一）。

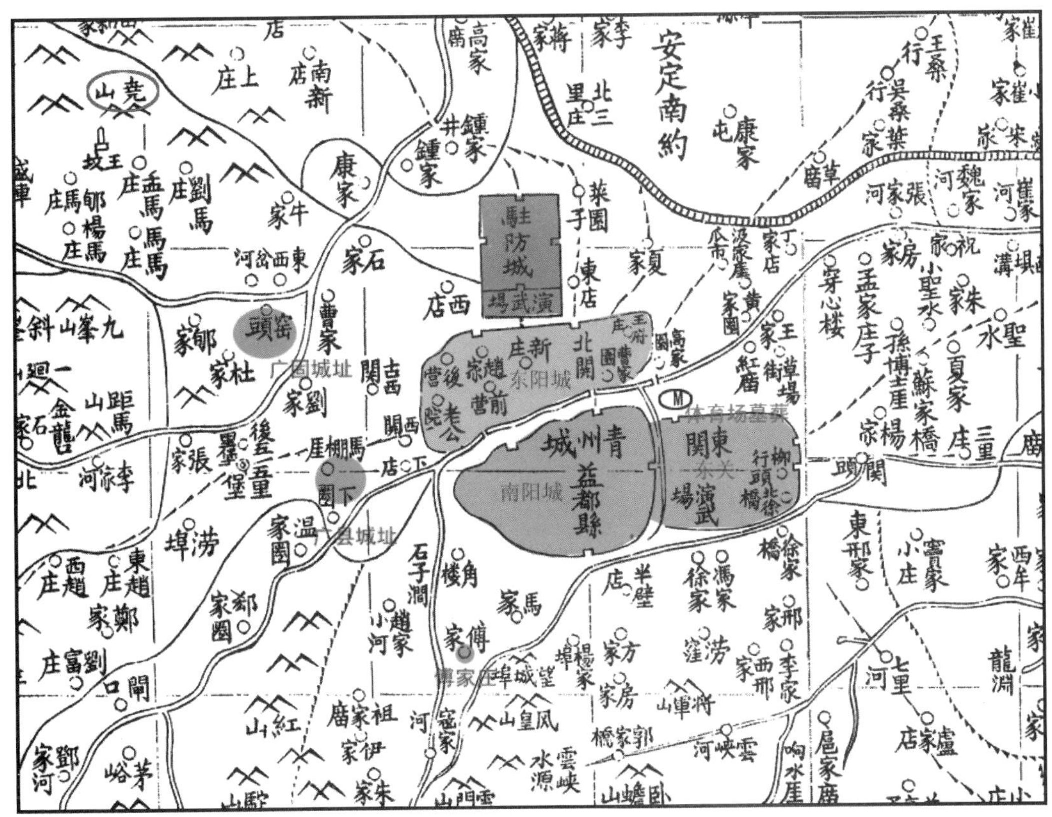

图一　广固城位置图

根据史书的记载，青州市文物主管部门通过科学的考古勘探方式进行了实地调查，基本探清了广固城的范围，即位于邵庄镇窑头村附近，西至大郇、小郇村东，东南至刘家庄村北一带，东临青州市仰天山路（西外环路），占地面积约三十万平方米。在邵庄镇窑头村北，发现广固城的西城墙北段，该段城墙仅存地下用自然石块垒砌的城

① 《益都县图志》校勘整理委员会：《益都县图志》（点校本），中国文史出版社，2006 年，130 页。
② 同①，150 页。

墙基础部分，南北长约 250 米，东西宽约 10 米。石砌城墙基础距地表约 1～2 米。该石砌墙基南侧，发现 1000 余米的夯筑土墙基，距地表 1～2 米，高度约 2 米。河流两岸的断崖处，还发现了四处城墙断面，经过局部清理，发现明显夯层，厚度约在 40 厘米。该段城墙为大城西墙，自北向南延伸到北阳河南侧支流的北岸断崖上，又沿河岸随着河道向东蜿蜒伸展，约经 180 米后向北折转。南阳河南侧支流的西岸，发现一段夯土筑墙，约 800 米，形成了广固城的大城南部的东墙，此处东西两城墙相距平均约 260 米。因有五条东西向河流自西向东贯穿二城墙，并在下游相汇集，推测为史书上所谓的“五龙口”。邵庄镇窑头村东北部，发现一条南北向的城墙，宽度约 10 米，高度不详，此城墙距西侧的石砌城墙约 600 米，在这两城墙之间的区域内发现有两处面积较大的夯土遗址，初步推断应为宫殿遗址，在其周围堆积埋藏着大量瓦砾。故将这两条城墙之间，两条较大的河流两岸之内的高地，初步定为广固城的小城（宫城）所在的位置。另在该区域东侧，老百姓取土或打夯土坯时，时常发现青铜器物。在考古勘探、调查中捡选到十六国时期的瓦当两件，青釉碗底一件，白陶瓶残器一件。

青州广固城遗址，1990 年被青州市人民政府公布为青州市级文物保护单位，并于 2015 年被山东省人民政府公布为省级文物保护单位。

青州市文物主管部门虽对广固城进行了钻探，但因种种原因，对城门具体位置、宫殿建筑形制等未进行详细钻探。我们从零星的史料记载中可以探究一二。

广固城城门应有四个，《晋书·载记第二十七·慕容德》中记载：“（慕容德）其月死，即义熙元年也，时年七十。乃夜为十余棺，分出四门，潜葬山谷，竟不知其尸之所在。”①

宫城内有至少五座殿堂，分别为太极殿、延贤堂、东阳殿、显安宫、长乐宫等。《十六国春秋别传·卷十三·南燕录》中对殿堂名称有所提及：“十月，太极端门并就”“二年十月，徐州刺史潘聪、青州刺史鞠仲来朝，宴于延贤堂”“戊午，引见群臣于东阳殿”“备德开目颔之，是夕薨于显安宫”“母段氏为皇太后，居长乐宫”。《晋书·载记第二十七·慕容超》中记载：“德无子，欲以超为嗣，故为超起第于万春门内，朝夕观之”②，这是在宫城内为慕容超建的府邸，暂不列入其内。

从史料记载来看，广固城大城东西还有郭，西郭为屯兵之用，带有军事色彩。《晋书·载记第二十七·慕容德》中记载：“于是讲武于城西，步兵三十七万，车一万七千乘，铁骑五万三千，周亘山泽，旌旗弥漫，钲鼓之声，振动天地。”③根据实地调查询问，当地老百姓称为营盘，并出土过刀、剑、马具等武器。东郭为居民区，《晋书·载记第二十八·慕容超》中记载：“车裂仆射封嵩于东门之外”，古代行刑一般都是在闹市区，人口聚居的地方，慕容超自诩“京都殷盛，户口众多，非可一时入守”，可见广固城人口集中于此，形成东郭（图二）。

① 房玄龄等撰：《晋书·卷一百二十七·载记第二十七》，中华书局，1974 年，3172 页。
② 同①，3176 页。
③ 同①。

图二 广固城遗址远景

（二）青州地区出土的带有慕容鲜卑文化特色的文物

南燕国统治青州时间虽短，但是跟随慕容德而来的鲜卑贵族却不少，青州这片沃土上也就埋藏了不少慕容鲜卑族的贵族。由于存世时间短，灭国之后贵族大都被坑杀等原因，目前在这一地区发现的鲜卑贵族墓并不多。20 世纪 90 年代，在青州市城区云门山路与范公亭路交叉口东北角处，整平砖厂建体育场的过程中发现了一处古墓葬。墓葬北临南阳河，与东阳城隔河相望，南望群山，西靠南阳城，西距十六国时期南燕国国都广固城约 5 千米。由于墓葬被扰乱，收回出土遗物 8 类 90 余件，全为马具，铜质鎏金，部分马具上还錾刻有纹饰。包括鞍具、辔具、鞧饰等，因年代久远，雨水、土壤侵蚀，再加上人为破坏，马具大都残损严重。现将铜鎏金马具简单介绍如下：①

图三 铜鎏金翼形片

铜鎏金翼形片，1 件。薄铜片制成。此件器物较完整，仅上部似鸟首处及下部一侧残缺（图三）。

铜鎏金马镫，2 件。形制、纹饰一致。镫长柄，扁条状，上宽下窄，上端有一横穿，下端接椭圆形镫首环。柄部錾刻云龙纹，环部錾刻忍冬纹（图四）。

铜鎏金马镳，2 件。完整，铜铸而成，表面通体鎏金。外轮廓为花瓣状，四瓣构图，上侧花瓣顶部平直，中央有一横穿，用于和辔头相连。镳中央有一竖穿，竖穿中部有一用两个铆钉固定的横条，用以固定马衔和连接缰绳的引手。马镳由两部分组成，背面为一铜板，正面周边附加一宽厘米的铜鎏金窄条状边框，上下左右用 4 个铆钉铆合（图五）。

① 刘允泉、李宝垒、原芳芳：《山东青州出土十六国时期鎏金铜马具》，《文物》2018 年 2 期，81～85 页。

1

2

图四 铜鎏金马镫

图五 铜鎏金马镳

铜鎏金引手，2件。大致呈U形，开口处有一横轴。

铜鎏金杏叶，7件。形制相同，但有大小之别。上窄下宽，束腰，上端平直，有横穿，穿内有铜片穿过，并用2个铆钉固定，用于将杏叶与皮革铆在一起。下端为弧形，似桃尖。按大小分，可分为3种。有线刻纹饰的杏叶皆为大者，周边用细线阴刻双线纹，内饰波浪纹，正中细线阴刻双头凤纹，鸟头相对，皆带冠，鸟喙中间细线阴刻器物；胸两旁为展翅飞翔的双翼；其下为简化的鸟身、鸟爪及鸟尾。中者、小者杏叶皆无纹饰，仅通体鎏金（图六）。

铜鎏金穿管步摇饰件，主要由帽盖、穿管及摇叶组成。因历史久远、水土侵蚀及人为破坏等原因，收回时帽盖、穿管及摇叶组合大都分离。其中帽盖9件，盖帽带穿管7件，摇叶12件，摇叶带穿管3件，穿管16件（图七）。

铜鎏金带扣，4件，由带銙和带卡组成。此种带扣应该是系在马肚子上的肚带扣。形制相同，但有大小之别。带銙为圭形，带卡为椭圆形环，中间为钎钮，带銙上部有2个铆钉以固定带卡，下部大者由3个（小者有1个）铆钉使带扣与皮革铆在一起（图八）。

铜鎏金带卡，分为3种形制，一是带钎椭圆形带卡，8件，有大小之分，由环和钎组成，此种带扣应该是直接用铆钉铆在皮革带上，是前后鞧鞶饰和辔具上的皮带卡。二是圆形扣环后接方形环相联结的带卡，1件。三是圆形环与心形片用1个铆钉铆在一起的带卡，7件，有大小之分，心形铜片上除铆住圆形环的铆钉之外，还有左右对称的2个铆钉，用以铆住皮革。

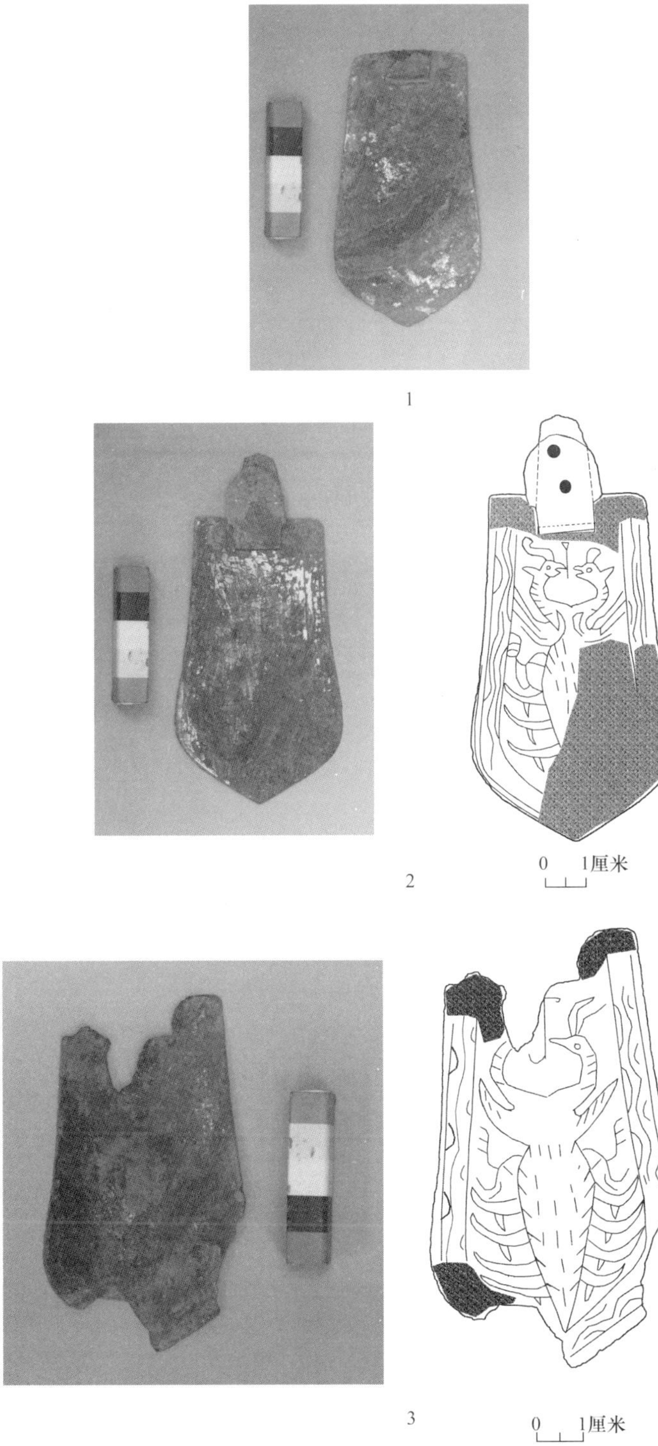

1

2

0 1厘米

3

0 1厘米

图六 铜鎏金杏叶

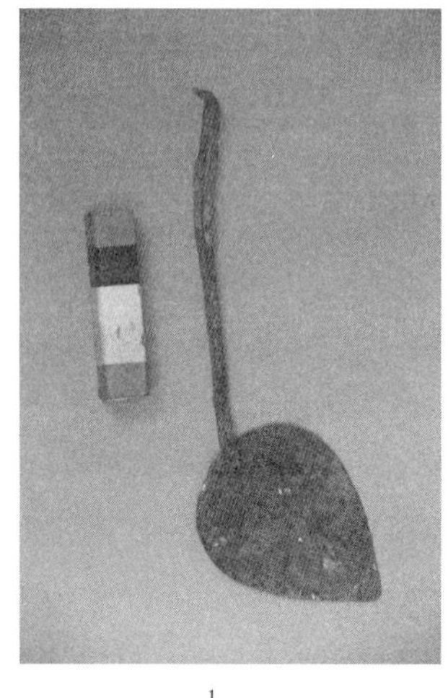

1

2

图七 铜鎏金穿管步摇饰件

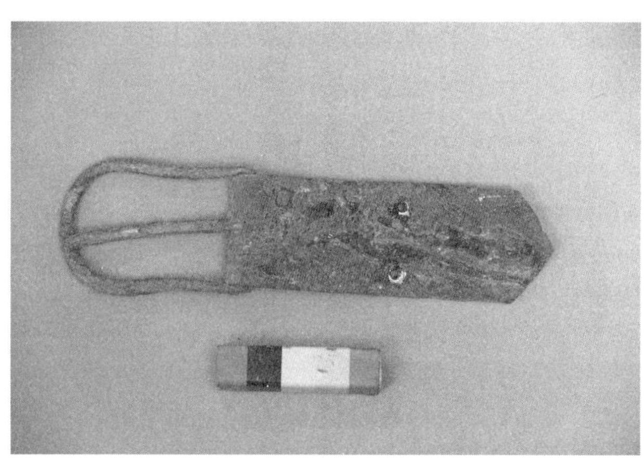

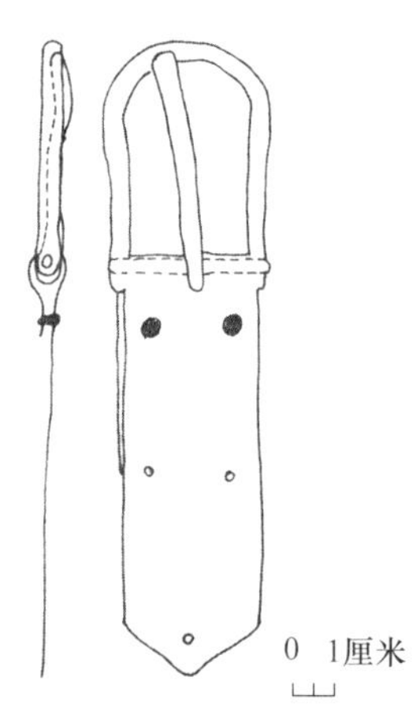

1

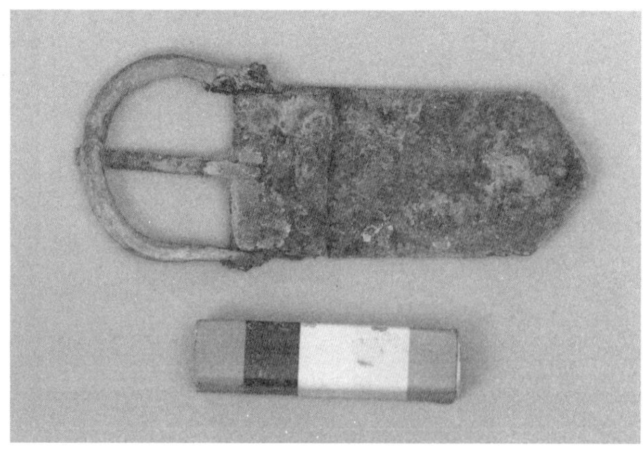

2

图八 铜鎏金带扣

铜鎏金銮铃，3 件，均铸造而成。2 件完整，1 件残缺一半。皆成圆球形，素面，中空，底部开一长条形口，内含椭圆形珠，1 件顶部为半圆形桥状纽，2 件顶部为月牙形纽。

铜鎏金当卢构件，1 件，收回时当卢整体不存，具体形制不明，仅存当卢上部构件，圆柱上承托一仰置的半圆形铜泡，其上原应为穿插璎珞之用。

经过对比，这个墓葬出土的马镳、杏叶、銮铃、带扣、穿管步摇以及马镫等与辽宁省朝阳县十二台乡砖厂 88M1 出土的此类器物形制一致；墓葬出土马镫的镫柄上线刻有云龙纹，这与辽宁省朝阳县七道岭乡三合成村墓出土的铜鎏金錾刻鞍桥包片上的龙纹形制相同，皆成飞奔状，从头到尾，从身形到腿爪的构图极为接近。墓葬出土的杏叶线刻纹饰与河南省安阳市孝民屯晋墓群中的 M154 出土的杏叶纹饰基本一致，皆为阴刻双头鸟纹，整体构图极为相似。经考证，辽宁省朝阳县十二台乡砖厂 88M1、七道岭乡三合成村墓皆为三燕时期的前燕文化遗存。青州出土的铜鎏金马具虽与辽西、河南发现的同类器物在形制、纹饰上极为相近，但是马镫的铸造技术却比他们先进，辽西、河南发现的马镫大部分为铁质或铜包木质，而青州地区发现的却是鎏金铜质，级别更高，时代稍晚，定在南燕时期比较妥当。

晋别屯司马印，《益都县图志》中记载："晋别屯司马印（今归潍县郭氏）右印鼻钮，白文，七字，曰'兼南阳别屯司马'。考南阳二字，始见齐武平造像碑。此印于广固废城出土，自是晋以后物，故附晋印之末。"①

另在青州博物馆馆藏中还有几枚出土于广固城内的印章，分别为"将军司马"印、"军假司马"印（图九）和"折冲将军章"印（图一〇）等。这些印章的出土都为广固城的位置提供了佐证。

1

2

图九　军假司马印

（三）齐长城

齐长城是春秋战国时齐国为争霸天下而修建的军事巨防，它修建于公元前 685 年～公元前 284 年间，比秦长城早 400 余年。始建于春秋初期，完成于战国，先后有

① 《益都县图志》校勘整理委员会：《益都县图志》（点校本），中国文史出版社，2006 年，498 页。

1

2

图一〇　折冲将军章印

十九位齐王参与修建，历时 400 余年，分三段筑建，先筑西段，以防鲁、晋等国；再筑东段，以备楚；后筑中段，使整个长城连为一体。

齐长城沿山脊修建，蜿蜒曲折，根据不同的地势，或以石块垒筑，或灰土夯筑，或以沙石混筑，或以陡崖为城，在崇山峻岭中，绵延逶迤，十分壮观。

齐长城横亘于山东境内，西起黄河东岸的长清县孝里镇广里村北，横越泰沂山区，东至黄海西岸的青岛市黄岛区东于家河村东北入海，途经十八个县市区，全长 618893 米，遗址高在 2～5 米，宽在 7～15 米。现存遗址长度 398328 米，占总长度的 64.36%。潍坊段分布在潍坊市临朐县、安丘市、诸城市的南部山区，西从临朐县龙王崮自沂源县入境，东至诸城市六河镇史家乔西山进入青岛市黄岛区，全长 160 余千米，占齐长城全线总长的近四分之一。

齐长城，虽为东周齐国所筑，但到了十六国时期，仍然是南燕国的南部重要防御线。东晋义熙五年 (409 年)，南燕主慕容超抢掠东晋北部边境，东晋大将刘裕率兵反击，征伐南燕。晋军进攻穆陵关时，穆陵关全无南燕军踪影，晋军不费一兵一卒，轻取穆陵天险（图一一）。

1

2

图一一　齐长城

1. 齐长城临朐段　2. 齐长城穆陵关遗址

《晋书》中对这一战事有所记载。面对晋军进攻，慕容超召集群臣商议对策，其中征虏将军公孙五楼献上、中、下三策："吴兵轻果，所利在战，初锋勇锐，不可争也。宜据大岘，使不得入，旷日延时，沮其锐气。可徐简精骑二千，循海而南，绝其粮运，别敕段晖率兖州之军，缘山东下。腹背击之，上策也。各命守宰，依险自固，校其资储之外，余悉焚荡，芟除粟苗，使敌无所资。坚壁清野，以待其衅，中策也。纵贼入岘，出城逆战，下策也。"[①] 慕容超却认为："京都殷盛，户口众多，非可一时入守。青苗布野，非可卒芟。设使芟苗城守，以全性命，朕所不能。今据五州之强，带山河之固，战车万乘，铁马万群，纵令过岘，至于平地，徐以精骑践之，此成擒也。"[②] 尚书令慕容镇建议说："若如圣旨，必须平原用马为便，宜出岘逆战，战而不胜，犹可退守。不宜纵敌入岘，自贻窘逼。昔成安君不守井陉之关，终屈于韩信；诸葛瞻不据束马之险，卒擒于邓艾。臣以为天时不如地利，阻守大岘，策之上也。"[③] 慕容超听后不予采纳，只是命令驻莒、梁父二地的部队，整修护城墙，选练兵马，养精蓄锐，在都城等待晋军的到来。晋军进至穆陵关前的东莞县城，慕容超才慌忙派遣左将军段晖等率领步骑兵五万人，进据临朐。刘裕大军沿葫芦岭北进，翻越龙山，直取穆陵，并挥军直趋临朐城南，南燕军方起而迎战。双方激战后，刘裕大军一举攻下临朐。慕容超退守广固，东晋军围城攻打，最终攻克广固，慕容超被俘，南燕灭亡。

南燕放弃齐长城穆陵关而亡国，后人有所评说。高绗《青州怀古》曰："寄奴南来气如虎，只手席卷青齐土。大岘空关战鼓鸣，降王槛车送吴楚。"安真《登郡城怀古》曰："广固城残说寄奴，至今遗垒半模糊。五龙夜塞虚凭险，万马南来笑失图。"

（四）宗教遗存

慕容鲜卑族是当时少数民族中汉化较早的一个民族。汉化的同时也接受了佛教文化，成为他们重要的宗教信仰之一。佛教传入慕容鲜卑，当在公元三、四世纪。《晋书·载记第六·石季龙上》中记载："初，慕容皝与段辽有隙，遣使称籓于季龙，陈辽宜伐，请尽众来会。及军至令支，皝师不出，季龙将伐之。天竺佛图澄进曰：'燕福德之国，未可加兵'。"[④]《晋书·载记第九·慕容皝》中记载，永和元年（345年），慕容皝"时有黑龙、白龙各一，见于龙山，皝亲率群僚观之，去龙二百余步，祭以太宰。二龙交首嬉翔，解角而去。皝大悦，还宫，赦其境内，号新宫曰和龙，立龙翔佛寺于山上。"[⑤] 由此推断，前燕时，慕容鲜卑就开始崇信佛法。慕容德攻占广固城之前，就曾因是否定都于此问事于沙门朗公。定都广固城后，封朗公为东齐王，建神通寺，以奉高（泰安）、山茌（长清）两县的赋税供养。《高僧传》中记载："燕主慕容德钦朗名行，假号东齐王，给以二县租税，朗让王而取租税，为兴福业。"这一举动，无疑推动了南燕统治区内佛教的发展。沧桑巨变，南燕佛事兴盛的场面已不再现，由于没有明确的文字记载，始建于南燕时期的寺院难以考证，史书中记载始建于北魏、刘宋的寺

① 房玄龄等撰：《晋书·卷一百二十八·载记第二十八》，中华书局，1974年，3181页。
② 同①。
③ 同①，3181、3182页。
④ 房玄龄等撰：《晋书·卷一百六·载记第六》，中华书局，1974年，2768页。
⑤ 房玄龄等撰：《晋书·卷一百九·载记第九》，中华书局，1974年，2825、2826页。

院有可能存在南燕的影子。据不完全统计，《益都县图志》中记载建于北魏、刘宋时期的寺院有七级寺、弥陀寺、吉祥寺、重兴寺、候恺寺、延祥寺、广福寺等。北朝时期，这些寺庙规模就十分宏大，而且出土造像华贵，这不是一朝一夕能建成和雕琢的，单凭可见的有纪年佛像等来推测寺院初建年代，难以理清。现将《益都县图志》中记载建于北魏、刘宋时期的寺院介绍如下，以备考究。

清光绪《益都县图志》记载："七级寺，在城西门外阳水北岸，元魏时建，皇兴中毁于火，故址今佚。"《水经注·卷二十六·淄水条》记载："阳水东，迳故七级寺禅房南。水北则长庑遍驾，迴阁承阿林之际，则绳坐疏班，锡鉢閒设。所谓修修释子、眇眇禅棲者也。阳水又东，迳东阳城东南。义熙中，晋青州刺史羊穆之筑此，以在阳水之阳，即谓城之东阳城。"[①]《水经注》作者为郦道元，北魏时期人士，在此条中叙述为"故七级寺禅房南"，可见七级寺始建年代比其著书年代要早。另，《魏书·卷六十七·崔光传》记载："去皇兴中（467～471年），青州七级，亦号崇壮，夜为上火所焚"。由此可知七级寺内建有七级大塔，在当时一般都是皇帝在都城内筑七级佛塔，以示崇佛。七级寺有宏伟禅房，又有七级佛塔，应该是南燕时所筑。这样的寺院，在青州当地史料上记载的还有几个，应该与南燕国有一定的关系。如：

弥陀寺，在北关定慧寺西，俗曰北大寺。《旧志》云，刘宋时建，北齐重修，明衡藩商河王重修。……《旧志》云，魏孝昌二年建，因寺有是年造像残石也。（康熙十五年，庠生杨钜撰《入佛会碑》云，寺所由立，其详不可得，闻寺中《石佛记》言，重修于魏，复修于唐，并载其祖谦咏寺内古槐诗及曹洞宗派。）国朝乾隆八年，监生王承烈等重修，今圮，惟石佛卧瓦砾中。

重兴寺，在城北四十余里梁孟集，魏孝昌年建，（《旧志》作重兴院，云宋康定元年建。按：寺有孝昌三年造像碑，则寺在先矣。）至今修葺不废。又一寺，在城东北四十里口埠，《旧志》云，宋皇祐二年建，（寺内有明人重修断碑，残缺不可读。略云，元泰定乙丑，僧德海自燕都来，就故址立寺。明初，其徒庄圆、庄静等继其志。后数十年，民人王友发等重修，成于二年冬十一月云云。书碑者为冷贵。考：贵，为府学生，见正德元年兴国寺碑及九年广福院碑，则此碑亦正德时矣。）今废，于其遗址建三司庙。

候恺寺，在城西一百里仇家官庄。明隆庆四年新乐王《重修碑》云，晋永安二年，比丘法果建。（按：晋永安，无二年，"晋"盖"魏"之讹也。）

延祥寺，在城东北二十三里段家庄，魏永熙时建。（明成化五年，张敬撰《重修碑》略云：益都之艮隅二十余里，乡名唐村，地形垲爽，林木蓊郁，居民稠密，有寺曰"延祥"，盖古道场也，建置莫考。兵燹之余，殿宇就颓。惟中植一石佛，文字磨灭。谛视，谨有大宋哲宗延佑二年癸卯三月已丑朔二十三日立石，余皆残缺莫辨。自是厥后，显晦无闻。迨至我朝洪武三十年有六，传法派湛喜，卓锡于此，即旧基剪草莱，葺殿宇，遂为禅林，故增其寺额曰"重兴延祥"云。按：哲宗号元佑，其二年为丁卯年号，干支皆不合。延佑为元仁宗纪年，故《旧志》改为元延佑二年建，不知延佑二年乃乙卯，亦与癸卯不合也。今验佛座所刻，乃是大魏永熙二年歲次癸丑朔云云。详《金石》。）

---

① 王国维校，袁英光、刘寅生整理标点：《水经注校·卷二十六》，上海人民出版社，1984年，855页。

广福寺，在城南十里劈山东麓，创始无考。寺有武定二造像，则亦北魏建矣。隋曰：“胜福”，唐以后始易今名。金皇统八年，重修。明永乐以后，迭次修葺（图一二）。

1

2

图一二　广福寺墓塔林东区全景

朗公在山东传播佛法，很多地方都留有他的足迹。青州就有一处他的修行地，名曰郎公洞，位于距青州城西南22千米的王坟镇苏峪村北玄阳山顶部。明嘉靖《青州府志》记载：“旧传有僧名郎公者，以占侯法随慕容德来青州，尝居此，上有洞，名郎公洞，侧刻石佛像尚存”。后传为黄巢起义军聚会之所，更名黄巢洞。今洞内部分遗迹尚存，山顶尚存明万历三十七年（1609年）《玄阳山郎公洞泰山行宫修醮碑记》碑。现虽未发现东晋十六国时期的遗迹和遗物，但既然史料有所记载，故录于此段（图一三）。

1

2

图一三　郎公洞

二、南 燕 国 史

南燕国，是慕容鲜卑族建立的国家，它与前燕、后燕、西燕和北燕同出一脉。慕容鲜卑族源于东胡，崔鸿《十六国春秋别传·卷三·前燕录》记载："慕容廆，字奕洛瑰，昌黎棘城人。昔高辛氏游于海滨，留少子厌越以君北夷，世居辽左，号曰东胡。秦汉之际为匈奴所败，分保鲜卑山，因复以为号。"[①] 陈寿《三国志·魏书·乌丸鲜卑东夷传》记载："鲜卑亦东胡之余也，别保鲜卑山，因号焉。"[②]

《晋书·记载第八·慕容廆》记载："曾祖莫护跋，魏初率其诸部入居辽西，从宣帝伐公孙氏有功，拜率义王，始建国于棘城之北。时燕代多冠步摇冠，莫护跋见而好之，乃敛发袭冠，诸部因呼之为步摇，其后音讹，遂为慕容焉。或云慕二仪之德，继三光之容，遂以慕容为氏。祖木延，左贤王。父涉归，以全柳城之功，进拜鲜卑单于，迁邑于辽东北，于是渐慕诸夏之风矣。"[③] 晋太康五年（284 年），涉归去世，慕容廆即位；太康十年（289 年），率部迁居于徙河之青山，今辽宁省义县境内；元康四年（294 年），徙居棘城，今辽宁省锦州市附近。《晋书·慕容廆载记》记载："廆以大棘城即帝颛顼之墟也，元康四年乃移居之。教以农桑，法制同于上国。永宁中，燕垂大水，廆开仓振给，幽方获济。天子闻而嘉之，褒赐命服。"[④] 由此可见，慕容部自此倾向汉化。

晋咸康三年（337 年），慕容廆之子慕容皝称燕王，起宫殿，置百官，立王后太子。燕国历史篇章从此展开。晋太和五年（370 年），慕容暐及其王公以下所属州郡及各部落都投降于前秦，前秦迁前燕部民四万余户至长安。前燕从晋咸康三年（337 年）慕容皝独立称王，到晋太和五年（370 年）慕容暐投降前秦止，共计三十三年。

晋太元二十年（395 年），慕容垂亲征拓跋魏，征讨途中，病发身亡，其子慕容宝即位。魏主拓跋珪出兵讨燕，燕国内讧，隆安二年（398 年），范阳王慕容德率四万户弃邺城至滑台，再至青州，定都广固城，建立南燕国。

广固城，始建于西晋永嘉三年（309 年），为晋安东将军、青州刺史曹嶷所筑，永嘉五年（311 年）建成并驻兵。建兴三年（315 年）曹嶷"尽得齐、鲁间郡县，自镇临淄，有众十余万，临河置戍"[⑤]。此时的广固城，已经掀开了青州作为山东地区政治、经济、军事要地的序幕。由于战争频仍，广固城也难免遭到破坏，几易其主。太宁元年（323 年），后赵石勒派石虎率军 4 万夺得广固城，城归后赵。永和十一年（355 年），前燕太原王慕容恪占领广固城，广固城归前燕。前秦灭前燕后，广固城归秦，后又归东晋，慕容德打败辟闾浑，城复归南燕。慕容德率慕容世家及河北大族夺城后，以都城规制修复扩建，广固城的建设在此时达到了鼎盛，成为山东地区历史上绝无仅有的帝都。

义熙元年（405 年），慕容德病逝，"是夕薨于显安宫，年七十，为十余棺，夜分出四门，潜瘗山谷，莫知其尸所在。虚葬于东阳陵，谥献武皇帝，庙号世宗，在位五年"[⑥]。

---

① 崔鸿：《十六国春秋别传》卷三，《前燕录》目，据《汉魏丛书本》排印初编，65 页。

② 陈寿：《三国志》卷三十《乌丸鲜卑东夷传》，中华书局，1973 年版，836 页。

③ 房玄龄等撰《晋书·卷一百八·载记第八》，中华书局，1974 年，2803 页。

④ 同①，2804 页。

⑤ 司马迁：《资治通鉴》卷第八十九《晋纪十一》，中华书局，1956 年，2817～2833 页。

⑥ 崔鸿：《十六国春秋别传》卷十三，《南燕录》目，据《汉魏丛书本》排印初编，79 页。

慕容超，为南燕国第二代皇帝，也是末代皇帝。其为慕容德兄北海王慕容讷的儿子，崔鸿《十六国春秋•南燕录》中载："建平六年四月，至广固，呈以金刀，且宣祖母临终之言，德抚之号恸。超身长八尺，腰九围，姿器魁杰，有类于德。德爱之，名之曰超，封北海王，拜侍中、骠骑大将军、司隶校尉、开府置佐。十一年，立为太子。己未，僭即皇帝位，太赦，改建平六年为太上元年。"①东晋义熙六年（410 年），东晋刘裕率军攻破广固城，南燕灭亡，慕容超死。"六年正月，超登天门，朝群臣于城上，杀马以飨将士，文武皆有迁授。二月，尚书悦寿开门纳晋师，超出奔，为晋师所执，送建康市斩之，时年二十六。杀鲜卑王公以下三千余人，以男女万余口为军赏。"②

三、对"青州风格"佛教造像形成的影响

说到鲜卑慕容与佛教的关系，难以避开的一个话题就是南北朝时期"青州风格"佛教造像中独特的龙吐莲台造型。

龙吐莲台托菩萨造型，集中表现在山东青州及其周围地区北魏至东魏时期的石灰岩背屏式造像中，河南、河北等地的铜、石造像中也有零星发现，但是形象各异。

河南地区出土的龙吐造型，造像整体体型较小，雕刻简率朴素，龙多依附于造像龛的龛楣而不能独立。例如，龙门石窟古阳洞北壁第 237 龛龛楣、南壁第 140 龛龛楣以及莲花洞北壁第 6 龛、第 69 龛，南壁第 25 龛、第 40 龛、第 41 龛龛楣等处；河南巩县石窟第 3 窟，窟内西壁龛楣装饰的翔龙吐云气托天人造像。除石窟外，也发现有单体造像中的翔龙像，如河南博物院藏北魏孝昌元年（525 年）铭交脚弥勒菩萨造像碑，出土于荥阳，碑阳大龛龛楣两侧可见翔龙吐嘉莲托莲花化生。同为河南博物院所藏北魏晚期淇县出土的田延和造背屏像，已经可以见到龙头吐莲承托菩萨的图像。河南博物院所藏北齐武平三年（572 年）铭浚县佛时寺造像碑、隋开皇二年（582 年）铭滑县邴法敬造像碑，碑身四周多见蟠绕于龛柱之上口吐莲花承托胁侍的翔龙像。

河北境内的翔龙像，目前可见最早的作品系日本京都藤井有邻馆所藏的北魏正光三年（522 年）铭魏氏造金铜像，为龙吐莲台托菩萨像，形制完备，精美绝伦。美国纽约大都会艺术博物馆所藏出土于河北正定的正光五年（524 年）铭午猷造金铜像，与上述魏氏造像同属典型的正光样式作品，胁侍菩萨足下隐约可见龙吐莲台托菩萨像。

古青州地区的龙吐莲台托菩萨像有一个演变过程，其发展规律应是首先在背屏像光背顶部出现一至两条翔龙，或口吐莲花，或奉香炉宝塔，此式造像目前已知年代最早者系山东省博物馆收藏的北魏正光六年（525 年）铭张宝珠造像，其后渐次出现了标准的龙吐像，即龙吐莲台托菩萨的造像组合，标志着龙吐造型成熟期的到来。如青州龙兴寺、临朐明道寺、诸城龙兴寺等窖藏出土的，大都形制较为统一，翔龙位于主尊两侧向下俯冲，口吐莲台承托两侧胁侍菩萨。正如孙迪先生在《中国文化报》上刊登的《山东青州佛教造像系统翔龙嘉莲图像探考（下）》③中"慕容氏瑞应说"引用的罗世

① 崔鸿：《十六国春秋》,《前燕录》目，据《汉魏丛书本》排印初编，80 页。

② 同①，80、81 页。

③ 孙迪：《山东青州佛教造像系统翔龙嘉莲图像探考（下）》,《中国文物报》2006 年 7 月 19 日第七版。

平先生《得逢盛世佛像重光——中华世纪坛青州佛造像艺术展漫笔》一文中的阐释：例如刻有翔龙的背屏式造像碑，是北魏时出现的新样式，流行的中心地区在青州，碑上雕刻翔龙图形有可能与十六国时期慕容氏据有青州，以龙为瑞应的传统有关。《十六国春秋辑补 • 全燕录》中曾记载过前燕主慕容光率群僚于龙山观黑白二龙交首解角，亲设太牢祭拜的事件，事后又于山上建立龙翔佛寺，改新宫为和龙宫等举动，这应是翔龙与佛教相联系的最贴近的记录。青州曾是前燕（337～370 年）和后燕（384～407 年）的辖地，在南燕（399～410 年）慕容德时又是帝都广固城的所在地。以龙为瑞应的风气沿袭传承而入北朝，北魏青州的工匠将这一习尚与佛经教义相融会，以高度的艺术想象力创造出翔龙口衔莲花的造像形式。另外青州出土铜鎏金马镫上的龙纹与佛像中的翔龙极其相似，从侧面也一定程度上展现了他们之间千丝万缕的关系（图一四；图四，1、2）。

1

2

图一四　青州佛造像

1. 临朐明道寺北齐造像背光残块　2. 青州龙兴寺石刻佛造像

四、结　　语

南燕国，是鲜卑慕容族建立的一个地方政权，从河北迁至山东，定都广固城，使青州成为山东历史上唯一一个国都的所在地。南燕虽国祚短短几十年，但给山东尤其是青州留下了大量的历史遗存，其中不乏精品。伴随着鲜卑慕容皇族东进，如清河崔氏这种河北世家大族也随之迁入，为以后山东在中央政权中政治、文化地位的巩固起到了极大的作用。文化在战争碰撞中交流，佛教装饰文化也随之演化，对我们所说的佛教造像“青州风格”的形成产生了久远的影响。

The Research of the Historical Heritage and Influence of Nanyan in Qingzhou

Li Baolei[1] Liu Guanghui[2]

(1. Weifang Administration of Cultural Heritage; 2. Weifang Xiashan Zone Management and Service of Education and Sports)

Abstract: Weifang Xiashan Zone management and service of education and sports Nanyan is a joint regime established by Murong De of the Xianbei ethnic group which occupied Haidai area in the Dongjin dynasty.It's main of military aristocracy and combined with Hu and Han. Murong De led the troops fighting from Yecheng and Huatai to Qingzhou in 399 A.D.He conquered the Guanggu city,established Nanyan,and set up the capital in Guanggu.Since then, he occupied Qingzhou as long as 12 years.The rule of Murong in 12 years strengthened the integration of han and northern minorities, affected the social and cultural development of the region.It is the very important part of Qingzhou history.The dynasty has disappeared in history,but it left behind a lot of precious treasure on the ground and underground for the local area.

Key words: Nanyan, historical heritage, profound impact

论中国货币史上的毁佛钱

马天成[1]　邢　琪[2]　李　铭[2]　郭俊峰[2]

（1. 泰安市文物考古研究所；2. 济南市考古研究所）

内容提要：在中国古代，毁佛钱的种类虽然不多，但是在中国古代货币史上占有的重要地位却是不容忽视的。通过查阅资料，我们发现中国货币史上共有七种毁佛钱，本文通过梳理这七种毁佛钱，对毁佛钱产生的原因、相关问题及影响进行探讨。相信随着研究的深入、社会的发展，毁佛钱的历史价值、文化价值、经济价值会逐渐被人们所熟知并接受。此外，毁佛钱对于研究佛教与货币之间的关系、民间佛教信仰等方面有推动作用。

关键词：中国　货币史　毁佛钱

毁佛钱，顾名思义，就是熔化佛像而铸造的钱币。在中国古代，佛教一直在民间信仰中占有重要地位，佛像更是受人尊崇而鲜有破坏者。但是在一些特殊的历史时期，金属质地的佛像却惨遭熔化并被铸造成钱币参与流通。通过查阅相关材料，我们发现中国货币史上出现过六种有明确史料记载的毁佛钱，分别是北齐河阳钱、唐乾元重宝、唐得壹元宝、唐会昌开元通宝、后周周元通宝、元末天佑通宝。此外，北周的五行大布钱通过我们的研究推测应该也是毁佛钱，故在本文的研究范围之列。而近年来在收藏市场上比较火热的康熙通宝罗汉钱，其来源说法不一，民间传说源自寺庙中熔化的罗汉，也有为庆贺康熙六十大寿而专铸的说法，但是史料中未见关于此钱的确切记载，其真正的铸造原因目前已经无法考证，所以未纳入本文研究范围。本文通过梳理这七种毁佛钱，对毁佛钱产生的原因、相关问题及影响进行探讨。

一、中国货币史上的毁佛钱

中国货币史上共出现过七种毁佛钱，其铸造量、铸行时间各有不同，为了方便介绍，我们按照毁佛钱铸行的先后顺序进行介绍。

（一）北齐河阳钱

河阳钱，东魏元象元年（538 年），王则就职洛阳刺史时毁旧铜佛像所铸钱。“元象初，除洛州刺史。则性贪婪，在州取受非法，旧京诸像，毁以铸钱，于时世号河阳钱，皆出其家。”①

河阳钱并非官方正式铸行的钱币，是王则为了满足自己的贪欲而私铸的。北齐立国初年，仍沿用北魏孝庄帝永安二年（529 年）始铸的永安五铢钱（图一）。该钱直径一般约 2.2 厘米、重 3 克左右，钱文“永安五铢”，直读，“永安”二字接廓：“永”字下笔、“安”字宝盖与穿廓合成一线。后来盗铸盛行，各地私铸永安五铢名目繁多，大小不一，轻小者直径仅 1.8 厘米、重量仅 2 克，这些私铸钱实际上仅仅是地方货币的性质，流通范围很窄。朝廷为了能够禁绝私铸，统一货币，曾尽力收集境内的铜器和劣质铜钱，沿用永安五铢的钱文，由中央统一铸造，虽然收到些许成效，但好景不长，官铸铜钱同样走上了逐渐轻薄的路线。

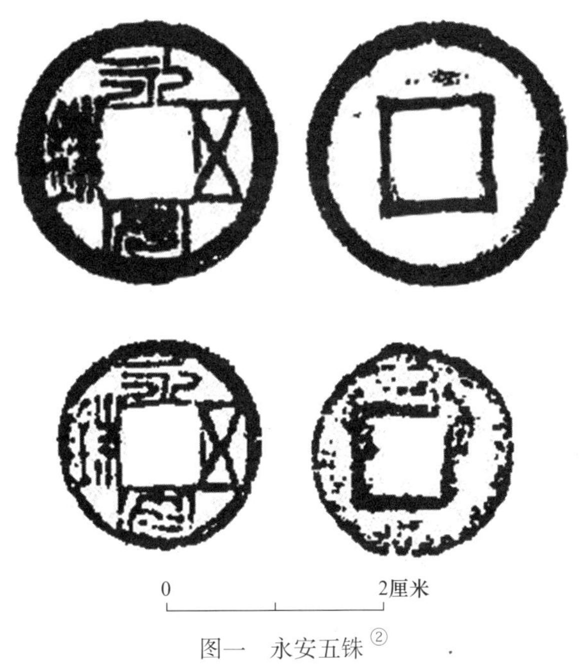

图一　永安五铢②

王则毁佛私铸的河阳钱就是在这样的社会背景之下产生的。作为私铸钱，必须参与市场流通才能转换为财富，所以其形制、钱文应当与当时社会上流通的货币类似，由此我们推测河阳钱应该是仿照永安五铢钱进行铸造的。由于永安五铢的私铸轻薄钱很多，而且官铸钱的质量也比较差，加之河阳钱本身也没有特别明显的特征，所以目前已经无法将河阳钱从数量众多的永安五铢钱中甄别出来。

（二）北周五行大布钱

五行大布（图二），北周武帝宇文邕建德三年（公元 574 年）到建德七年（公元 578 年）铸行的钱币，铸行五年时间。该钱币的铸行与当时的文化、经济、政治斗争

① （唐）李百药撰：《北齐书 · 卷二十 · 列传第十二》，中华书局，1972 年，272 页。
② 拓片来源于国家文物局《中国古钱谱》编纂组：《中国古钱谱》，文物出版社，1989 年，150 页。

有着直接的关系。当时佛教势力控制的和尚有三百万之多，严重地阻碍了经济发展和中央集权的巩固，为此北周武帝采取了坚决的举措，大大削弱了佛教的势力。建德三年（公元 574 年）五月展开大规模的灭佛运动，“断佛、道二教，经像尽毁，罢沙门、道士，并令还民。并禁诸淫祀，礼典所不载者，尽除之”[①]，“三宝福财散给臣下，寺观塔庙赐给王公”[②]。灭佛后原北周境内上万所寺庵及其资产被没收，上百万僧尼被强制还俗，纳入编户。寺庙的财产被赏赐给臣下，寺庙则赏赐给王公贵族作为宅第，而对寺庙内大量的铜佛其熔化后的用途却未提及。

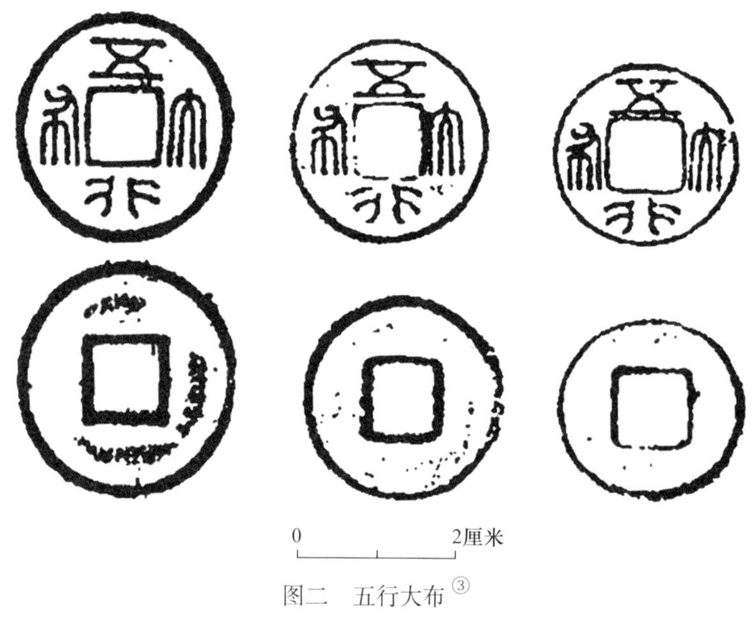

图二　五行大布[③]

灭佛之后不到一个月政府就开始铸行五行大布钱，“壬子，更铸五行大布钱，以一当十，与布泉钱并行”[④]。铸造新钱需要大量的铜材，而灭佛与铸造五行大布新钱之间间隔的时间如此之短，所以我们有理由推测，灭佛之后收缴的铜佛熔化后除了铸器之外，应该还有一部分用于铸造五行大布钱。

五行大布，面文“五行大布”玉箸篆，直读，铸造极为精美，为著名的“北周三品”之一。有大、中、小型三种，直径 2.3～2.8 厘米左右，重 3～5 克左右。五行大布钱铸造时间较短，随着周武帝的去世而逐渐退出流通市场，其存世量较少。

（三）唐乾元重宝

乾元重宝（图三），唐肃宗乾元元年（公元 758 年）到唐代宗宝应元年（762 年）之间铸行的货币，铸行约五年时间。至德二年（757 年）唐将郭子仪率领军队收复长

① （唐）令狐德棻等撰：《周书 · 卷五 · 帝纪第五 · 武帝上》，中华书局，1971 年，85 页。
② （唐）释道宣：《广弘明集 · 卷八 · 周灭佛法集道俗议事》，上海古籍出版社影印本，142 页。
③ 拓片来源于国家文物局《中国古钱谱》编纂组：《中国古钱谱》，文物出版社，1989 年，151 页。
④ （唐）令狐德棻等撰：《周书 · 卷五 · 帝纪第五 · 武帝上》，中华书局，1971 年，85 页。

安，唐肃宗李亨回京后，第二年改元“乾元”。为了筹措军费，填补财政亏空，肃宗根据御史中丞兼铸钱史第五琦的建议，“奏请改钱，以一当十，别为新铸，不废旧钱，冀实三官之资，用收十倍之利，……宜听于诸监别铸一当十钱，文曰乾元重宝。其开元通宝者依旧行用”①。于乾元元年（758 年）发行了乾元重宝当十钱。乾元二年（759 年），在国家财政不堪巨大的军费开支重压下，第五琦再次建议铸重轮乾元钱，“琦入为相，又请更铸重轮乾元钱，一当五十，二十斤成贯。诏可之”②。于是唐王朝又发行了乾元重宝当五十的大钱，该钱背面的外郭为重轮，俗称重轮乾元钱。

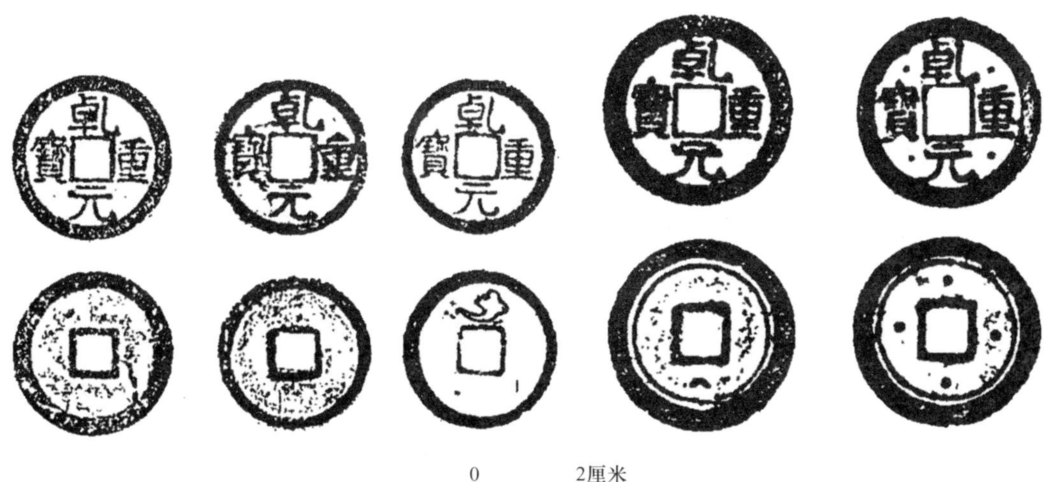

图三　乾元重宝、重轮乾元重宝③

乾元重宝当十钱钱径 2.6～3 厘米，重约 6～10 克，每缗（一缗一千枚，也称吊）重五千克，钱文为隶书，直读，“乾”字的“乞”字成鱼钩状。版别分狭缘，阔缘，光背，背星，月，祥云，瑞雀，背十，背洪等，按照一当十的比价与开元通宝并行流通。重轮乾元钱钱径 3.6 厘米左右，重约 20 克，每缗重十千克，钱文亦为隶书，直读，背面为重轮，按照一当五十的比价与开元通宝并行流通。这样就形成重轮乾元钱、乾元当十钱与开元通宝三钱并行流通的局面。

乾元重宝在铸行过程中，曾经发生毁佛铸钱事件，其毁佛铸钱的规模虽然不大，但无论是官方还是民间均参与其中。“肃宗乾元元年，经费不给，铸钱使第五琦铸乾元重宝钱，径一寸，每缗重十斤，与开元通宝参用，以一当十，亦号乾元十当钱。先是诸炉铸钱窳薄，熔破钱及佛像，谓之‘盘陀’，皆铸为私钱，犯者杖死。”④官方只是在铸行之初熔化佛像铸钱，而且在当时肃宗崇佛的社会背景之下，毁佛铸钱的规模不会很大，熔化的应该是残破的佛像。而乾元重宝铸行之后，由于兑换比例不当且本身就

① （后晋）刘昫等撰：《旧唐书·卷四十八·志第二十八·食货上》，中华书局，1975 年，2100 页。

② （后晋）刘昫等撰：《旧唐书·卷四十八·志第二十八·食货上》，中华书局，1975 年，2100 页。

③ 拓片来源于国家文物局《中国古钱谱》编纂组：《中国古钱谱》，文物出版社，1989 年，156、157 页。

④ （宋）欧阳修、宋祁撰：《新唐书·卷五十四·志第四十四·食货四》，中华书局，1975 年，1386、1387 页。

是虚值大钱，很快就引发了通货贬值，物价上涨，“物价腾踊，米斗钱至七千，饿死者满道”[①]。由于开元通宝每枚重四克，五枚即可私铸一枚重轮乾元钱，可获十倍的利益，在如此巨大的利益推动之下，开元通宝很快就因被熔铸为乾元重宝而退出流通市场，民间“犯法者日有数百，州县不能禁止”[②]。更有甚者，在利益的驱使下将目光瞄向了寺观中的铜材，“长安城中，竞为盗铸，寺观钟及铜象，多坏为钱。奸人豪族，犯禁者不绝”[③]，民间的毁佛钱由此而生。由于是民间私下的盗铸，所以其毁佛铸钱的行为比较分散，数量也比较少，加之没有明显的特征，这些熔化佛像而成的铜钱混入数量巨大的乾元重宝之中参与流通，现在已经无法分辨出来。

乾元重宝自铸行以来，造成严重的社会经济混乱，官方不断采取措施改善这种混乱的局面，“上元元年，减重轮钱以一当三十，开元旧钱与乾元十当钱，皆以一当十，碾硙鬻受，得为实钱，虚钱交易皆用十当钱，由是钱有虚实之名”，“代宗即位，乾元重宝钱以一当二，重轮钱以一当三，凡三日而大小钱皆以一当一”[④]。最终将乾元重宝的法定价值贬值到它的实际价值以下，迫使其退出流通领域。“……其后民间乾元、重棱二钱铸为器，不复出矣”[⑤]，从而恢复了原来开元通宝钱的正常流通制度，乾元重宝也逐渐退出历史舞台。

（四）唐得壹元宝

得壹元宝（图五），唐代割据政权首领史思明铸造的钱币，铸行时间较短。唐天宝年间，虽为大唐帝国的鼎盛时期，但唐王朝已经开始走下坡路。天宝十四年（755 年）十一月，安禄山、史思明起兵反唐。乾元二年（759 年），史思明在范阳称“大燕皇帝”，上元元年（760 年）六月，为筹措军费，便效仿重轮乾元重宝钱，开始铸得壹元宝钱。“史思明据东都，亦铸‘得壹元宝’钱，径一寸四分，以一当开元通宝之百。既而恶‘得壹’非长祚之兆，改其文曰‘顺天元宝’。”[⑥]

至于铸钱铜材的来源，有钱录记载是销毁洛阳铜佛所铸。“得壹、顺天钱，思明并销洛阳铜佛所铸”[⑦]因为铸造得壹元宝而毁了大量铜佛，时人惋惜，当时便有“洛阳古寺铜销尽，都是如来劫后身”的诗句。

得壹元宝制作工整，面文“得壹元宝”，隶书，顺读，其背面一般都有月纹。钱径约 3.5 厘米，重 12.5 克左右。后因史思明战事不利，觉得“得壹”二字不吉利而回收改铸顺天元宝，新铸顺天元宝钱，形制、比值、色泽均同于得壹元宝。

得壹元宝以一当开元钱一百，是一种虚值大钱，在较短时间内，可以迅速搜刮社会财富，从而巩固史思明割据政权，保证以军事战争为目的的后勤补给供应。同时，由

---

① （宋）欧阳修、宋祁撰：《新唐书 • 卷五十四 • 志第四十四 • 食货四》，中华书局，1975 年，1387 页。
② （宋）欧阳修、宋祁撰：《新唐书 • 卷五十四 • 志第四十四 • 食货四》，中华书局，1975 年，1387 页。
③ （后晋）刘昫等撰：《旧唐书 • 卷四十八 • 志第二十八 • 食货上》，中华书局，1975 年，2100 页。
④ （宋）欧阳修、宋祁撰：《新唐书 • 卷五十四 • 志第四十四 • 食货四》，中华书局，1975 年，1387 页。
⑤ （宋）欧阳修、宋祁撰：《新唐书 • 卷五十四 • 志第四十四 • 食货四》，中华书局，1975 年，1387 页。
⑥ （宋）欧阳修、宋祁撰：《新唐书 • 卷五十四 • 志第四十四 • 食货四》，中华书局，1975 年，1387 页。
⑦ （宋）洪遵撰，（明）胡震亨、毛晋同订：《泉志 • 卷四 • 伪品上》，明万历刻秘册汇函本。

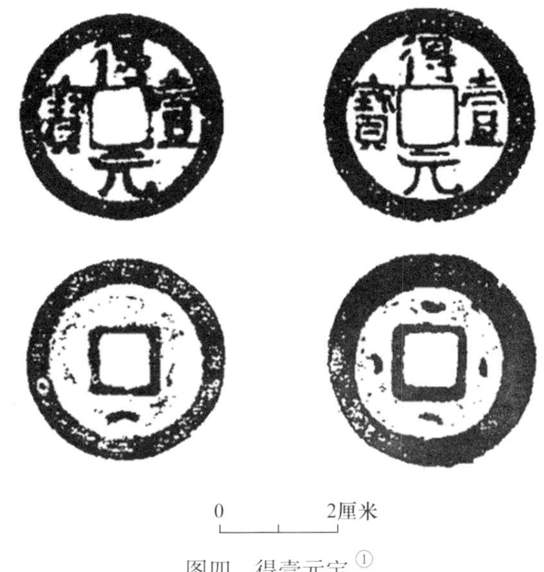

图四 得壹元宝[①]

于“以一当开元钱之百”大钱的盛行，导致物价飞涨，“贼中物价尤贵”[②]，民不聊生，给河洛地区的社会经济带来了很大的冲击。

由于得壹元宝钱本身铸量不大，铸造时间非常短，铸行之后很快又被回收新铸为顺天元宝，又是战乱的产物，所以随着安史之乱的平息而退出历史舞台。“贼平之后，无所用焉。刀兵之家，还将铸佛”[③]，存世量非常少，有“顺天易得，得壹难求”之说。

（五）唐会昌开元通宝

会昌开元通宝（图四），唐武宗李炎会昌五年（845 年）开始铸行的钱币。唐代中期，由于发生“安史之乱”，社会经济遭受严重破坏。唐王朝为应付巨大的军费开支，累变钱法，导致严重的“钱荒”。加之寺庙遍布，众多僧尼均依赖官府供给，财政负担沉重。至会昌五年，唐武宗为减轻财政负担，诏令废灭天下佛教，拆废各地寺院，烧毁佛像等用以铸钱。“秋七月，……敕上都、东都两街各留二寺，每寺留僧三十人。天下节度、观察使治所及同、华、商、汝州各留一寺，分为三等：上等留僧二十人，中等留十人，下等五人。余僧及尼并大秦穆护、祆僧皆勒归俗。寺非应留者，立期令所在毁撤，仍遣御史分道督之。财货田产并没官，寺材以葺公廨驿舍，铜像、钟磬以铸钱。”[④]

---

① 拓片来源于国家文物局《中国古钱谱》编纂组：《中国古钱谱》，文物出版社，1989 年，161 页。

② （宋）司马光编著，（元）胡三省音注：《资治通鉴 • 卷二百二十一 • 唐纪三十七》，中华书局，1956 年，7093 页。

③ （宋）洪遵撰，（明）胡震亨、毛晋同订：《泉志 • 卷四 • 伪品上》，明万历刻秘册汇函本。

④ （宋）司马光编著，（元）胡三省音注：《资治通鉴 • 卷二百四十八 • 唐纪六十四》，中华书局，1956 年，8015、8016 页。

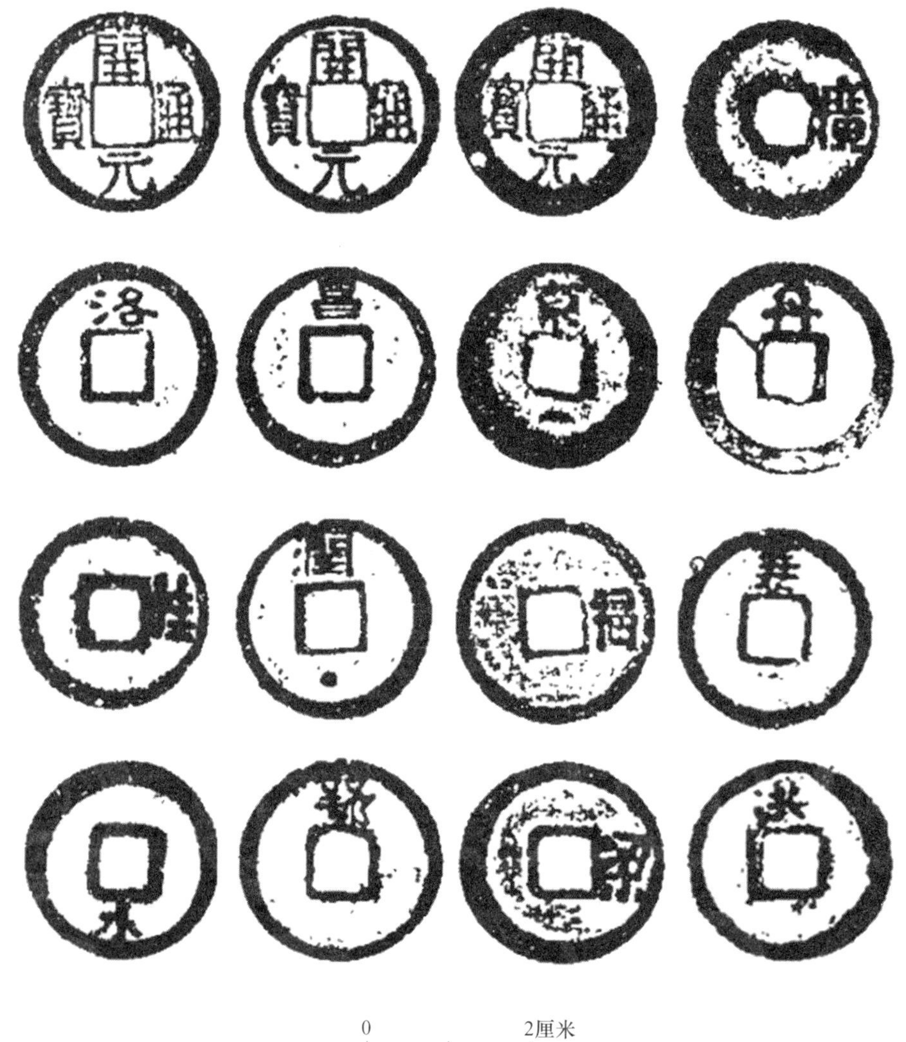

图五　会昌开元通宝[1]

当时的淮南（今扬州）节度使李绅，“请天下以州名铸钱，京师为京钱，大小径寸，如开元通宝，交易禁用旧钱”[2]，于钱背添铸“昌”字进呈，以纪年号。宰相李德裕请以废寺铜材就地铸钱，朝廷遂下令各地所铸均于钱背增添地名，各以本州府名为背文铸造的“开元通宝”钱，史称会昌开元，或新开元。

与之前方正精致，肉廓精好，钱体均整划一的开元通宝钱不同，会昌开元钱铸工粗率，面文虽承袭前制，背文却比较随意，或有粗犷的星、月纹饰。面文、背文均漫漶不整，直径 2.3 厘米左右，重 3.2～3.5 克。背文记有“昌、京（长安）、洛（洛阳）、益（成都）、荆（江陵）、襄（襄阳）、蓝（蓝田）、越（绍兴）、宣（宣城）、洪（南

① 拓片来源于国家文物局《中国古钱谱》编纂组：《中国古钱谱》，文物出版社，1989 年，159、160 页。

② （宋）欧阳修、宋祁撰：《新唐书·卷五十四·志第四十四·食货四》，中华书局，1975 年，1391 页。

昌)、潭(长沙)、兖(兖州)、润(镇江)、鄂(武汉)、平(昌黎)、兴(兴平)、梁(汉中)、广(广州)、梓(三台)、福(福州)、桂(桂阳)、丹(晋城)、永(零陵)”等23种，其中“永”字铸量最少，次为“丹福平桂”等。

会昌开元钱的铸行，对于改善货币紧缩、钱重物轻的状况是非常有利的，同时也有效地促进了经济的发展。而唐武宗去世之后，即位的宣宗推崇佛教，武宗推行的灭佛政策也随之废止。因毁佛而产生的会昌开元钱也逐渐退出历史舞台，而且有一部分又被熔化铸成佛像。“会宣宗即位，尽黜会昌之政，新钱以字可辨，复铸为像。”①

（六）后周周元通宝

周元通宝（图六），后周周世宗柴荣显德二年（955年）开始铸行的钱币，共铸行五年。周世宗柴荣继位后，大周国库空虚，铜材紧缺，为筹措资金发动对南唐和契丹的战争，也为了让百姓安居乐业，显德二年周世宗决定下令毁佛，“敕天下寺院，非敕额者悉废之，禁私度僧尼，凡欲出家者必俟祖父母、父母、伯叔之命。……是岁，天下寺院存者二千六百九十四，废者三万三百三十六，见僧四万二千四百四十四，尼一万八千七百五十六”②。周世宗灭佛的想法在当时遭到佛教徒和满朝大臣的反对，阻力很大。不过周世宗才智过人，“上谓侍臣曰：‘卿辈勿以毁佛为疑。夫佛以善道化人，苟志于善，斯奉佛矣。彼铜像岂所谓佛邪！且吾闻佛志在利人，虽头目犹舍以布施，若朕身可以济民，亦非所惜也。’”③，使反对者哑口无言，毁佛得以顺利实施。④

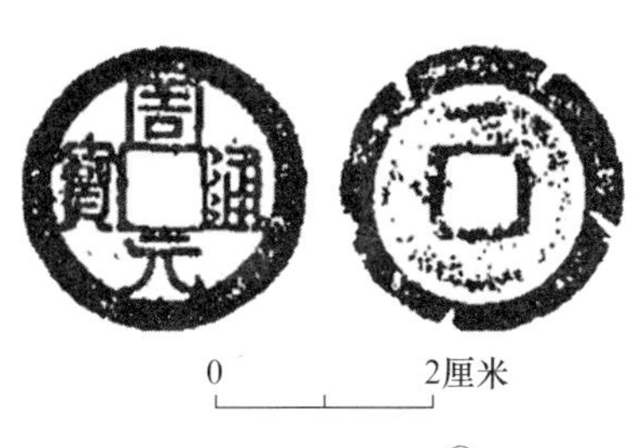

图六　周元通宝④

毁佛之后不久便仿照唐开元通宝开铸周元通宝钱。“帝以县官久不铸钱，而民间多销钱为器皿及佛像，钱益少，九月，丙寅朔，敕始立监采铜铸钱，自非县官法物、军器及寺观钟磬钹铎之类听留外，自馀民间铜器、佛像，五十日内悉令输官，给其直；过期隐匿不输，五斤以上其罪死，不及者论刑有差。”⑤

周元通宝铸工精整，钱文“周元通宝”，直读，庄重精美，挺拔深峻，为隶书，兼有篆书成分。“周”字方正匀称，“元”字长横左挑。背有星纹、月纹或星月纹。星纹或左、右、上、下，月纹或上、下、左、右，或穿之一角。钱径在2.4～2.5厘米左右，重量一般在3～4克之间。五代十国时期的其他钱币大多铸造不精，钱文漫漶不清，因此周元通宝被公认为是五代钱币中做工最为精美的钱币。

① （宋）欧阳修、宋祁撰：《新唐书·卷五十四·志第四十四·食货四》，中华书局，1975年，1391页。
② （宋）司马光编著，（元）胡三省音注：《资治通鉴·卷二百九十二·后周纪三》，中华书局，1956年，9527页。
③ （宋）司马光编著，（元）胡三省音注：《资治通鉴·卷二百九十二·后周纪三》，中华书局，1956年，9530页。
④ 拓片来源于国家文物局《中国古钱谱》编纂组：《中国古钱谱》，文物出版社，1989年，163页。
⑤ （宋）司马光编著，（元）胡三省音注：《资治通鉴·卷二百九十二·后周纪三》，中华书局，1956年，9529、9530页。

（七）元末天佑通宝

天佑通宝（图七），元末张士诚政权于至正十六年（1356 年）到至正二十七年（1367 年）铸行的钱币，铸行时间十二年。元朝末年，顺帝至正年间，各地农民起义风起云涌，席卷大江南北。至正十三年（1353 年），出身盐贩的苏北泰州白驹场人张士诚起兵反元，占领泰州、高邮，并于至正十四年（1354 年）在高邮称王。至正十六年正月，张士诚进占平江（今苏州），改平江为隆平府，踞承天寺为宫，称周王，又改至正十六年为天佑三年，毁寺内铜佛观音铸天佑通宝钱。“平江承天寺遭回禄……高邮兵攻破城，张士诚据以为宫，佛像悉毁，坏铜观音铸为钱”[①]，“钱文史载俱存真，背铸纪值最易分，轻重递增铜耗尽，寺中何处有观音”[②]。

天佑通宝面文楷书，直读，文字秀丽，边廓齐整，制作精美，沿用了当时通行的至正钱形制，并可与之媲美。其背面皆用篆书记值，有“一”“贰”“叁”“五”等记值字样，分别表示小平、折二、折三、折五，径约 2.5～4 厘米，重约 3.5～20 克不等。天佑通宝钱的面背文字书体不同，这种情况在中国货币史上是极为少见的。

天佑通宝的铸行取代了元顺帝发行的至正钞在江浙地区流通，有效地稳定了江浙地区的物价和市场。天佑通宝钱主要流通于浙西及淮、扬、苏、常等地，范围很窄。该钱本身发行就少，张士诚兵败之后，朱元璋又对其进行了搜缴销毁，所以存世量极少。

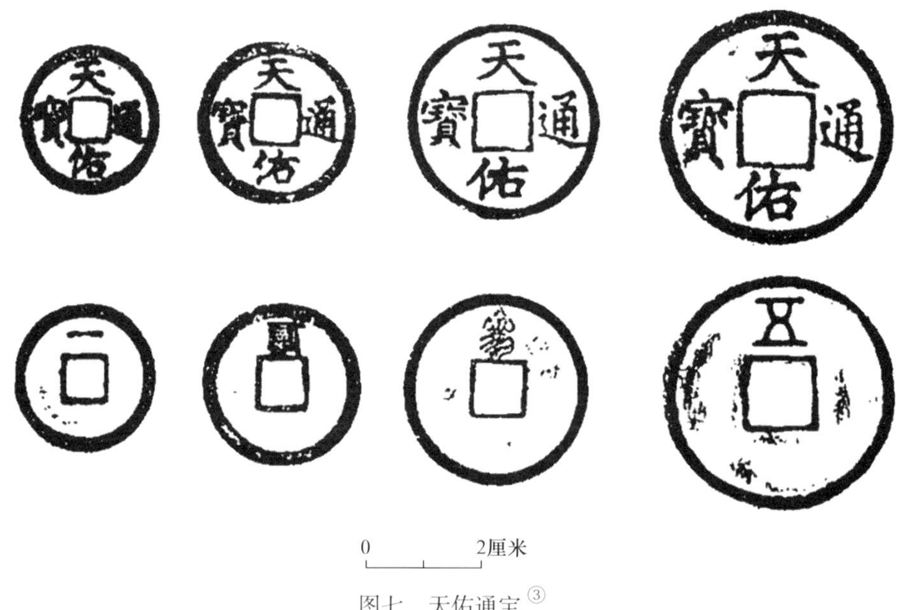

图七　天佑通宝[③]

① （明）陶宗仪著：《南村辍耕录 · 卷二十八 · 承天寺》，远方出版社，419 页。

② 邱思达：《古钱百咏》，天津古籍出版社，1988 年，202 页。

③ 拓片来源于国家文物局《中国古钱谱》编纂组：《中国古钱谱》，文物出版社，1989 年，327、328 页。

二、毁佛钱产生的原因

前文提到过，毁佛钱的铸行有不同的社会背景，通过分析总结我们发现，七种毁佛钱产生的原因主要有以下三个方面。

（一）毁佛钱是政府大规模灭佛运动的产物

中国历史上曾经出现过四次大规模的官方灭佛行为，分别是北魏太武帝灭佛，北周武帝灭佛，唐武宗灭佛和周世宗灭佛，这四次灭佛被后世称为“三武一宗灭佛”。其灭佛手段除北魏太武帝比较偏激屠杀僧尼之外，其他皇帝主要是采取拆毁寺院，禁止出家，驱逐僧侣，焚毁佛经，毁坏石质佛像，熔化金属佛像及礼佛用具等方式。其中的唐武宗、周世宗就是在灭佛过程中熔化寺庙、民间金属佛像及礼佛用具来铸造会昌开元及周元通宝钱。而且前文提到过，北周武帝所铸行的五行大布钱应该也是源于灭佛运动。由此可见，灭佛运动与毁佛钱息息相关，毁佛钱是政府大规模灭佛运动的产物。

（二）割据政权为筹集军费、稳定统治而毁佛铸钱

在中国历史上发生的割据战争、农民起义战争中，大多数新政权都在建立政权之初铸行新的货币，一方面是为了筹集军费，稳固政权，另一方面也是宣示新政权的诞生。但是，铸行货币并非易事，需要一系列复杂的工序。新政权首先需要解决的问题就是如何获得铸行货币的大量铜料，在中国古代，铜矿的开采冶炼一直由官方控制，严禁私人开采冶炼。而新政权的统治区内不一定有铜矿，而且开采铜矿、加工冶炼需要大量的人力物力，在战乱的社会背景之下是很难组织起来的。为了达到目的，寺庙里的铜铸佛像就成为其铜材的来源。得壹元宝、天佑通宝二者均是这种情况，只是得壹元宝是一种虚值大钱，其发行导致社会经济混乱，民众深恶痛绝；而天佑通宝则有效地稳定了江浙地区的物价和市场，利于新政权的统治。

（三）私铸钱的高利润驱使民间毁佛铸钱

在中国古代，货币的铸造一直由官方控制，并且对民间私铸行为实行严刑峻法，大力打击民间私铸，对于发现的私铸钱生产者，一般都是处以极刑。在如此高压之下，私铸行为依然屡禁不止，究其原因，最主要的就是私铸钱可以产生高额利润，很多人因此铤而走险。民间私铸钱的铜材除了自藏的铜器之外，一般来源于流通货币，或盗取或直接熔化流通货币而铸新钱，而直接盗取寺院内佛像进行私铸是没有成本的，其利润更高。于是寺庙内现成的佛像便成为利欲熏心者其私铸钱的来源，民间私铸乾元重宝及王则所铸河阳钱均是这种情况。

三、毁佛钱的相关问题研究

通过研究我们发现，毁佛钱的铸行至少反映出三个问题，首先是在特定历史时期，

佛教与货币之间存在一定的矛盾。其次，佛教的因果报应、轮回转世之说敌不过现实的利益。最后，毁佛铸钱者大多数未得善终是历史的巧合。

（一）在特定历史时期，佛教与货币之间存在一定的矛盾

佛教自汉代传入中国以来，其宣扬的轮回转世之说顺应上层统治者的统治需求，曾多次得到上层社会的支持。但是随着佛教的兴盛，引发了一系列的经济、社会矛盾。其中，佛教与货币之间的矛盾就是表现之一，这是由于二者的铸造都需要同一种材料——铜，而在古代，生产力、开采技术低下的情况下，铜一直是一种稀缺资源，其开采冶炼也由官方控制。佛教的兴盛导致礼佛用具的流行，这些礼佛用具包括佛像、香炉、坐台、灯台等等。而相较于其他金属来说，铜质礼佛用具保存时间持久而且材料相对容易得到，所以民间大量铜钱被熔铸为佛像而受人供奉，铜材流失严重。此外，统治者对寺院的大量施舍也造成铜材的匮乏，梁武帝萧衍曾先后多次在同泰寺出家，其中三次均是大臣出钱“赎回”，每次最少花费一亿铜钱。“癸巳，舆驾幸同泰寺，设四部无遮大会，因舍身，公卿以下，以钱一亿万奉赎。”① “三月庚子，高祖幸同泰寺，设无遮大会，舍身，公卿等以钱一亿万奉赎。”② 铜材的流失由此可见一斑，而且不利于民生的稳定，经济的发展。所以在特定历史时期，尤其是佛教与政府之间存在矛盾时，佛教与货币的矛盾便会凸显出来。

（二）佛教的因果报应、轮回转世之说敌不过现实的利益

佛教在中国一直拥有广泛的群众基础，信众颇多。加之佛教讲究轮回转世之说，认为恶意损坏佛像的行为属于“五逆重罪”中的出佛身血，死后会坠入无间地狱之中受苦，如此严重的报应对僧尼、佛教徒肯定有极强的约束作用，而非佛教信徒也多少会有所顾忌。然而，真实的情况却不是这样，毁佛钱的缔造者有皇帝、割据政权统治者、农民起义领袖、官员以及普通民众，他们都对此置若罔闻。尤其是民间盗取寺院佛像私铸乾元重宝者，在当时唐肃宗崇佛的大环境之下依然铤而走险毁佛铸钱。这些情况说明，当佛教的因果报应、轮回转世之说与维护统治、经济利益发生冲突时，胜利者往往是后者。

（三）毁佛铸钱者大多数未得善终是历史的巧合

我们通过研究发现，作为毁佛钱的缔造者，他们的结局虽有不同，但大多数都未得善终。北齐的王则四十八岁去世，北周武帝宇文邕卒年三十五岁，史思明虽然活到了五十八岁，但是在毁佛铸钱的第二年就被自己的儿子史朝义所杀。唐武宗毁佛铸钱之后的第二年就病逝，卒年三十二岁，可谓英年早逝。周世宗柴荣病逝时三十九岁，张士诚兵败自缢而死，时年四十七岁。而唐肃宗时，对民间私铸行为严令禁止，一旦发现就会采取严刑峻法，所以偷盗寺院佛像的私铸者其结局也不难想象。

---

① （唐）姚思廉撰：《梁书·卷三·本纪第三·武帝下》，中华书局，1973 年，73 页。

② （唐）姚思廉撰：《梁书·卷三·本纪第三·武帝下》，中华书局，1973 年，73、92 页。

佛教曾经用北周武帝、唐武宗、周世宗这几位英年早逝的毁佛皇帝来宣扬其业报之说，我们对此不敢苟同，如果是因为毁佛而遭到报应，那么佛这么有灵气，还会被毁掉吗？而且北魏太武帝的毁佛运动更加惨烈，“三月，诏诸州坑沙门，毁诸佛像”[①]。太武帝屠杀僧尼，毁坏佛像，其灭佛的力度远远大于其他三位皇帝，其寿命却比其他三位灭佛皇帝都要长久，这与佛教的业报之说显然是矛盾的。因此我们认为，毁佛铸钱者的结局如此相似应该是历史的巧合，因为古代的生活水平、医疗水平有限，普通的疾病如果处理不当同样会夺走人的生命。

四、毁佛钱的影响

同中国古代大多数货币一样，毁佛钱铸行的初衷都是作为货币进行流通，只是对当时的社会经济产生或好或坏的影响，停止铸行之后大多数会逐渐湮没在历史的长河之中而声名不显，对后世产生的影响都非常有限，个别种类的毁佛钱因为存世量较少而受到钱币收藏者的青睐。

而周元通宝可以算是毁佛钱中的另类，它除了拥有一般货币所具有的流通、支付等功能以外，很早就被人们赋予了驱邪降福保平安的寓意，而且还被附会上了种种神奇的传说，甚至有治病救人、助妇人生产的特异功能。如《秋灯丛话》所载：“顺治初，孝感多病疟，或于古钱币检周元通宝一文，持之即愈。远近喧传，每文价值制钱一缗”。[②]《古钱汇考》中甚至有周元通宝治疗难产的说法：“黄俞邰云，金陵人传此钱难产者持之即下，亦不知何故”[③]。又有曰：“培按，此钱时俗甚以为珍，谓妇人佩之利于分娩”。[④]周元通宝也因此成为类似于“护身符”之类的佩饰钱，被认为能逢凶化吉、遇难呈祥的吉祥物。直至近代，很多人都以能佩戴一枚周元通宝为幸事。

此外，因后人仰慕周元通宝钱身上的“灵气”，为满足祈福辟邪的需求，民间私铸的非流通周元通宝厌胜钱也颇多。上至宋初，下至现代，就连日本都铸过周元通宝花钱，可谓是声名远播，名声在外。这些厌胜钱的尺寸大小不一，正面均有“周元”二字，字体不尽相同，背面经常有龙凤，佛像、八卦、星斗，日月和吉语等（图八），用来表达驱邪降福保平安的愿望，或者说是希望借周元钱的“神力”实现自己的愿望。

周元通宝之所以能够产生如此深远的影响，主要是由于铸造周元通宝的铜材来自于大量的佛铜，出于对佛和佛教的迷信，周元通宝在人们心目中的地位自然非同一般，往往成为佛的化身，成为一种圣物。而且周元通宝本身铸造精美，自然而然地就会受到百姓的欢迎。

---

① （北齐）魏收撰：《魏书·卷四下·帝纪第四下·世祖太武帝》，中华书局，1974年，100页。

② （清）王槭著：《秋灯丛话·卷十六·周元钱治疟》，黄河出版社，1990年，288页。

③ （清）翁树培著，全国公共图书馆古籍文献编委会编：《古泉汇考》，中华全国图书馆文献缩微复制中心出版，1994年，773页。

④ （清）翁树培著，全国公共图书馆古籍文献编委会编：《古泉汇考》，中华全国图书馆文献缩微复制中心出版，1994年，774页。

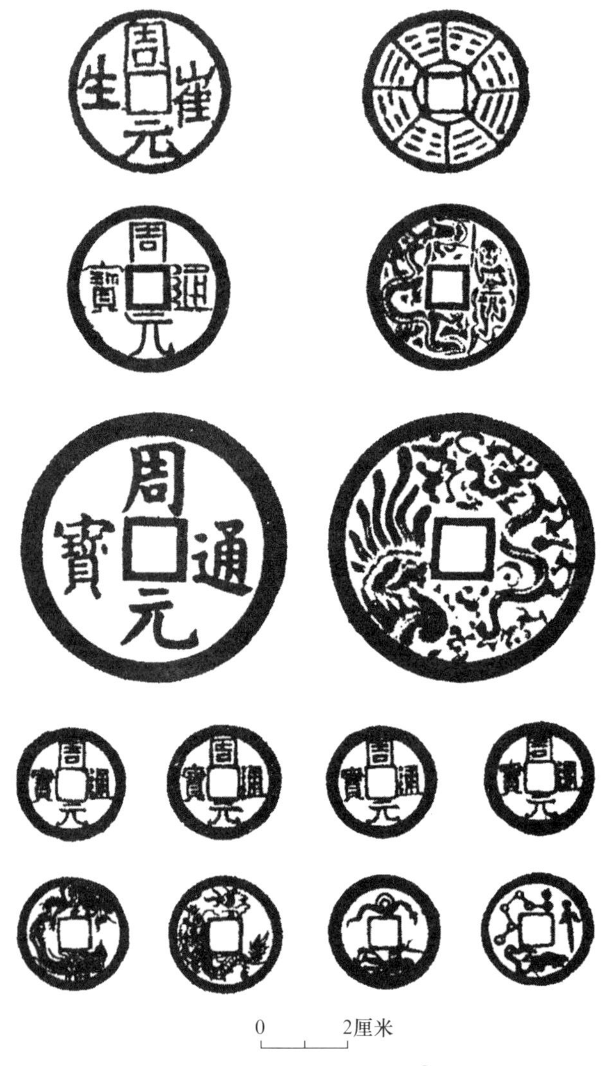

图八　周元通宝厌胜钱[1]

五、结　　语

在古代中国，毁佛钱的种类虽然不多，但是在中国古代货币史上占有的重要地位却是不容忽视的。作为一个为数不多的门类，毁佛钱是大规模灭佛运动的产物，是割据政权筹措军费、稳定统治的工具，是民间私铸者迅速敛财的手段。毁佛钱的铸行至少反映出三个问题，首先是在特定历史时期，佛教与货币之间存在一定的矛盾；其次，佛教的因果报应、轮回转世之说敌不过现实的利益；最后，毁佛铸钱者大多数未得善终是历史的巧合。大多数毁佛钱只是对当时的社会经济产生或好或坏的影响，对后世

① 拓片来源于郑轶伟：《中国花钱图典》，上海文化出版社，2004 年，87、659、110、656 页。

影响不大。个别种类的毁佛钱因为存世量稀少而受到收藏者的青睐，价值颇高。而周元通宝则自其铸行之后就影响深远，有着避邪治病的传说，甚至影响到了日本，至今仍受人追捧。相信随着研究的深入、社会的发展，毁佛钱的历史价值、文化价值、经济价值会逐渐被人们所熟知并接受。此外，毁佛钱对于研究佛教与货币之间的关系、民间佛教信仰等有一定的推动作用。

The Research on Copper Cash Casting by the Destroyed Buddha Statue in the History of Ancient Chinese Currency

Ma Tiancheng[1] Xing Qi[2] Li Ming[2] Guo Junfeng[2]
(1. Tai'an Municipal Institute of Antiquites Archaeology;
2. Ji'nan Municipal Institute of Archaeology)

Abstract: In the history of ancient Chinese currency, there are not many types of copper cash casting by the destroyed Buddha statue, but its important position is not to be ignored. By reviewing the data, we found that there are seven kinds of copper cash casting by the destroyed Buddha statue in the history of ancient Chinese currency. In this article, we discuss the causes, problems and effects of this kind of copper cash by combing through these seven kinds of copper cash casting by the destroyed Buddha statue. It is believed that with the development of research and social development, the historical value, cultural value and economic value of the copper cash casting by the destroyed Buddha statue will gradually become known and accepted by people. In addition, the destruction of this kind of copper cash has been instrumental in studying the relationship between Buddhism and currency, folk Buddhism belief and so on.

Key words: China, history of currency, copper cash casting by the destroyed Buddha statue

海岱地区史前遗址^{14}C测年数据的贝叶斯分析
——审视考古年代学*

龙腾文（Tengwen Long）[1、2]　Mayke Wagner[1]　Pavel E. Tarasov[2] 著

郭珊瑞[3]　饶宗岳[3]　靳桂云[4] 译

龙腾文（Tengwen Long）[1, 2] 校

（1. 德国考古研究院欧亚考古研究所；2. 柏林自由大学地质科学研究所古生物研究室；
3. 山东大学历史文化学院；4. 山东大学文化遗产研究院）

内容提要：以山东省为中心的海岱文化区发现有大量的史前考古遗址，揭示了后李、北辛、大汶口、龙山和岳石这五支风格迥异的新石器或青铜时代文化。通过这五支文化所构建的区域年代序列主要建立在以陶器类型学和地层学为代表的相对年代学基础上；绝对测年证据仅被视为一种辅助性的资料。这种相对年表被广泛地且经常是不加批判地用于大尺度区域关联（broad-scale correlations）及重建人类—环境相互作用的历史。本文评估了总计 317 个、分别对应于上述五支文化的已有 ^{14}C 测年数据，并采用了其中 275 个质量合格的数据进行贝叶斯年代建模。模型结果表明，后李文化（在原有年代序列中为 ca. 6500～5500 BCE）开始于 ca. 8000～7500 BCE（95% 概率范围），结束于 ca. 5300～4800 BCE。北辛文化的开始时间（ca. 5300 BCE）比原有年代序列中的（ca. 5000 BCE）要早。这一模拟结果与认为在 ca. 5500～5000 BCE 存在一个文化断层的假说并不符合。对大汶口文化的分析表明其兴起时间为 ca. 4500～3900 BCE，证实了原有序列中的相关年代（ca. 4100 BCE）。大汶口文化衰亡的年代（ca. 2100～1800 BCE）比原有年代序列中的（ca. 2600 BCE）至少晚 500 年。贝叶斯分析将龙山文化置于 ca. 2900～2500 BCE 和 ca. 2100～1700 BCE 之间，大体与原有年代序列的分析结果（ca. 2600～1900 BCE）相一致。而岳石文化的模型年代（ca. 3200～2500 BCE）则明显比先前提出的年代（ca. 1900 BCE）要早。大汶口文化、龙山文化和岳石文化之间可能存在的时间重叠，向被广泛接受的该地区单线性文化演变模式提出了疑问，强调了未来进一步进行系统测年和定量分析年代数据的必要性。

* 译文译自：Tengwen Long, Mayke Wagner, Pavel E. Tarasov. A Bayesian analysis of radiocarbon dates from prehistoric sites in the Haidai Region, East China, for evaluation of the archaeological chronology. *Journal of Archaeological Science: Reports* 12 (2017) 81–90.

关键词： 离群分析　黄河下游地区　OxCal 软件　中国文明　早期农业　可重叠多阶段模型

一、引　言

虽然传统上所谓的“早期中国文明的核心地区”主要是以现代河南、山西和陕西省为中心的区域①，但海岱地区②（图一）也有丰富的新石器和青铜时代的考古遗址③。这些遗址所代表的史前文化已经串联成一个长期的序列④，包括新石器时代的后李、北辛、大汶口和龙山文化，以及早期青铜时代的岳石文化。

区分这五支考古学文化的主要依据是陶器和石器类型学⑤，辅以参考其他的文化特征，比如墓葬、聚落、房址⑥以及社会复杂程度⑦。例如，后李文化陶器的特点是颜色呈现微红褐色或微灰褐色，制陶材料中混合了不同大小的颗粒，可能在较低的温度下烧制而成⑧。龙山文化陶器的类型和形状非常多样化，可能代表了不同的用途。部分龙山文化陶器工艺极其复杂精细，器物表面呈现典型的黑色或灰色，薄壁，烧制温度高，可能是用于祭祀的礼器⑨。

在新石器和青铜时代，海岱地区的空间范围因时而异，但其地理中心始终位于山东省的泰沂山区（图一）。海岱地区的五支考古学文化的特色在该中心区域表现得最为典型鲜明⑩。海岱地区是中国史前的文化和农业中心之一⑪。考古资料揭示了新石器

① Liu, L., 2004.The Chinese Neolithic: Trajectories to Early States. *Cambridge University Press*, New York, USA.

② Wagner, M., Luan, F., Tarasov, P., 2009.Chinese Archaeology and Palaeoenvironment I: Prehistory at the Lower Reaches of the Yellow River: The Haidai Region. *Verlag Philipp von Zabern, Mainz*, Germany.

③ Wagner, M., Tarasov, P., Hosner, D., Fleck, A., Ehrich, R., Chen, X., Leipe, C., 2013.Mapping of the spatial and temporal distribution of archaeological sites of northern China during the Neolithic and Bronze Age. *Quat. Int.* 290–291, 344–357; Hosner, D., Wagner, M., Tarasov, P.E., Chen, X., Leipe, C., 2016.Spatiotemporal distribution patterns of archaeological sites in China during the Neolithic and Bronze Age: an overview. *The Holocene* 26 (10), 1576–1593.

④ 栾丰实：《海岱地区考古研究》，山东大学出版社，1997 年；Luan, F., Wagner, M., 2009.The chronology and basic development sequence of archaeological cultures in the Haidai Region. In: Wagner, M., Luan, F., Tarasov, P. (Eds.), Chinese Archaeology and Palaeoenvironment I: Prehistory at the Lower Reaches of the Yellow River: The Haidai Region. *Verlag Philipp von Zabern, Mainz*, Germany, pp. 1–15.

⑤ 张之恒：《中国新石器时代考古》，南京大学出版社，2004 年，104 页；Wagner, M.,Tarasov, P.E., 2014.The Neolithic of northern and central China. In: Renfrew,C., Bahn, P.G. (Eds.), The Cambridge World Prehistory (Volume 2): East Asia and the Americas. *Cambridge University Press*, New York, USA, pp. 742–764.

⑥ Liu, L., Chen, X., 2012.The Archaeology of China: From the Late Paleolithic to the Early Bronze Age. *Cambridge University Press*, New York, USA.

⑦ Underhill, A.P., 2002.Craft Production and Social Change in Northern China. *Springer*, New York, USA.

⑧ 张之恒：《中国新石器时代考古》，南京大学出版社，2004 年，104 页。

⑨ Underhill, A.P., 1991.Pottery production in chiefdoms: the Longshan Period in Northern China. *World Archaeol.* 23 (1), 12–27.

⑩ Luan, F., Wagner, M., 2009.The chronology and basic development sequence of archaeological cultures in the Haidai Region. In: Wagner, M., Luan, F., Tarasov, P. (Eds.), Chinese Archaeology and Palaeoenvironment I: Prehistory at the Lower Reaches of the Yellow River: The Haidai Region. *Verlag Philipp von Zabern, Mainz*, Germany, pp. 1–15.

⑪ Liu, L., Chen, X., 2012.The Archaeology of China: From the Late Paleolithic to the Early Bronze Age. *Cambridge University Press*, New York, USA.

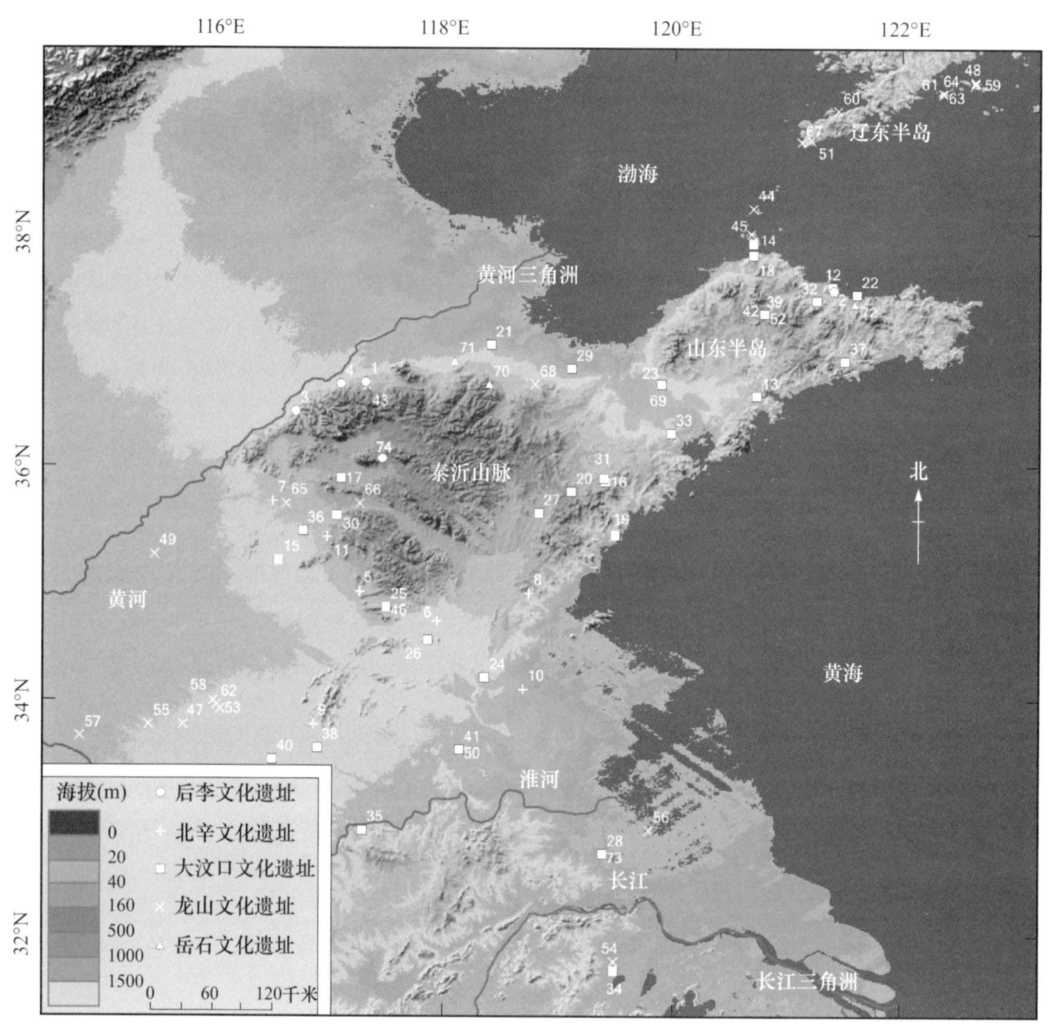

图一　海岱地区和相邻地区高程图

与本文中的 ^{14}C 测年数据相关的考古遗址：1. 西河　2. 烟台煤气厂　3. 月庄　4. 张马屯　5. 北辛　6. 大墩子　7. 东贾柏　8. 东盘　9. 石山子　10. 万北　11. 野店　12. 白石村　13. 北阡　14. 北庄　15. 毕集村　16. 呈子　17. 大汶口　18. 大仲家　19. 东海峪　20. 董家营　21. 傅家　22. 蛤堆顶　23. 韩村　24. 花厅　25. 建新　26. 梁王城　27. 凌阳河　28. 龙虬庄　29. 鲁家口　30. 南兴埠　31. 前寨　32. 邱家庄　33. 三里河　34. 三星村　35. 双墩　36. 王因　37. 翁家埠　38. 小山口　39. 杨家圈　40. 尉迟寺　41. 赵庄　42. 北城子　43. 城子崖　44. 大口　45. 店子　46. 二疏城　47. 傅庄沟　48. 高丽城山　49. 堌堆　50. 龟墩　51. 郭家村　52. 古镇都　53. 黑堌堆　54. 连山　55. 栾台　56. 南荡　57. 平粮台　58. 清凉山　59. 上马石　60. 双坨子　61. 王屯南窑　62. 王油坊　63. 吴家村　64. 小珠山　65. 西吴寺　66. 尹家城　67. 于家村　68. 邹家庄　69. 东岳石　70. 郝家庄　71. 史家　72. 照格庄　73. 周邶墩　74. 扁扁洞

注：同一遗址如与多个考古学文化关联，则在地图上以其中年代最早的文化进行标示。地图采用等距圆柱投影，比例尺沿经线为真

时代该地区聚落的密集分布情况和史前谷类作物（如中国本土起源的水稻、粟和黍，以及从欧亚大陆西部引进的小麦）的种植情况①。海岱地区可能是这些作物进一步传播到朝鲜半岛和日本列岛的一个枢纽②。在随后的历史进程中，海岱地区的文化元素可能对黄河中游的早期中国王朝文明产生了相当的影响③。

海岱地区原有的史前考古学年代序列，主要是基于上述五支考古学文化的地层学和类型学关系的研究成果。后李文化被认为早于北辛、大汶口和龙山文化，而岳石文化是该地区史前文化的最后一个阶段，随后就是王朝时期④。这种年代顺序有一些绝对测年证据（尤其是基于有机遗物的 ^{14}C 测年）的支持，但总体来说，绝对测年证据仅仅被视作对已建立的相对年表进行绝对年代赋值的工具⑤：后李、北辛、大汶口、龙山和岳石文化的年代分别被定为 ca. 6500～5500 BCE、ca. 5000～4100 BCE、ca. 4100～2600 BCE、ca. 2600～1900 BCE 和 ca. 1900～1500 BCE（Luan and Wagner, 2009；表 1）。这个从新石器时代早期到青铜时代的年代序列的一个关键特征是不同考古学文化在时间上有明晰的分界，彼此之间并无相互重叠的阶段。然而从 ca. 5500 BCE 到 ca. 5000 BCE 之间存在约 500 年的间隔⑥，意味着后李文化与北辛文化之间有一个文化断层。

已有的研究证明，贝叶斯模型⑦是根据大量测年数据建立客观准确的年代框架的有力工具。本文将采用这种方法来验证海岱地区已经建立的年表。虽然很多谨慎的研究者对这里所谓的“客观”持批判态度⑧，但总体而言，贝叶斯模型使得严格的和可重复的分析成为可能，也有助于识别在肉眼观察年代数据时容易被忽略的模式。因为这些显而易见的优势，贝叶斯年代建模已被广泛应用在考古学中，并已经成为一种标准化的编年方法⑨。此外，贝叶斯模型创造了一个理想的数据集成平台，在这个平台上不同

① Crawford, G.W., Chen, X., Luan, F., Wang, J., 2016. People and plant interaction at the Houli Culture Yuezhuang site in Shandong Province, China. *The Holocene* 26 (10).http://dx.doi.org/10.1177/0959683616650269; Jin, G., Wagner, M., Tarasov, P.E., Wang, F., Liu, Y., 2016.Archaeobotanical records of Middle and Late Neolithic agriculture from Shandong Province, East China, and a major change in regional subsistence during the Dawenkou Culture. *The Holocene* 26 (10), 1605–1615.

② Fuller, D.Q., 2011.Pathways to Asian civilizations: tracing the origins and spread of rice and rice cultures. *Rice* 4 (3–4), 78–92.

③ 栾丰实：《二里头遗址中的东方文化因素》，《华夏考古》2006 年 3 期，46～53 页；Zhuang, Y., Kidder, T.R., 2014.Archaeology of the anthropocene in the Yellow River region, China, 8000–2000 cal, BP. *The Holocene* 24 (11), 1602–1623.

④ 栾丰实：《海岱地区考古研究》，山东大学出版社，1997 年。

⑤ Wagner, M., Luan, F., Tarasov, P., 2009.Chinese Archaeology and Palaeoenvironment I: Prehistory at the Lower Reaches of the Yellow River: The Haidai Region. *Verlag Philipp von Zabern, Mainz*, Germany.

⑥ Luan, F., Wagner, M., 2009.The chronology and basic development sequence of archaeological cultures in the Haidai Region. In: Wagner, M., Luan, F., Tarasov, P. (Eds.), Chinese Archaeology and Palaeoenvironment I: Prehistory at the Lower Reaches of the Yellow River: The Haidai Region. *Verlag Philipp von Zabern, Mainz*, Germany, pp. 1–15.

⑦ e.g. Buck, C.E., Christen, J.A., James, G.N., 1999.BCal: an on-line Bayesian radiocarbon calibration tool. *Internet Archaeol*. 7; Bronk Ramsey, C., Lee, S., 2013.Recent and planned developments of the program OxCal. Radiocarbon 55 (2–3), 720–730.

⑧ Buck, C.E., Meson, B., 2015.On being a good Bayesian. *World Archaeol*. 47 (4), 567–584.

⑨ e.g. Finkelstein, I., Piasetzky, E., 2010.Radiocarbon dating the Iron Age in the Levant: a Bayesian model for six ceramic phases and six transitions. *Antiquity* 84, 374–385.

表一　海岱考古区史前文化五阶段的未建模和建模年代对比

文化期	文化边界	未建模年代（BCE）	参考文献	模拟边界：95% 区间（BCE）	模拟边界：68% 区间（BCE）	模拟边界：中值（BCE）	模拟边界：标准差（年）	模拟持续时间：95% 区间（年）	模拟持续时间：68% 区间（年）	模拟持续时间：中值（年）	模拟持续时间：标准差（年）
后李	后李开始	6500	(Luan and Wagner, 2009)	8000–7500	7800–7600	7700	120	(2400, 3100)	(2500, 2800)	2600	160
	后李结束	5500	(Luan and Wagner, 2009)	5300–4800	5200–5000	5100	120				
北辛	北辛开始	5000	(Luan and Wagner, 2009)	5300–4500	5100–4700	4900	200	(600, 1500)	(800, 1300)	1000	230
	北辛结束	4100	(Luan and Wagner, 2009)	4100–3600	4000–3800	3900	110				
大汶口	大汶口开始	4100	(Luan and Wagner, 2009)	4500–3900	4400–4000	4200	140	(1900, 2500)	(2100, 2400)	2200	150
	大汶口结束	2600	(Luan and Wagner, 2009)	2100–1800	2100–1900	2000	70				
龙山	龙山开始	2600	(Luan and Wagner, 2009)	2900–2500	2800–2600	2700	100	(600, 1000)	(700, 900)	800	110
	龙山结束	1900	(Luan and Wagner, 2009)	2100–1700	2000–1800	1900	70				
岳石	岳石开始	1900	(Luan and Wagner, 2009)	3200–2500	3000–2600	2800	160	(1300, 2000)	(1400, 1800)	1600	180
	岳石结束	1500	(Luan and Wagner, 2009)	1500–1000	1300–1100	1200	110				

类型的定量和定性年代数据可以以规范一致的方式得到总结和评估①。

最近的一些研究指出，对于中国东部的新石器时代遗址，近年来基于植物遗存的高质量 ^{14}C 测年数据与原有年表不相符的现象并非罕见②，因此对原有年表进行重新审视很有必要。本文的目标是系统收集研究区域的已有放射性测年数据，然后在 OxCal v.4.2 软件③中对这些数据进行建模，得到从统计方法上而言更为系统规范的年表，然后将研究结果与原有的、未建模的考古年代序列（参考 Luan and Wagner, 2009 及其中的参考文献）进行对比讨论。

二、数 据 来 源

本研究收集的数据集由 317 个 ^{14}C 测年数据组成，这些数据来源于与上述五支考古学文化有关的出版或未出版资料，包括一本论文集④、一篇博士论文⑤，还有一系列报道新的高质量测年数据的期刊论文⑥。该数据集目前只包含 14C 测年数据，因为我们尚未在文献中发现研究区有由其他放射性测年方法得出的高质量考古年代数据。数据集中记录了所有数据的测定实验室信息、来源考古遗址、关联文化属性、测年材料类型、常规 ^{14}C 年代和相关的测量误差。

① Culleton, B.J., Prufer, K.M., Kennett, D.J., 2012.A Bayesian AMS^{14}C chronology of the Classic Maya Center of Uxbenká, Belize. J. *Archaeol. Sci*. 39, 1572–1586.

② e.g. Sun, B., Wagner, M., Zhao, Z., Li, G., Wu, X., Tarasov, P.E., 2014.Archaeological discovery and research at Bianbiandong early Neolithic cave site, Shandong. China. *Quat. Int*. 348, 169–182; Wu, W., Wang, X., Wu, X., Jin, G., Tarasov, P.E., 2014.The early Holocene archaeobotanical record from the Zhangmatun site situated at the northern edge of the Shandong Highlands. China. *Quat. Int*. 348, 183–193; Jin, G., Wagner, M., Tarasov, P.E., Wang, F., Liu, Y., 2016.Archaeobotanical records of Middle and Late Neolithic agriculture from Shandong Province, East China, and a major change in regional subsistence during the Dawenkou Culture. *The Holocene* 26 (10), 1605–1615.

③ Bronk Ramsey, C., 1995.Radiocarbon calibration and analysis of stratigraphy: the OxCal program. *Radiocarbon* 37 (2), 425–430.

④ Wagner, M., Luan, F., Tarasov, P., 2009.Chinese Archaeology and Palaeoenvironment I: Prehistory at the Lower Reaches of the Yellow River: The Haidai Region. *Verlag Philipp von Zabern, Mainz*, Germany.

⑤ Dong, Y., 2013.Eating Identity: Food, Gender, and Social Organization in Late Neolithic Northern China. PhD Thesis. University of Illinois at Urbana-Champaign, Champaign, USA.

⑥ Crawford, G.W、陈雪香、王建华：《山东济南长清区月庄遗址发现后李文化时期的炭化稻》，《东方考古》第 3 集，科学出版社，2006 年，247～251 页；Kuzmin, Y.V., Jull, A.J.T., Burr, G.S., 2009.Major patterns in the neolithic chronology of East Asia: issues of the origin of pottery, agriculture, and civilization. Radiocarbon 51 (3), 891–903; Jin, G., Wu, W., Zhang, K., Wang, Z., Wu, X., 2014. 8000-year old rice remains from the north edge of the Shandong Highlands, East China. J. *Archaeol. Sci*. 51, 34–42; Sun, B., Wagner, M., Zhao, Z., Li, G., Wu, X., Tarasov, P.E., 2014. Archaeological discovery and research at Bianbiandong early Neolithic cave site, Shandong. China. *Quat. Int*. 348, 169–182; 吴文婉、靳桂云、王兴华：《海岱地区后李文化的植物利用和栽培：来自济南张马屯遗址的证据》，《中国农史》2015 年 2 期，3～13 页；Jin, G., Wagner, M., Tarasov, P.E., Wang, F., Liu, Y., 2016.Archaeobotanical records of Middle and Late Neolithic agriculture from Shandong Province, East China, and a major change in regional subsistence during the Dawenkou Culture. *The Holocene* 26 (10), 1605–1615.

三、方　　法

（一）数据筛选

本数据集中的测年数据来源复杂，为了减少由于参差不齐的数据质量所造成的影响，首先需要对数据进行批判性的评估和预先选择。我们去除了测年误差过大的数据，以及在原始文献中文化属性未清晰表示的数据（with unclear cultural association）。所谓“测量误差过大”，我们将阈值设在 ±200 年。±200 年的测年误差，相当于在 0.95 信度（即 2σ 区间）上存在 800 年左右的不确定性。我们认为，如果阈值比测量误差更大，这样的 ^{14}C 测年数据对于确定年代边界来说帮助是很小的，对延续时间相对较短的文化时期更是如此。比如岳石文化可能仅仅延续了大约 400 年的时间①，800 年左右的不确定性几乎是这个延续时间的两倍，因此对于精确地确定这一文化时期的边界年代意义不大。这一阈值设置也曾被成功地应用于长江流域的史前考古学年表重建中②（图一）。我们进一步排除了基于水生材料（如贝壳）的 ^{14}C 测年数据，因为这些材料容易受到淡水或海洋碳库效应的影响③。由于很难评估数据的质量，所以没有准确明晰地描述测年材料（如在原始文献中描述为所谓“木炭 / 黏土”的材料）的数据点也不再予以分析。

在引入离群分析（outlier）命令之前，我们对模型进行了试运行，以检测异常的测年数据，即与来自同一考古学文化的其他测年数据在统计分析上难以兼容的数据。“不兼容”被定义为一致指数（agreement index）低于建议临界值（60%）时的情况④。所有被检测到的异常数据都不再在采用离群分析命令的最终模型中运行。此外，非异常数据，也就是会在最终模型中运行的数据，被分为长时间间隔或短时间间隔两种类型（long time lag or short time lag dates）。来自木材或木炭的数据［即所谓的“旧木（old wood）”数据⑤］被归为长时间间隔数据，因为这类样品的测定年代经常比它们实际的沉积年代（age of deposition）要早。相反，基于短时间间隔材料（如种子和叶子）的短时间间隔数据更能反映沉积年代，因为这类材料往往在离开碳循环后不久就被掩

① Luan, F., Wagner, M., 2009.The chronology and basic development sequence of archaeological cultures in the Haidai Region. In: Wagner, M., Luan, F., Tarasov, P. (Eds.), Chinese Archaeology and Palaeoenvironment I: Prehistory at the Lower Reaches of the Yellow River: The Haidai Region. *Verlag Philipp von Zabern, Mainz*, Germany, pp. 1–15. Luan, F., Wagner, M., 2009.The chronology and basic development sequence of archaeological cultures in the Haidai Region. In: Wagner, M., Luan, F., Tarasov, P. (Eds.), Chinese Archaeology and Palaeoenvironment I: Prehistory at the Lower Reaches of the Yellow River: The Haidai Region. *Verlag Philipp von Zabern, Mainz*, Germany, pp. 1–15.

② Long, T., Taylor, D., 2015.A revised chronology for the archaeology of the lower Yangtze, China, based on Bayesian statistical modelling. J. *Archaeol. Sci*. 63, 115–121.

③ Philippsen, B., Heinemeier, J., 2013.Freshwater reservoir effect variability in Northern Germany. *Radiocarbon* 55 (3), 1085–1101.

④ Bronk Ramsey, C., 2008.Deposition models for chronological records. *Quat. Sci. Rev*. 27, 42–60.

⑤ e.g. Van der Plicht, J., Bruins, H.J., 2001.Radiocarbon dating in Near-eastern contexts: confusion and quality control. *Radiocarbon* 43 (3), 1155–1166.

理①。

（二）年代建模

由五个子模块（即五个“阶段”子模型）组成的贝叶斯模型，从概念上对应于五支考古学文化（图二）：后李、北辛、大汶口、龙山和岳石文化。在 OxCal 分析中，一个“阶段”（phase）被视为一个数据总体（population）。在考古学研究中，我们常常不能对某一段地层里或与某一个文化阶段相关的所有有机物质都进行测年，但已经出土并且进行了测年的材料在一定程度上（虽然不是严格意义上的）可以被视为对总体（也即上面谈到的所有有机物质）进行统计采样得到的一个样本（sample）。阶段这一概念在本文的研究中被用来模拟五种考古文化的持续时间段。在 OxCal 中，一个“阶段”（也即代表一支考古学文化的持续时间段）被上下两个“边界”所限制，这两个边界可以被视为这支考古学文化的起止年代界限②。我们将每个考古学文化设置为一个单独的阶段子模块，并将五个子模块整合为一个可重叠的多阶段的模型。对于当前的数据集，上述配置使客观地呈现数据分布成为可能，避免了人为分隔开不同的考古学文化阶段，有助于识别文化序列中可能存在的重叠和断层。

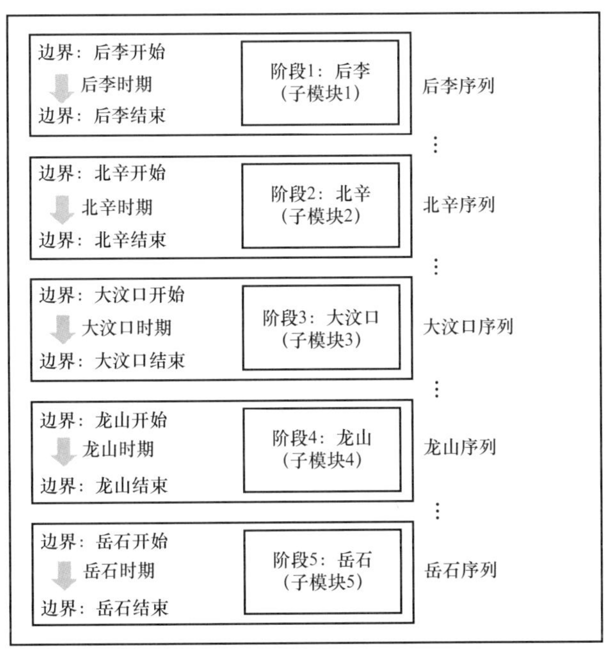

图二 海岱考古区史前文化五阶段的贝叶斯年代模型概图

注：为尽量避免人为的先验年代限制，每个考古学文化被设置为一个单独的阶段子模块，然后将相应的五个子模块整合为一个可重叠多阶段模型

---

① Hatté, C., Jull, A.J.T., 2007.Radiocarbon dating/plant macrofossils. In: Elias, S.A. (Ed.), Encyclopedia of Quaternary Science. *Elsevier*, Amsterdam, the Netherlands, pp. 2958–2965.

② Blockley, S.P.E., Pinhasi, R., 2011.A revised chronology for the adoption of agriculture in the Southern Levant and the role of Lateglacial climatic change. *Quat. Sci. Rev*. 30, 98–108.

我们采用 IntCal13 曲线[①]对通过了质量评估的测年数据进行了校正。将模型的收敛性参数的临界值（critical value）设定为软件默认值，即 95%。收敛性参数可用于衡量模型的自兼容性：任何不稳健的（non-robust）建模结果（即有低收敛性参数值）都会被拒绝[②]。我们给每个年代边界都先赋予一个明确的先验年代区间（prior age interval），即从全新世开始（即 ca. 9650 BCE 或 11600 cal BP[③]）到 1950 CE，以避免区间估计时不符合现实的长尾概率分布（long distribution tails）。使用从 ca. 9650 BCE 到 1950 CE 的这种宽泛区间（涵盖整个全新世）作为约束条件，能够增进模型的稳健性，但同时尽可能减少了人为的模型先验限制。

此外，我们还引入了两个不同的离群分析命令[④]，以不同的方式处理短时间间隔和长时间间隔的数据。在统计意义上，每 20 个“正常的” ^{14}C 测年数据中就有 1 个会有或正或负的偏移[⑤]。因此，0.05 被指定为短时间间隔数据的离群概率。在这种情况下，为了减小异常值对模型整体稳健性的影响，一般建议使用较长尾的 t 分布来模拟偏移量[⑥]。而对于长时间间隔数据，无条件地存在一个概率为 1 的离群偏离。偏离值是正的，即 ^{14}C 测年结果总是早于实际沉积时间[⑦]。OxCal 中内置的“木炭”离群分析命令[⑧]可以直接应用于这些长时间间隔数据。

本文建模分析的概率性结果以点估计（此处用中值）和 95% 以及 68% 的概率区间表示。区间估计和点估计相结合[⑨]有助于对结果的直观理解，同时允许对不确定性进行明确的评估。为了平衡结果的准确性和精确性（因为这二者经常相互消长），中值所限定的区间被用来直观地解释考古学文化的年代范围[⑩]。

我们进一步引入了 OxCal 内置的“顺序（order）”和“差值（difference）”命令来计算这五支考古学文化的不同年代边界之间的概率性顺序（probabilistic order）。为了

---

① Reimer, P.J., Bard, E., Bayliss, A., Beck, J.W., Blackwell, P.G., Bronk Ramsey, C., Buck, C.E., Cheng, H., Edwards, R.L., Friedrich, M., Grootes, P.M., Guilderson, T.P., Haflidason, H., Hajdas, I., Hatté, C., Heaton, T.J., Hoffmann, D.L., Hogg, A.G., Hughen, K.A., Kaiser, K.F., Kromer, B., Manning, S.W., Niu, M., Reimer, R.W., Richards, D.A., Scott, E.M., Southon, J.R., Staff, R.A., Turney, C.S.M., van der Plicht, J., 2013.IntCal13 and MARINE13 radiocarbon age calibration curves 0–50, 000 years cal BP. *Radiocarbon* 55 (4), 1869–1887.

② Bronk Ramsey, C., 1995.Radiocarbon calibration and analysis of stratigraphy: the OxCal program. *Radiocarbon* 37 (2), 425–430.

③ Barrows, T.T., Lehman, S.J., Fifield, L.K., Deckker, P.D., 2007.Absence of cooling in New Zealand and the adjacent ocean during the Younger Dryas chronozone. *Science* 318 (5847), 86–89.

④ Long, T., Taylor, D., 2015.A revised chronology for the archaeology of the lower Yangtze, China, based on Bayesian statistical modelling. J. *Archaeol. Sci*. 63, 115–121.

⑤ Bronk Ramsey, C., 2009.Dealing with outliers and offsets in radiocarbon dating. *Radiocarbon* 51 (3), 1023–1045.

⑥ Dee, M., Wengrow, D., Shortland, A., Stevenson, A., Brock, F., Flink, L.G., Bronk Ramsey, C., 2013.An absolute chronology for early Egypt using radiocarbon dating and Bayesian statistical modelling. *Proc. Roy. Soc*. London, Ser. A 469 (2159), 1–10.

⑦ Bronk Ramsey, C., 2009. Dealing with outliers and offsets in radiocarbon dating. *Radiocarbon* 51 (3), 1023–1045.

⑧ Bronk Ramsey, C., 2009. Dealing with outliers and offsets in radiocarbon dating. *Radiocarbon* 51 (3), 1023–1045.

⑨ Michczynski, A., 2007.Is it possible tofind a good point estimate of a calibrated radiocarbon date? *Radiocarbon* 49 (2), 393–401.

⑩ Long, T., Taylor, D., 2015.A revised chronology for the archaeology of the lower Yangtze, China, based on Bayesian statistical modelling. J. *Archaeol. Sci*. 63, 115–121.

避免任何不切实际的过长的区间估计，所有差值命令都设置一个从 -10000 年到 10000 年的先验区间提供给模型做贝叶斯计算，该先验区间可以将任意两个边界之间的年代差绝对值限制在 10000 年以内。

四、结　果

（一）数据筛选

在数据筛选过程中，从数据集中去除了 42 个数据不再作进一步分析，所以模型最终运行时总共包含了 275 个数据（详见原文补充信息 1）。这些数据大多（n=208）都属于长时间间隔数据，其离群偏移概率等于 1。但是通过贝叶斯框架，这些数据中的信息仍然对模型结果有所贡献。剩下的 67 个数据属于短时间间隔类别，对于维持模型的稳健性很重要。

（二）年代建模

最终模型的收敛性参数高于临界值 95%，表明模型具有统计意义上的稳健性，建模分析的结果为五支考古学文化的年代边界提供了可靠的估计。模型中的一致指数均高于 60% 的临界值。

模型的结果（表一；图三）表明，后李文化兴起于 ca. 8000～7500 BCE（95% 概率

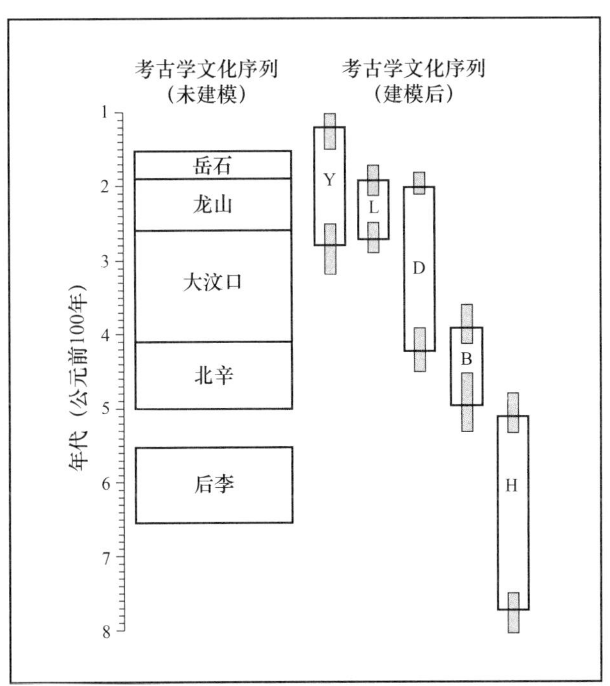

图三　海岱区域史前考古学文化的未建模年代和建模年代

H：后李文化，B：北辛文化，D：大汶口文化，L：龙山文化，Y：岳石文化。

注：考古学文化的起止年代范围以各起止边界的建模年代中值来框定，

灰色方块为各起止边界的建模年代 95% 概率区间

范围）或 ca. 7800～7600 BCE（68% 概率区间，此区间内概率密度最高）期间，中值所代表的点估计为 ca. 7700 BCE，标准差为 120 年。后李文化的结束则发生在 ca. 5300～4800 BCE（95%）或 ca. 5200～5000 BCE（68%）期间。其中值为 ca. 5100 BCE，标准差为 120 年。通过建模分析，后李文化的持续时间介于 2400 年和 3100 年之间（95%），中值为 2600 年，标准差约为 160 年。根据我们所采用的用中值来表示年代的标准，后李文化的年代初步定为 ca. 7700～5100 BCE（表一）。

（北辛、大汶口、龙山和岳石文化的分析结果因篇幅所限不做赘述，详情见下列图表）

（三）顺序（order）和差值（difference）分析结果

模型得到的次序矩阵（order matrix）（表二）显示了五支考古学文化边界的概率性年代次序。后李文化衰亡早于北辛文化兴起的概率约为 0.74；北辛文化的衰亡早于大汶口文化兴起的概率约为 0.02；大汶口文化衰亡早于龙山文化和岳石文化兴起的概率均四舍五入为 0。龙山文化衰亡早于岳石文化兴起也有同样的概率。大汶口文化的衰亡早于龙山文化衰亡的概率约为 0.8。龙山文化的兴起早于岳石文化兴起的概率只有约 0.18。

表二　海岱考古区史前文化五阶段各边界的模型顺序矩阵

B1	B2									
	后李开始	后李结束	北辛开始	北辛结束	大汶口开始	大汶口结束	龙山开始	龙山结束	岳石开始	岳石结束
后李开始	0	1	1	1	1	1	1	1	1	1
后李结束	0	0	0.74	1	1	1	1	1	1	1
北辛开始	0	0.26	0	1	1	1	1	1	1	1
北辛结束	0	0	0	0	0.02	1	1	1	1	1
大汶口开始	0	0	0	0.98	0	1	1	1	1	1
大汶口结束	0	0	0	0	0	0	0	0.8	0	1
龙山开始	0	0	0	0	0	1	0	1	0.18	1
龙山结束	0	0	0	0	0	0.2	0	0	0	1
岳石开始	0	0	0	0	0	1	0.82	1	0	1
岳石结束	0	0	0	0	0	0	0	0	0	0

注：每一单格中的数值为其对应的 B1 边界年龄早于 B2 边界年龄的概率值

在表三中列出了各考古学文化的边界年代差值的概率性分布结果。后李文化结束的年代与北辛文化开始的年代差异分布在约 −400～600 年之间（95% 的概率范围），或者在约 −120～400 年之间（68%），中值约为 140 年。但是大汶口文化衰亡与龙山文化兴起之间、大汶口文化衰亡与岳石文化兴起之间、龙山文化衰亡与岳石文化兴起之间的差异，分别具有负的概率中值约 −720、−840 和 −920 年。

五、讨　论

总体来看，对五支考古学文化建模的年代结果顺序与未建模的原有年表中的顺序大致吻合①（图三）。然而，建模和未建模的年表之间有一些关键的区别，最重要的是大汶口、龙山和岳石文化之间的年代重叠和这五支考古学文化延续时间段的具体年代（表一）。

通过建模分析，后李文化的开端可在原有年表的基础上②向前追溯1000～1500年。这一结果与正在进行的中国东部早期新石器时代研究③的主流趋势是一致的，并得到了来自山东的田野考古和植物考古新证据的支持④。最近发表的14份来自扁扁洞和张马屯遗址的短时间间隔测年数据，其未建模年代几乎都早于6500 BCE。这些数据对计算模型中的后李文化起始边界有很大影响。扁扁洞和张马屯两处遗址出土的陶器带有明显的后李文化因素⑤。出土的植物考古材料表明，二者均存在着以狩猎、渔猎和采集野生植物为主、低水平食物生产为辅的广谱生业模式，支持了二者年代相对较早的观点⑥。后李文化开端年代向较早阶段推移也反映出，当前我们对海岱地区从旧石器时代晚期向新石器时代早期过渡的时间范围认识还不够充分。尽管迄今已发现了超过100处出土有旧石器时代细石叶（micro-blade）工具的遗址⑦，且更多的遗址正逐渐被发现⑧，然而这些遗址的年代学研究通常很薄弱。这些遗址的生业策略没有得到详细的重建，而是将研究重点放在了石器的类型学分析上。另一个潜在的问题是在中国考古学语境下

① Luan, F., Wagner, M., 2009.The chronology and basic development sequence of archaeological cultures in the Haidai Region. In: Wagner, M., Luan, F., Tarasov, P. (Eds.), Chinese Archaeology and Palaeoenvironment I: Prehistory at the Lower Reaches of the Yellow River: The Haidai Region. *Verlag Philipp von Zabern, Mainz*, Germany, pp. 1–15.

② Luan, F., Wagner, M., 2009.The chronology and basic development sequence of archaeological cultures in the Haidai Region. In: Wagner, M., Luan, F., Tarasov, P. (Eds.), Chinese Archaeology and Palaeoenvironment I: Prehistory at the Lower Reaches of the Yellow River: The Haidai Region. *Verlag Philipp von Zabern, Mainz*, Germany, pp. 1–15.

③ e.g. Jiang, L., Liu, L., 2006.New evidence for the origins of sedentism and rice domestication in the Lower Yangzi River, China. *Antiquity* 80, 355–361; Wagner, M., Tarasov, P., Hosner, D., Fleck, A., Ehrich, R., Chen, X., Leipe, C., 2013.Mapping of the spatial and temporal distribution of archaeological sites of northern China during the Neolithic and Bronze Age. *Quat. Int*. 290–291, 344–357; Wang, W., Lu, H., Zhang, J., He, K., Huan, X., 2016.Macro-process of past plant subsistence from the upper Paleolithic to middle Neolithic in China: a quantitative analysis of multi-archaeobotanical data. *PLoS One* 11 (2), e0148136.

④ e.g. Sun, B., Wagner, M., Zhao, Z., Li, G., Wu, X., Tarasov, P.E., 2014.Archaeological discovery and research at Bianbiandong early Neolithic cave site, Shandong. China. *Quat. Int*.348, 169–182; 吴文婉、靳桂云、王兴华：《海岱地区后李文化的植物利用和栽培：来自济南张马屯遗址的证据》，《中国农史》2015年2期，3～13页。

⑤ Sun, B., Wagner, M., Zhao, Z., Li, G., Wu, X., Tarasov, P.E., 2014.Archaeological discovery and research at Bianbiandong early Neolithic cave site, Shandong. China. *Quat. Int*. 348, 169–182; Wu, W., Wang, X., Wu, X., Jin, G., Tarasov, P.E., 2014.The early Holocene archaeobotanical record from the Zhangmatun site situated at the northern edge of the Shandong Highlands. China. *Quat. Int*. 348, 183–193.

⑥ 孙永刚：《西辽河上游地区新石器时代至早期青铜时代植物遗存研究》，内蒙古师范大学博士学位论文，2014年。

⑦ 沈辰、高星、胡秉华：《山东细石器遗存以及对“凤凰岭文化”的重新认识》，《人类学学报》2003年4期，293～307页。

⑧ e.g. Chen, F., Li, G., Li, Y., Li, F., 2015.A preliminary report of the Huangniliang Paleolithic site, Shandong Province. *Acta Anthropol. Sin*. 34 (1), 21–27.

定义“新石器时代早期”或“新石器化（Neolithisation）”等研究术语的困难①，因为这里不同的遗址或不同的地区常常有不同的陶器使用、房屋建筑和谷物（如野生稻）利用历史②（图四）。虽然关于后李文化较早开端年代的建模结果还远非定论，但它可能反映出海岱地区陶器生产的开始时间要早于目前通用的年表中所显示的年代③。因此，本文所示的研究结果，有助于解决旧石器时代向新石器时代的转换是如何发生以及何时发生的重要问题，以及海岱地区新石器时代的诸多文化特征出现的次序与组合问题。我们还需要更多的 ^{14}C 测年数据来得到更坚实的结论。

后李文化结束（68%）与北辛文化开始（68%）之间有大约100年的重叠（图三），尽管这两个边界在模型中的中值相距约200年。后李的衰亡早于北辛兴起的概率约为0.74（表二），95%概率范围内的年代差值分布区间较长（从约 −400 年至 600 年）（表三），表明这两个边界的相对顺序存在很大的不确定性。这与原有年表中后李文化与北辛文化之间明确的年代间隔形成对比④。因此本研究的建模结果对这一间隔提出了质疑。其他学者也曾提到这一间隔可能仅仅是由于暂时的数据缺少造成的⑤。由于与海岱地区临近的黄河中游地区和辽河流域的文化序列中没有发现相应的断层⑥（图四），因此造成这一间隔的原因只可能是区域性的因素。然而，在中国东部，ca. 5500～5000 BCE 是一个环境条件得到改善的时期⑦，与之相关联的是 ca. 6000～1500 BCE 的全新世气候最

① e.g. Liu, L., Chen, X., 2012.The Archaeology of China: From the Late Paleolithic to the Early Bronze Age. *Cambridge University Press*, New York, USA; Wagner, M., Tarasov, P., Hosner, D., Fleck, A., Ehrich, R., Chen, X., Leipe, C., 2013. Mapping of the spatial and temporal distribution of archaeological sites of northern China during the Neolithic and Bronze Age. *Quat. Int*. 290–291, 344–357; Hosner, D., Wagner, M., Tarasov, P.E., Chen, X., Leipe, C., 2016. Spatiotemporal distribution patterns of archaeological sites in China during the Neolithic and Bronze Age: an overview. *The Holocene* 26 (10), 1576–1593.

② e.g. Wu, X., Zhang, C., Goldberg, P., Cohen, D., Pan, Y., Arpin, T., Bar-Yosef, O., 2012.Early pottery at 20,000 years ago in Xianrendong Cave, China. *Science* 336, 1696–1700; 陈伟驹：《有陶与无陶：时间早晚还是空间差异？——简论岭南新石器时代早期文化》，《江汉考古》2016年1期，51～58页。

③ e.g. Liu, L., Chen, X., 2012.The Archaeology of China: From the Late Paleolithic to the Early Bronze Age. *Cambridge University Press*, New York, USA; Wagner, M., Tarasov, P.E., 2014.The Neolithic of northern and central China. In: Renfrew, C., Bahn, P.G. (Eds.), The Cambridge World Prehistory (Volume 2): East Asia and the Americas. *Cambridge University Press*, New York, USA, pp. 742–764.

④ Luan, F., Wagner, M., 2009.The chronology and basic development sequence of archaeological cultures in the Haidai Region. In: Wagner, M., Luan, F., Tarasov, P. (Eds.), Chinese Archaeology and Palaeoenvironment I: Prehistory at the Lower Reaches of the Yellow River: The Haidai Region. *Verlag Philipp von Zabern, Mainz*, Germany, pp. 1–15.

⑤ Sun, B., Wagner, M., Zhao, Z., Li, G., Wu, X., Tarasov, P.E., 2014.Archaeological discovery and research at Bianbiandong early Neolithic cave site, Shandong. China. *Quat. Int*. 348, 169–182; Jin, G., Wagner, M., Tarasov, P.E., Wang, F., Liu, Y., 2016.Archaeobotanical records of Middle and Late Neolithic agriculture from Shandong Province, East China, and a major change in regional subsistence during the Dawenkou Culture. *The Holocene* 26 (10), 1605–1615.

⑥ Wagner, M., Tarasov, P.E., 2014.The Neolithic of northern and central China. In: Renfrew, C., Bahn, P.G. (Eds.), The Cambridge World Prehistory (Volume 2): East Asia and the Americas. *Cambridge University Press*, New York, USA, pp. 742–764.

⑦ e.g. Li, X., 2013.New progress in *the Holocene* climate and agriculture research in China. Sci. China Ser. D Earth Sci. 56 (12), 2027–2036.

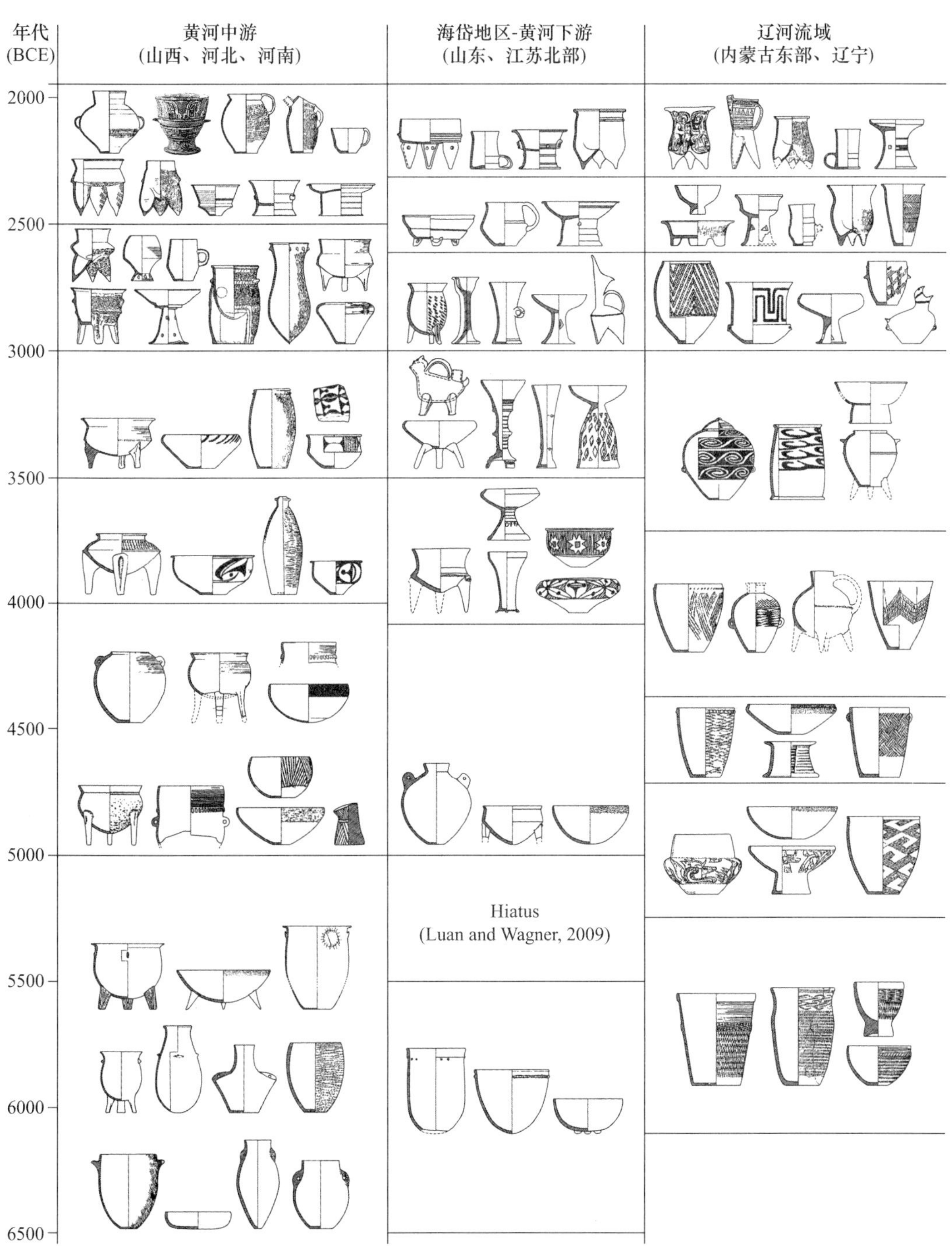

图四 海岱及临近地区公元前约 6500 年至公元前约 2000 年之间的代表性陶器形制

（参考 Wagner and Tarasov, 2014）

适期。在这段时间里，气温可能比目前高约 2～3℃，同时降水量普遍较高①。将两支文化之间的年代断层归因于野生食物资源匮乏并导致饥荒和社会崩溃也是不太可能的。该时期考古遗址密度低，聚落人口数量少②，无法证明存在明显的人口压力和资源争夺。此外，后李文化遗址主要分布在海拔较高的台地表面上（海平面以上 30～200 米，表面坡度<2°；图一，b），很难受到河流或海洋洪水的影响③。最后，在青铜时代跨欧亚文化联系④建立之前，不太可能出现由于人口密度增加和接触细菌传播群体造成大规模感染流行疾病的情况。从海岱地区提取的高分辨率的古环境数据（目前尚无法获得）将提供关于上述时期内环境状况的更多信息。我们认为，系统地测定短时间间隔材料（比如种子）以确定后李文化——北辛文化过渡的年代，将最终消除原有年表中指代这个过渡的时间间隔。

表三　海岱考古区史前文化五阶段各边界的模型年代差分布

年代差	模拟 95% 区间（年）	模拟 68% 区间（年）	模拟中值（年）	模拟标准差（年）
后李结束 – 北辛开始	(−400, 600)	(−120, 400)	140	230
北辛结束 – 大汶口开始	(−700, 40)	(−500, −120)	−320	180
大汶口结束 – 龙山开始	(−1020, −420)	(−860, −580)	−720	120
大汶口结束 – 龙山结束	(−180, 360)	(−80, 180)	60	110
大汶口结束 – 岳石开始	(−1240, −440)	(−1060, −660)	−840	180
大汶口结束 – 岳石结束	(440, 1080)	(580, 920)	760	130
龙山结束 – 岳石开始	(−1280, −560)	(−1100, −720)	−920	170
龙山结束 – 岳石结束	(400, 1020)	(520,820)	680	130

北辛文化期的模拟持续时间和时间边界（68% 概率区间）与未建模的年表中的结果⑤大致相当。但是在北辛模型中，早晚边界的中值都向较晚时间移动约 100～200 年。由于模型的建立有一个较宽距离的概率分布（大约 200 年的标准差），也即精确性不

① Wang, T., Wang, H., Jiang, D., 2010.Mid-Holocene East Asian summer climate as simulated by the PMIP2 models. Palaeogeogr. Palaeoclimatol. *Palaeoecol*. 288, 93–102; Stebich, M., Rehfeld, K., Schlütz, F., Tarasov, P.E., Liu, J., Mingram, J., 2015.Holocene vegetation and climate dynamics of NE China based on the pollen record from Sihailongwan Maar Lake. *Quat. Sci. Rev*. 124, 275–289.

② Hosner, D., Wagner, M., Tarasov, P.E., Chen, X., Leipe, C., 2016.Spatiotemporal distribution patterns of archaeological sites in China during the Neolithic and Bronze Age: an overview. *The Holocene* 26 (10), 1576–1593.

③ Guo, Y., Mo, D., Mao, L., Wang, S., Li, S., 2013.Settlement distribution and its relationship with environmental changes from the Neolithic to Shang-Zhou dynasties in northern Shandong, China. *J. Geogr. Sci*. 23 (4), 679–694.

④ Rasmussen, S., Allentoft, M.E., Nielsen, K., Orlando, L., Sikora, M., Sjögren, K.-G., Pedersen, A.G., Schubert, M., Dam, A.V., Kapel, C.M.O., Nielsen, H.B., Brunak, S., Avetisyan, P., Epimakhov, A., Khalyapin, M.V., Gnuni, A., Kriiska, A., Lasak, I., Metspalu, M., Moiseyev, V., Gromov, A., Pokutta, D., Saag, L., Varul, L., Yepiskoposyan, L., SicheritzPontén, T., Foley, R.A., Lahr, M.M., Nielsen, R., Kristiansen, K., Willerslev, E., 2015.Early divergent strains of Yersinia pestis in Eurasia 5,000 years ago. Cell 163 (3), 571–582.

⑤ Luan, F., Wagner, M., 2009.The chronology and basic development sequence of archaeological cultures in the Haidai Region. In: Wagner, M., Luan, F., Tarasov, P. (Eds.), Chinese Archaeology and Palaeoenvironment I: Prehistory at the Lower Reaches of the Yellow River: The Haidai Region. *Verlag Philipp von Zabern, Mainz*, Germany, pp. 1–15.

高，说明应该谨慎对待北辛文化建模的结果。

大汶口、龙山和岳石文化期边界的概率分布都相对较短，模型的标准差接近或小于 100 年。然而，只有龙山文化的年代结果与未建模的年表①中的比较一致。新石器时代晚期大汶口文化的终结年代（中值为 ca. 2000 BCE）和青铜器时代早期岳石文化的开端年代（中值为 ca. 2800 BCE）之间，存在着大约 800 年的重叠。而这一重叠几乎涵盖了整个龙山文化的模型年代。这种重叠的现象我们将在下面进行更详细的讨论。

大汶口文化期结束的模型化年代中值向晚期延伸至 ca. 2000 BCE，其原因可能是存在大量比先前推定的年代（ca. 2600 BCE）更偏晚的测年数据。即便是没有去考虑“旧木效应（‘old wood’effect）”的影响，在 107 个大汶口文化测年数据集合中，也有 29 个（约占总数的 27%）数据未模拟中值分布在 ca. 2600～2000 BCE 之间。因此，大汶口和龙山文化之间的时间重叠是非常有可能的。当然，这一结论的前提条件是原始参考文献中将 ^{14}C 测年材料联系于这两个文化的表述是可靠的。与之相似的是，在 34 个岳石文化测年数据集合中，有 14 个（约占总数的 41%）测年数据的未模拟中值早于原有年表中岳石文化的开端年代（ca. 1900 BCE）。这就表明龙山和岳石文化在年代上可能也存在重叠。当然，岳石子模块完全由长时间间隔数据组成（详见原文补充信息 1），这可能会降低模块的稳健性。然而，建模的结果显示龙山期和岳石期之间、大汶口期和龙山期之间的重叠期相当长（约 1000 年）。该结果可能支持这样的假设：从建模方法或样本采集来看，这两段重叠期都并非是由于我们的模型设置造成的。大汶口文化的终结年代早于龙山和岳石文化兴起年代的概率都很低（四舍五入为 0），这表明在大汶口文化仍旧在海岱地区繁荣发展的时候，龙山和岳石文化可能已经同时存在了。龙山文化的衰亡早于大汶口文化的衰亡年代甚至有约 0.2 的概率。龙山和岳石极可能是两支在年代上有重合的考古学文化。事实上，岳石文化兴起的年代很有可能比龙山文化的开端更早（概率为 0.82）。大汶口文化的结束边界，龙山和岳石文化的起始边界的年代差负值（表三）基本上提供了相同的信息。从这些证据来看，在原有未建模的年代序列中这三支考古学文化明确的先后顺序可能是值得重新考虑的。

以往对大汶口文化经过龙山文化过渡到岳石文化的理解反映了一种单线性序列的假设。这种假设在传统的考古学研究中并非罕见②。在两个连续的文化阶段之间存在的明确时间边界（表一）似乎暗示着生活在一个地区的人群放弃了自己的文化传统，几乎是立即转变并采纳了新的文化因素。这种单线性模型遵循了一种曾经提出过的范式：假设不同的人群（在同一地区或全球范围内）随着时间的推移，遵循同样的文化演进路线形成所谓“更发达”的社会③。然而，目前已有的高分辨率考古数据和放射性测年数据越来越多地在挑战这种文化演变模式，并指出在一个地理区域内拥有不同文化因素的人群可能存在着更复杂的共存情况。比如，曾经提出的在 ca. 9000～8000

① Luan, F., Wagner, M., 2009.The chronology and basic development sequence of archaeological cultures in the Haidai Region. In: Wagner, M., Luan, F., Tarasov, P. (Eds.), Chinese Archaeology and Palaeoenvironment I: Prehistory at the Lower Reaches of the Yellow River: The Haidai Region. *Verlag Philipp von Zabern, Mainz*, Germany, pp. 1–15.

② 张之恒：《中国新石器时代考古》，南京大学出版社，2004 年。

③ Laguens, A.G., 2014.Unilinear evolution and lineal time: a critique. In: Smith, C. (Ed.), Encyclopedia of Global Archaeology. *Springer*, New York, USA, pp. 7455–7463.

BCE 期间存在于北美平原地区的线性演变文化序列（由 Goshen、Folsom、Agate Basin 和 Hell Gap 几个文化阶段组成），现在已被认识到是过于简单的文化变革模式[①]。^{14}C 测年结果的重叠，表明拥有不同文化因素的人群可能在同一地区共同生活了至少几个世纪。

虽然一个区域的文化要素在时间上存在着普遍的过渡和转型，但在不同的人类群体中，这种过渡不可能以均衡的速度和程度发生。虽然有些人群可能较快地接受了新的文化因素，但另外的人群可能更倾向于不改变并坚守传统，或者至少要比前面那些人群保持了更长时间的传统。与新石器时代早期[②]相比，新石器时代晚期和青铜时代早期人口更多，社会交往更加密切，文化发生更频繁的变化。所以在龙山和岳石文化时期，同时存在的考古学文化多样性也会增加。因此，海岱地区原有的考古年表中不同文化之间缺乏时间上的重叠几乎是令人惊讶的。贝叶斯模型所显示的不同文化之间存在共存的可能性，也许正描述出了新石器时代晚期到青铜时代早期海岱地区存在的文化多样性。

我们的研究所强调的是：在界定考古学文化和确定考古遗址或文化层的年代时，一味地依赖陶器和石器类型学特征是存在问题的。事实上，在某些情况下，从大汶口晚期的考古遗址中复原重建出的生业模式，可能与所谓龙山时代，而不是与大汶口文化的早中期，有更多的相似之处[③]。这些相似之处包括农业的显著发展（包括驯养动物和农作物）、对野生食物资源的依赖减弱以及出土石器组合中石制农具的数量增加。虽然大汶口遗址晚期的陶器似乎与所谓的“大汶口风格”联系得更紧密，但相似的“风格”也许并不能可靠地表明相似的“年代”。

但是，生业模式同样也并非一个可靠的指示共时性的指标。在近东，新石器时代的农民和牧民住得很近（例如分享同一个河谷），以开发不同的生态位（ecological niches）。一群定居的农民通过轮作制度（crop rotation）在河谷下部种植作物，而另一群游牧民则在同一河谷占据海拔相对较高的位置来放养牲畜，用牛奶和肉换取农业社会的谷物[④]。最近的研究还表明，农业或不同驯化植物 / 动物的传播，甚至是仅仅跨越地理上相邻的地区，也可能曾经经历了比以前所认为的更加漫长的过程[⑤]。例如，家牛（*Bos taurus*）最初应该是在底格里斯河和幼发拉底河上游地区被驯化的，但可能至少在 2000 多年后才被引入新月沃土的东部[⑥]。以上实例表明：不同的生业模式不一定是由于年代早晚的时间分离造成的，反而是由地理环境、地表景观的复杂性导致的空间隔离

① Sellet, F., 2001.A changing perspective on paleoindian chronology and typology: a view from the Northwestern Plains. *Arct. Anthr*. 38 (2), 48–63.

② Liu, L., Chen, X., 2006.Sociopolitical change from Neolithic to Bronze Age China. In: Stark, M.T. (Ed.), Archaeology of Asia. Blackwell Publishing, Oxford, UK, pp. 149–176.

③ 靳桂云：《龙山文化居民食物结构研究》，《文史哲》2013 年 2 期，99～111 页。

④ Flannery, K.V., 1965.The ecology of early food production in Mesopotamia. *Science* 147 (3663), 1247–1256.

⑤ Fuller, D.Q., Sato, Y.-I., Castillo, C., Qin, L., Weisskopf, A.R., Kingwell-Banham, E.J., Song, J., Ahn, S.-M., Etten, J.v., 2010.Consilience of genetics and archaeobotany in the entangled history of rice. *Archaeol. Anthropol. Sci*. 2 (2), 115–131.

⑥ Arbuckle, B.S., Price, M.D., Hongo, H., Öksüz, B., 2016.Documenting the initial appearance of domestic cattle in the Eastern Fertile Crescent (northern Iraq and western Iran). J. *Archaeol. Sci*. 72, 1–9.

造成的。对于大汶口文化和龙山文化来说也可能如此。无论如何，过分依赖陶器类型学来区分人群的做法日益受到批评，因为越来越多的民族学证据表明，陶器风格（如形状和装饰）非常不稳定①，经常因为其他人群的影响、审美的演变、功能需求的转变而发生变化②。旧陶器的再利用现象在史前时期并不少见，进一步阻碍了我们确定与一定陶器组合相关的人群的生存年代③。从事海岱地区考古研究的其他学者也发现 ^{14}C 测年数据与他们从业以来已经建立的年表中推断出的遗址年代之间的不一致，并对利用陶器类型学判断遗址年代的可靠性提出质疑。有研究④表明，北阡遗址 13 个碳同位素测年数据中有 11 个属于大汶口文化中期（ca. 3500～3000 BCE）；但是基于陶器类型学分析，该遗址之前被判定为属于大汶口早期阶段（ca. 4100～3500 BCE）。

有学者⑤把大汶口文化时期划分为三个年代阶段。对于这三个阶段，又根据随葬器物的特征分别定义了三个、五个和七个地方文化群体（cultural groups）。我们的模型运行结果可能证实了这些地区性文化群体的多样化。这种多样性可能也存在于龙山时代。

大汶口文化遗址目前绝大多数研究是基于墓葬的，因此我们对于这一文化的丧葬习俗的知识是丰富的，尽管关于聚落的知识仍然非常有限。至晚从大汶口文化中期开始（即 ca. 3500 BCE），社会等级分层、技术变革的标志已经显现出来，与黄河中游及辽河流域同期的社会相契合⑥。大汶口先民对时间有清晰的观念，可能有仪式日历和时间记符。他们用黏土雕刻徽章，并在徽章中结合了天象观测的元素。多室联排的房屋按规划的布局建造。在精心建造的木质墓室里，富有的死者被安放在棺椁中，每只手握着一颗中国水鹿（*Hydropotes inermis*）的牙齿，周围环绕着奢华的玉器、漆器和象牙制品，以及精美的酒具、餐具和宗教礼器。以上所有的在青铜时代的“古国”发展得更为显著的文化特征其实都是大汶口时期的发明⑦。大汶口社会与南方的制玉近邻和海岱地区西部的制陶人群有着密切的联系。所谓的大汶口时期（ca. 3000～2600 BCE）的发现，证实了大汶口文化在中国东北地区的扩张，在这两个地区之间建立了牢固的、

① 陈淳：《类型学讨论三题》，《南方文物》2012 年 4 期，49 页。

② Ard, V., 2013.Ceramic traditions and cultural identities: west-central France during the Late Neolithic Ⅱ period (c. 3400–2900 cal. BC). Oxf. *J. Archaeol*. 32 (4), 367–389.

③ Sullivan, A.P., 1989.The technology of ceramic reuse: formation processes and archaeological evidence. *World Archaeol*. 21 (1), 101–114; 陈淳：《考古学理论》，复旦大学出版社，2004 年；Jacquier, J., Naudinot, N., 2015.Socio economic significance of stone tools recycling, reuse and maintenance at the end of the Lateglacial in Northwestern France. *Quat. Int*. 361, 269–287.

④ Jin, G., Wagner, M., Tarasov, P.E., Wang, F., Liu, Y., 2016.Archaeobotanical records of Middle and Late Neolithic agriculture from Shandong Province, East China, and a major change in regional subsistence during the Dawenkou Culture. *The Holocene* 26 (10), 1605–1615.

⑤ 栾丰实：《海岱地区考古研究》，山东大学出版社，1997 年。

⑥ Wagner, M., Tarasov, P.E., 2014.The Neolithic of northern and central China. In: Renfrew, C., Bahn, P.G. (Eds.), The Cambridge World Prehistory (Volume 2): East Asia and the Americas. *Cambridge University Press*, New York, USA, pp. 742–764.

⑦ Wagner, M., 2009.Dawenkou culture. In: Wagner, M., Luan, F., Tarasov, P. (Eds.), Chinese Archaeology and Palaeoenvironment I: Prehistory at the Lower Reaches of the Yellow River: The Haidai Region. *Verlag Philipp von Zabern, Mainz*, Germany, pp. 43–58.

一直延续到青铜时代的联系[①]。

龙山文化可能在此基础上形成，几乎是无缝地延续和采纳了大汶口文化的所有元素。陶器上的差异仅能在人们对黑陶的偏爱中识别出来。尤其是极薄、坚硬、发亮的高柄杯的发展，它们代表了制陶技术的顶峰，目前在其他考古学文化中都没有类似的发现。在龙山遗址中发现了最古老的中国文字，它们是雕刻在黏土上的，目前尚未被成功识读[②]。和周边地区情况一样，龙山文化也以用厚重的墙壁加固高等级住址为特征，同时青铜金属也开始被使用。海岱地区当时是中国人口最密集的地区之一[③]。如我们的模型所示，将大汶口文化延长到龙山时代结束，可能意味着：① 当时的人口密度或许更高；② 文化多样性可能是公元前三千纪年末期海岱地区前所未有的且至今仍未得到解释的迅速大发展的促进因素之一。

考古年表有时被用作古环境研究的时间参考框架，尤其是在地层结构复杂且测年容易存在问题的情况下。有学者认为，将古环境研究沉积层序与已确立的考古年表联系起来，对于理解河流与三角洲平原环境的地层年代特别有用[④]。在这些环境中，老碳的侵蚀暴露和再沉积往往会导致重建得到的沉积序列出现相当多的年代—深度反转（age-depth reversals）（译者注：即年代偏早的沉积物位于堆积的上层，年代偏晚的沉积物位于堆积的下层）。考古年表的这种参考价值可能会突出我们进一步来提炼年表精确度和准确度的重要性。

随着贝叶斯模型方法的标准化，现在可以基于 ^{14}C 测年数据以非常高的分辨率提供与年代相关的信息。最近有学者将贝叶斯模型方法用于埃及王朝年表的校正工作[⑤]。该方法能提高年代重建的可重复性，更好地整合多样化的证据链，预计在未来会变得更加重要并成为考古学和古环境研究中的常规分析工具。然而我们应该始终意识到，所有的模型（无论是定性的或定量的）都是对现实的模拟。模型本身会受限于可用数据的数量和质量，并且总是会包含一定程度的不确定性。

六、结　　语

本文通过贝叶斯模型方法审视了海岱地区已有的史前文化年表并提出了年表中各文化阶段可能的绝对年代分布。模型分析结果对原有年表中后李与北辛文化之间的时间间隔提出了疑问。大汶口、龙山和岳石文化时期的模型结果的重叠表明，海岱地区

① 栾丰实：《海岱地区考古研究》，山东大学出版社，1997 年；Wagner, M., 2006.Neolithikum und Frühe Bronzezeit in Nordchina von 8000 bis 3500 Jahren. Die Nordöstliche Tiefebene (Südteil). Zabern, Mainz, Germany, Verlag Philipp von (In German).

② Liu, L., Chen, X., 2012.The Archaeology of China: From the Late Paleolithic to the Early Bronze Age. *Cambridge University Press*, New York, USA, p. 221.

③ Hosner, D., Wagner, M., Tarasov, P.E., Chen, X., Leipe, C., 2016.Spatiotemporal distribution patterns of archaeological sites in China during the Neolithic and Bronze Age: an overview. *The Holocene* 26 (10), 1576–1593.

④ Stanley, D.J., 2001.Dating modern deltas: progress, problems, and prognostics. *Annu. Rev. Earth Planet. Sci*. 29, 257–294.

⑤ Bronk Ramsey, C., Dee, M.W., Rowland, J.M., Higham, T.F.G., Harris, S.A., Brock, F., Quiles, A., Wild, E.M., Marcus, E.S., Shortland, A.J., 2010.Radiocarbon-based chronology for Dynastic Egypt. *Science* 328, 1554–1557.

可能存在不同文化群体共存的情况，即新石器时代晚期和早期青铜时代可能存在高度的社会多样性。在地理地形复杂多样的海岱地区，更多的文化历时和共时的多样性（cultural diachronic and synchronic diversity）的问题的确是值得考虑的。当然，目前这仍然是一个假设，需要更多的证据在未来进行验证。更多高分辨率的 ^{14}C 测年数据对于这种验证来说是极为关键的：① 可以进一步提高模型的准确性和精确性；② 给予考古发现 / 地层更客观的年代赋值以及更可靠的年代对应。

A Bayesian Analysis of Radiocarbon Dates from Prehistoric Sites in the Haidai Region, East China, for Evaluation of the Archaeological Chronology

Tengwen Long[1,2] Mayke Wagner[1] Pavel E. Tarasov[2]

Translated by Guo Shanrui[3] Rao Zongyue[3] Jin Guiyun[4] Proofread by Tengwen Long[1,2]

(1. Eurasia Department, German Archaeological Institute; 2. Section Palaeontology, Institute of Geological Sciences, Free University of Berlin; 3. Department of Archaeology, Shandong University; 4. Institute of Cultural Heritage, Shandong University)

Abstract: The historical Haidai Region, centred over the modern Shandong Province, East China, is rich in archaeological sites and reveals a long sequence of Neolithic and Bronze Age cultures since the early Holocene. The sequence analysed in this study comprises five main cultural complexes, starting with the early Neolithic Houli culture and ending with the early Bronze Age Yueshi culture. The existing regional chronology is based primarily on pottery typology and cultural layer stratigraphy, with little input from radiometric dating evidence or systematic age modelling. This chronology has been widely, and often uncritically, used for broad-scale correlations and reconstruction of human-environmental interactions. In the current paper, the prehistoric chronology of the region is evaluated by applying a Bayesian modelling approach to a set of 275 dates filtered from a dataset totalling 317 radiocarbon dates from the region. Modelling results suggest that the Houli culture (ca. 6500–5500 BCE in the unmodelled chronology) started ca. 8000–7500 BCE (95% probability range) and ended ca. 5300–4800 BCE. The modelled earliest onset of the Beixin culture (ca. 5300 BCE) occurs earlier than previously suggested (ca. 5000 BCE), against a once hypothesised cultural hiatus between ca. 5500 and 5000 BCE. The modelled onset of the Dawenkou culture, ca. 4500–3900 BCE, corroborates the existing dating (ca. 4100 BCE), though its end, ca. 2100–1800 BCE, occurs at least 500 years later than in the unmodelled chronology (ca. 2600 BCE). The Bayesian analysis places the Longshan culture between ca. 2900–2500 BCE and ca. 2100–1700 BCE, more or less in agreement with the unmodelled chronology (ca. 2600–1900 BCE), while the modelled onset of the Yueshi culture between ca. 3200 and 2500 BCE is distinctly earlier than the one previously proposed (ca. 1900 BCE). The modeled temporal overlaps of the Dawenkou, Longshan, and Yueshi cultures challenge the widely accepted unilinear cultural chronology of the region and emphasise the necessity for systematic radiometric dating.

Key words: outlier analysis, lower Yellow River Region, OxCal software package, Chinese civilisation, early agriculture, overlapping multi-phase model

海岱地区年代学新成果的思考与启示

饶宗岳[1]　郭珊瑞[1]　靳桂云[2]

（1. 山东大学考古系；2. 山东大学文化遗产研究院）

内容提要： 得益于以栾丰实先生为代表的一批学者的工作以及众多测年成果，海岱地区已经建立了较为完善的史前考古学文化年代序列（后李文化—北辛文化—大汶口文化—龙山文化—岳石文化）；除后李文化外，对其余各文化的地方类型已有较为明确的认识，是我们认识海岱地区考古遗存的基本框架。但海岱地区年代学研究也存在着测年样品以木炭为主、采样方法不规范、缺乏更多系列采样与测年等问题。在新发表的《海岱地区史前遗址 ^{14}C 测年数据的贝叶斯分析——审视考古年代学（A Bayesian analysis of radiocarbon dates from prehistoric sites in the Haidai Region, East China, for evaluation of the archaeological chronology）》①（以下简称《海岱》）一文中，研究者对后李、北辛、大汶口、龙山、岳石文化已发表的317个 ^{14}C 测年数据（其中275个合格并被采用）进行贝叶斯年代建模，所得结果与现有年表出入较大，进而挑战了我们所熟知的考古学文化单线型发展模式。这一研究再次显示了贝叶斯方法在年代数据处理中的重要作用，也促使我们重新思考海岱地区考古学文化的演变模式，并重视考古学文化的多样性与区域发展不平衡性。但由于对本地区考古材料的不熟悉以及已发表数据的局限性，《海岱》一文在后李文化的年代上限和大汶口、龙山、岳石文化之间先后顺序等问题上的假设，仍有进一步讨论的必要。因此，本文拟从地层学、类型学的角度，对《海岱》中以上两个问题的观点进行分析，并简要阐释我们对此的认识及所受启发。

关键词： 海岱地区　年代学　贝叶斯分析　地层学　类型学

一、后李文化的年代上限问题

据建模结果，《海岱》一文认为后李文化的起始年代较原有年表应提早约1000～1500年②。支持这一结果的测年样品来自于扁扁洞和张马屯两个遗址，依据出土

---

① Long, T, et al. 2017. A Bayesian analysis of radiocarbon dates from prehistoric sites in the Haidai Region, East China, for evaluation of the archaeological chronology, *Journal of Archaeological Science*, 12:81-90.

② 同注①，85-86。

的陶器特征和生业模式研究的成果，作者认为这两个遗址应属后李文化。这一观点笔者认为值得商榷。

由于扁扁洞和张马屯遗址中，出土陶片均较少、较破碎，且未见复原器，因此思考两类遗存与后李文化之间的关系时，只对陶器进行比较可能较难获得全面认识。又因遗址中出土生产工具也较少，故笔者认为对扁扁洞、张马屯遗存与后李文化之间关系的讨论，应从陶器特征、居住方式、生业经济等三个方面进行。

（一）扁扁洞遗存与后李文化间的比较

从陶器上看，扁扁洞遗址出土陶片[①]与后李文化陶器[②]均为陶色斑驳不均的夹砂红褐陶；器表装饰也都以素面为主。器物组合主要为釜、钵，但因具体比例不明，且陶片总体数量较少，难以对二者的器物组合进行更好的比较。在器物造型上，扁扁洞 2005 年度发掘中多见圜底器，但 2011 年发掘中，所见陶片以平底为主；釜的口沿多为直口平沿或圆唇。这些特点与后李文化以圜底器为主、口沿多见“叠唇”并上加装饰的作风区别还是较大的。

在居住选址上，扁扁洞遗址位于鲁中山区中部沂源县的一处洞穴中，和分布于山前平原、已有聚落出现的后李文化明显不同。

在生计策略上，渔猎采集可能是扁扁洞遗址居民唯一的经济形态。

植物资源方面，扁扁洞遗址[③]中主要发现了朴树、核桃的果壳，黄檗、山茱萸属、狗尾草属、豆科等植物的炭化种子，均为野生，反映出扁扁洞居民利用植物的主要方式还是采集野生植物。尽管发现有粟 2 粒、黍 7 粒，但均来自第 2 层上部堆积，接近表土，且第 2 层以下样品中均未发现粟黍等作物遗存，但因数量太少且不能排除混入的可能，因此对其不作讨论。

动物资源方面，扁扁洞遗址中发现了大量动物骨骼，包括占据绝对优势的各种鹿、猪、狗、獐、竹鼠等，及少量鸟禽类与鱼、鳖、蚌、螺等，均为野生动物。据此研究者推测，野生动物应为扁扁洞居民的主要肉食来源，获取方式应为渔猎[④]。

在后李文化遗址的植物遗存中，野生植物虽仍然占据主要地位，表明采集仍是先民获取植物资源的主要手段，但也多会出现粟、黍，水稻亦有发现，并且三者均表现出人为栽培的可能性。以西河遗址为例[⑤]，粟的数量虽然很少，但在形态、大小上已与其野生祖本——狗尾草有较大差别，月庄遗址的 40 粒黍和 1 粒粟也同样具有明显驯化

---

① Sun, B, et al. 2014. Archaeological discovery and research at Bianbiandong early Neolithic cave site, Shandong, China, *Quaternary International The Bridging Eurasia Research Initiative: Modes of mobility and sustainability in the palaeoenvironmental and archaeological archives from Eurasia*, 348: 177-178.

② 栾丰实：《试论后李文化》，《海岱地区考古研究》，山东大学出版社，1997 年，6、7 页；孙启锐：《后李文化研究》，山东大学硕士学位论文，2014 年，22～32 页。

③ Sun, B, et al. 2014. Archaeological discovery and research at Bianbiandong early Neolithic cave site, Shandong, China, *Quaternary International The Bridging Eurasia Research Initiative: Modes of mobility and sustainability in the palaeoenvironmental and archaeological archives from Eurasia*, 348: 179-180；徐珍珍、高华中：《山东沂源扁扁洞遗址古人食物结构分析》，《农业考古》2016 年 1 期，169～170 页。

④ 同注③。

⑤ 吴文婉等：《章丘西河遗址（2008）植物遗存分析》，《东方考古》第 10 集，科学出版社，2013 年，374～389 页。

特征①。西河遗址所见炭化稻共 74 粒（出土概率 30%），虽然未见小穗轴等遗存以明确判断其驯化属性，且尺寸也小于跨湖桥的稻遗存，但却与稗属、莎草科等典型稻田伴生杂草同出，表明其可能已属人为栽培②。

后李文化各遗址的动物群较为一致，均包含有野生哺乳动物、软体动物、鱼类、鸟类、爬行动物等，表明野生动物仍是当时先民肉食的主要来源；但已有针对猪和狗的驯化行为③。

综上，后李文化的生计策略应以较为广谱的狩猎 - 采集为主，同时伴随低水平的食物生产④。

（二）张马屯遗存与后李文化之间的比较

就目前而言，张马屯遗存⑤与后李文化之间文化面貌较为接近，亦有学者将其归入后李文化⑥。

张马屯遗址出土陶片皆为残片，且数量很少。在夹砂陶、红褐色、口沿疑见叠唇痕迹等方面均与后李文化相似。但其肉眼所见制法似为捏制成型，未见后李文化常见的泥条盘筑或泥片贴塑法的痕迹。最重要的差异是在张马屯遗址中，但凡有底部保留下来的陶片均为平底，而与圜底器占绝大多数的后李文化不一致，张马屯遗址的这批遗存并不是典型的后李文化遗存⑦。

在居住选址上，张马屯遗址位于济南东郊，与西河等后李文化遗址一样，均分布于泰鲁沂山地北麓至小清河沿岸的山前平原。张马屯遗址内共发现房址 1 座（图一，1），发掘者认为应为圆角长方形半地穴式，但形制上不如西河房址（图一，2）规整，面积也较西河小；张马屯遗址所见在房址内堆积生活废弃物的现象，也不见于西河遗址。

张马屯遗址利用的植物种类非常丰富，以野生种类为主，既包括大量葡萄属、地肤、芸薹属等可食用植物；也包括可作药用、饲料等其他用途的植物，显示了非常突出的“广谱采集”特点⑧。遗址中还发现了粟、黍，尽管数量很少（粟 2 粒、黍 6 粒），但与同出的狗尾草属种子在形态和尺寸上差异明显，表明遗址中可能已存在作物栽培行为⑨。可见张马屯遗址居民对植物资源的利用具有广谱的特点，采集野生资源仍然是先民获取植物性食物的主要方式，但早期栽培活动或已出现。

动物资源方面，张马屯遗址中所见动物群以野生动物为主，涵盖野生哺乳动物、软体动物、鱼类、鸟类、爬行动物等众多门类。同时，据 M3 测量数据分析，猪可能

① Gary W. Crawford 等：《山东济南长清月庄遗址植物遗存的初步分析》，《江汉考古》2013 年 2 期，107～112 页。
② 同注①，386 页。
③ 宋艳波：《海岱地区新石器时代的动物考古学研究》，山东大学博士学位论文，2012 年，10、11 页。
④ 靳桂云：《后李文化生业经济初步研究》，《东方考古》第 9 集，科学出版社，2012 年，579～594 页。
⑤ 王芬等：《济南市张马屯遗址新石器时代早期文化遗存》，《考古》2018 年 2 期，116～120 页。
⑥ 王兴华：《张马屯遗址发现后李文化遗存》，《济南年鉴（2008）》，济南出版社，2008 年，360 页。
⑦ 王芬、李铭、靳桂云：《济南市张马屯遗址新石器时代早期文化遗存》，《考古》2018 年 2 期，116～120 页。
⑧ 吴文婉、靳桂云、王兴华：《海岱地区后李文化的植物利用和栽培：来自济南张马屯遗址的证据》，《中国农史》2015 年 2 期，7～10 页。
⑨ 王芬、李铭、靳桂云：《济南市张马屯遗址新石器时代早期文化遗存》，《考古》2018 年 2 期，12 页。

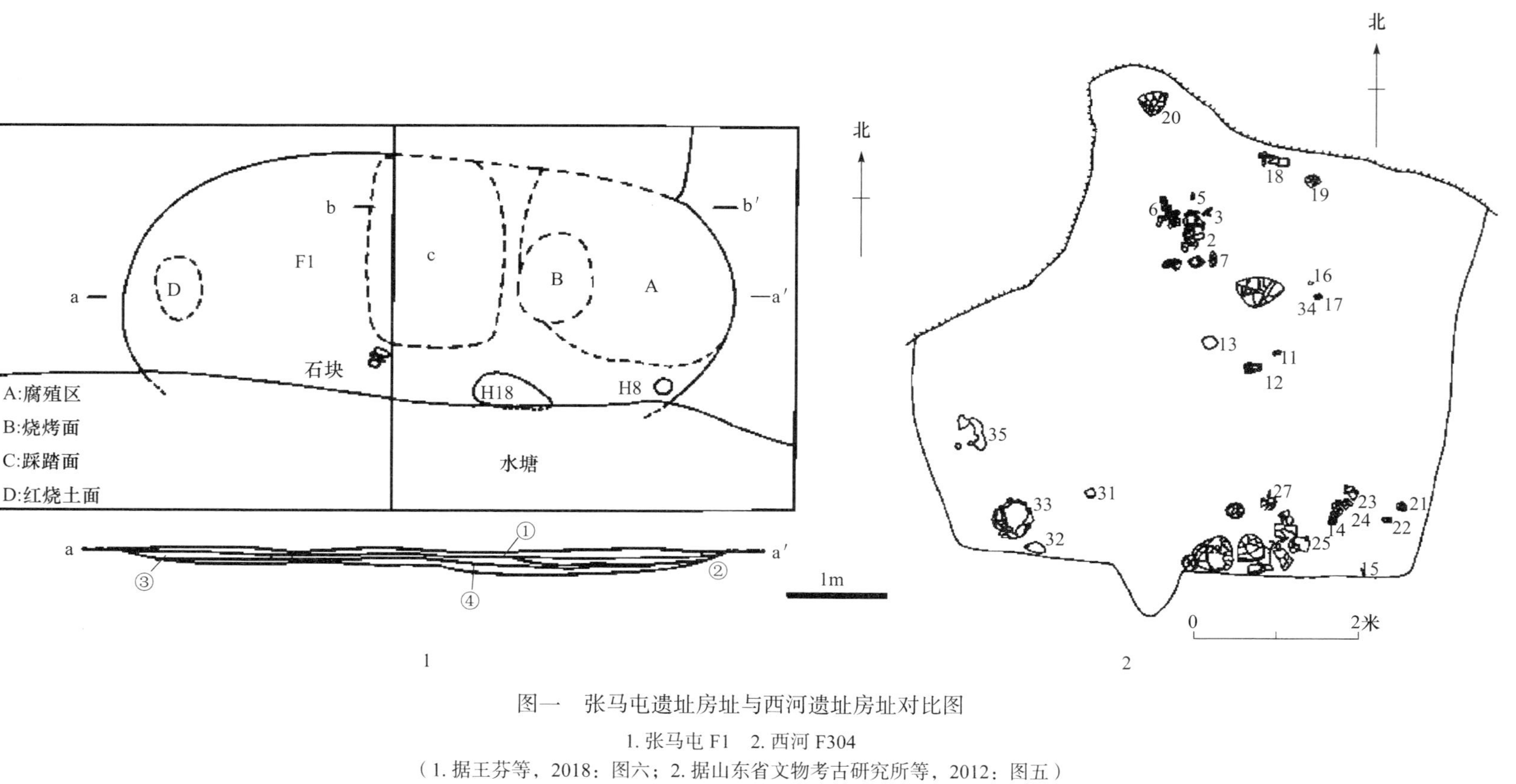

图一　张马屯遗址房址与西河遗址房址对比图

1. 张马屯 F1　2. 西河 F304

（1. 据王芬等，2018：图六；2. 据山东省文物考古研究所等，2012：图五）

已经处于驯化早期阶段[①]，表明虽然居民仍以狩猎、渔猎为获取肉食资源的最主要途径，但可能也已开始尝试饲养家畜。

后李文化生业经济模式如前所述，与张马屯遗址较为接近，但仍有区别，一是食物来源较张马屯遗址已有所减少，张马屯遗址出土了38种植物，而西河遗址出土19种植物；二是植物栽培的比重与种类增加，食物生产的规模与水平有所提高。

陶器多夹砂、褐色、器形简陋等特征在中国新石器时代早期的北方地区较为普遍，如在河北徐水南庄头[②]、北京门头沟东胡林一期[③]等遗存中，也均发现有素面为主的夹砂褐陶。由于相距遥远，尽管不能排除其可能性，但目前并无足够证据表明扁扁洞遗存与这些遗址间存在交流。韩建业先生认为上述共性可能与这一时期较为原始的陶器制作技术有关，并在划分中国新石器时代早期五大文化系统时，选择以器形为主要标准，辅以器表装饰特征[④]。所以，扁扁洞遗存所见陶片尽管在陶系、器表装饰等方面与后李文化较为相似，但二者在器形上存在较大差异，且居住方式、生计策略均有所区别，因此笔者认为不应将扁扁洞遗存直接归入后李文化内。

由于材料太少且缺乏同类遗存，我们对于张马屯遗存的文化面貌不甚了解。就现在而言，张马屯遗存尽管整体上与后李文化较为接近，但其陶器的手工捏制、只见平底器等特征，与后李文化多泥条盘筑、圜底器为主的特点也有所区别，故非典型的后李文化遗存，其与后李文化间的关系仍有待进一步研究（表一）。

综上，笔者认为目前使用扁扁洞、张马屯遗址的测年数据以计算后李文化的年代是不严谨的。

表一　扁扁洞、张马屯遗址及后李文化几处典型遗址出土陶器特征对比

遗址名	陶质	陶色	制法	器表装饰	器型特征
淄博后李[⑤]	均为夹砂陶	红褐陶、红陶为主，另有灰褐陶、黑陶	报告中未提及	素面为主，主要纹饰有花边纹（施于釜类口部）、附加泥条堆纹（施于釜类口部）和少量绳纹（深腹罐口部）	圜底器为主，少见平底器
章丘西河[⑥]	均为夹砂陶	红褐色、灰褐色，颜色不均，一器多色普遍	泥条盘筑、泥片贴塑	素面为主，指甲纹次之，少量附加堆纹	圜底器为主，少见圈足器、平底器
章丘小荆山[⑦]	均为夹砂陶	红褐陶、红陶为主，另有灰陶、灰褐陶、黑褐陶等	多泥片贴塑	素面为主，主要纹饰有指甲纹、戳印纹、压印纹、少量刻划纹	多为圜底器，少量平底器、圈足器、乳钉足器

① 宋艳波：《济南地区后李文化时期动物遗存综合分析》，《华夏考古》2016年3期，57、58页。

② 河北省文物研究所等：《1997年河北徐水南庄头遗址发掘报告》，《考古学报》2010年3期，371～374页。

③ 北京大学考古文博学院等：《北京市门头沟区东胡林史前遗址》，《考古》2006年7期，6页。

④ 韩建业：《早期中国——中国文化圈的形成和发展》，上海古籍出版社，2015年，23～27页。

⑤ 济青公路文物考古队：《山东临淄后李遗址第一、二次发掘简报》，《考古》1992年11期，989～991页。

⑥ 山东省文物考古研究所、章丘市城子崖博物馆：《章丘市西河遗址2008年考古发掘报告》，《海岱考古》第五辑，科学出版社，2012年，83～96页。

⑦ 山东省文物考古研究所、章丘市博物馆：《山东章丘市小荆山遗址调查、发掘报告》，《华夏考古》1996年2期，7～15页。

续表

遗址名	陶质	陶色	制法	器表装饰	器型特征
潍坊前埠下[①]	均为夹砂陶	红褐陶、红陶、灰陶、灰褐陶、黑褐陶等	泥条盘筑	素面为主，主要纹饰有附加堆纹（均施于釜类器口沿），上饰指甲戳印纹或按压纹	均为圜底器
长清月庄[②]	均为夹砂陶	红褐陶为主，红陶次之，少量黄褐陶、黑褐陶、青灰陶	泥条盘筑	素面为主，主要纹饰有附加堆纹、刻划纹、压印纹、乳钉等	圜底器为主
济南张马屯[③]	均为夹砂陶	红褐陶为主，少量陶片表面有一层红色陶衣	捏制成型，未见泥条盘筑的痕迹	均为素面	均为平底器
沂源扁扁洞[④]	均为夹砂陶	多红色、褐色，陶色斑驳	泥条盘筑（2005 年发掘）	除 1 例附加堆纹外，其余均为素面	2005 年发掘所得多为圜底器，2011 年调查所得多为平底器

二、大汶口、龙山及岳石文化的相对年代关系问题

《海岱》建模结果显示，大汶口、龙山、岳石三者的年代存在较大重合，且岳石文化的年代上限较龙山文化更早[⑤]。据此研究者认为，三者间的先后顺序值得商榷，大汶口文化中晚期时海岱地区可能存在不同文化群体共存的情况，表现出高度的社会多样性[⑥]。

但是，考古学证据表明它们之间的先后顺序十分明确。以下我们将分别从地层学和器物类型学的角度对此予以解释。

（一）来自地层学的证据

就目前所见，大汶口文化、龙山文化、岳石文化均分布于东起黄海、西到鲁西豫东、北至鲁北、南达淮河中下游这一区域之内，三者文化面貌均已得到准确识别，其遗存也曾在遗址中共同出现。

综合各区域文化特征的研究成果[⑦]与自然环境的特点，我们将史前时期海岱地区分

① 山东省文物考古研究所、寒亭区文物管理所：《山东潍坊前埠下遗址发掘报告》，《山东省高速公路考古报告集（1997）》，科学出版社，2000 年，6～10 页。

② 山东大学东方考古研究中心等：《山东济南长清区月庄遗址 2003 年发掘报告》，《东方考古》第 2 集，科学出版社，2005 年，368～456 页。

③ 王芬等：《济南市张马屯遗址新石器时代早期文化遗存》，《考古》2018 年 2 期，116～120 页。

④ Sun, B, et al. 2014. Archaeological discovery and research at Bianbiandong early Neolithic cave site, Shandong, China, *Quaternary International The Bridging Eurasia Research Initiative: Modes of mobility and sustainability in the palaeoenvironmental and archaeological archives from Eurasia*, 348: 179-180；孙波、崔圣宽：《试论山东地区新石器时代早期遗存》，《中原文物》2008 年 3 期，25 页。

⑤ Long, T, et al. 2017. A Bayesian analysis of radiocarbon dates from prehistoric sites in the Haidai Region, East China, for evaluation of the archaeological chronology, *Journal of Archaeological Science*, 12: 85.

⑥ 同注④，86-88。

⑦ 栾丰实：《北辛文化研究》，《海岱地区考古研究》，山东大学出版社，1997 年，37～40 页；栾丰实：《大汶口文化的分期与类型》，《海岱地区考古研究》，山东大学出版社，1997 年，102～110 页；栾丰实：《海岱龙山文化的分期与类型》，《海岱地区考古研究》，山东大学出版社，1997 年，267～276 页；栾丰实：《岳石文化的分期与类型》，《海岱地区考古研究》，山东大学出版社，1997 年，334～343 页。

为以下七个区域，以更好地对遗址信息进行梳理，包括：

汶、泗河中上游地区为主的鲁中南区，沂、沭河流域为主的鲁东南区，潍河流域及淄河流域的鲁北区，小清河、徒骇河流域为主的鲁西北区，地处鲁西南、豫东、皖西北的鲁豫皖区，胶东半岛区及苏北区。

在此基础上，我们从各区中选取有三者遗存共存且已发表明确地层信息的典型遗址（图二）进行分析。根据遗址中的堆积情况，将其分为以下两类：大汶口文化与龙山文化遗存并存的遗址、龙山文化与岳石文化遗存并存的遗址。

从时间上看，每类遗址中，所有考古学文化的遗存均涵盖了各自文化的整个发展阶段；从空间上看，各分类下所选遗址也基本覆盖了整个海岱地区。因此我们认为，

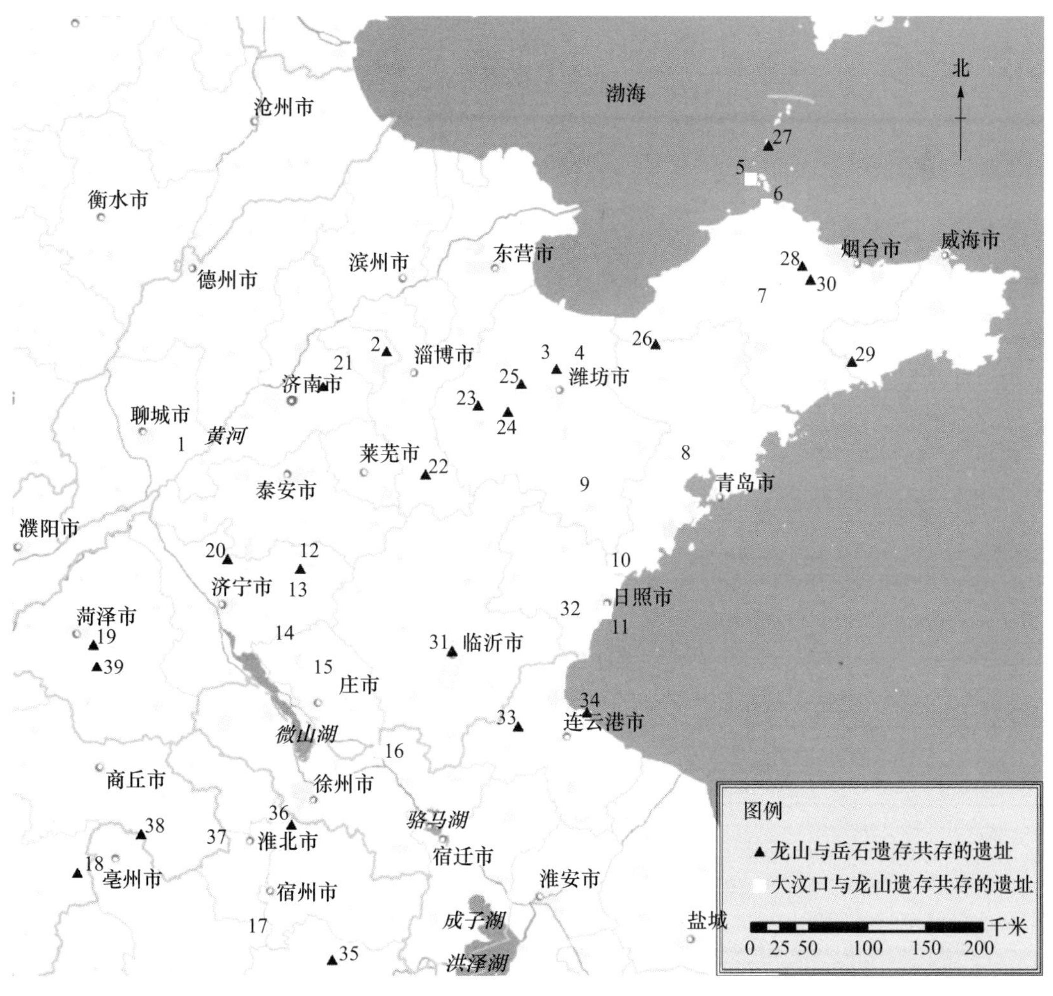

图二 本文所选遗址分布图

1. 茌平尚庄 2. 邹平丁公 3. 潍县鲁家口 4. 潍县狮子行 5. 长岛北庄 6. 蓬莱紫荆山 7. 栖霞杨家圈 8. 胶县三里河 9. 诸城呈子 10. 五莲丹土 11. 日照东海峪 12. 泗水尹家城 13. 曲阜西夏侯 14. 邹城野店 15. 枣庄建新 16. 邳县梁王城 17. 蒙城尉迟寺 18. 鹿邑栾台 19. 菏泽安邱堌堆 20. 兖州西吴寺 21. 章丘城子崖 22. 沂源姑子坪 23. 青州郝家庄 24. 昌乐邹家庄 25. 昌乐后于刘 26. 平度东岳石 27. 长岛大口 28. 栖霞北城子 29. 乳山小管村 30. 烟台庙后 31. 临沂后明坡 32. 日照尧王城 33. 赣榆下庙墩 34. 连云港藤花落 35. 固镇南城孜 36. 宿州杨堡 37. 永城黑堌堆 38. 夏邑清凉山 39. 定陶十里铺北

对于这一时期海岱地区尺度的研究而言，这批遗址具有一定的代表性。

1. 大汶口文化与龙山文化遗存并存的遗址

据笔者统计，在目前已发表的材料中，大汶口文化和龙山文化遗存共存且发表材料中有明确层位信息的遗址共计 22 处。

（1）鲁中南区

本区域大汶口文化与龙山文化遗存共存的遗址包括：邹城野店①、曲阜西夏侯②、枣庄建新③、泗水尹家城④、邳县梁王城⑤。以野店遗址为典型。

该遗址内文化堆积共分六层，其中第三层为龙山文化层，第四、五、六层为大汶口文化层。龙山文化遗迹主要包括房址和灰坑；大汶口文化遗迹主要包括房址、灰坑和墓葬。根据以上遗迹中出土陶器特征判断，野店遗址大汶口文化遗存应属大汶口文化一、二、三、五、六期，龙山文化遗存应属龙山文化三至五期。

其他各遗址堆积顺序与此相同。

（2）鲁东南区

本区遗址有日照东海峪⑥、日照尧王城⑦、五莲丹土⑧等处。

以东海峪遗址为例。遗址内文化堆积共分四层，其中第二、三层为龙山文化层，第四层为大汶口文化层。龙山文化遗迹主要包括房址、墓葬；大汶口文化遗迹主要包括墓葬。根据以上遗迹中出土陶器特征判断，东海峪遗址大汶口文化遗存应属大汶口文化第六期（第 11 段），龙山文化遗存应属龙山文化一至四期。

尧王城、丹土遗址堆积顺序与之相同。

（3）鲁北区

此区域遗址有胶县三里河⑨，诸城呈子⑩，潍县鲁家口⑪，潍县狮子行⑫。以三里河为典型遗址。

该遗址内文化堆积共分三层，其中第二层为龙山文化层，第三层为大汶口文化层

---

① 山东省博物馆、山东省文物考古研究所：《邹县野店》，文物出版社，1985 年。

② 中国科学院考古研究所山东队：《山东曲阜西夏侯遗址第一次发掘报告》，《考古学报》1964 年 2 期，57～106 页；中国社会科学院考古所山东工作队：《西夏侯遗址第二次发掘报告》，《考古学报》1986 年 3 期，307～338 页。

③ 山东省文物考古研究所、枣庄市文化局：《枣庄建新——新石器时代遗址发掘报告》，科学出版社，1996 年。

④ 山东大学历史系考古专业教研室：《泗水尹家城》，文物出版社，1990 年。

⑤ 南京博物院、徐州博物馆、邳州博物馆：《梁王城遗址发掘报告》，文物出版社，2013 年。

⑥ 山东省博物馆东海峪发掘小组、日照县文化馆东海峪发掘小组：《一九七五年东海峪遗址的发掘》，《考古》1976 年 6 期，378～382 页。

⑦ 中国社会科学院考古研究所山东队、山东省文物考古研究所、日照市文物局：《山东日照市尧王城遗址 2012 年的调查与发掘》，《考古》2015 年 9 期，7～24 页。

⑧ 郭公仕主编：《中国丹土——海岱第一古城》，齐鲁书社，2012 年。

⑨ 中国社会科学院考古研究所：《胶县三里河》，文物出版社，1988 年。

⑩ 昌潍地区文物管理组、诸城县博物馆：《山东诸城呈子遗址发掘报告》，《考古学报》1980 年 3 期，329～385 页。

⑪ 中国社会科学院考古所山东工作队、山东省潍坊地区艺术馆：《潍县鲁家口新石器时代遗址》，《考古学报》1985 年 3 期，313～351 页。

⑫ 潍坊市艺术馆、潍坊市寒亭区图书馆：《山东潍县狮子行遗址发掘简报》，《考古》1984 年 8 期，673～688 页。

（图三）。龙山文化遗迹主要包括窖穴、墓葬；大汶口文化遗迹主要包括房址、窖穴及墓葬。根据以上遗迹中出土陶器特征判断，三里河遗址大汶口文化遗存应属大汶口文化四、五、六期，龙山文化遗存应属龙山文化一至四期。

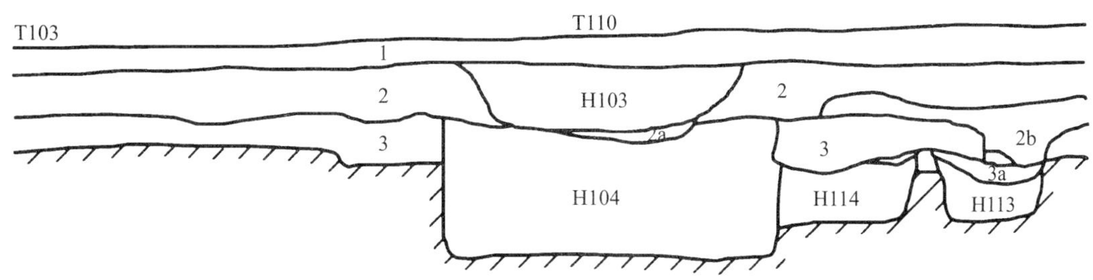

图三 胶县三里河 T103、T110 南壁剖面

（据中国社会科学院考古研究所，1988：图三，A）

其他各遗址堆积顺序与此同。

（4）鲁西北区

本区遗址有茌平尚庄[①]、邹平丁公[②]。以尚庄为典型遗址。

该遗址内文化堆积共分六层，其中第四层为龙山文化层，第五、六层为大汶口文化层。龙山文化遗迹主要包括房址、灰坑及灰沟；大汶口文化遗迹主要包括墓葬。根据以上遗迹中出土陶器特征判断，大汶口文化遗存应属大汶口文化四、五期，龙山文化遗存应属龙山文化三至六期。

丁公遗址堆积顺序与此同类。

（5）鲁豫皖区

本区遗址有蒙城尉迟寺[③]、鹿邑栾台[④]、固镇南城孜[⑤]、永城黑堌堆[⑥]、定陶十里铺北[⑦]，以尉迟寺为典型遗址。

该遗址内文化堆积共分七层，其中第三层为龙山文化层，第四至七层为大汶口文化层（图四）。龙山文化遗迹主要包括房址、灰坑和墓葬等；大汶口文化遗迹主要包括房址、灰坑、祭祀坑、墓葬等。根据以上遗迹中出土陶器特征判断，大汶口文化遗存应属大汶口文化五、六期，龙山文化遗存应属龙山文化三、五期。

① 山东省文物考古研究所：《茌平尚庄新石器时代遗址》，《考古学报》1985年4期，465～505页。

② 山东大学历史系考古专业：《山东邹平丁公遗址第二、三次发掘简报》，《考古》1992年6期，496～504、577、578页。

③ 中国社会科学院考古研究所：《蒙城尉迟寺》，科学出版社，2001年；中国社会科学院考古研究所、安徽省蒙城县文化局：《蒙城尉迟寺（第二部）》，科学出版社，2007年。

④ 河南省文物研究所：《河南鹿邑栾台遗址发掘简报》，《华夏考古》1989年1期，1～14页。

⑤ 安徽省文物考古研究所、武汉大学历史学院考古系、武汉大学考古系：《皖北小孙岗、南城孜、杨堡史前遗址试掘简报》，《考古》2015年2期，3～18页。

⑥ 中国社会科学院考古研究所河南二队、商丘地区文物管理委员会：《1977年豫东考古纪要》，《考古》1981年5期，385～397页。

⑦ 高明奎：《山东定陶十里铺北遗址发掘获重要收获——完善鲁西南地区史前文化序列，发现岳石和晚商城址》，《中国文物报》2016年2月26日第8版。

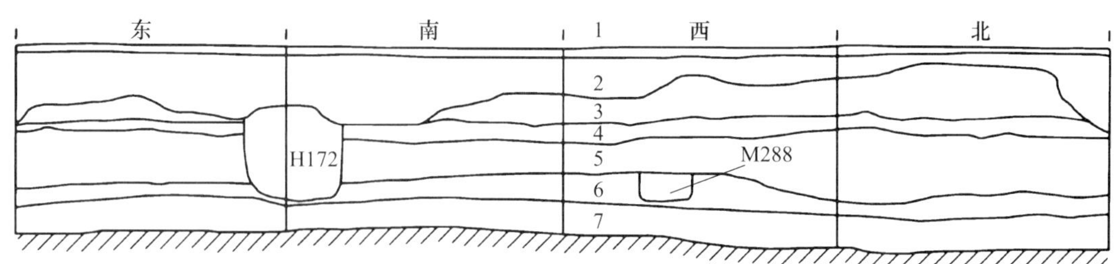

图四　蒙城尉迟寺遗址T2220四壁地层剖面图

（据中国社会科学院考古研究所等，2007：图4）

（6）胶东半岛区

本区遗址包括栖霞杨家圈①、蓬莱紫荆山②、长岛北庄③三处。以杨家圈为典型遗址。

该遗址内堆积共分五层，其中第二、三层为龙山文化层，第四、五层为大汶口文化层（图五）。龙山文化遗迹包括房址、灰坑、墓葬；大汶口文化遗迹包括房址、墓葬。根据以上遗迹中出土陶器特征判断，遗址中大汶口文化遗存应属大汶口文化五、六期，龙山文化遗存应主要属龙山文化二、三期。

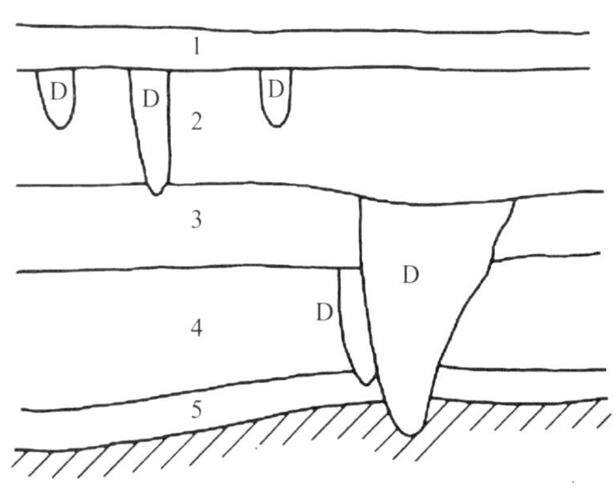

图五　栖霞杨家圈遗址T41北壁剖面图

（据山东省文物考古研究所等，1984：图二）

紫荆山、北庄堆积顺序与此相同。

苏北区无符合要求的遗址。

2. 龙山文化与岳石文化共存的遗址

在目前已发表的材料中，有龙山文化和岳石文化遗迹共存且发表材料中有明确层位信息的遗址共计25处。

（1）鲁中南区

本区遗址主要包括泗水尹家城④、兖州西吴寺⑤、邳县梁王城⑥。以尹家城为典型遗址。

该遗址内文化堆积共分八层，其中第七层为岳石文化层，第八层为龙山文化层（图六）。岳石文化遗迹主要包括房址、灰坑；龙山文化遗迹主要包括房址、灰坑、灰沟、墓葬。根据以上遗迹出土陶器特征判断，遗址内龙山文化遗存涵盖了龙山文化一

① 山东省博物馆：《山东蓬莱紫荆山遗址试掘简报》，《考古》1973年1期，11～15页。

② 山东省文物考古研究所、北京大学考古实习队：《山东栖霞杨家圈遗址发掘简报》，《史前研究》1984年3期，91～94页。

③ 北京大学考古实习队、烟台地区文管会、长岛县博物馆：《山东长岛北庄遗址发掘简报》，《考古》1987年5期，385～394页。

④ 山东大学历史系考古专业教研室：《泗水尹家城》，文物出版社，1990年。

⑤ 国家文物局考古领队培训班：《兖州西吴寺》，文物出版社，1990年。

⑥ 南京博物院、徐州博物馆、邳州博物馆：《梁王城遗址发掘报告》，文物出版社，2013年。

至六期，岳石文化遗存应属岳石文化一至三期。

其他遗址堆积顺序同上。

（2）鲁东南区

本区主要包括临沂后明坡[①]、沂源姑子坪[②]两处遗址。以后明坡遗址为例。

该遗址内文化堆积共分四层，其中第三层为岳石文化层，第四层为龙山文化层。未见除文化层外的龙山文化遗迹，岳石文化遗迹包括一条灰沟。根据以上遗迹中出土陶器特征判断，丁公遗址龙山文化遗存包括龙山文化一至六期。

姑子坪遗址龙山、岳石遗存间无直接层位关系。

（3）鲁北区

本区主要包括青州郝家庄[③]、潍县鲁家口[④]、平度东岳石[⑤]、昌乐邹家庄[⑥]、昌乐后于刘[⑦]等共计5处遗址。以郝家庄遗址为例。该遗址内文化堆积共分四层，其中第四层为龙山文化层，无岳石文化层（图七）。龙山文化遗迹主要包括灰坑；岳石文化遗迹主要包括打破龙山文化层的灰坑与灰沟；龙山文化遗存大致属龙山文化中期，岳石文化遗存应属岳石文化二至四期。

其余遗址堆积顺序同上。

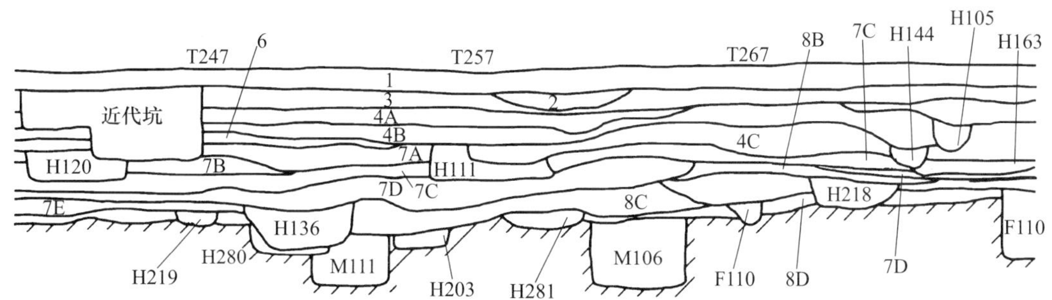

图六 泗水尹家城遗址 T247、T257、T267、T277 东壁剖面图

（据山东大学历史系考古专业教研室，1990：图四）

① 山东大学历史系考古专业、临沂市博物馆：《山东临沂市后明坡遗址试掘简报》，《考古》1989年6期，560～562页。

② 山东大学考古系、淄博市文物局、沂源县文管所：《山东沂源县姑子坪遗址的发掘》，《考古》2003年1期，22～32页。

③ 山东省文物考古研究院：《青州市郝家庄遗址发掘报告》，《海岱考古》第十辑，科学出版社，2017年，66～109页。

④ 中国社会科学院考古所山东工作队、山东省潍坊地区艺术馆：《潍县鲁家口新石器时代遗址》，《考古学报》1985年3期，313～351页。

⑤ 中国科学院考古研究所山东发掘队：《山东平度东岳石村新石器时代遗址与战国墓》，《考古》1962年10期，509～518页。

⑥ 北京大学考古实习队、昌乐县图书馆：《山东昌乐县邹家庄遗址发掘简报》，《考古》1987年5期，395～402页。

⑦ 潍坊市博物馆、昌乐县文物管理所：《昌乐县后于刘遗址发掘报告》，《海岱考古（第五辑）》，科学出版社，2012年，169～242页。

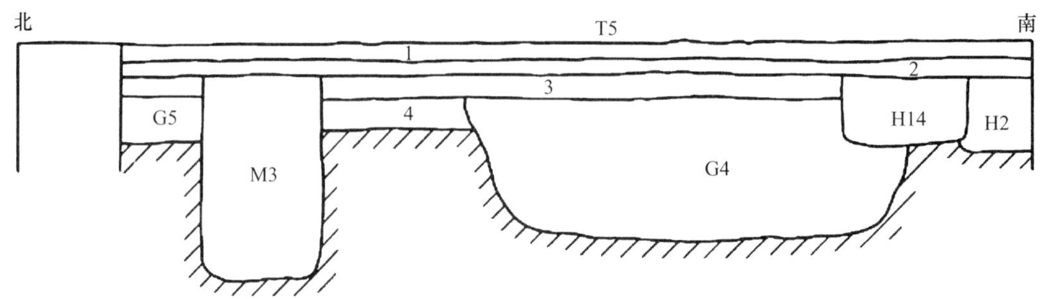

图七　郝家庄遗址 T5 东壁剖面图

（据山东省文物考古研究院，2017：图三）

（4）鲁西北区

本区主要包括邹平丁公[①]、章丘城子崖[②]两处遗址。此处以丁公遗址为例。该遗址内文化堆积共分六层，其中第五层为岳石文化层，第六层为龙山文化层（图八）。

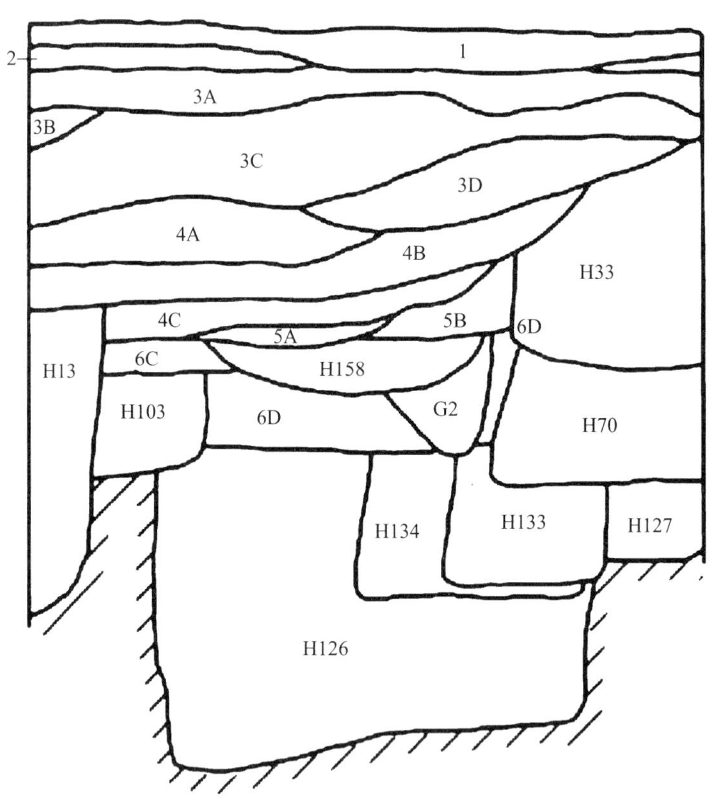

图八　邹平丁公遗址 IIT1078 西壁剖面图

（据山东大学历史系考古专业，1992：图一）

① 山东大学历史系考古专业、邹平县文化局：《山东邹平丁公遗址试掘简报》，《考古》1989 年 5 期，391～398 页；山东大学历史系考古专业：《山东邹平丁公遗址第二、三次发掘简报》，《考古》1992 年 6 期，496～504 页；山东大学历史系考古专业：《山东邹平丁公遗址第四、五次发掘简报》，《考古》1993 年 4 期，295～299 页。

② 傅斯年等：《城子崖》，"中央研究院历史语言研究所"，1934 年。

龙山文化遗迹主要包括房址、灰坑、墓葬等；岳石文化遗迹主要包括房址、灰坑、灰沟。根据以上遗迹中出土陶器特征判断，丁公遗址龙山文化遗存包括龙山文化一至六期。

城子崖遗址堆积顺序同上。

（5）鲁豫皖区

本区遗址有菏泽安邱堌堆[①]、鹿邑栾台[②]、赣榆下庙墩[③]、固镇南城孜[④]、宿州杨堡[⑤]、夏邑清凉山[⑥]、定陶十里铺北[⑦]。以安邱堌堆为典型。

该遗址内文化堆积共分十一层，其中第八层为岳石文化层，第九至十一层为龙山文化层（图九）。岳石文化遗迹主要包括打破龙山文化层的灰沟与灰坑；龙山文化遗迹括房址、灰坑、灰沟。根据以上遗迹中出土陶器特征判断，安邱堌堆遗址龙山文化遗存应属龙山文化四、五期。

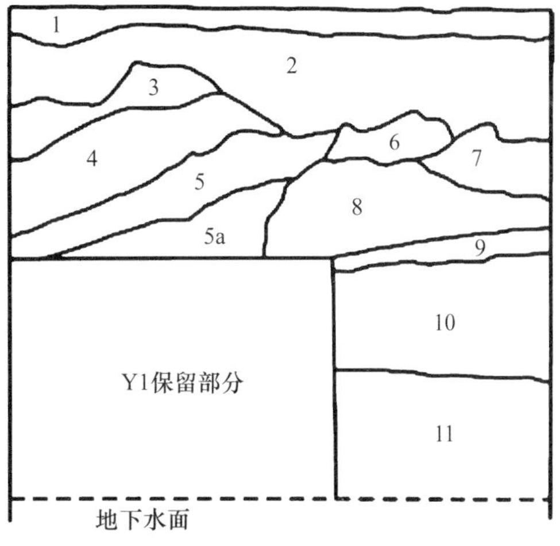

图九 安邱堌堆遗址 T13 西壁剖面

（据北京大学考古系商周组等，1987：图二）

栾台等遗址堆积顺序同上。

（6）胶东半岛区

本区所选遗址有长岛大口[⑧]、长岛北庄[⑨]、栖霞北城子[⑩]、乳山小管村[⑪]、烟台庙后[⑫]。以大口遗址为例。

该遗址内文化堆积共分七层，其中第三层为岳石文化层，第四至七层为龙山文化层（图一〇）。岳石文化遗迹主要包括房址、墓葬、兽坑；龙山文化遗迹主要包括4层下开口的房址、灰坑、兽坑、墓葬等。根据以上遗迹中出土陶器特征判断，大口遗址龙山文化遗存应属龙山文化二、三期。

---

① 北京大学考古系商周组、山东省菏泽地区文展馆、山东省菏泽市文化馆：《菏泽安邱堌堆遗址发掘简报》，《文物》1987年11期，38～42页。

② 河南省文物研究所：《河南鹿邑栾台遗址发掘简报》，《华夏考古》1989年1期，1～14页。

③ 南京博物院：《江苏赣榆新石器时代至汉代遗址和墓葬》，《考古》1962年3期，129～131页。

④ 安徽省文物考古研究所、武汉大学历史学院考古系、武汉大学考古系：《皖北小孙岗、南城孜、杨堡史前遗址试掘简报》，《考古》2015年2期，3～18页。

⑤ 同注④。

⑥ 北京大学考古学系、商丘地区文管会：《河南夏邑县清凉山遗址1988年发掘简报》，《考古》1997年11期，24～35页。

⑦ 高明奎：《山东定陶十里铺北遗址发掘获重要收获——完善鲁西南地区史前文化序列，发现岳石和晚商城址》，《中国文物报》2016年2月26日第8版。

⑧ 中国社会科学院考古研究所山东队：《山东省长岛县砣矶岛大口遗址》，《考古》1985年12期，1068～1083页。

⑨ 北京大学考古实习队、烟台地区文管会、长岛县博物馆：《山东长岛北庄遗址发掘简报》，《考古》1987年5期，385～394页。

⑩ 韩榕：《栖霞县北城子龙山文化及岳石文化遗址》，《中国考古学年鉴·1989》，文物出版社，1990年，171页。

⑪ 乳山县文物管理所：《山东乳山县史前遗址调查》，《考古》1990年12期，1057～1062页。

⑫ 王富强：《烟台市庙后龙山文化及岳石文化遗址》，《中国考古学年鉴·2007》，文物出版社，2008年，267～268页。

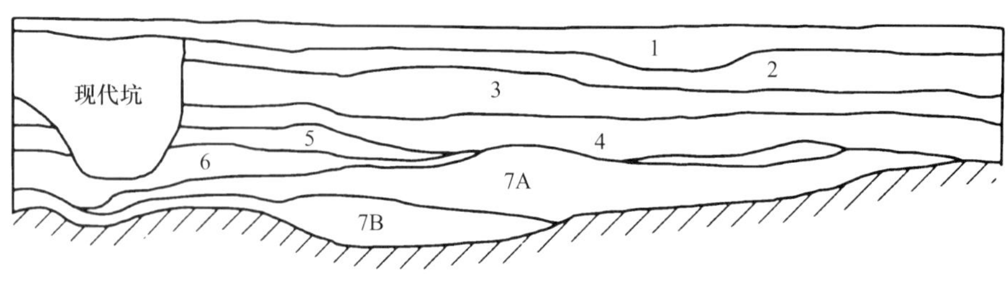

图一〇　大口遗址 T1-T3 地层剖面图

（据中国社会科学院考古研究所山东队，1985：图二）

北庄等遗址堆积顺序同上。

（7）苏北区

本区遗址有连云港藤花落[①]一处。

以 99I 区地层为例，文化堆积共分五层，第三层为岳石文化层，第四层为龙山文化层。龙山文化遗迹主要包括城墙、壕沟、房址、灰坑等，岳石文化遗迹主要包括环壕、灰坑等。根据以上遗迹中出土陶器特征判断，藤花落遗址龙山文化遗存属于龙山文化早期至中期偏晚，岳石文化遗存属于岳石文化早期至晚期早段。

以上地层学证据表明，遗址中只存在岳石文化地层叠压龙山文化地层的现象，特别是在尹家城遗址，岳石文化最早期的遗存直接叠压于龙山文化最晚期的遗存之上，表明岳石文化时期的人类活动整体要晚于龙山时期。同时，遗址中龙山文化地层总是叠压大汶口文化地层（在东海峪与三里河，龙山文化最早期遗存叠压大汶口文化最晚期遗存），且在尹家城、丁公、鲁家口等多个遗址都发现了岳石、龙山、大汶口文化遗存自上而下依次分布的“三叠层”。

因此，就已有材料而言，龙山文化早于岳石文化、晚于大汶口文化的相对年代关系可以从地层学上得到支持。

（二）来自器物类型学的证据

正如《海岱》所言，在陶器方面，龙山文化直接继承了大汶口文化的主要因素[②]。因此，大汶口文化晚期和龙山文化早期之间陶器演变的连续性笔者便不再赘述。而岳石文化与龙山文化晚期陶器之间也表现出了相似的继承性。对此栾丰实先生早已有过深入研究[③]，简述如下：

从陶色上看，龙山文化五、六期时，遗址中黑陶比例较前四期明显下降，灰陶比例迅速上升；岳石文化一期时，黑陶比例与龙山文化五、六期时相近，并在随后的时间里保持下降的趋势，颜色不纯的各种褐色陶数量急剧增多。

从制法上看，龙山文化晚期，大部分陶器仍为轮制，但陶胎增厚，造型渐趋古朴，

---

① 南京博物院、连云港市博物馆：《藤花落——连云港市新石器时代遗址考古发掘报告》，科学出版社，2014 年。

② Long, T, et al. 2017. A Bayesian analysis of radiocarbon dates from prehistoric sites in the Haidai Region, East China, for evaluation of the archaeological chronology, *Journal of Archaeological Science*, 12:89.

③ 栾丰实：《论岳石文化的来源》，《纪念城子崖遗址发掘六十周年国际学术讨论会文集》，齐鲁书社，1993 年，266～282 页。

蛋壳陶迅速减少并逐渐消失；岳石文化时期，轮制陶器仍有相当比例，陶胎较龙山晚期更厚。

从器表处理上看，二者器表均以素面为主，泥质陶器多经磨光。常见纹饰均为凹凸弦纹、附加堆纹、绳纹和方格纹。岳石文化中盛行的在甗腰、裆部施堆纹的做法，最早可追溯至龙山三、四期，并在龙山五、六期出现环绕腰部的附加堆纹。

从器物组合上看，岳石文化和龙山文化晚期的陶器均以平底器为主、三足器次之，兼有部分圈足器。二者间陶器器类的变化率约为30%；与龙山文化和大汶口文化交替时的器类变化率大体相同。龙山文化和岳石文化之间的共有器类有鼎、甗、鬲、瓮、罐、盆、簋、尊、钵、盒、盂、豆、碗、盘、杯、器盖等。以上共有器物中，多数具有传承关系，下面试以罐形鼎、甗、豆、盒等器型为例加以说明。

罐形鼎　龙山时期，罐形鼎由黑陶薄胎到灰陶厚胎，口沿从折沿到卷沿，底部自平底到圜底，鸟首形足到龙山五、六期时已被侧装三角形足取代；岳石文化时期，鼎仍然保持着灰陶、厚胎、卷沿、圜底的特征。且在数量变化上，二者也相衔接：龙山晚期时，鼎的数量迅速减少，岳石文化时，鼎已不是主要炊器，有些类型中已少见。

甗　在龙山时期经历了“鼎式甗→鬲式甗→斝式甗”的演化过程，龙山晚期均为高分裆乳状袋足甗，袋足表面出现篦状擦痕，或在腰部施加一周索状或齿状堆纹；岳石文化一期，多为高分裆细长袋足甗，无实足尖，器表多有成组篦状擦痕，附加堆纹不仅施于腰部，也开始施于裆部。同时，甗的数量从大汶口晚期到岳石文化时期不断增多，最终成为龙山晚期与岳石文化的主要炊器之一。这一进程与前述鼎数量持续减少正好相反。

子母口豆　由龙山早期的折腹豆演变而来，晚期始见。五期晚段，子母口豆多黑陶、胎较薄、盘较深、子口较高；岳石文化的同型器形制上与之极似，多为黑皮陶、灰陶，陶胎也较厚，与龙山文化陶器向岳石文化转变的整体特征相一致。

平底盒　自龙山三期出现以来，平底盒的演变基本遵循子母口由矮到高、腹从深到浅的顺序。岳石文化的盒，均为高子母口、浅腹、厚胎，与龙山晚期的同类器衔接较为自然。

可见，岳石文化的器物和龙山文化晚期器物之间有着较好的延续性。

再来对比大汶口文化晚期和岳石文化的器物（图一一），不难看出二者在组合、形制上差异巨大。例如大汶口文化晚期的典型器物，如鬶、高柄杯等，在岳石文化中早已不见；即使是共有的罐形鼎、甗、豆等器形，其器形也已发生巨大变化，两个文化的器物之间没有任何相互影响的迹象。

二者差异的产生应可追溯至龙山晚期偏早。此时自大汶口文化晚期发展而来的轻薄典雅的风格逐渐消失，作为龙山文化晚期与岳石文化特色的子母口、方唇卷沿等特征及古朴厚重的风格已具形态，并持续发展；但两期文化之间又有着明确的连续性。据此，从大汶口文化到龙山文化再到岳石文化这一循序渐进的器物发展脉络已非常明晰。

故从器物的角度来说，大汶口文化早于龙山文化、龙山文化早于岳石文化这一相对年代关系也得到了支持。

综合以上两方面证据，我们认为大汶口文化、龙山文化、岳石文化三者之间的先后顺序还是明确的。

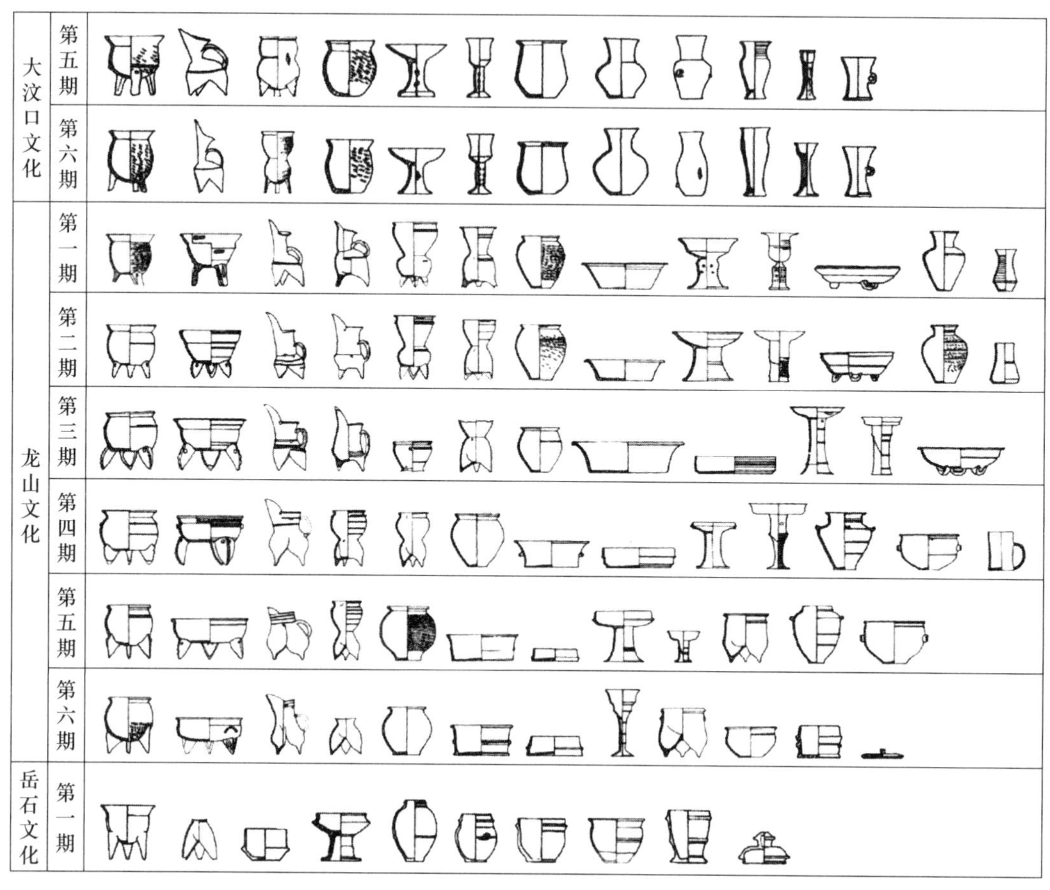

图一一　大汶口文化晚期至岳石文化早期陶器演变图

三、启示与思考

（一）贝叶斯模型方法对于海岱地区年代学研究的意义

在以往的年代学研究中，年代序列的建立多以地层学和类型学为代表的相对年代为基础，绝对年代数据只作参考。

进行绝对年代分析时，研究者多参照器物演变序列对数据进行筛选。由于受单线性文化演变模式的影响，两个考古学文化如果层位关系明确，且在器物上表现出很好的连续性，二者常被认为是前后相继的，因此两个文化之间也应存在明确的时间边界。故年代范围的划定，很大程度上取决于研究者对于该文化的认识程度以及据此做出的心理预期，带有较强的主观性。而对于异常数据，研究者或将其归因于技术误差或样品污染，或以“原因待考”一笔带过而不予关注与讨论，即使它们在数据集中占有相当的比重。

因此，若再考虑到文化演变模式的复杂性，上述方法难以对考古学文化的年代范围进行较好的估算。

贝叶斯模型方法就为我们提供了一种较为科学的确定考古学文化年代范围的手

段；又因贝叶斯分析强调先验信息的作用，可以更好地将多样化的考古证据整合进模型中，年代分析的科学性因而得以提高。

而且海岱地区也具备运用贝叶斯方法的条件：考古学文化的文化面貌已经得到较好的辨认，相对年代序列完整且分辨率较高，已有大量的测年数据，系统的植物考古工作也可根据研究的需要提供高质量的测年样品。

所以，将贝叶斯模型方法运用于海岱地区的年代学研究是可行的。

（二）应当注意采样的系统性

作为一种数学分析方法，贝叶斯模型方法对于数据质量要求较高。《海岱》一文建模结果误差较大，或因数据质量参差不齐。这也提示我们应注意以下问题：

系列样品的采集。由于大气中 C14 的含量并不恒定，而年代测定依据国际统一的现代碳标准，因此必须对测年样品进行校正，而单个测年校正后，误差往往较大①。因此应选择有明确地层关系的遗迹进行系列采样以减小误差。

测年样品的种类。《海岱》所引用数据，所用样品以木炭为主，也有人骨、种子等。但木材脱离碳循环的年代一般早于其埋藏年代，故利用木炭样品进行测年，结果往往偏早；炭化种子，特别是一年生草本植物的种子，脱落之后很快会被掩埋，相比于木炭更能反映其沉积时刻②；人骨样品理论上和遗迹共时性较好，但有时却比木炭测得的年代晚许多③。因此若在较大尺度研究中将这些数据一视同仁，必然会导致误差的产生。

除样品种类外，测年样品的沉积背景、采样方法、实验室工作等诸多因素都会影响测年数据的准确性。《海岱》引用数据来源多样，难以准确控制以上变量，这可能也是产生误差的一个原因。

因此，我们在设计采样方案时应充分考虑大尺度研究的需要，注意采样的系统性，尽可能减少人为误差。

（三）文化发展可能具有多样性、不平衡性

虽然建模结果与现有年表出入较大，但龙腾文博士的工作也再一次促使我们重新思考海岱地区的文化演变模式。

通过对海岱地区现有考古材料的分析，我们认为原有的“大汶口文化—龙山文化—岳石文化”间的先后顺序仍然成立，但也无法否认两个考古学文化之间在绝对年代上可以有所重叠。若考虑到文化发展的区域不平衡性，这一模式可能反而更加合理。

① 张雪莲、仇士华：《夏商周断代工程中应用的系列样品方法测年及相关问题》，《考古》2006 年 2 期，81～89 页；仇士华、蔡莲珍：《关于考古系列样品碳十四测年方法的可靠性问题》，《考古》2001 年 11 期，77～79 页。

② Long, T, et al. 2017. A Bayesian analysis of radiocarbon dates from prehistoric sites in the Haidai Region, East China, for evaluation of the archaeological chronology, *Journal of Archaeological Science*, 12:84；同注① a。

③ 赵朝洪：《北方新石器文化中人骨标本的碳十四年代的初步分析》，《考古学研究》（二），北京大学出版社，1994 年，19～32 页。

得益于黎家芳①、吴汝祚②、栾丰实③等先生的深入研究，学界对于北辛文化、大汶口文化、龙山文化、岳石文化等考古学文化区域性特征的总结及地方类型的划分与源流已有了较好的认识。同时，各地方类型之间也存在发展上的不平衡性，表现为考古学文化在不同地区存续时间早晚长短不一。

孙波先生曾注意到大汶口文化在各地结束的早晚不尽相同④，鲁东、汶泗流域以及鲁豫皖交界地区可延续到晚期之末，而鲁北、鲁西北却少见大汶口文化最晚段遗存；同时龙山文化的发生时间则自东向西渐晚，与大汶口文化的结束进程正好相反。在文化面貌上，鲁东地区的大汶口文化与龙山文化间的衔接较为清楚，自东向西二者差异渐大。

栾丰实先生则系统揭示了海岱龙山文化东、西部遗址分布的区域差异⑤，指出东部地区龙山文化遗址绝大多数只存在于龙山前期，后期遗址极少；西部地区则与此相反，差距虽不那么悬殊，但仍有前期遗址较少、后期遗址较多的情况。

而对于以上现象，倾向于从宏观角度总结区域性特征的研究思路无法给出很好的解释。

因此，笔者认为未来海岱地区类型学研究或可着重对各文化的地方类型进行分期研究，并结合系统的测年工作，在各区域建立尽可能详细的年代序列。这将有助于我们对于海岱地区文化发展不平衡性、区域类型之间的关系以及海岱地区文化演进模式等问题的讨论。而在这一阶段的工作中，贝叶斯分析无疑能成为我们系统处理测年数据的有力手段。

Reflection on the New Results of the Chronological Research of the Haidai Region

Rao Zongyue[1] Guo Shanrui[1] Jin Guiyun[2]
(1. Department of Archaeology, Shandong University; 2. Institute of Cultural Heritage, Shandong University)

Abstract: The Haidai region have already built a long chronological consequence from Early Neolithic to Bronze Age. But some problems,such as lack of systematic age modelling, in

① 黎家芳、高广仁：《典型龙山文化的来源、发展及社会性质初探》，《文物》1979 年 11 期，56～62 页。
② 吴汝祚：《论大汶口文化的类型与分期》，《考古学报》1982 年 3 期，261～282 页。
③ 栾丰实：《北辛文化研究》，《海岱地区考古研究》，山东大学出版社，1997 年，37～40 页；栾丰实：《大汶口文化的分期与类型》，《海岱地区考古研究》，山东大学出版社，1997 年，102～110 页；栾丰实：《海岱龙山文化的分期与类型》，《海岱地区考古研究》，山东大学出版社，1997 年，267～276 页；栾丰实：《岳石文化的分期与类型》，《海岱地区考古研究》，山东大学出版社，1997 年，334～343 页。
④ 孙波：《再论大汶口文化向龙山文化的过渡》，《古代文明》（第 6 卷），文物出版社，2007 年，12～33 页。
⑤ 栾丰实：《试析海岱龙山文化东、西部遗址分布的区域差异》，《海岱考古》（第九辑），科学出版社，2016 年，401～411 页。

chronology research have been noticed. In his newly published paper, A Bayesian analysis of radiocarbon dates from prehistoric sites in the Haidai Region, East China, for evaluation of the archaeological chronology, Dr. Long applyed a Bayesian modelling approach to a set of 275 dates filtered from a dataset totalling 317 radiocarbon dates from the Haidai region to evaluate the prehistoric chronology of this area. Modelling results about the start of the Houli culture and the overlaps of the Dawenkou, Longshan, and Yueshi cultures greatly challenged the traditional cultural chronology of this region. In current paper, we will try to express our opinion on these problems with the evidence from pottery typology and cultural layer stratigraphy research and discuss the inspiration that inspired by the new results of the chronological research of Haidai Region.

Key words: the Haidai Region, chronology, bayesian analysis, typology, stratigraphy

中国东南地区新石器时代石镞所反映的生业格局

张　俭

（曲阜师范大学历史文化学院）

内容提要：石镞是中国东南地区新石器时代文化中最常见的遗物之一，不仅数量较多，而且持续时间长、型式复杂多样，区域性特征明显。本文通过对中国东南地区石镞的出土背景、技术传统、形制差异及其使用痕迹的分析，大致划分出了"狩猎"、"渔捞"、"战争"三种不同功用的石镞。进而根据不同功用的石镞在各区中的比重，通过生态环境、生计方式、考古学文化传统等方面的综合分析，从一个侧面揭示了中国东南地区新石器时代的生业格局，即①沿海贝丘遗址区——渔捞、狩猎为主的生业模式；②内陆山地遗址区——狩猎、采集为主的生业模式；③河谷遗址区——原始农业为主、渔猎为辅的生业模式。

关键词：石镞　功用　生业格局

一、引　言

石镞是中国东南地区新石器时代文化中最常见的遗物之一，不仅数量较多，而且持续时间长、型式复杂多样，其内部区域性特征明显，同时也与我国其他地区新石器时代的石镞大不相同。然而，以往对石镞进行专题研究的文章较多是关于我国东北、海岱、中原等北方地区的石镞[①]，很少涉及东南地区的相关材料，导致这方面的研究极为薄弱，材料的分散是一个主要原因。

本文所谓的中国东南地区是指闽、赣北、浙南、粤北、台等地，其地理范围包括钱塘江以南、南岭以东的鄱阳湖平原、浙闽丘陵、东南沿海及台湾岛一带。本文所说的新石器时代，就石镞材料所反映的年代跨度为距今6500～3500年。东南地区诸新石

① 贾伟明：《东北地区的石镞》，《北方文物》1985年2期；赵辉：《中国北方的史前石镞》，《国学研究》（第四卷），北京大学出版社，1997年，485～520页；安家媛：《试论我国史前的弓箭》，《中国历史博物馆馆刊》1994 1期；张宏彦：《东亚地区史前石镞的初步研究》，《考古》1998年3期；铃木道之助：《石镞》，《绳纹文化の研究（7）道具と技術》，雄山阁出版株式会社，1983年，89、90页。

器时代遗址中出土了大量的石质工具，数量最多、研究较为充分的当属石锛[①]，早在20世纪五十年代末林惠祥遗著中便提出了“东南地区新石器文化的基本特征之一——有段石锛”[②]。然而，值得注意的是，石镞同样也广泛存在于东南地区诸新石器时代考古学文化之中。除了闽东地区的昙石山下层文化、昙石山文化、黄瓜山文化的石镞数量仅次于石锛，其他几个地区如赣北、闽北、浙南、粤北等新石器时代考古学文化中石镞的数量大多超过了石锛。因此，石镞显然也可以视为东南地区新石器时代文化的另一个基本特征。

石镞，通常由镞身和铤部两个部分组成，其具体部位名称[③]可描述如下：

锋——镞的尖端；

刃——镞身两侧的外缘；

脊——镞身中间凸起的棱；

关——脊与铤部交界的部位；

铤——插入或固定于箭杆的部分，也有学者使用“梃”[④]、“茎”[⑤]、“矢根”[⑥]等称谓来表述。

以东南地区新石器时代较为常见的石镞类型为例，将石镞各部位示意如下（图一）：

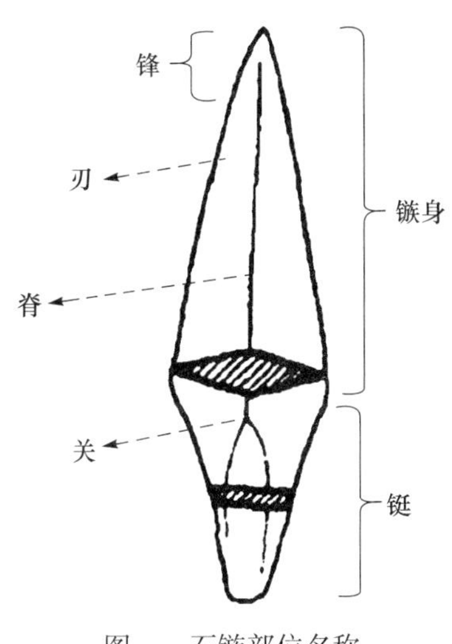

图一 石镞部位名称

首先通过观察分析考古发掘所获的石镞，根据铤部的特征，将中国东南地区新石器时代石镞划分为甲、乙、丙三大类，即：有铤类、无铤类，以及介于有铤和无铤之间的“凸底”类；又根据各类石镞的形态、镞身、铤部横截面的不同，划分出不同的型（图二）。然后在东南地区新石器时代诸考古学文化分期的基础上，对其石镞进行分期研究，初步建立了中国东南地区新石器时代石镞的编年序列。据本人研究，

① 林惠祥：《福建闽侯县甘蔗恒心联乡新石器时代遗址考察报告》，《厦门大学学报（哲学社会科学版）》1954年5期；《福建武平县新石器时代遗址》，《厦门大学学报（哲学社会科学版）》1956年4期；《福建长汀县河田区新石器时代遗址》，《厦门大学学报（哲学社会科学版）》1957年1期；《福建长汀县河田区新石器时代遗址的调查》，《考古学报》1957年1期；《中国东南区新石器文化特征之一——有段石锛》，《考古学报》1958年3期。洪晓纯：《史前台湾石锛的选材研究》，《东南考古研究》第3辑，厦门大学出版社，2003年，71～99页；林公务：《福建沿海地区出土石锛的分类》，《东南考古研究》第3辑，厦门大学出版社，2003年，100～109页。黄建秋：《国外磨制石斧石锛研究述评》，《东南文化》2010年2期。肖宇、钱耀鹏：《中国史前石锛研究述评》，《南方文物》2015年2期。

② 林惠祥：《中国东南区新石器文化特征之一——有段石锛》，《考古学报》1958年3期。

③ 关于镞的具体部位称谓，参见林巳奈夫：《中国殷周时代的武器》，京都大学人文科学研究所，1972年，第322页；石璋如：《小屯殷代的成套兵器》，《历史语言研究所集刊》第22本，1950年，45页；李济：《记小屯出土之青铜器·中篇·锋刃器》，《李济考古学论文选集》，文物出版社，1990年，624～667页；石岩：《中国北方先秦时期青铜镞研究》，吉林大学博士学位论文，2006年，10页。其中，“关”的名称是借用青铜镞的称谓，其他部位名称为本文总结归纳所得。

④ 赵辉：《中国北方的史前石镞》，《国学研究》第四卷，北京大学出版社，1997年，485～520页。

⑤ 林巳奈夫：《中国殷周时代的武器》，京都大学人文科学研究所，1972年，322页；铃木道之助：《石镞》，《绳纹文化の研究（7）道具と技術》，雄山阁出版株式会社，1983年，89、90页。

⑥ 陈明远、金岷彬：《细石器工艺·复合工具·竹文化》，《社会科学论坛》2014年11期。文中介绍西方学者Dechelette、Vulliamy、John Lubbock关于箭镞分类标准之一的“Tang”时，将其翻译为“矢根”。

甲类											乙类				丙类	
A型		B型	C型			D型	E型				A型	B型	C型	D型	A型	B型
Aa	Ab		Ca	Cb	Cc		Ea	Eb	Ec							
Ⅰ 1	2	Ⅰ 3	Ⅰ 4	5	6	7	8	9	10		Ⅰ 11	12	13	14	Ⅰ 15	16
Ⅱ 17		Ⅱ 18	Ⅱ 19													
Ⅲ 20		Ⅲ 21	Ⅲ 22								Ⅱ 23				Ⅱ 24	

图二　中国东南地区新石器时代石镞形制分析

1. 拾年山T4③B：38　2. 石峡M104：48　3. 庄边山M56：2　4. 拾年山T1③B：14　5. 石峡M43：61　6. 石峡M108：66　7. 石峡M39：38　8. 黑岩头M3：5　9. 石峡T94③：4　10. 东张T2：142　11. 牛鼻山M2：1　12. 好川M14：23　13. 石峡M104：8　14. 大坌坑（大4）　15. 筑卫城T11⑤：27　16. 昙石山T104：34　17. 覆船岭T203③：11　18. 石峡M99：36　19. 石峡M114：15　20. 昙石山T131②：36　21. 石峡M54：60　22. 斗米山T1205③：9　23. 好川M1：24　24. 庄边山T62④：34

中国东南地区新石器时代石镞分为三期，即第一期（距今6500～5000年）、第二期（距今5000～4300年）、第三期（距今4300～3500年）[①]。

在本文所讨论的时空范围内，即距今6500～3500年间的中国东南地区内，根据自然地理环境、遗址形态、考古学文化之间的密切关系，以及石镞的特征，将中国东南地区新石器时代石镞划分为三大区（图三），即一区——沿海贝丘遗址区、二区——内陆山地遗址区、三区——河谷遗址区。根据本人研究可知，这三个区的新石器时代石镞，既具有一定的共性，如三个区都流行甲D、甲Cb、甲Cc、乙B、乙C型石镞；同时，各区之间又彼此独立，具有各自明显的区域特征，如，有铤类石镞、凸底类在河谷遗址区中分布最多，无铤类石镞在内陆遗址地区分布最多，而沿海贝丘遗址区中各类石镞分布数量较为平均，唯带穿孔石镞是其他两个区所没有的。

一般而言，石镞常常被当作狩猎经济的指征性器物来谈，换言之，以往研究中若某史前遗址发现了大量骨镞、石镞，便会将其作为狩猎工具来总结该地存在着狩猎采集活动等，进而认为狩猎经济在该地史前居民的生活中占一定比重[②]。这样解释当然无可厚非，然而这样处理未免过于简单化、机械化。我认为，应从石镞的不同出土背景、形制差异以及石镞标本上的磨损痕迹等方面的考察入手，来分辨出哪些确实是狩猎用

① 张俭：《中国东南地区新石器时代石镞研究》，中央民族大学博士学位论文，2017年。

② 佟柱臣：《中国新石器研究》（下），巴蜀书社，1998年，781～892页；钟礼强：《昙石山文化研究》，岳麓书社，2005年，121～125页；李映福：《从长江下游地区新石器时代的狩猎工具看经济形态的转变》，《四川文物》2007年4期；朱光耀、朱诚、施光跃、孙智彬：《长江三峡新石器生产工具演变所反映的人地关系》，《科学通报》2008年S1期；向金辉：《中国磨制石器起源的南北差异》，《南方文物》2014年2期；黄可佳：《国内磨制石器的研究方法和现状分析》，《文物春秋》2015年1期。

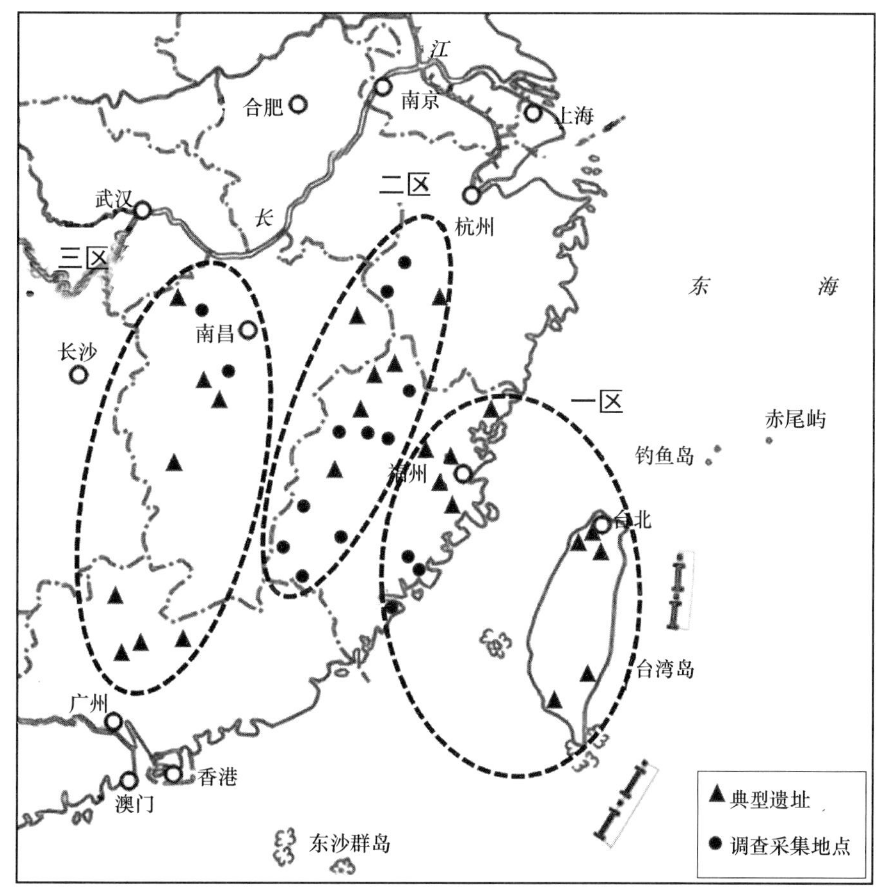

图三 中国东南地区新石器时代石镞的分区

的弓箭头，哪些是捕鱼用的投刺头，哪些又是弋射用的与绳索套嵌的箭头等等。然后，借助三个区域石镞的功能差异、渔猎工具比例以及人类资源利用方式等方面的研究，来说明中国东南地区新石器时代石镞所反映的生业格局。

二、石镞的功用考察

石镞的功用考察，即考察石镞的使用方式、施加对象。在石器功能学研究[①]中，要回答“一件石器是用来干什么的，怎么被使用的”这样的问题，起初考古学家是通过外形来推测，它像是用来干什么的用具，于是就推测它曾经从事于哪些相关的活动，然后会从有限的民族学材料或近现代关于该器物用途的观点中得到一些关于使用这种器物的知识，加以辅证。后来，这一领域的研究在两方面有所发展：一是通过观察和分析石器的使用痕迹，如光泽[②]、刃缘破损、刃缘磨圆等痕迹，来推测石器使用者的

① 〔美〕乔治·奥德尔著，关莹、陈虹译：《破译史前人类的技术与行为——石制品分析》，生活·读书·新知三联书店，2015 年，181～237 页。

② 光泽痕迹（gloss），石制品使用痕迹研究术语。

使用行为、动作力度，以及加工对象，进而达到阐释石器功能的目的；二是通过提取石器上的残留物信息，如植硅体、淀粉粒、血液残留、微细胞组织等残留物结构，来辨识该石器用来加工的动植物对象等，从而解释它是用来获取什么资源的工具。那么，根据以往的研究和经验常识，石镞作为史前人类捕猎动物的工具，应该已经没有争议。

我们知道，不论是何种材质的镞，其使用方式无非是与箭杆、箭羽组成矢后，配合弓或弩一起使用。据《周礼・夏官・司弓矢》记载："掌六弓四弩八矢之灋……凡矢，枉矢、絜矢利火射，用诸守城车战；杀矢、鍭矢，用诸近射田猎；矰矢、茀矢，用诸弋射；恒矢、庳矢，用诸散射。"郑玄注："此八矢者，弓弩各有四焉，枉矢、杀矢、矰矢、恒矢，弓所用也，絜矢、鍭矢、茀矢、庳矢，弩所用也。"[①] 由此可知，我国历史时期，箭有八个名称，具有守城车战、近射田猎、弋射、散射四种用途，用弓或弩两种复合使用方式。守城车战即战争所用，近射田猎即狩猎动物，弋射即用带有绳的箭来捕鸟，散射即射礼、练习射箭等。上海博物馆藏的一件战国早期镶嵌画像纹壶上便清晰、工整地镶嵌了一幅生动的"宴乐渔猎攻战图"（图四），壶盖面平，三只鸟平均立于盖边，盖面内圈刻有纹饰，壶身肩上有二兽首衔环耳；壶身花纹从口部至圈足分段分区布置，以双铺首环耳为中心，前后中线为界，分为两部分，形成完全对称的相同画面；自口部下至圈足，被四条斜角云纹带划分为四区，分别生动展现了古人使用弓箭进行"狩猎""射礼、习射""弋射""捕鱼""攻战"等活动。

尽管这几种箭的功用分类并不能等同于史前时期人们使用箭的情况，但对我们细分中国东南地区新石器时代箭镞的功用，还是有一定的参考意义。可能射礼、习射诸散射在史前时期并未涉及，但前面三种用途还是较为普遍的。

以下结合中国东南地区石镞的出土背景、技术传统、使用痕迹及其形制差异，大致划分出以下三种不同功用的石镞。

（一）"狩猎"用镞

即作为猎杀工具使用，主要施加对象是动物（哺乳动物、禽类等），对应的行为是狩猎、弋射。

弋射，即射鸟。恐防猎物逃脱，其箭矢为带丝绳的箭，用弓射出。形态上，镞身有倒刺，铤部有穿孔便于穿绳。弋射是在弓箭射猎的基础上，受古老的狩猎方法（如用带索石球、流星、脱柄镖等投射出去，缠住猎物后拖回猎手身旁）的影响和启发而产生的[②]。东南地区新石器时代具有这种带倒刺特征的石镞，目前仅发现一例，即二区（内陆山地遗址）的黑岩头遗址 M3：6 这件，单脊、圆柱铤。还在该区的牛鼻山、斗米山等遗址发现了一些石球。因而，二区（内陆山地遗址）可能存在着这样古老的狩猎方法。

---

① 中华书局编辑部编：《汉魏古注十三经——附四书章句集注》，中华书局 1936 年版《四部备要》缩印，1998 年 11 月第 1 版。经部第一册，（汉）郑玄注《周礼》卷三十二，司马政官之职・司弓矢，第二〇二页至第二〇三页。

② 宋兆麟：《战国弋射图及弋射溯源》，《文物》1981 年 6 期。

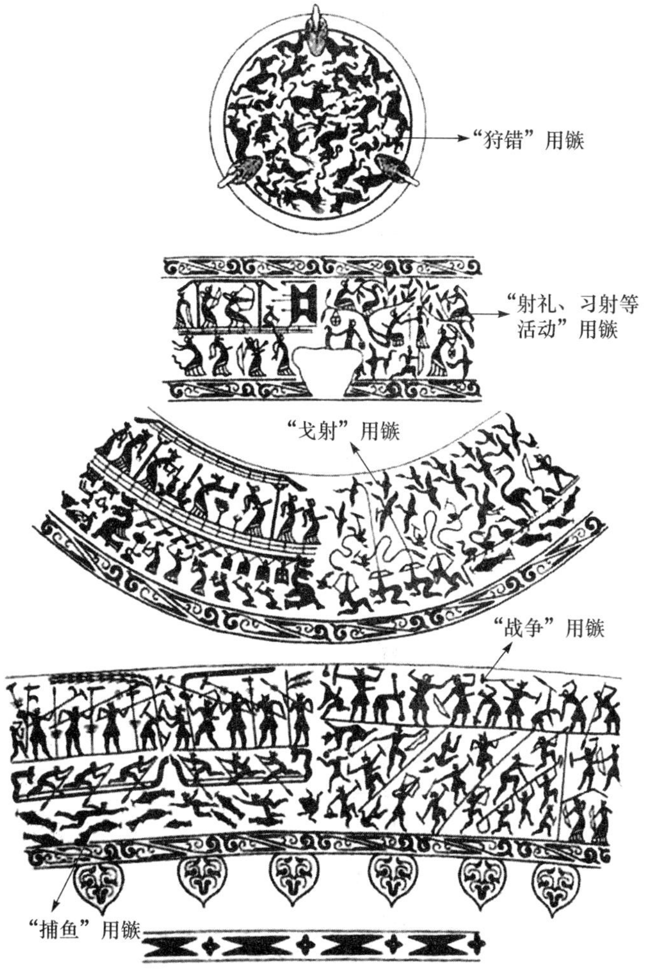

图四　上海博物馆藏战国早期镶嵌画像纹壶上的"宴乐渔猎攻战图"①

要证明石镞是用来狩猎的，那么镞上带动物的残留物或者动物骨骼上插入石镞显然是最为直接有力的证据。然而在大多数情况下，狩猎工具和猎物之间的联系并不能被证实。此时，便需要从石镞的出土背景、使用痕迹上来观察，如石镞的峰部破损程度、铤部上附着有机质箭杆的残留物或一些特殊标本上的捆绑痕迹等。

1. 出土背景

石镞绝大部分出土于地层，偶见于房址中，很少有集中存放之现象。地层中单独以 1～2 件出现的石镞，很有可能是狩猎时遗落。房址中偶见 1～2 件，则反映了使用者并非长期使用弓箭从事相关活动，有可能仅悬挂一副弓箭于家中，以备日常生活中不时之需，譬如遇到危险时用来猎杀动物（甚至人类）、防卫自身的工具。少数见于墓葬中，如昙 M136、昙 M149、溪 M22 随葬石镞 1～4 件不等，墓主均是 45～55 岁左右

① 图片为本人在上海博物馆展厅内拍摄所获。

的中年男性，石镞与骨镞一起陈放在墓主手部、腿部附近，墓中除了丰富的生活陶器外，别无其他贵重物品，因而这几例石镞的功用偏重于日常生活活动，并没有更多的证据能够说明其为专业的猎人身份，而只能推测这几位男性墓主人生前可能是经常从事狩猎活动而已。此外，遗址内常伴随有兔、雁、鸟、野猪、鹿等野生动物骨骼共出，亦能从侧面证明人们存在着使用弓箭或石球等投掷器进行狩猎等相关活动。

2. 技术传统

石料多样，并不固定，有细密坚硬的黑色页岩、深灰色泥质板岩、辉绿岩等，于同一遗迹单位中发现有不同石料的石镞共出现象。排除不同层位扰动的可能性，则说明用于狩猎的石镞有可能是就地制作而成，对于石料的甄选并不严格。人们使用石镞进行狩猎，会随着动物的迁徙、季节性变化而不断迁移。随身携带着在居住地完成加工制作的石镞成品，长时间远距离的狩猎，必然会面临着石镞不充足的情况，这时人们便有可能就地取材，时间充足就简单打磨出新的石镞，这样便会与之前制作的石镞颜色、质地有所不同。倘若时间紧迫，则会捡拾现有的尖状投掷器捆绑在木杆上来代替石镞。石镞尺寸相对较小，长 3.8～8.2、宽 1.1～2.5 厘米①。用于狩猎的石镞，不一定要求特别精致，磨制粗糙者是常有的。因为狩猎大型动物时，单射并不能达到制服猎物的效果，往往需要个人束射，或团体围射，所以对石镞的制作工艺要求并不高，并不一定需要进行通体磨光，只需保证锋部尖锐、锋利，刃缘薄即可。当然，这并不绝对，也许还跟不同地区石镞的制作传统有关。

3. 使用痕迹

用于狩猎的石镞，其锋部或铤部常有残损。原因在于，当人们使用弓箭这种强有力的武器来射杀虎狼，用以防卫畜牧免受野生动物的侵扰，或进行狩猎、弋射以获取肉食资源时，射中的猎物被人类带回居住处食用，其上的箭镞亦会一同被带回，从而进行回收利用。那么，随着使用次数增加，对石镞的锋、铤、刃缘等部位必然会造成不同程度的残损。例如，溪 T212⑤：2、溪 T503⑤：7、昙 T117：1、昙 H34：3、昙 T119：39 等（图五）。

4. 石镞形制

这种功用的石镞以无铤类窄叶形平底石镞（乙 A）居多，还有部分有铤类尖铤（甲 D）、圆铤石镞（甲 C）。无铤类窄叶形平底石镞，其底部薄如刀刃，能够非常快速而锋利地插入竹杆或木杆的一端，这样便能大大提高狩猎的效率。

这种功用的石镞大都出自二区（内陆山地遗址区）的牛鼻山文化，还有部分来自一区（沿海贝丘遗址区）的昙石山文化。

（二）"渔捞"用镞

即作为捕鱼工具使用，主要施加对象是水生资源，对应的行为是渔捞。

---

① 石镞尺寸数据是根据本人统计东南地区石镞标本所得。

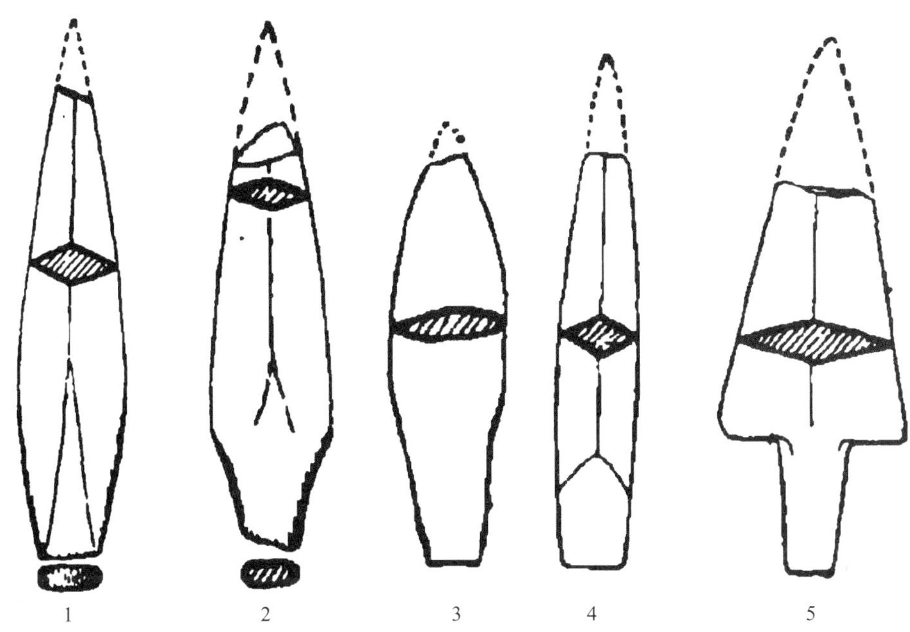

图五 “狩猎”用镞使用痕迹示例

1. 溪 T212⑤：2 2. 溪 T503⑤：7 3. 昙 T117：1 4. 昙 H34：3 5. 昙 T119：39

为获取鱼类、贝类、哺乳类水生资源而进行的渔捞活动，所使用的器具包括：鱼叉、鱼钩、两头尖骨器、凹石（加工贝类的工具）、石网坠等。据台湾少数民族的有关民族志记载，使用箭进行捕捞的方式，称作“射鱼法（或刺鱼法）”[①]。方法是将镞固定在较长的箭杆一端，站在水边，手持箭向鱼身刺去。这类石镞要求，锋部非常尖锐、刃缘锋利，穿透力强；尺寸相对较大；并且石料需细密坚硬，方能承受住刺鱼的力道。由于刺鱼时箭镞头朝下，如果用插嵌方式来固定石镞与箭杆，则较易脱落，因此刺鱼法所用石镞与箭杆的固定方式最好是用捆绑式以便更加牢固，从而也有利于人们循环使用它。那么，循环多次利用这种手持带有石镞的长杆进行渔捞活动，其上的石镞必然会磨损较为严重，特别是锋部容易残断。根据沿海贝丘遗址区诸遗址报告中对石镞的文字描述来看，出自于灰坑、地层中的石镞大多残损，刃缘部位有凹凸不平“齿状”的磨损痕迹，尤其是锋部大都残断，可见这类石镞大多与狩猎、渔捞等捕食性活动有关。

这类石镞的形制主要有带亚腰形的双截铤镞（甲 E）和无铤类带穿孔石镞（乙 D），亚腰、穿孔，都是方便穿绳捆绑。

这种功用的石镞主要分布在一区（沿海贝丘遗址区）。

（三）“战争”用镞

即作为兵器使用，主要施加对象是人类，对应的行为是部落间的战争。

作为攻击人类的武器，证据则是带有石镞的人骨，或是随葬于高等级墓葬中。在本文搜集的资料范围内，前一个证据目前暂时没有发现，而后一种情况尚可进行讨论。

① 陈维钧：《台湾史前考古学的渔捞研究》，《考古人类学刊》2006 年 12 期。

1. 出土背景

多随葬于高等级墓葬，与玉琮、玉璧、玉璜等高等级玉礼器，或与玉（石）钺兵器等共存，显示出当时社会已有明确等级之分，以暴力手段垄断着财富或权利。随葬的石镞数量较多，与玉、石器并排一起成组整齐堆放，表明当时使用弓箭的频率较高，可能是战争频繁的表现之一。墓葬中石镞成组陈列的现象较为普遍，大多以一组集中摆放，也有少数分两组、三组进行分开堆放。成组放置方式可能与箭镞消耗量大有直接关系，平时生活中使用弓箭外出狩猎或作战，往往是成组携带箭镞使用，因此作为随葬品之一的石镞，亦会按照生前习惯成组放置。而大部分成组摆放的石镞均与墓主人身体平行，镞锋或是与头部方向一致，或是与足部方向一致，可见，石镞随葬时是连同箭杆一起竖列放置在墓主两侧，而非横向放置其身体之上。而且镞锋方向绝大多数朝向外部，极少指向墓主人身体。因此，若石镞是作为兵器随葬，那么，这种摆放方式或有着抵御外侵、保卫自身的象征意味。

2. 技术传统

制作石镞的石料来自遗址附近，获取较容易，这样便能保证石镞的生产制作量大。与石料产地距离远近，会影响石镞的尺寸大小。若石料产地距离较远，人们采集到制作石镞的最佳石料后须运回或迁移到更远的居住地，为了节约，有效利用有限的石料资源，他们被迫将工具进行二次修整，便会造成尺寸的减小。而在三区（河谷遗址区）的石峡遗址和二区（内陆山地遗址区）的好川墓地制作石镞的石料来自遗址附近，故不存在这种情况。主要选用岩性呈片状的千枚岩（石峡文化有铤类）或青灰色泥岩（好川文化无铤类乙 B），石镞成品均磨制较精，部分经过抛光处理。

3. 使用痕迹

用于战争的石镞，表面磨损痕迹的情况并不易掌握。原因在于，当人们使用石镞这类带有石质尖端的武器制成弓箭进行远攻杀敌时，其目的在于消灭敌人，我们可以想见，在战场上时间、精力有限，往往不会有足够的时间去进行回收石镞再次利用（俘虏身上附着箭镞、“草船借箭”战术等情况除外）。那么，用于战争的石镞大多数可能是一次性的，其残损程度远不及“狩猎”“渔捞”用镞。而且，笔者通过观察石峡墓葬中随葬的石镞标本照片①，可知这批高等级墓葬中随葬为数众多的石镞，其表面磨损痕迹较少，锋、铤、刃缘等部位保留得较为完整，似尚未投入实用，而是专门为随葬而新制作的石镞。如此数量众多、成组随葬崭新石镞的做法，可能象征着该墓主的武将或战士身份亦或是暗含着埋葬死者的生人欲使用箭镞来保卫该墓主的意味。

4. 石镞形制

这种功用的石镞以有铤类尖铤、扁平铤、圆铤（甲 D、甲 B、甲 C）石镞居多。尖

① 广东省文物考古研究所、广东省博物馆、广东省韶关市曲江区博物馆编著：《石峡遗址——1973～1978 年考古发掘报告》（下），文物出版社，2014 年，图版七〇、七一。

铤、薄刃扁平铤、长圆铤，能较好地保证插嵌入竹、木质箭杆中时更加深入和牢靠，这样发射出去时能命中率更高、穿透力更强。可见，用于作战的石镞，其对铤部与箭杆的固定效果要求颇高。

这种功用的石镞主要出自三区（河谷遗址区）的石峡文化墓葬，其石镞占墓葬石器总数的67.64%，二区（内陆山地遗址区）的好川墓地，近三分之二是石镞。

综上所述，一区（沿海贝丘遗址区）新石器时代石镞的功用主要是渔捞、狩猎；二区（内陆山地遗址区）新石器时代石镞的功用主要是狩猎、战争；三区（河谷遗址区）新石器时代石镞的功用大多与战争有关。

三、生业格局的形成

由石镞的功用考察可知，不同功用的石镞在各区中的比重不同，从而在某种程度上反映了各区不同的生计方式（战争用镞除外）。一区（沿海贝丘遗址区）的石镞多作为渔捞工具使用，也兼狩猎，反映了渔捞、狩猎为主的生业模式；二区（内陆山地遗址区）的石镞多作为狩猎工具使用，反映了狩猎、采集为主的生业模式；三区（河谷遗址区）的石镞较多地投入到战争中，但从该区丰富的石斧、石铲、石刀、石锄、石镬、石磨棒等与原始农业有关的工具出土可知，该区的生业模式以原始农业为主。

然而，简单地“将生产工具作为经济形态、社会发展阶段标志物的机械理解与运用”[①]是不严谨的，更不能以之数量的多寡来判断经济方式的转变，尤其在将生产工具定性为农业生产工具时，更需要非常慎重。

例如，李映福从狩猎工具（主要是镞）的角度谈到了长江下游地区的经济形态转变[②]，文中认为镞代表狩猎经济，锛、斧代表农业经济，统计了长江下游新石器时代中期到新石器时代晚期诸考古学文化中骨镞、石镞数量上的变化，前期骨镞较多，如：河姆渡的1851件骨镞、桐乡罗家角的49件骨镞、马家浜文化的10处遗址出骨镞，而石镞极少，且尚未发现石、骨镞共出现象；后期石镞数量逐渐增多，尤其是崧泽文化、良渚文化时期，骨镞数量减少，石镞的数量逐渐增多。还统计了锛、斧数量不断增多，作者试图用此消彼长的数据来说明，生产工具由骨→石质转化反映了当时的人们对农耕经济的高度依赖。但值得注意的是，作者对待镞和锛、斧采用了双重标准，一方面认为镞代表了狩猎经济，解释镞由骨→石质转化时说是为了提高狩猎效率，另一方面解释他所谓的生产工具由骨镞向石锛、斧的转变是反映了对农耕经济的高度依赖，那后期石镞数量增多该作何解释？况且，石锛的功用尚无定论，并非确定就是农业生产工具。还有学者认为石锛是加工独木舟或小型木制品的手工艺工具[③]，也有说是祭祀功用[④]，如粤东、闽南地区墓葬中常随葬着成套的大、中、小型石锛，似具有一定的祭祀礼仪功用。

① 肖宇、钱耀鹏：《中国史前石锛研究述评》，《南方文物》2015年2期。

② 李映福：《从长江下游地区新石器时代的狩猎工具看经济形态的转变》，《四川文物》2007年4期。

③ 林惠祥：《中国东南区新石器文化特征之一——有段石锛》，《考古学报》1958年3期。

④ 张仲淳、郑东：《福建南安县发现成套石锛》，《考古》1993年4期。

尽管各区石镞的形制、数量、功能等方面变化的原因，可以追究到当时人们的经济生活方面，但是我们不能进一步引申说它们就是某种经济类型的产物，而只能表明其与某种经济活动有关而已。究其原因，我们还需要结合各区生态环境、生计方式，以及考古学文化传统等方面的差异，来分析中国东南地区新石器时代的生业格局。

（1）生态环境的不同。地形地貌、环境资源，客观上造就了不同地区之间不同生业格局的基础。

（2）生计方式的不同。通过石镞的出土情况、石镞与其他石制品的组合、生产工具、生活用具，以及共存的动物骨骼组合情况，来研究我国东南地区新石器时代的人群获取食物的方式与动植物资源分布之间的关系，从而探讨当时人群从采集渔猎经济生活向定居农业生活的发展过程中与环境资源利用的关系。中国东南地区新石器时代的遗址主要分为沿海地区的贝丘遗址、内陆山区的台地遗址、河谷地区遗址这三种类型，观察三种类型不同的遗址微景观环境、堆积状况、遗存特征等方面，可知生活在三类遗址中的人群，根据当地的动植物资源不同，所采取的取食方式也不同；通过石镞的类型、数量的对比，骨镞与石镞的比例在不同区域间的差异，也可以窥探出二者运用石镞取食的三种不同功用——狩猎、渔捞、战争。

（3）考古学文化传统的不同。不同考古学文化传统下的人群，其技术行为和思维方式等方面会有所差异，从而衍生出不同的生存和生活模式。居址与资源环境或使用石镞取食地点之间的距离变化，可以推测当时人群的定居或迁徙活动与环境变迁之间的关系。大多数渔猎采集人群会自然而然地向他们所要利用的资源所在地移动，在季节性生存和迁徙的策略上，石镞的消耗量较大，远距离射出去便难于回收，因此出土于某地地层中的石镞有可能属于距离较远的另一处生活的人群；不同石镞制作水平的人群，如技术标准化所显示的移动狩猎人群和定居人群的差异性，也能反映出社会人群的迁徙活动；尽管丰富的捕捞、采集和狩猎可以维持定居生活的长期稳定，但是由于人口压力导致的“捕捞压”“狩猎压”①，都有可能会导致该区域内人群的流动。

据此，中国东南地区新石器时代石镞所反映的生业格局，大致可以划分为以下三种：

（一）沿海贝丘遗址区——渔捞、狩猎为主的生业模式

从生态环境来看，沿海贝丘遗址区的诸遗址位于江河口和海岸的低台地上，背临低山茂林，当地居民便可就近从事各种水生动物、植物和鱼类的捞取，狩猎野兽②。目前还没有确切的证据证明沿海贝丘遗址区已有原始农业的存在，但是可能存在采集和简单加工植物性资源的活动。据福州、泉州、平潭岛、龙海等地的孢粉分析结果表明，在距今 8000～3000 年左右，一区（沿海贝丘遗址地区）温度变化较小，气温可能比现

① 关于这个问题的讨论，主要有：王绍鸿、吴学忠：《福建沿海全新世高温期的气候与海面变化》，《台湾海峡》1992 年 4 期。蔡保全：《从贝丘遗址看福建沿海先民的居住环境与资源开发》，《厦门大学学报（哲学社会科学版）》1998 年 3 期。吴小平：《也谈福建贝丘遗址消亡的原因》，《农业考古》2004 年 1 期。曲晓雷、陈智扬：《从胶东半岛和福建沿海的比较看贝丘遗址消亡原因》，《福建文博》2010 年 2 期。

② 韩起：《台湾省原始社会考古概述》，《考古》1979 年 3 期。

在约高2～3度[①]。从现生的几种动物的分布范围及其生态环境来看，当时台湾海峡两岸的气候要比现在稍微温暖，植被则比现在更为茂盛[②]。植被的丰富，不仅满足了食草动物的生存需要，也给当时的昙石山居民提供了丰富的植物采集（如采集植物果实、种子、纤维、木材等）和简单加工的资源。

从遗址形态和文化堆积来看，沿海贝丘遗址多蛤蜊壳、蚬壳的堆积层，这便是它们获取、消耗海产品的证据。闽江下游的昙石山遗址中，除墓葬区外，在穴址、火塘、连通灶、蛤蜊坑等处几乎都有动物遗骨发现，有的还有火烧的痕迹，说明当时的人类对于猎获的食物可能是随烧随吃、吃罢则随地抛弃。就现存这批动物遗骨中，据祁国琴初步统计与研究[③]，昙石山遗址的动物遗骨主要有两大类：一类是家畜（如狗、猪），即人类根据生产和生活的需要加以驯养的动物。值得一提的是，她根据牙齿磨蚀程度推断这些猪“大都死于幼年阶段”，进而认定“它们是人类为了食用需要而被宰割的家猪”。这种以年龄作为判断动物是否为家养的看法，值得商榷[④]。袁靖等人指出，需要根据形体特征（较小）、年龄结构（在1～2岁左右）、性别特征（公猪较多）、数量比例（需达到一定规模）、考古现象（埋葬动物的方式）这五条标准进行判断[⑤]。可见单就年龄一条推测有待进一步验证，而且也不能排除这样的可能性，即原始人类通常会选择那些奔跑速度较慢的幼年或老年野生动物作为最佳狩猎对象。如此看来，当时“昙石山居民存在饲养家畜的行为”的结论，亦是值得再推敲的。另一类是野生的动物（如虎、熊、象、鹿等），它们是人类狩猎的对象或者由于某种偶然原因死在人类住地附近的。其中，梅花鹿遗骨在该遗址中屡有发现，说明它们确为当时人类主要的狩猎对象。而捕获这类较大型的动物，除了长途追逐使其精疲力竭外，还可趁它们停歇、喝水时予以突然袭击，用石镞或骨镞远程射击亦不失为一种较为有效的捕获手段。因此，综合昙石山遗址中发现了大量石镞和梅花鹿的鹿角经砍削、磨光后制成精致的骨镞，以及屡次发现其他野生动物遗骨等情况，反映出当时人类可能一定程度上已经具备了使用石镞、骨镞等来猎获野生动物的能力。

根据渔猎工具在所有石器中的比重（见表一）来看，沿海贝丘遗址区的昙石山文化中发现了较为丰富的石网坠、石球、流星、矛、穿孔器等渔猎工具。还有一个鲜明特点是出土了大量蚌刀、铲等贝器，以及用于加工贝壳类海产品的凹石。由此可见，渔捞活动在该区的生计方式中所占的比重相对较大。

台湾的大坌坑文化发现了以下几种石器：① 在两头或两头、腰部打出缺凹的河床砾石，也许是做网坠之用；② 小型的打制石斧；③ 用于木材加工的小型的磨制石锛（包括部分有段石锛）；④ 长三角形中心带孔的板岩石镞；⑤ 有一平面磨成平行沟槽的“树皮布打棒”[⑥]。从圆山贝丘遗址的贝壳种类来看，其中不仅包含有牡蛎、小旋螺等海栖贝

① 王绍鸿、吴学忠：《福建沿海全新世高温期的气候与海面变化》，《台湾海峡》1992年4期。

② 同注①。

③ 祁国琴：《福建闽侯昙石山新石器时代遗址中出土的兽骨》，《古脊椎动物与人类》15卷4期，1977年。

④ 陈星灿：《动物年龄不再是判断是否家养的主要标志》，《中国文物报》2000年5月24日第三版。

⑤ 袁靖、罗运兵、李志鹏、吕鹏：《论中国古代家猪的鉴定标准》《动物考古——2007年中国郑州动物考古国际学术研讨会论文集》第1辑，文物出版社，2010年，116～123页。

⑥ 韩起：《台湾省原始社会考古概述》，《考古》1979年3期。

表一　各区典型遗址石器种类和数量统计表

分区	地区	典型遗址	石器总数	渔猎工具							其他工具																								
				镞	砍砸器、石刮刀	网坠	球	流星	矛	穿孔器	锛	斧	刀	镰	锄	铲	镬	磨棒	磨石、石饼、凹石	砺石	锤	凿	钻	锥	纺轮	残石器	钺	璋	戈	琮形器	璜	环	璧	坠	琀
一区	闽东	昙石山	634	178	1	35			4		335	15	7	6		1			2	15		13		1		11	6					2	2		
		溪头	124	14		23					69		1	1						9		2	1			4									
		庄边山	264	56					1		167	15								4		25				3					1				
		东张	1249	189		2			25	4	703	31	16						1			10				240			9		1	18			
		黄瓜山	561	138							314								10	10		37		1		49			1	1					
二区	闽北	牛鼻山	97	41	1		6				29	3	1							7		1					2		6						
		梅溪岗	65	31		7					18		2							5		2													
		黑岩头	10	6							2	1															1								
		斗米山	200	64			3		2		57	6	12		1				1	29		7		9	1				8						
	浙南	好川墓地	142	95							34		1														11								1
		山崖尾	29	28	1																														
		久山湖	19	9							6			1													1								
三区	赣北	山背	102	24		3	3				34	10	9			4				8		7													
		拾年山	559	83		5	2	14			93	19	19		2	4	79	2	12	185		7	5				2			1		2		1	
		筑卫城	122	71	1						14	17	11			1		1	2			1	2	1											
		樊城堆	115	79							10	5	7			3				7		1	3												
		社山头	402	217		48	2	1	1		91	12	8		1	6		1		4		5		1		1			1			2			
	粤北	石峡	1645	786					2		514	8				27	37	10	8	123	4	57		3		65							1		
		黄谭寺	70	23						1	28											1				11			2			4			
		覆船山	44	13			4				13							4	3			3				4									

类，尚有半淡水栖之乌蚬类，还有淡水栖的中国田螺等，故推测台湾盆地中尚残留咸水湖，不仅有一部分可能呈淡水性沼泽池，更有一部分露出呈陆地或湿地，这样人们便选择在地势相对较高的圆山等孤山上居住[①]。圆山文化和芝山岩文化的出土遗物中，石镞、骨镞、骨鱼叉、石网坠等都是与渔猎有关的器物，而大量的石斧、石铲、石锄以及陶器、炭化稻米等，又表明圆山、芝山岩的住民可能亦从事农业生产活动。遗址中还发现许多鱼骨、兽骨（野猪、水鹿、麋鹿）等骨骼[②]，李政益、陈玛玲、林立虹等对圆山遗址 14 个人骨和 3 个兽骨的胶原碳与氮稳定同位素组成进行分析研究，认为圆山人的饮食主要包括 C_3 类植物源（C_3 植物和以 C_3 类植物为食的动物）以及海洋资源，其生业方式为多样性策略，即捕鱼、狩猎（猪、鹿和其他动物）、采集贝类，并有可能耕作稻米等 C_3 类植物[③]。由此可见，当时台湾地区的居民其生计方式、生业经济的多元性，亦多从事着渔捞、狩猎和植物资源的采集与加工等活动。

此外，通过考察一区（沿海贝丘遗址区）的石镞期别演变特征可知，在第一期，距今 6500～5000 年间，该区石镞的数量和种类较少，如甲 BⅠ式、乙 AⅠ式均为扁平体，磨制工艺相对简单、粗糙，而此时期该区出现的铤类带穿孔石镞乙 D，是其他区所没有的。在此阶段，大坌坑文化中出现的长三角形中心带孔的板岩石镞，昙石山下层文化中出现的有铤类甲 Ab、甲 BⅠ式、无铤类乙 AⅠ式，均反映出在此时期该区的人们会利用这些石镞进行渔捞活动。到第二期，距今 5000～4300 年间，铤部加工更为精细的有铤类石镞非常丰富，对扁平体石镞的两侧刃也进行了深度打磨加工，使之铤部由扁平逐渐变为圆柱铤，如甲 BⅡ式。在此阶段，昙石山文化中出土的大量有铤类石镞和无铤类乙 AⅠ式，圆山文化、芝山岩文化的三角形中间穿孔石镞乙 D 所占比例大致相等，反映出在此时期该区的人们利用石镞多进行渔捞、狩猎活动。发展到第三期，距今 4300～3500 年，石镞生产和制作工艺方面发展更为迅猛，其数量和类型也是三个区中最多的地区。石镞镞身的两侧刃有了较为精细的磨制，使镞锋更为锋利、穿透力更强，对有铤类石镞的铤部装配技艺及镞锋锋利程度要求更高，如甲 BⅢ式、甲 CaⅢ式。尤其值得注意的是，还出现了三棱体、双截铤等加工耗时更久、做工繁复的石镞类型，如甲 AaⅢ式、甲 Ab、甲 Ec。在此阶段，黄瓜山文化中出土较多的有铤类石镞、三棱体镞、双截铤镞等，凤鼻头文化、卑南文化中出土的叶形有铤石镞、长三角形、柳叶形无铤类石镞等，反映了在此时期该区的人们利用石镞多进行狩猎相关的活动。

综上，根据生态环境、遗址的文化堆积、海生鱼类、贝类、野生动物骨骼，生产工具群、石镞的期别演变特征等情况，可知，沿海贝丘遗址区的人们在第一期（距今 6500～5000 年）多从事着渔捞为主的活动，在第二期（距今 5000～4300 年）以渔捞、狩猎和植物资源的采集与加工等活动为主，到了第三期（距今 4300～3500 年）生计活动则以狩猎居多。因此，一区（沿海贝丘遗址区）的生业模式即以渔捞、狩猎为主。

---

① 林兴仁、盛清沂：《台湾台北县志》（三），成文出版社，1983 年，37 页。

② 韩起：《台湾省原始社会考古概述》，《考古》1979 年 3 期。

③ 李政益、陈玛玲、林立虹等：《从人骨和兽骨之胶原碳与氮稳定同位素组成看圆山文化人的摄食特征》，《考古人类学刊》85 期，2016 年。

（二）内陆山地遗址区——狩猎、采集为主的生业模式

内陆山地遗址区的牛鼻山文化、好川文化的诸遗址，均位于武夷山脉、仙霞岭的深山高地，森林茂密，雨量充沛，动植物资源丰富，但是可供耕种的土地面积稀少，经济形态与长江流域平原地区的农耕经济有着明显的不同。因武夷—南岭山地的阻隔而较难受到中原文化的直接影响，古文化表现出较强烈的地域性，是土著文化发育和顽强延续的核心地带[①]。从其生产工具群来看，亦具有鲜明的地域特色。

从整个东南地区的石器生产工具（见表一）来看，这个区的渔猎工具、农业生产工具均是数量最少的，石镞的数量算是该区数量最多的一类器物。此外，发现有部分砺石、石凿、石锥、石锛等手工业加工工具。由此可见，单纯简单得以生产工具对应经济形态，在此并不能适用。

此外，通过考察二区（内陆遗址区）的石镞期别演变特征可知，在第一期，距今6500～5000年间，仅在闽西地区调查采集了少量的石镞，以凸底类丙AⅠ式为代表，制作相对简单、粗糙。到了第二期，距今5000～4300年间，石镞类型和数量增多，以有铤类石镞居多，且石镞的铤部呈现出较为细致地磨制加工。如牛鼻山文化中出土了较多的甲BⅡ式、甲CaⅡ式、甲Ea等有铤类镞。发展到第三期，距今4300～3500年，有铤类石镞的两侧刃和铤部的磨制工艺较前一阶段更为精细，如马岭类型中的甲BⅢ式、甲CaⅢ式、甲D，好川文化中的甲CaⅢ式、甲Cb均是此时期较为常见的有铤类镞，结合前文对好川文化石镞的功用分析可知，此时该地区的人们会利用石镞制作成部落间战争用的武器。另外，该区无铤类窄叶形平底石镞（乙A）也较多，但是缺少三棱体、双截铤等加工复杂的石镞类型，显示出该区在此时期石镞的加工技术相对一区和三区而言，略为落后。二区位于中间地带，在距今5000～3500年间，石镞的发展相对稳定，基本上是继承（如甲B、乙A）和发展（如甲Ca）了三区和一区的石镞类型，受西部和东部的影响较多。二区的闽北地区正是中原或长江中下游、赣鄱流域新石器时代文化通往东南沿海的必经之地，牛鼻山文化中所见的各种周邻地区同时期文化的相同因素，正是该时期文化交往互动的反映[②]。一区的闽江下游与三区的赣鄱地区的新石器时代诸文化之间的直接或间接交往，通过二区闽江上游及其支流作为迁移的重要通道，足见二区内陆山地遗址区作为中间地带，兼具一区沿海贝丘遗址区和二区河谷遗址区相同或相似的石镞类型。

综上，结合内陆山地遗址区的自然生态面貌、生产工具群，以及前文中对石镞的功用分析可知，这里的原始居民在距今5000～3500年间多从事着原始的狩猎采集经济，由于缺乏农耕土地，仅发现极少数的石镰、石锄，以及没有相关稻谷遗存出土，目前看来，此时农业经济尚不存在。因此，二区（内陆山地遗址区）的生业模式是以狩猎、采集为主。

（三）河谷遗址区——原始农业为主、渔猎为辅的生业模式

河谷遗址区的诸考古学文化遗址，多集中分布于沿江、沿湖等低岗河谷间，获取淡

---

① 吴春明、钟礼强：《20世纪闽台考古研究的回顾与思考》，《厦门大学学报（哲学社会科学版）》2001年2期。

② 钟礼强：《闽江下游与赣鄱地区新石器时代晚期文化的比较研究》，《考古》2007年9期。

水资源较为便捷，从生产工具、定居形态、墓葬等级等方面来看，该地原始居民过着以农业经济为主导的生活。同时，有可能会利用石镞、网坠等来捕捞鱼类以获取食物。

赣鄱流域，较早的社山头一期、拾年山一期阶段，以狩猎采集经济为主，但有迹象表明，该时期已逐渐出现农业生产经济因素。如，从生产工具上来看，出土了较多石锄、石铲、石镬、石磨棒、磨石等疑似植物耕作及加工的工具，可能与该地区的农业生产有关；出现了有段石锛、有肩石斧等工具，一定程度上反映了手工业加工水平的提高。从居住形态上来看，当地先民使用长方形浅穴式房屋，并拥有相当进步的烧制土墙和地面的技术，这些建筑经验与长期的定居生活有关。表明这一时期，赣鄱地区的经济形态从单纯的狩猎采集经济逐渐向多样化经济转变（农业生产与狩猎采集经济并存）。到了距今5500～3500年左右的樊城堆、山背等考古学文化，受长江中下游地区考古学文化的影响，狩猎采集经济比重已明显下降，农业经济比重逐渐增加。最明显的表现是指石器工具（见表一）中，占绝大多数的是与农业生产有关的工具，如，形式丰富的石斧（厚重斧、扁平斧、有肩斧、有段斧），石铲（有孔铲、无孔铲），石刀（长方形刀、穿孔刀、半月形刀、梯形多孔刀）等，这些农耕工具的形式向着合理化方向发展，表明工具在逐步改良的基础上，农业生产效率亦不断提高；而用于狩猎的石球、穿孔器等数量极少，镞的数量虽然较为丰富，有铤类镞的两侧刃和铤部加工更为精细，新出现了双截铤石镞甲Eb，代表着该时期狩猎经济还存在，但也有可能镞在此文化发展繁荣的时期是作为部落间争斗的远攻武器。此外，石、陶质网坠也有一定数量出土，可推知当地靠近最大的淡水湖鄱阳湖，利用网坠或石镞进行渔捞活动，也是有可能的。而且，由于原始农业本身收获有限，当时人们必须以多种经营来保证自己的发展，这一时期，这里的原始居民，还会从事狩猎、渔捞等原始经济作为辅助。

粤北石峡文化的石镞绝大部分出自于墓葬，且多成组整齐排列，与玉礼器、玉石钺等兵器共存于高等级的墓葬中，因而其功用更有可能是战争类武器。石峡文化的石器群（见表一）反映出，石网坠、石球、流星、矛、穿孔器等渔猎工具几乎没有，数量较多的反而是器身薄、锋刃宽的斧、锛、镬等加工工具，轻便锐利的石铲、锄等农用工具，以及小石锛、圆刃锉刀等专用木工工具。石峡遗址的石器制作，由选择、切割、琢打成型到通体磨光，并根据不同器形进行细部加工，已有一套较完整的程序。再加之，石T3②B灶坑、T2③柱洞出土有碳化稻谷壳，经鉴定与栽培稻相同[①]，石M107、石M7、石M104、石M108等墓葬中也随葬不少碳化稻谷、稻米等遗物[②]。由以上情况可推知，石峡文化以原始农业耕作为主，社会阶级分化逐渐显现，以暴力手段进行垄断，生产技术与财富集中于少数人手中。

综上，在第一期（距今6500～5000年）该区的原始居民从事着农业生产与狩猎采集活动并存的经济形态；到第二期（距今5000～4300年）该区的原始居民以原始农业生产为主，以狩猎、渔捞等活动作为辅助；发展到第三期（距今4300～3500年）该区

① 广东省文物考古研究所、广东省博物馆、广东省韶关市曲江区博物馆：《石峡遗址——1973～1978年考古发掘报告》（下），文物出版社，2014年，676～677页，附录三、四。

② 广东省文物考古研究所、广东省博物馆、广东省韶关市曲江区博物馆：《石峡遗址——1973～1978年考古发掘报告》（下），文物出版社，2014年，625～653页，附表六。

原始居民则主要以原始农业生产为主。因此，三区（河谷遗址区）的生业模式是以农业经济为主，渔猎经济为辅。

四、结　语

本文在对中国东南地区新石器时代石镞谱系研究的基础上，通过对其出土背景、技术传统、形制差异及其使用痕迹的分析，大致可知：一区（沿海贝丘遗址区）新石器时代石镞多为“渔捞”“狩猎”用镞，形制以带亚腰形的双截铤镞（甲 E）和无铤类带穿孔石镞（乙 D）居多；二区（内陆山地遗址区）新石器时代石镞多为“狩猎”“战争”用镞，形制以无铤类窄叶形平底石镞（乙 A）和有铤类的尖铤（甲 D）石镞居多；三区（河谷遗址区）新石器时代石镞则主要是“战争”用镞，形制以有铤类的尖铤（甲 D）、扁平铤（甲 B）、圆铤（甲 C）石镞居多。

结合生态环境、生计方式、考古学文化传统等方面的比较分析，揭示了中国东南地区新石器时代石镞所反映的三种生业格局：① 沿海贝丘遗址区——渔捞、狩猎为主的生业模式；② 内陆山地遗址区——狩猎、采集为主的生业模式；③ 河谷遗址区——原始农业为主、渔猎为辅的生业模式。

On Life and Profession Patterns That Stone Arrowheads Reflect in the Neolithic Age in Southeast China

Zhang Jian
(School of History and Culture, Qufu Normal University)

Abstract: Stone arrowhead is one of the most common relics during the Neolithic Age in southeast China, which is characterized by its huge amounts, prolonged period of time, various and complex forms and obvious regional characteristics. Through analysing the exvacation background, technology tradition, shape differences, and the using trails of arrowheads in the Neolithic Age in southeast China, stone arrowheads are divided into three kinds of functional ones: hunting,fishing and fighting.And according to the proportion of different functional stone arrowheads in all areas, and the overall analysis of ecological environment and living style, archeological culture tradition, this article reveals the life and profession patterns in the Neolithic Age in southeast China: ① Coastal midden relics sites-mainly on fishing and hunting; ② inland mountain relics sites-mainly on hunting and collecting; ③ river valley relics sites-mainly on primitive agriculture, with fishing serving as subsidiary role.

Key words: stone arrowhead，function，the life and profession pattern

内蒙古东北部地区早期鲜卑生计方式探讨*

张国文

（南开大学历史学院考古学与博物馆学系）

内容提要：学术界目前对早期鲜卑研究较少，关于早期鲜卑的历史古文献记载也只言片语，这限制了我们对于鲜卑历史的综合研究。1949 年以来的考古工作为鲜卑早期历史的揭示提供了大量第一手实物资料。本文拟对内蒙古东北部地区早期鲜卑墓葬出土的动 / 植物遗存、生活日用品、工具 / 武器以及其他各类遗物进行综合对比分析，并结合早期鲜卑墓葬出土的人和动物骨骼的稳定同位素分析结果，探讨第一次南迁过程中以及定居草原的早期鲜卑生计方式。通过综合分析可以得知，早期鲜卑以畜牧 / 游牧生活为主，含有一定渔猎经济成分。粟类作物在早期鲜卑食谱中占据一定比重，这表明早期鲜卑在南迁过程中与周边民族的经济贸易和文化交流对其农业经济发展和社会生活有较大的影响。

关键词：早期鲜卑　墓葬　生计方式

一、引　　言

鲜卑族属于阿尔泰语系东胡语族，源于古老民族东胡，早期居住在大兴安岭以及嫩江平原，经过两次迁徙即南迁“大泽”（今呼伦湖附近）和南迁“匈奴故地”，占据了匈奴的领地，“转移据其地，匈奴余种留者尚有十余万落，皆自号鲜卑，鲜卑由此渐盛”①。东汉时中原王朝内乱不止，鲜卑的檀石槐趁机统一了东西各部，建立了鲜卑部落联盟，但是到公元三世纪时部落联盟瓦解，鲜卑分裂为拓跋、宇文、段氏、慕容四个强势部落，建立了许多游牧民族政权，如前燕、后燕、南燕、西秦、南凉、西燕、吐谷浑、代和北魏。鲜卑是中国古代历史上一支重要的游牧民族，对中国封建化进程和中华民族的形成做出了不可磨灭的贡献。从中国历史上浩如烟海的古文献可以看出，古人对于鲜卑这个民族很早就开始重视，如《后汉书》《三国志》《晋书》《魏书》《宋

---

* 本文得到国家自然科学基金（41503003）、中国博士后科学基金资助项目特别基金（2015T80211）和南开大学亚洲研究中心项目（AS1610）资助。

① 范晔：《后汉书 · 鲜卑传》，中华书局，2000 年。

书》《南齐书》《北齐书》《北史》等均有鲜卑的记载。然而，文献中关于早期鲜卑的记载只有只言片语，制约了我们对鲜卑历史的全面重建。中国考古事业的蓬勃发展，大量鲜卑遗存尤其是早期鲜卑遗存的发现，使得学者们对于鲜卑历史的研究上升到了一个新的广度和高度。

本文拟结合现有的文献资料，立足于内蒙古东北部地区早期鲜卑遗存出土的动植物遗存、工具、日用品等考古材料，结合部分科技考古分析结果，从多个方面全面考察早期鲜卑的生计方式，尝试探讨其食物来源、经济方式、社会生活，从而重建内蒙古东北部地区早期鲜卑历史。

二、早期鲜卑的时空范畴

早期鲜卑一般指的是鲜卑兴起至建国之前这个阶段[①]。鲜卑兴起于大兴安岭森林地区，嘎仙洞是其可能的起源地之一，也是目前发现的较早的早期鲜卑考古遗存，其年代应该不会晚于西汉[②]。早期鲜卑的时代下限因鲜卑各部建国时间稍有差异，大致为公元 3 世纪末至 4 世纪初。

鲜卑祖先推寅（部落首领的统称）带领族群离开大兴安岭之后，往西南迁徙，到达了今天的呼伦贝尔草原地区，即史书记载的“南迁大泽”（“大泽”，据学者考证即今呼伦湖）[③]。鲜卑从林海浩渺的大兴安岭地区走向了广袤无垠的内蒙古大草原,在这里他们揭开了文化发展及民族融合的序幕。目前，此时空范围内发现的考古遗存主要有满洲里市扎赉诺尔、满洲里市蘑菇山、呼伦贝尔市额尔古纳旗拉布达林、呼伦贝尔市额尔古纳旗七卡、呼伦贝尔市东乌珠尔、呼伦贝尔市团结、新巴尔虎左旗伊和乌拉、伊敏车站墓地和鄂温克自治旗孟根楚鲁孟北一号墓和白云乌拉等墓群。这些遗存集中分布在大兴安岭北段西侧的海拉尔河流域，时代多数为东汉时期[④]。以上时间段或稍后的鲜卑遗存，在内蒙古中、南部和辽西地区也有分布，内蒙古中、南部有诸如林西苏泗汰墓地、二连浩特市盐池墓地、乌兰察布市三道湾墓地、二兰虎沟墓地、赵家房村墓地、东大井墓地、石家沟墓地、下黑沟墓地等；辽西地区有诸如北玛尼吐墓地、南杨家营子墓地等，以上地区鲜卑墓葬的时代约为东汉晚期至魏晋，即公元三世纪中晚期（图一）。

本文拟着重探讨早期鲜卑生存环境从封闭森林走向开放草原对其生计方式的影响。因此，与鲜卑的第一次大规模南迁（途中及目的地）相对应的考古遗存就显得尤为重要，而以上考古发现主要集中分布于内蒙古东北部地区，时代相当于东汉时期。

① 乔梁：《内蒙古中部的早期鲜卑遗存》，《青果集——吉林大学考古系建系十周年纪念文集》，知识出版社，1998 年。

② 乔梁、杨晶：《早期拓跋鲜卑遗存试析》，《草原文物》2003 年 2 期，51～58 页。

③ 魏收：《魏书》卷一百一十三，中华书局，1974 年。

④ 韦正：《鲜卑墓葬研究》，《考古学报》2009 年 3 期，349～378 页。

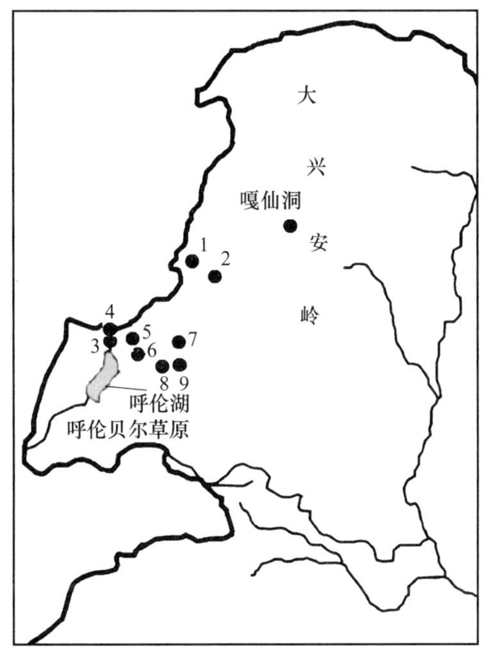

图一 早期鲜卑考古遗存分布位置示意图

1. 额尔古纳右旗拉布达林墓地 2. 额尔古纳右旗七卡墓地 3. 满洲里市扎赉诺尔墓地 4. 满洲里市蘑菇山墓地 5. 新巴尔虎左旗伊和乌拉墓地 6. 陈巴尔虎旗东乌珠尔墓地 7. 海拉尔区团结墓地 8. 伊敏车站墓地 9. 鄂温克自治旗孟根楚鲁墓群（孟北一号墓和白云乌拉墓）

三、生计方式研究方法和内容

生计方式（Subsistence Strategies），是一个文化人类学、社会学、民族学的学术名词，其实质也是指维持生存的手段。生计方式是用科学分类及理论思维的研究方法，观察分析处于自然经济中的人们群体的物质生产方式后总结归纳出的概念[①]。生计方式主要体现的是各类人群为适应不同环境所采取的整套谋生手段，其中食物的获取是古代人类最重要的生计。中国古代不同地区的生业特点及其发展演变轨迹在一定程度上决定着各个地区的文化、社会发展进程和模式的特征。因此，在考古学研究中探讨生业和社会的相互关系是一个十分有意义的学术命题[②]。我们对于生计方式的研究最终要回归到人们物质生产、生活的载体。而对于研究古人的生计方式，则主要依赖于考古出土的遗物，如食用的动 / 植物资源、生产 / 生活的工具、生存斗争的武器等。具体归类如下：

（1）生活用品。主要为各类质地的炊器、饮食器、盛器等，以及各类日用品等，其中以陶器最为常见；

（2）工具 / 武器。工具也是讨论生计模式的一个重要因素，特别是农业的产生与

① 李劼：《生计方式与生活方式之辨》，《中央民族大学学报（哲学社会科学版）》2016 年 1 期，45～51 页。

② 袁靖：《生业与社会：〈南方文物〉“生业与社会”专栏开栏语》，《南方文物》2014 年 1 期，54～57 页。

发展，伴随着相应的工具套的形成，一个成熟的农业经济，一般包括了从耕种、收割到加工过程的各类工具[①]。秦岭等人就分析和重新评估了河姆渡遗址出土的动植物遗存、相关遗迹和工具情况，并与其他相应资料进行比较，综合分析了河姆渡遗址先民的生计方式。工具和武器两类遗物，虽然功能性质差异明显，但是某些遗物的使用功能界定缺乏足够的证据，故而无法准确判断其为工具还是武器，如铁刀、剑等，所以本文暂将工具和武器归到一大类；

（3）动物遗存。不同生态系统的动物预示着不同的生存环境和食物来源，对于生计方式的指示意义不言而喻。动物遗存，如哺乳类动物骨骼、牙齿、角、贝壳等对于探讨先民动物资源利用方式，以及其畜牧业 / 游牧业的发展程度是重要的物质基础；

（4）植物遗存。类似于动物遗存对于探讨先民动物资源利用方式和畜牧业 / 游牧业发展情况，植物遗存（包括植物大化石和微体化石），对于探讨先民的植物类食物资源利用方式和农业发展水平具有重要意义；

（5）其他：包括饰品、钱币、纺织品、服饰、马具等。这些无法归到以上四大类，但结合具体考古学和历史学背景资料，又能反映出人类生计方式的物质遗存。如鲜卑墓葬常见的动物风格牌饰，一定程度上反映的是鲜卑的动物崇拜或现实生活中对动物资源的利用。又如鲜卑墓葬出土的中原地区常用的钱币、丝织品等，反映的是鲜、汉人群之间的经济行为。

当然，除了以上考古出土的物质文化遗存外，考古遗迹本身以及遗迹所在的自然环境和生态资源，也在一定程度上能够体现古人的生计方式，如河流阶地、天然洞穴、沿海贝丘等遗址形态下的先民生计方式差异显而易见。而滨海、山区、平原、森林、草原等不同自然环境和生态资源下的古人，其生计方式必然会有相应的特征和差异。例如，赵宾福通过对自然条件、生态环境、生产工具以及生物遗骸（动、植物遗存）等四个方面的分析和推断，认为嫩江流域的新石器时代始终以渔猎经济为主，代表了一种与“种植农业型新石器文化”有所区别的具有地域特色的“渔猎型新石器文化”[②]。

然而，仅凭单一类别遗存尝试复原古人生计方式的全貌未免会有失偏颇，故而采用多学科交叉的方法，对特定遗址出土的动植物遗存、人工遗物及相关遗迹开展综合研究势在必行[③]。同时，如果能够将生计方式研究的视野扩展到科技考古研究领域，如植物微体化石分析、残留物分析、环境考古研究、动物考古综合研究、基于稳定同位素分析的古食谱研究、微痕研究等，相信势必会促进此领域的研究深度和广度。

四、考古遗存所见早期鲜卑生计方式

为了揭示早期鲜卑生计方式，笔者拟将早期鲜卑考古出土资料分为“生活用

① 秦岭、傅稻镰、Emma Harvey：《河姆渡遗址的生计模式——兼谈稻作农业研究中的若干问题》，《东方考古》第 3 集，307～350 页。

② 赵宾福：《嫩江流域新石器时代生业方式研究》，《考古》2007 年 11 期，55～61 页。

③ 袁靖：《公元前 3500 年至前 1500 年黄河、长江及西辽河流域的资源、技术和生业研究》，《中国文物报》2012 年 8 月 17 日第 6 版。

品”“工具/武器”“动物遗存”“植物遗存”及“其他”五个大类，其中每类又依据材质不同分项统计，统计结果详见附表一至九。无法鉴定动物种属的骨饰、骨簪、骨片、骨板等装饰性骨制品除特殊情况外归到“其他”类，无法鉴定动物种属的骨镞等归到“工具/武器”类，以上均不计入“动物遗存”类。

（一）嘎仙洞时期

1980年考古学家在大兴安岭北段东麓、嫩江西岸支流甘河上源发现了“嘎仙洞”遗存（内蒙古自治区呼伦贝尔市鄂伦春自治旗阿里河镇西北10千米），内有北魏太平真君四年（公元443年）石刻，内容为拓跋焘派遣中书侍郎李敞来此祭祀时所刻祝文，确证嘎仙洞即史书所载北魏拓跋鲜卑祖先居住的“旧墟石室”。据米文平先生的记载，挖排水沟时在洞口表土以下0.8米黑色黏砂土层发现手制夹砂灰褐陶片、骨镞、石镞等，在地表以下1.3米的黄色黏沙土中出土打制石器。嘎仙洞内的文化层厚度达1.5米，出土有打制石器、细石器、牙饰、骨器、陶器、青铜器、铁器和大量野生动物骨骼，是一个人类长期居住的洞穴遗址[①]。据出土的遗存推断，生活在嘎仙洞石室的鲜卑先民应处于原始的狩猎经济形态。

（二）南迁大泽时期（公元前1世纪至公元1世纪末）

南迁大泽途中以及定居大泽的长达一百年的时间内，鲜卑遗留下了诸多足迹。在今天的内蒙古东北部地区发现了拉布达林墓地[②]、七卡墓地[③]、扎赉诺尔墓地[④]、蘑菇山墓地[⑤]、伊和乌拉墓地[⑥]、东乌珠尔墓地[⑦]、团结墓地[⑧]、伊敏车站墓地[⑨]、孟根楚鲁墓群[⑩]（孟北一号墓和白云乌拉墓）等遗存。另还有新巴尔虎右旗一座鲜卑墓[⑪]，墓葬局部被破坏。内置桦树皮棺具，墓主头部覆盖残丝织品，头骨左上方棺具外出土一件残铁块。初步判断墓主应是3～4岁儿童。墓地北岸为扎赉诺尔东汉时期鲜卑墓群，墓葬

① 王大方：《嘎仙洞遗址》，《草原文物》1991年1期，121～123页。

② 赵越：《内蒙古额右旗拉布达林发现鲜卑墓》，《考古》1990年10期，890～893页；内蒙古文物考古研究所等：《额尔古纳右旗拉布达林鲜卑墓群发掘简报》，《内蒙古文物考古文集》第一辑，中国大百科全书出版社，1994年，384～396页。

③ 呼伦贝尔盟文物管理站、额尔古纳右旗文物管理所：《额尔古纳右旗七卡鲜卑墓清理简报》，《内蒙古文物考古文集》第二辑，中国大百科全书出版社，1997年，457～460页。

④ 内蒙古文物工作队：《内蒙古扎赉诺尔古墓群发掘简报》，《考古》1961年12期；王成：《扎赉诺尔圈河古墓清理简报》，《北方文物》1987年3期，19～22页；内蒙古文物考古研究所：《扎赉诺尔古墓群1986年清理发掘报告》，《内蒙古文物考古文集》第一辑，中国大百科全书出版社，1994年，369～383页；陈凤山、白劲松：《内蒙古扎赉诺尔鲜卑墓》，《内蒙古文物考古》1994年2期。

⑤ 中国社会科学院考古研究所内蒙古工作队、呼伦贝尔民族博物院：《满洲里市蘑菇山墓地发掘报告》，《草原文物》2014年2期，21～34页。

⑥ 呼伦贝尔盟文物管理站：《新巴尔虎旗伊和乌拉鲜卑墓》，《内蒙古文物考古文集》第二辑，中国大百科全书出版社，1997年。

⑦ 刘国祥、白劲松、沈睿：《陈巴尔虎旗民族文物考古概述》，中国考古网，2014年1月27日。

⑧ 陈凤山等：《呼伦贝尔市团结墓地》，《内蒙古地区鲜卑墓葬的发现与研究》，科学出版社，2004年。

⑨ 程道宏：《伊敏河地区的鲜卑墓》，《内蒙古文物考古》，1982年2期，662～667页。

⑩ 同注⑨。

⑪ 云薮：《内蒙古新巴尔虎右旗发现一座鲜卑墓葬》，《北方文物》1987年4期，111页。

形制同于扎赉诺尔，故而时代上应与扎赉诺尔墓群较为接近。

扎赉诺尔墓群出土铁器数量较多，共 68 件，其中铁镞 38 个、铁刀 13 把、铁剑 1 把、铁矛 6 件、铁衔 5 件、铁鞘 5 件。铁器形式多样，数量较多，可能是当时重要的狩猎和生产工具。伊和乌拉墓地位于海拉尔河北岸台地上，随葬牛和马的头骨及蹄骨为殉牲，出土有陶罐、陶壶、铁刀、铁马衔和弓形金饰。呼伦贝尔团结墓地位于海拉尔河南岸台地上，清理 7 座墓葬，出土 5 件陶器，采集陶器 5 件，另发现有马、牛、羊等动物骨骼，随葬品均为生活用品和装饰品，以陶器为主。约在一半的墓中出有铁器，因锈蚀严重，不能确定其为何物。从其出土的位置及大小来分析，可能是铁镞一类兵器。殉牲现象比较普遍，约占 60%，为马、牛、羊的头骨和牛蹄骨，一般放置于人头顶的二层台上。

从拉布达林、扎赉诺尔等墓群出土的大量镞、矛、弓弭、鸣镝等武器，以及陶器和桦树皮制品，以及牛、马等随葬动物，还有野猪、鹿等野生动物来看，先民可能以畜牧 / 游牧为生，也从事一定狩猎活动；扎赉诺尔出土的羊形、三鹿纹牌饰也从侧面反映了当时先民的生计方式。而从蘑菇山出土的铜双鹅绞颈牌饰所反映的文化信息看，似乎已经淡化了森林中具有代表性动物鹿的形象，而对湖泊中具有代表性飞禽类的天鹅加以崇拜①；另外，拉布达林出土了河蚌壳，扎赉诺尔也出土了贝壳、蚌壳和鱼骨，数量不多，推测有少量渔猎经济成分的存在。

拉布达林 M6 出土陶罐下的小木条上撒有谷粒，扎赉诺尔墓群出土的陶罐中发现谷物和植物根茎，据外壳大小与形态分析，发掘者认为应该是穄子，俗称糜子。扎赉诺尔墓群出土四神规矩镜、如意纹织锦等中原输入品，以及明显的匈奴风格的动物纹饰牌和铜斧等器物，还有拉布达林墓地出土 5 枚“大泉五十”等，反映早期鲜卑与中原及周边民族的经济和文化交流。

将早期鲜卑南迁大泽过程中及在大泽周围居住时期墓葬出土实物资料整理汇总，见表一。其中，墓葬出土的碳化植物遗存无法量化统计。此外，“其他”类虽能够量化统计，但因种类过于杂乱，不与日用品、工具 / 武器和动物遗存类汇总。

表一 内蒙古东北部地区早期鲜卑墓葬出土遗物汇总表

	日用品			工具 / 武器				动物遗存				
	陶器	铜 / 铁器	木器	铁器	骨器	木器	石器	牛	马	羊	鹿	野猪
出土数量	78	5	70	127	201	8	28	86	78	45	4	3
占据百分比	51%	3%	46%	35%	55%	2%	8%	40%	36%	21%	2%	1%

从表一统计数据可以看到，日用品以木器、陶器居多，木器基本均以桦树为材料，可见早期鲜卑对北方森林地区常见的桦树依赖较大，包括墓葬棺木的使用也是以桦树为主，这是鲜卑对早期森林环境中生计方式的延续；工具 / 武器类遗物以骨质品居多，比例达 55%，这也反映了早期鲜卑对动物资源的依赖程度较高；动物遗存中牛、马、

① 中国社会科学院考古研究所内蒙古工作队、呼伦贝尔民族博物院：《满洲里市蘑菇山墓地发掘报告》，《草原文物》2014 年 2 期，21～34 页。

羊数量居多，分别占 40%、36% 和 21%，鹿、野猪以及贝类、禽类等野生资源也有发现，但是数量非常少，这表明早期鲜卑依赖的动物资源主要是陆生动物，且主要为畜牧 / 游牧所提供的家养动物，而通过渔猎经济获取的野生资源数量较少。丁利娜等对从拉布达林墓地和扎赉诺尔墓地的随葬品对比分析研究发现，一些随葬品的比重存在着显著变化。如桦皮器、骨镞、弓弭、弓把等减少，野猪、鹿消失；而殉羊的比重增加。这些现象反映的应该是狩猎经济成分的减弱和游牧经济成分的增长，似乎正体现出早期鲜卑走出大兴安岭森林环境南迁到呼伦贝尔草原这一过程[①]。

五、早期鲜卑生计方式的古食谱分析证据

研究指出，人体骨组织的化学组成直接对应食物中的化学组成。当人们的食物来源不同时，骨骼中的稳定同位素组成也就有较大差异[②]。因此，分析骨骼：中的稳定同位素组成，便可揭示先民的食物结构，在此基础上可以很好地重建先民的生计方式。20 世纪六七十年代以来，碳（Carbon）、氮（Nitrogen）稳定同位素分析方法的建立，已在揭示古代人类食物结构、生计方式、动物资源利用等方面取得了较为显著的进展[③]。虽然以上分析方法在国内起步较晚，但却为考古学研究提供了一个全新的、有效的研究手段，极大地增进了我们对于古代社会的了解。

笔者对扎赉诺尔、团结、东乌珠尔等早期鲜卑墓地出土人骨及动物骨骼样本进行了碳、氮稳定同位素分析，通过此方法揭示早期先民对动、植物资源的摄取情况，了解其食物来源及其生态系统，进而探讨先民的生存环境及生计方式[④]。

如图二所示，早期鲜卑人骨胶原的 $\delta^{13}C$ 值在 –14.7‰ 与 –11.3‰ 之间，平均值为 –12.7 ± 1.1‰（$n = 7$），表明人的植物类食物资源兼有 C_3/C_4 类，这可能直接来自于 C_3/C_4 类植物，也可能间接来自于以 C_3/C_4 类植物为食的动物。陆生系统 C_4 食物在食谱中占据一定比例，这可能直接来自于 C_4 类植物，如粟类作物等，也可能间接来自于以 C4 类植物（如粟类作物副产品、牧草等）为食的动物。虽然，C_4 类牧草被动物食用并通过食物链被人类摄取后，会对人的稳定同位素值有一定的影响，但这在人类食谱中

① 丁利娜：《拉布达林、扎赉诺尔墓地的考古学观察》，《北方文物》2008 年 1 期，18～26 页。

② Price T. D. The Chemistry of Prehistoric Human Bone.Cambridge: Cambridge University Press, 1989.

③ 胡耀武、Stanley H. Ambrose、王昌燧：《贾湖遗址人骨的稳定同位素分析》，《中国科学 D 辑：地球科学》2007 年 1 期 37 卷，94～101 页；蔡莲珍、仇士华：《碳十三测定和古代食谱研究》，《考古》1984 年 10 期，945～955 页；Barton L, Newsome SD, Chen FH, Wang H, Guilderson TP, Bettinger RL. Agricultural origins and the isotopic identity of domestication in northern China. *Proceedings of the National Academy of Sciences*, USA 2009, 106: 5523–5528. Pechenkina, Ekaterina A., Stanley H. Ambrose, Ma Xiaolin, and Jr. R. A. Benfer Reconstructing northern Chinese Neolithic subsistence practices by isotopic analysis. *Journal of Archaeological Science*, 2005, 32(8):1176-1189.

④ Zhang G, Hu Y, Wang L, et al. A paleodietary and subsistence strategy investigation of the Iron Age Tuoba Xianbei site by stable isotopic analysis: A preliminary study of the role of agriculture played in pastoral nomad societies in northern China. *Journal of Archaeological Science*: *Reports*, 2015:699-707.

占据的比例非常小①。在欧亚大陆，粟类作物是人类主要的 C_4 类食物来源②。因此，可以得知早期鲜卑先民食物结构中的 C_4 类食物应该主要来自于粟类作物或者以粟类作物为食的动物。值得注意的是，扎赉诺尔等早期鲜卑墓地出土了少量碳化粟等作物遗存③。因而，综合多方面证据，推测早期鲜卑在南迁大泽时期即已食用粟类作物。这些粟类作物可能来自于与中原民族的经济贸易，也可能是早期鲜卑人群已经获得了农业生产的技术，开始从事一定程度的粟作农业经济，然而目前考古遗存并未出土和农耕经济直接相关的生产工具。因此，早期鲜卑农业经济发展状况的揭示需要更多考古新材料的支撑以及未来更深入的研究。

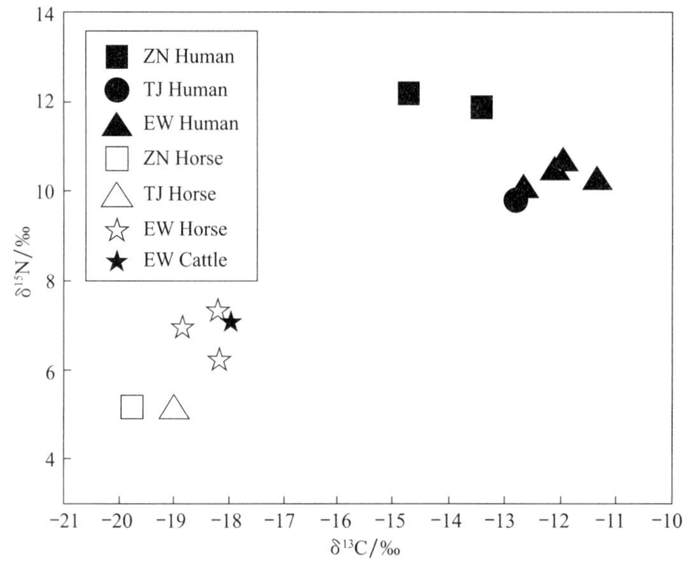

图二　早期鲜卑人和动物骨骼 δ^{13}C 与 δ^{15}N 值

（引自 Zhang G.W. et. al）

早期鲜卑人骨胶原的 δ^{15}N 在 9.8‰ 到 12.2‰ 之间，平均值为 10.7 ± 0.9‰（$n = 7$），表明人对动物蛋白质的依赖度高，肉食类食物在食物结构中占据较大比重。结合早期鲜卑墓葬出土遗存分析结果，我们可以推测南迁大泽途中以及定居大泽附近的早期鲜卑过着畜牧 / 游牧生活，食物结构以陆生肉食资源为主，含有少量淡水资源，应与其渔猎采集活动有关。

---

① Pyankov V. I., Gunin P. D., Tsoog S., Black C. C. C_4 Plants in the Vegetation of Mongolia: Their Natural Occurrence and Geographical Distribution in Relation to Climate. *Oecologia*, 2000, 123(1): 15-31. Makarewicz, C., Tuross, N. Foddering by Mongolian pastoralists is recorded in the stable carbon (δ^{13}C) and nitrogen (δ^{15}N) isotopes of caprine dentinal collagen. *Journal of Archaeological Science*, 2006, 33: 862-870.

② Ambrose, S. Isotopic analysis of palaeodiets: methodological and interpretive considerations. Investigation of Ancient Human Tissue: Chemical Analyses in Anthropology. Gordon and Breach, 1993: 59–130. Liu, X., Jones, M.K., Zhao, Z., Liu, G. and O' Connell, T.C. The earliest evidence of millet as a staple crop: new light on Neolithic foodways in North China. Am. *Journal of Physical Anthropology*, 2012, 149(2): 283-290.

③ 李泳集：《从考古发现看鲜卑族农业》《农业考古》1991 年 3 期，321～323 页。

六、结　　语

鲜卑的第一次南迁，到达了今天的内蒙古呼伦贝尔草原地区。在此次迁徙过程中，正如乔梁先生所言，“反映了早期鲜卑的经济生活由狩猎向游牧转化的轨迹”。本文通过对早期鲜卑墓葬出土遗物的对比分析，并结合早期鲜卑人和动物骨骼的稳定同位素分析结果，揭示了南迁大泽及在大泽周围居住时期的鲜卑以畜牧/游牧生活为主，含有一定渔猎经济成分和少量农业经济因素，这里的农业经济因素，从目前的证据来看，主要还是对于粟类农作物的食用，至于早期鲜卑是否已经开始从事粟作农业可能还需要更多证据的支撑。然而，不论是对粟类作物的食用，还是少量粟作农业的出现，都与早期鲜卑在南迁过程中与周边民族以及中原地区的经济贸易和文化交流密切相关，这从侧面反映了农耕文化很早就影响到了鲜卑，也为鲜卑后来入主中原奠定了重要的物质基础。

A Study on the Subsistence Strategies of Early Xianbei from the Northeast of Inner Mongolia Area

Zhang Guowen
(Department of Archaeology and Museology, Nankai University)

Abstract: Because of the limited of ancient literature, we know a little about the early history of Xianbei. It is important that the archaeological work which have provided a lot of first-hand materials to reveal the early history of the xianbei. This paper intends to explore the Subsistence Strategies of the early Xianbei human, who lived in the northeast of Inner Mongolia. Based on the early Xianbei tombs, we analysis the animal / plant, daily necessities, tools / weapons and other types of artifacts, and combined with stable isotope analysis on human and animal bones of early Xianbei tombs. We infer that the early Xianbei have a nomadic life which mainly relied on animal husbandry, as well as few fishing, hunting and maybe some millet agriculture economy. In the process of south migration, there were economic, trade and cultural exchanges with neighboring ethnic groups and central plains cultures, which had great influence on economic development and social life of early Xianbei.

Key words: early Xianbei, tomb, subsistence strategies

附表一 呼伦贝尔市额尔古纳旗七卡墓地出土遗物统计

出土遗物分类		出土遗物数量	合计
日用品	陶器	罐1，杯1	2
	木器	桦树皮圆牌1	1
工具、武器	铁器	衔2，刀1	3
	骨器	镞2，鸣镝3	5
动物遗存	马	蹄骨4	4

附表二 呼伦贝尔市额尔古纳旗拉布达林墓地出土遗物统计

出土遗物分类		出土遗物数量		小计
		1987年清理3座	1992年清理24座	
日用品	陶器	壶1，罐1	罐9，壶1，尊1，钵1，碗1	15
	铜器		铜镜2	2
	木器	桦树皮罐形器和壶形器各1，桦树皮圆牌3	桦皮罐8，桦皮筒6，桦皮圆牌8	27
工具/武器	铁/铜器	镞11，矛2，衔1，棺钉24	铜镞1，镞6，刀4	49
	骨器	镞10，弓弭8	镞24，弓弭18，弓把10，锥6，鸣镝6，刀把1	83
	木器	桦树皮弓袋1，桦树皮剑囊1	桦皮箭袋3	5
	石器	镞1	镞7	8
动物遗存	牛	头骨4，蹄骨12	头骨9，矩骨3，蹄骨数量不详	>28
	马	头骨1，蹄骨4	头骨1	6
	羊	矩骨1	头骨1	2
	野猪		头骨3，蹄骨数量不详	>3
	鹿		蹄骨，数量不详	不详
	狍子		蹄骨，数量不详	不详
植物遗存			谷粒、植物壳（类似核桃硬壳）	不详
其他	钱币		“大泉五十”5枚	5
	其他		河蚌壳、丝织物、毛毡、红色颜料	不详

附表三 满洲里市扎赉诺尔墓群出土遗物统计

分类		出土遗物数量				合计
		1960年清理31座	1984年清理1座	1986年清理15座	1994年清理3座	
日用品	陶器	罐14，壶8，钵3，尊1，碗1，双耳罐1	罐3，壶2	罐12，壶1，钵1	罐1	48
	铜器	青铜镜1		镀1		2
	木器	桦树皮圆牌19，桦树皮盒4	桦树皮圆牌12	桦皮壶1，桦皮盖片4，木梳1	桦皮器底1	42

续表

分类		出土遗物数量				合计
		1960 年清理 31 座	1984 年清理 1 座	1986 年清理 15 座	1994 年清理 3 座	
工具 / 武器	铁器	镞 34，刀 13，矛 5，衔 5，鞘 5		剑 1	矛 1，镞 4	68
	骨器	镞 59，衔 5，锥 5，鸣镝 5	镞 5，鸣镝 6，弓弭 1，刀 1	镞 4，弓弭 3，鸣镝 2	弓弭 1，弓把 1	98
	木器	弓囊 1，弓 1		弯刀形器 1		3
	石器	石球 17，砥石 1				18
动物遗存	牛	蹄骨 7，头骨 5	头骨、蹄骨若干	蹄骨若干，头骨 1	蹄骨 2，头骨 1	>16
	马	蹄骨 27，头骨 3	头骨若干	蹄骨若干，头骨 2	蹄骨 1	>33
	羊	蹄骨 11，矩骨 8，头骨 4		矩骨 4		27
	鹿	角胫骨 2				2
	蚌	壳 1				1
植物遗存		陶罐中发现腐烂的谷壳			陶罐中发现谷物和植物根茎	不详
其他		羊形饰牌 1，骨饰板 1，骨簪 32 根，贝壳 1 件	石牌饰 2，鹿纹金牌饰 1	三鹿纹铜牌饰 1，石质透雕牌饰 1		40

附表四　满洲里市蘑菇山墓地出土遗物统计

出土遗物分类		出土遗物数量	合计
日用品	陶器	罐 5，壶 1，杯 1	7
	铁器	带钩 1	1
	木器	盘 1	1
工具、武器	铁器	镞 3，刀 2，矛 1	6
	骨器	镞 2，弓弭 3	5
	石器	镞 1，砍砸器 1	2
动物遗存	牛	蹄骨 41	41
	马	蹄骨 25	25
	羊	矩骨 2，蹄骨 14	16
其他		纺织品残片 3 种，金马饰 1，铜双禽绞颈牌饰 1	>5

附表五　新巴尔虎左旗伊和乌拉墓地出土遗物统计

出土遗物分类		出土遗物数量	合计
日用品	陶器	壶、罐共 4	4
工具 / 武器	铁器	刀、马衔共 2 件	2
动物遗存	牛	头骨 1	1
	马	蹄骨 1	1

附表六 呼伦贝尔市东乌珠尔墓地出土遗物统计

出土遗物分类		出土遗物数量	合计
日用品	陶器	罐 6	6
工具 / 武器	铁器	镞 2	2
	骨器	镞 8，弓弭 2	10
动物遗存	牛	头骨 1	1
	马	头骨 10	10

附表七 呼伦贝尔市团结墓地出土遗物统计

出土遗物分类		出土遗物数量	合计
日用品	陶器	发掘出土罐 5，采集罐 5	10
工具 / 武器	铁器	铁器 3 块，残铁镞几枚	>3
动物遗存	马	头骨 1	1
	羊	头骨 1	1
	牛	头骨 2	2
其他	铜	耳饰 1	1
	琥珀质	珠饰 1 件	1
	萤石质	珠饰 1 件	1
	玻璃质	珠饰 1 件	1

附表八 呼伦贝尔市伊敏车站墓地出土遗物统计

出土遗物分类		出土遗物数量	合计
日用品	陶器	壶 1	1
动物遗存	马	头骨 2，蹄骨 8	10
	羊	头骨 3，矩骨 4	7
	狗	头骨 2，趾骨 1	3
其他	铜	针饰 4，扣 27	31
	银	扣 2	2

附表九 呼伦贝尔市鄂温克自治旗孟根楚鲁墓群出土遗物统计

出土遗物分类		出土遗物数量	合计
日用品	陶器	罐 9	9
工具 / 武器	铁器	鸣镝 5，镞 25，带钩 2，矛头 1，刀 3，当卢 2，马衔 2（1 件为采集品），镯 1，穿 1	42
	骨器	镞 23，刀形器 1，扣 2	26
	铜器	扣 10（采集品）	10
动物遗存	海贝	11	11

续表

出土遗物分类		出土遗物数量	合计
其他	石质	珠饰 1	1
	玻璃质	珠饰 2	2
	琥珀质	珠饰 2	2
	绿松石	珠饰 35（13 枚为采集品）	35
	银质	簪 1（采集）	1

中国境内史前时期羊的发现与传播研究综述*

李晓哲　宋艳波

（山东大学历史文化学院）

内容提要：作为中国古代“六畜”之一，羊已经在中国社会存在了有5000年之久，在整个人类社会作为被驯化的家养动物，其历史已经有10000年之久，最初驯化的羊是在位于西亚地中海沿岸的新月地带出现的，后来在不断传输的过程中逐渐产生了新的独立驯化中心。本文拟通过将中国境内已发掘出土有羊骨骼的新石器时期考古遗址进行归纳，进而整理出羊在中国境内史前时期的传播路线和关于中西部地区羊的其他研究。

关键词：羊　传播　综合研究　中西部

羊作为中国古代“六畜”（马、牛、羊、猪、狗、鸡）之一，大约从新石器时代开始就作为家养动物参与到人类社会中。目前在中国各史前遗址中发现的羊骨骼以及其他考古学证据都表明，早期的羊（包括山羊和绵羊）是在距今约11000～1000年前后的新月地带[①]起源并不断繁殖驯化[②]。驯化羊在中国出现则是在距今约5600年前[③]。

羊，在动物分类学上属于牛科下的山羊亚科，绵羊和山羊则分别为其中的两个属。羊为草食性动物，养羊所消耗的饲料以野草为主，以谷物的秸秆为辅，其食物来源的特点导致羊不会与猪、狗等传统家畜争夺食物。因此，家养羊的出现，代表人类开始以草食性动物来开发新的生计资源（草本植物）[④]。

目前普遍认为绵羊和山羊可能是在伊朗西南部扎格罗斯山脉及其周边的新月地带

* 本文得到国家社科基金重大招标项目“史前时期中西文化交流”（项目号：12&ZD151）的资助。

① 包括美索不达米亚平原以及西亚裂谷带中、北段，在地理上合成一新月形，其涵盖地区有伊拉克东北大半部、土耳其东南边缘、叙利亚北部与西部、黎巴嫩、巴勒斯坦以及约旦西部。

② Zeder, M.A., Hesse, B., 2000. The Initial Domestication of Goats (Capra hircus) in the Zagros Mountains 10000 Years Ago, *Science*, 287(5461): 2254-2257.

③ 傅罗文、袁靖、李水城：《论中国甘青地区新石器时代家养动物的来源及特征》，《考古》2009年5期，80～86页。

④ 王明珂：《辽西地区专业化游牧业的起源——兼论华夏边缘的形成》，《历史语言研究所集刊》1986年第67本第1分。

被驯化，年代约为距今 10500 年前后[①]。而具体起源时间则有所不同，野山羊的起源时间大约在距今 10000 年前，在土耳其和伊朗等地都有发现；绵羊则有可能起源于距今 9000～8000 年前的西南亚。家养动物的扩散模式有两种：一种为群体扩散模式，即起源地动物跟随人群一起扩散，第二种则为文化扩散模式，即在外来驯化技术的影响下当地物种进行独立驯化[②]。羊的传播则主要是群体扩散模式。首先在西亚出现之后，分别向欧洲、非洲及东亚进行传播，并于距今约 5600 年前传播到了今中国境内。

一、考古遗址所展现出的传播路线

中国境内最早出现驯化羊的时间现多认为是在距今 5600～5000 年前后的甘青地区。最早出现的应该在青海民和核桃庄遗址，该遗址时代为马家窑文化时期，于 1978 年进行发掘并出土有一座较完整的羊骨架，但是由于发掘时代较早，仅对该骨架做了文字记录[③]，并无测量数据及图片，没有判定种属及性别，后来由于年代久远该骨架也已经丢失，因此并不能判定是否为家畜，但是可以肯定的是在马家窑文化时期在黄河上游地区已经有了羊的出现。

（一）甘肃地区

目前可以确定的有文字、测量数据记载的有羊骨骼出土的遗址应该出现在今甘肃省。

甘肃永靖大何庄遗址于 1959 年进行发掘，共进行了两次发掘，为齐家文化遗址。共出土卜骨 14 块，均为羊的肩胛骨；另外在出土的兽骨中有羊骨 56 件，以下颚骨为主，其中 14 件来自墓葬中；在 F5 西边还发现了一具不甚完整的羊骨架[④]。另外，在利用天然扁平砾石铺成的“石圆圈”遗迹旁边也发现有羊骨架，应该是作为祭祀品使用。尽管这次对这些出土的羊骨骼进行了比较详细的统计记录，但是在报告中也没有提到是山羊还是绵羊以及其性别。但是根据后来在其周边所发现的其他遗址中出土的多为山羊、发现确切山羊的遗址时代较晚来看，推测该遗址中出土的骨骼为山羊的可能性比较大[⑤]。由于多为下颌骨，所以还难以判断是否为家畜。但是从“石圆圈”的特殊现象来看，应该是与原始宗教信仰有关，说明最起码在当时羊已经在当地人的生活中占据比较特殊的地位，神圣或者是已经驯化都有可能使其成为祭祀品，因此此时的羊极有可能已经为家畜。

永靖秦魏家遗址于 1959 年、1960 年先后两次进行发掘，为齐家文化遗址。共出土卜骨 3 块，均为羊肩胛骨；另有羊下颌骨 50 块，主要出土于灰坑、窖穴中，也有在墓

① Zeder, M.A., Hesse, B., 2000.The Initial Domestication of Goats (Capra hircus) in the Zagros Mountains 10000 Years Ago, *Science*, 287(5461): 2254-2257.

② 李晶、张亚平：《家养动物的起源与驯化研究进展》，《生物多样性》2009 年 4 期，319～329 页。

③ 青海省考古队：《青海民和核桃庄马家窑类型第一号墓葬》，《文物》1979 年 9 期，29～32 页。

④ 中国科学院考古研究所甘肃工作队：《甘肃永靖大何庄遗址发掘报告》，《考古学报》1974 年 3 期，29～80 页。

⑤ 傅罗文、袁靖、李水城：《论中国甘青地区新石器时代家养动物的来源及特征》，《考古》2009 年 5 期，80～86 页。

葬中出土的少数[①]。尽管在该遗址中也有“石圆圈”的特殊的遗迹现象，但是其附近并未发现羊等其他动物骨骼。和大何庄遗址一样，无法判断种属以及性别，但是极有可能已经为家畜。

从永靖继续向东南传播，在属于四坝文化的甘肃民乐东灰山遗址中也出土了少量作为卜骨的羊肩胛骨[②]。

位于民乐县东南的甘肃武威皇娘娘台遗址也是齐家文化时期的一处遗址，共出土了 9 件羊肩胛骨作为卜骨使用[③]。

从皇娘娘台遗址一路向南到达齐家文化时期的甘肃天水师赵村遗址，该遗址仅在 M5 中出土了一件羊下颌骨，同样也不能判断是否为家畜[④]。另外，在西山坪遗址，在属于齐家文化的第七期遗存中，羊骨也开始逐渐增多，极有可能预示着家畜饲养业的不断发展。

位于师赵遗址周边地区、同样是齐家文化的甘肃甘谷毛家坪遗址中出土的羊骨较多，主要集中于第 4A 层和第 3 层，其中第 4A 层中有羊骨 5 件，第 3 层中有羊骨 25 件，报告中宣称其为家养动物[⑤]，但未公布判定标准和具体测量数据。

从天水遗址再向东传播可能有两个方向，一个是向南传播到甘肃礼县，另一个方向是向东南传播到陕西。从礼县西山遗址就可以看出当时羊应该已经作为家养动物存在于人们的日常生活当中了：西山遗址年代共包括仰韶、西周、东周三个时期，其中仰韶文化层共出土绵羊骨骼 8 件、山羊骨骼 4 件、羊（未鉴定种属）骨骼 10 件、疑似羊或鹿骨骼 1 件；西周文化层共出土绵羊骨骼 56 件、山羊 17 件、羊（未鉴定种属）87 件、疑似羊或鹿骨骼 33 件；东周文化层共出土绵羊骨骼 50 件、山羊 11 件、羊（未鉴定种属）88 件、疑似羊或鹿骨骼 2 件。

另外，在秦安大地湾遗址中也出土有少量的苏门铃、盘羊、羚羊骨骼，但是数量较少，骨骼较破碎，且时代较早，因此无法认定为是否已经经过驯化[⑥]。

（二）陕西地区

羊在中国境内的传播途径是一个不断向东、向南推进的过程，自进入陕西开始，出土有羊骨骼的遗址开始增多，并且主要是以绵羊的传播为主，在之前已发掘的经鉴定的骨骼中绵羊占了大多数，并且已经基本可以确定为家养动物，但是真正作为家养动物的山羊骨骼最早在距今约 4300 年前的石峁遗址中出土。在进入陕西以后发现有羊骨骼出土的史前遗址主要有：陕西扶风案板遗址、关桃园遗址[⑦]、临潼康家遗址、临潼

① 中国科学院考古研究所甘肃工作队：《甘肃永靖秦魏家齐家文化墓地》，《考古学报》1975 年 2 期，57～91 页。

② 甘肃省文物考古研究所、吉林大学考古学系：《甘肃民乐县东灰山遗址发掘纪要》，《考古》1995 年 12 期，1057～1065 页。

③ 甘肃省博物馆：《武威皇娘娘台遗址第四次发掘》，《考古学报》1978 年 4 期，421～447 页。

④ 中国社会科学院考古研究所：《师赵村与西山坪》，中国大百科全书出版社，1999 年，53 页。

⑤ 甘肃省文物工作队、北京大学考古学系：《甘肃甘谷毛家坪遗址发掘报告》，《考古学报》1987 年 3 期，359～396 页。

⑥ 祁国琴、林钟雨、安家瑗：《大地湾遗址动物遗存鉴定报告》，《秦安大地湾——新石器时代遗址发掘报告》，文物出版社，2006 年，903、904 页。

⑦ 任乐乐、董广辉：《六畜的起源和传播历史》，《自然杂志》2016 年 38 卷 4 期，257～262 页。

零口村遗址、西安半坡遗址，另外，近些年来，在神木新华遗址、木柱柱梁遗址以及石峁遗址都发现了一定数量的羊骨。

前仰韶时代的临潼白家村遗址[①]中，出土了36件黄羊骨骼，包括3件羊角、5件头骨以及28件下颌骨。这种黄羊与家山羊和绵羊的野生祖先分数不同的种属，骨骼差异较大，因此应当是野生黄羊。在陕西扶风案板遗址中也出土了羊的右上臼齿2枚、带二角根的头骨一个，其特征与雌性绵羊比较接近，但是不确定是否为家养[②]。

陕西西安半坡遗址，时代主要为仰韶文化时期，共出土2件羊右下颌骨、1件左下颌骨、1件单独的上颌前臼齿M2；另外还出土了1件残破的羚羊右角，保存了角心根部，连带很少的头骨，据推测应为偶尔获猎来的动物[③]。

陕西临潼康家遗址为龙山文化遗址，自1981年以来进行过多次发掘，其中1990年夏秋两季的发掘中出土了较为典型的动物骨骼，共有绵羊或山羊骨骼38件，其中24件可鉴定具体年龄，并且年龄小于青年组（30个月）的数量占66.7%[④]。

陕西临潼零口遗址出土的羊骨骼较少，半坡晚期的羊下颌骨仅有4件，但可以确定均为山羊属[⑤]。

陕西神木新华遗址中，出有1件羚羊的左角及两块肱骨的远端、1件带有部分额骨及顶骨的右角1件、1件大角羊的角及3枚牙齿。由于出土数量较少，无法判定是否为家养[⑥]。

龙山晚期的环壕聚落神木木柱柱梁遗址，其羊骨遗存主要出土于生活区的灰坑和房址中，目前已确定的山羊最小个体数有25件，绵羊则有79件，无法确定种属的则归到山羊亚科，有18件。而羊在所有出土的动物遗存中所占的比例高达57.16%。木柱柱梁遗址中发掘的一级单位数量共有263个，其中240个遗迹单位中出有羊骨，羊骨的出土概率达91.25%；另外，根据羊的死亡年龄来看，在该遗址中出土的羊应已属于家养的范围，而且当地人饲养羊的目的不仅仅是为了获取肉食资源，更有可能是为了获得羊毛、羊皮等副产品[⑦]。

处于龙山文化晚期至夏朝早期的神木石峁遗址，仅在2012～2013年度的发掘中，就出土有山羊左下颌骨9件、绵羊下颌骨14件、未能判定其种属的山羊亚科左盆骨34件。根据其牙齿的磨蚀程度推断羊的死亡年龄主要为6～12个月的少年个体和老年个体，这种死亡年龄与野生羊自然死亡的年龄不相符合，再加上所出土的数量较多，因

① 中国社会科学院考古研究所：《临潼白家村》，巴蜀书社，1994年，125、126页。

② 西北大学文博学院考古专业：《陕西扶风案板遗址动物遗存的研究》，《扶风案板遗址发掘报告》，科学出版社，2000年，290～294页。

③ 李有恒、韩德芬：《陕西西安半坡新石器时代遗址中之兽类骨骼》，《古脊椎动物与古人类》1959年1卷4期，173～185页。

④ 刘莉、阎毓民、秦小丽：《陕西临潼康家龙山文化遗址1990年发掘动物遗存》，《华夏考古》2001年1期，3～24页。

⑤ 张云翔、周春茂、阎狱民、尹申平：《陕西临潼零口村文化遗址脊椎动物遗骸》，《临潼零口村》，三秦出版社，2004年，525～533页。

⑥ 陕西省考古研究所、榆林市文物保护研究所：《神木新华》，科学出版社，2005年，262、263页。

⑦ 杨苗苗、胡松梅、郭小宁、王炜林：《陕西省神木县木柱柱梁遗址羊骨研究》，《农业考古》2017年3期，13～18页。

此推测其应为家养羊，石峁人饲养山羊和绵羊的目的应主要是为了获取肉食资源[①]。

（三）河南地区

在河南舞阳贾湖遗址、渑池笃忠遗址、河南陕县庙底沟遗址、王城岗遗址、河南汤阴白营遗址、瓦店遗址、新密遗址、二里头遗址都发现有疑似早期驯化羊的存在。

在舞阳贾湖遗址中共出有 2 件不完整的左、右下颌骨，从其数据大小来看，比较接近安阳遗址出土的殷羊，但是由于数量太少，无法判断其是否为殷羊还是殷羊的近似种，也无法确定是否为家养[②]。

时代约为仰韶文化晚期至龙山文化早期的河南渑池笃忠遗址共出土了绵羊下颌骨 1 件，经过鉴定该绵羊年龄约为 6～8 岁[③]。

河南陕县庙底沟遗址的龙山文化层中出土了大量的羊骨，但是由于羊骨过于破碎无法进行数量统计，但是可以确定的是均为山羊属[④]。

河南汤阴白营遗址的龙山文化层中发现有羊坑 1 个，位于 T59 ④的西北角、F41 的西北侧，坑呈三角形（圆角），坑中出有羊骨架 1 架，通长 1.1 米，羊骨架侧放，应为山羊属[⑤]。瓦店遗址的绵羊从第二期才开始出现，时间大约为河南龙山文化晚期[⑥]。

河南新密新砦遗址的羊骨主要出土于新砦遗址的生活区，年代应为新砦期晚段至二里头文化早期。该遗址中共出有 31 件羊下颌骨，16 颗游离齿。根据其死亡年龄来看，应当是当地人专门饲养的[⑦]。

河南二里头遗址年代层位比较丰富，出土的羊骨骼也较多，共分为七期，每一期都有较多的可鉴定标本出土：二里头文化一期有 14 件、二期有 460 件、三期有 310 件、四期有 764 件，二里岗下层有 28 件、二里岗上层有 263 件、汉代文化层有 76 件，共 1915 件。其中未成年下颌骨占所有骨骼的 45.09%，这些骨骼均来自于宫殿区和贵族聚居区[⑧]。

（四）其他地区

在从近东地区向东传播的过程中，驯化羊是通过哪条路径进入的中国仍然存疑。理论上讲，应当是通过新疆地区天山一麓，尽管在新疆下坂地、萨恩伊等青铜时代墓葬中发现过数量不少的羊骨，然而在目前已经发现的新疆遗址中，最早的羊骨骼出现

① 胡松梅、杨苗苗、孙周勇、邵晶：《2012～2013 年度陕西神木石峁遗址出土动物遗存研究》，《考古与文物》2016 年 4 期，109～121 页。

② 河南省文物考古研究院：《舞阳贾湖》，科学出版社，2015 年，792 页。

③ 杨苗苗、武志江、侯彦峰：《河南渑池县笃忠遗址出土动物遗存分析》，《中原文物》2009 年 2 期，29～36 页。

④ 中国科学院考古研究所：《庙底沟与三里桥》，科学出版社，1959 年，39 页。

⑤ 安阳地区文物管理委员会：《河南汤阴白营龙山文化遗址》，《考古》1980 年 3 期，193～202 页。

⑥ 赵春燕、吕鹏、袁婧、方燕明：《河南禹州市瓦店遗址出土动物遗存的元素和锶同位素比值分析》，《考古》2012 年 11 期，89～96 页。

⑦ 戴玲玲、李志鹏、胡耀武、赵春青、王昌燧：《新砦遗址出土羊的死亡年龄及畜产品开发策略》，《考古》2014 年 1 期，94～103 页。

⑧ 杨杰：《河南偃师二里头遗址的动物考古学研究》，中国社会科学院研究生院硕士学位论文，2006 年，27～30 页。

在孔雀河下游的古墓沟墓地，年代约为距今3800年左右[①]，距离最早出现在甘青地区的羊骨时间相差近两千年；另外在东天山北麓的石人子沟遗址也发现过较早的羊骨，年代应为距今3300～3000年左右[②]。因此，羊从新疆地区传入甘青地区的说法仍然缺乏强有力的证据。

山西襄汾陶寺遗址，其年代约为距今4500～3900年，为一龙山时代晚期遗址，在该遗址中出土了较多数量的绵羊，但是并未发现任何山羊骨骼。在陶寺遗址的早、中期所发现的羊骨较少，主要集中在陶寺文化晚期遗迹中：早期与中期遗迹分别出有6件与28件羊骨，到了晚期则增至686件。根据所出土的绵羊牙齿磨蚀程度推测，陶寺居民对羊的开发方式主要是为了获取羊毛资源，如此大量的羊骨以及较强的目的性，都证明了此时在陶寺遗址出现的羊已经为家养羊了[③]。

内蒙古朱开沟遗址，年代为龙山—夏代，共出土了骨骼406件，归属于56个个体，经过鉴定其种属均为绵羊（其上下颌骨齿列、股骨大小与现代家养绵羊相似）。该遗址出土的羊骨占全部兽骨的40.6%，其中死亡年龄在1～2.5岁的约占全部数量的75.1%。死亡年龄在6个月内的幼羊个体占全部数量的9.4%[④]。

辽宁平安堡遗址中也有羊骨骼的出土。该遗址时代为新石器—商周，但是在该遗址中仅出土了下前臼齿1枚，无法断定种属[⑤]。

除此之外，在广西柳州白莲洞遗址[⑥]、浙江余姚河姆渡遗址[⑦]、杭州跨湖桥遗址[⑧]中均有较早的苏门羚骨骼的发现，但是其骨骼类型与家养羊相去甚远，在后续的考古学文化中也并未发现更多的羊骨骼，因此应为早期的野生羊，甚至有可能不属于古代居民狩猎的范围。

综上，我们基本可以推断出羊在中国主要传播路线的雏形，即在甘青地区首先出现（距今5600～5000年前的马家窑文化时期），从青海民和核桃庄传播至永靖大何庄、秦魏家之后，沿河西走廊一路向东向南扩展，在仰韶—龙山文化期间开始在中原地区进行比较广泛的传播，在这一时期的羊以驯化绵羊为主，直到二里头文化时期在河南地区出现已经被家养的山羊，甚至向北传播到了内蒙古和东北沿海地区。然而，由于在甘青地区发现的羊骨与在新疆地区所发现的羊骨时间相距甚远，因此驯化绵羊是从新疆传入甘青地区的说法仍待商榷，驯化羊可能是从南俄草原南下传入，也有可能是

① 新疆社会科学院考古研究所：《孔雀河古墓沟发掘及其初步研究》，《新疆社会科学》1983年1期，117～127页；薛文伟：《新疆考古发现的动物随葬研究》，中央民族大学硕士学位论文，2011年，45、46页。

② 尤悦、吕鹏、王建新、马建，任萌：《新疆地区家养绵羊的出现及早期利用》，《考古》2016年12期，104～114页。

③ 李志鹏、Katherine Brunson、戴玲玲：《中原地区新石器时代到青铜时代早期羊毛开发的动物考古学研究》，《第四纪研究》2014年34卷1期，149～157页。

④ 黄蕴平：《内蒙古朱开沟遗址兽骨的鉴定与研究》，《考古学报》1996年4期，515～536页。

⑤ 傅仁义：《平安堡遗址兽骨鉴定报告》，《考古学报》1992年4期，474页。

⑥ 柳州白莲洞洞穴科学博物馆、北京自然博物馆、广西民族学院历史系：《广西柳州白莲洞石器时代洞穴遗址发掘报告》，《南方民族考古》第一辑，1987年，143～160页。

⑦ 浙江省文物考古研究所：《河姆渡——新石器时代遗址考古发掘报告》，文物出版社，2003年，187、188页。

⑧ 浙江省文物考古研究所、萧山博物馆：《浦阳江流域考古报告之一：跨湖桥》，文物出版社，2004年，241～270页。

在甘青地区独立驯化而成。但是，由于中国并不是早期山羊或绵羊祖先的分布地点，因此，本土独立驯化在最初恐难以实现。尽管亦有学者指出包括中国在内的亚洲地区很可能是绵羊和山羊的驯化中心之一，尤其是在东亚地区[①]。但是具体的驯化地点仍需更多研究，早期驯化羊应当仍是以传播的方式进入中国。但不可否认的是，驯化羊在传播到了中原地区之后，作为家养动物已经基本被确定下来，逐渐作为“六畜”之一融入到人们的日常生活中。

二、相关研究

当前关于中国境内驯化羊的研究主要集中在以下两个方面：

（一）驯化相关

1. 绵羊与山羊的骨骼形态区分

绵羊与山羊同属于偶蹄目、反刍亚目、牛科。当前国内在绵羊与山羊形态的区分方面还比较薄弱，大多数的发掘报告中也都是用“羊”统称。而在内蒙古朱开沟遗址中则将其鉴定为绵羊，主要是根据角的特征结构来进行判断，传统的区别绵羊与山羊的判断标准也主要是根据头盖骨构造、羊角形状和弯曲程度等[②]，然而在出土的标本中少见山羊的头和角。另外，绵羊和山羊肢骨的区别虽然不明显，但其掌骨和跖骨仍有一些差异，据此可加以区分。绵羊的掌骨较细长，上端宽度小于掌骨长度的 19%；山羊的掌骨却显得宽短，其上端的宽度大于掌骨长度的 20%。现生绵羊和山羊的跖骨，其上端关节面的形态也有不同。绵羊跖骨上端的内侧和外侧关节小面几乎等大，二者于前方相连，关节面中间为一小沟；山羊的跖骨上端的两个关节面，内侧的关节面大，外侧关节面小，二者于前外侧方相连，关节面中间有一深凹[③]。另外，通过对出土羊骨线粒体 DNA 的研究也同样可以作为区分绵羊与山羊的主要方式[④]。

2. 羊的起源地研究

关于羊的起源地研究目前主要可以通过四种方式进行推断：a. 通过古 DNA 遗传分析以推测远古的情况[⑤]；b. 通过对动物骨骼进行形态学分析判断其是否经历了驯化过程，进而揭示其起源[⑥]；c. 通过动物骨骼或牙釉质的锶同位素壁纸的地区特征进行判

① 韩璐：《内蒙古东周时期绵羊和山羊的线粒体 DNA 研究》，吉林大学博士学位论文，2010 年，74 页。

② 贾青、常宏、马掌全等：《山羊的起源驯化和品种形成》，《河北农业大学学报》1997 年 20（2）期，68～71 页。

③ 黄蕴平：《内蒙古朱开沟遗址兽骨的鉴定与研究》，《考古学报》1996 年 4 期，474 页。

④ 韩璐：《内蒙古东周时期绵羊和山羊的线粒体 DNA 研究》，吉林大学博士学位论文，2010 年，1～75 页。

⑤ 蔡大伟：《古 DNA 与家养动物的起源——中国家绵羊和家马起源初探》，吉林大学博士学位论文，2007 年，34～43 页。

⑥ 蔡大伟：《古 DNA 与家养动物的起源——中国家绵羊和家马起源初探》，吉林大学博士学位论文，2007 年，34～43 页。

断[①]；d. 通过系统地理结构来推断，假如家养动物为区域性的独立起源，则在系统发育关系上呈现一个具有很高支持率的独立进化枝，并且该进化枝具有独特的系统地理结构[②]。在这四种方法中，第一种和第三种要求的科学性较强，尤其是第一种更偏向于生物 DNA 方向，但是这种方法得出的结论比较切实可信。例如在蔡大伟的《古 DNA 与家养动物的起源——中国家绵羊和家马起源初探》一文中，通过对二里头的 9 个约 4000 年前的古绵羊进行线粒体分析，证明了这些古绵羊属于亚洲世系 A，与中国特有的地方品种如小尾寒羊、湖羊、蒙古羊等有共同的母系祖先，而传统认为的野生盘羊与原羊并不是中国藏系和蒙古系绵羊的母系祖先。同时蔡大伟还提出由于在中国的家绵羊的 DNA 内发现了完全不同的另一世系 C，因此中国应该也是绵羊的驯化中心地之一。当然，这一说法仍待商榷。

关于 DNA 遗传分析的方法主要是利用 mtDNA（线粒体 DNA）通过限制片段长度多态性分析和测序法这两种方法进行分析。而利用该方法除了能够推断家养动物的起源地之外，还可以通过调查古绵羊的世系分布情况追踪史前人类的活动，进而描绘出史前人类迁徙的路线，对于文明交流与发展的研究也有所帮助。

而在我国国内当前关于出土动物牙釉质的锶同位素的分析和研究尚不深入，主要还在通过锶同位素比值的对比研究人类的迁徙活动上，关于动物起源的研究并不多，而且是集中在比较后期的如二里头文化时期的动物牙釉质的研究[③]。通过认真选择样本测量样本的锶同位素并与遗址当地的锶同位素比值范围进行比较，发现样本羊牙釉质的锶同位素比值都不在当地的锶同位素比值范围内，由此推断出在二里头文化一至二期的羊还多是来自外地，而到了三、四期时羊牙釉质样品的锶同位素比值多数在当地的锶同位素比值范围内，即来自当地的羊的数量可能已占多数。但是关于其具体起源于何处目前还仍未可知。

3. 羊的驯化背景研究

家养动物为人类提供了稳定的动物蛋白来源，是人类社会由散居、狩猎型经济向群居、农业型经济转变的重要基础和必然产物[④]。人类对野生动物的饲养分为驯养和驯化两种类型，驯养只是将野生动物驯服饲养，而驯化则必须经过选育使野生动物成为能长期稳定饲养的家养动物。野生动物能否被驯化取决于是否满足 6 个条件：足够的食物、生长速度快、繁殖周期短、性情温顺、不易受惊并能在驯养条件下交配繁殖。而家养绵羊的驯化则经历了两个独立的时期：第一段时期人类主要以获取肉食为目的而驯化了摩弗伦羊、奥克尼羊、索艾羊和诺地卡短尾羊等古老品种；第二段时期人类才开始以获取羊毛为主要目的并培育了具有较高产毛率的现代主要品种[⑤]。

---

① 赵春燕、李志鹏、袁靖、赵海涛、陈国梁、许宏：《二里头遗址出土动物来源初探——根据牙釉质的锶同位素比值分析》，《考古》2011 年 7 期，68～75 页。

② 李晶、张亚平：《家养动物的起源与驯化研究进展》，《生物多样性》2009 年 17 期，319～329 页。

③ 赵春燕、李志鹏、袁靖、赵海涛、陈国梁、许宏：《二里头遗址出土动物来源初探——根据牙釉质的锶同位素比值分析》，《考古》2011 年 7 期，68～75 页。

④ 张亚平：《家养动物的起源、进化与遗传多样性》，《光明日报》2004 年 11 月 5 日。

⑤ 李晶、张亚平：《家养动物的起源与驯化研究进展》，《生物多样性》2009 年 17 期，319～329 页。

另外，还有学者认为除了人类社会的必要发展阶段、不同的养羊目的之外，生态环境的改变也是导致羊得以驯化的原因之一。大贯静夫指出从青藏高原到华北西部，在很早的时候原本是鹿类较多，但是随着环境温度的变化鹿类数量骤减，而作为草原性耐冷的种属绵羊的数量则相对的增加了。作为其背景的是这个区域在距今4500～4200 年前气候极剧地变寒冷和干燥，形成了草原化，而作为适应这个恶劣气候的对策就是饲养绵羊，以求在不适宜进行农耕的土地上活动，其后更是有可能不断向黄河下游发展[①]。

对于驯化背景的研究，既不能单纯地从环境变化方面下结论，也不能忽视环境变化而仅讨论人类行为，应当综合多方面因素加以探究。

（二）古代居民对羊的利用方式研究

人类驯化羊很大的原因是因为羊可以为人类提供肉食、羊毛以及奶制品。因此关于羊的用途研究历来是被较多学者所关注的，而其中尤其以殷墟羊的消费与利用方式研究的比较多。

以殷墟遗址的分析[②]为例，在采集了孝民屯和郭家湾遗址出土的羊的最小个体数之后，首先把可鉴定标本数和最小个体数以及二者在哺乳动物中所占比例的统计情况进行对比，可以看出当时的养羊业的规模是相对比较稳定的，也说明羊始终是一种比较重要的肉食资源。另外，从殷墟文化前期到殷墟文化后期羊骨的出土概率呈上升趋势（所占比例从 53% 上升到 80% 以上），这也就有可能反映出到了殷墟文化后期居民吃羊肉已经非常普遍。

而除了获取肉食资源外，古代居民养羊也有极大的可能是为了获得羊毛或羊奶。这就要根据遗址中出土羊骨的死亡年龄进行分析判断，也就是所谓的“屠宰模式”。英国学者塞巴斯蒂安·佩恩曾对分别以产肉、产奶和产毛为主要目的的家羊屠宰模式与死亡年龄结构进行了研究，并提供了不同模式下羊在各个年龄段的粗活率曲线[③]。如果养羊的主要目的是产肉，人们会在羊达到最佳产肉的年龄段时杀掉大多数年轻的公羊，只留很少一部分公羊作为种羊繁育后代；如果产奶是唯一目的，人们则会杀掉大部分年龄在 2 个月内的公羊，而保留大部分母羊作为产奶羊；如果产毛是主要目的，人们则会保留较多的成年个体，产羔仅限于羊群的换代需要，不留做种羊的公羊一般都要被阉割，但羊到老年以后容易掉毛，所以成年羊一般会在六七岁以后被大量杀掉。但是养羊的目的通常并不限于单一的畜产品。如果养羊的目的是产奶兼产肉，那么在产奶更重要与冬天饲料不足或成本很高的情况下，多数多余的羔羊会在 6～9 个月大的时候被杀掉；如果在产肉相对更重要和冬天不难获得饲料的情况下，一般会对 2～3 岁的羊进行宰杀。另外，对野生绵羊的研究表示，出生后不久的羔羊死亡率最高，老年羊

① 大贯静夫：《环渤海地区初期杂谷农耕文化的进展——以根据动物群观察生业的变迁为中心》，《东北亚考古学研究——中日合作研究报告书》，文物出版社，1997 年，150～167 页。

② 李志鹏：《晚商都城羊的消费利用与供应——殷墟出土羊骨的动物考古学研究》，《考古与科技》2011 年 7 期，76～87 页。

③ Sebastian Payne, 1973. Kill off patterns in sheep and goats: The mandibles from Asvan Kale, *A natolian Studies*, 23: 282.

死亡率也很高，其他年龄段的羊死亡率一般较低。

羊除了作为殷墟居民的日常肉食、皮毛、奶制品资源之外，还是当时各种祭祀、丧葬礼仪中常用的动物牺牲。在考古遗址中出土的可以确认为动物牺牲的羊牲可分为两类：一类是出土于祭祀坑中骨架完整或较为完整的羊牲；另一类是出土于墓葬中的羊牲，有的为完整的羊头，多数为羊腿。

之所以以殷墟遗址出土的羊骨为样本进行分析，主要是其出土的骨骼数量较多，分析出来的结果比较有代表性，但是无法确定在龙山文化甚至早期的齐家文化时期对羊的利用是这样多用途的，正如笔者之前提到的绵羊的驯化过程一样，最开始肯定是单纯的以获取肉食资源为主，在狩猎能力不断提高、开始逐步对羊进行驯化之后才产生的对羊的其他需求。

三、结　　语

从距今10000年前在中亚地区出现开始，经过了大约5000年的时间，“羊”这种动物终于出现在中国境内，尽管目前在新疆地区没有发现相关时期的考古遗存，但是中国家养绵羊的出现极有可能是通过文化交流，从中国境外将已经被驯化的绵羊传入中国的；当然，如果无法在地理途径上找到驯化羊的传播地点，则很有可能存在本土驯化的情况，正如戴森所提到的第一种传播方法，即驯化技术的传播①。

在整理上述研究成果的时候笔者注意到，当前我国关于羊的研究开展的并不是很多，在考古发掘的过程中对于羊骨，甚至其他兽骨做的记录也不甚完善，仅有草草的几笔文字记录而缺乏必要的数据测量，这是我们在今后的工作中应该要加以注意的一点，动物的驯化与发展作为社会复杂化进程的一个重要分支，对于理解文明进程起着重要作用；除此之外，在数据测量、种属鉴定、判定是否为家养、驯化动机研究等方面同样也要本着科学严谨的态度，要综合考虑到各种影响因素，这样才能够最大程度的对考古遗址中出土的动物骨骼及其背后所反映的社会状况进行复原。

Research Review on the Discovery and Diffusion of Goat and Sheep in Neolithic China

Li Xiaozhe　Song Yanbo
(School of History Culture, Shandong University)

Abstract: As one of the most important livestock in ancient China, caprine and sheep had existed since 5000 years ago. The first domestication was found in the Fertile Crescent in

① Dyson, R.H. 1953, Archaeology and the Domestication of Animals in the Old World. *American Anthropologist*, New Series, 55(5), Part 1: 661-673.

West Asian, about 10,000 years ago. Along with the diffusion process, there appeared several new domestication areas. This article intends to summarize the archaeological resources from Neolithic sites, and then figuring out the diffusion route. In addition, this article also summarized the mains views on sheep research in China.

Key words: caprine and sheep, diffusion research, western and northern China

附表　中国境内有羊骨骼出土的史前遗址

时间（距今）	遗址	相关证据	是否驯化
37000～7080	广西柳州白莲洞	黄羊骨骼	否
8200～7000	浙江杭州跨湖桥	苏门羚骨骼	否
7000～5000	浙江余姚河姆渡	苏门羚骨骼	否
5600～5000	青海民和核桃庄	羊骨架	?
7800～4800	甘肃秦安大地湾	羊角	?
5600～5000	甘肃永靖大何庄	羊肩胛骨、下颚骨	?
5600～5000	甘肃永靖秦魏家	羊肩胛骨、下颚骨	?
5000～4500	甘肃民乐东灰山	羊肩胛骨	?
5600～5000	甘肃武威黄娘娘台	羊肩胛骨	?
5600～5000	甘肃天水师赵村	羊下颌骨	?
5600～5000	甘肃甘谷毛家坪	羊骨	是
4100～3900	甘肃天水西山坪	羊骨	是
4500～2770	甘肃礼县西山	羊骨	是
8000～7000	陕西临潼白家村	羊角、头骨、下颌骨	否
4600	陕西临潼康家	羊骨	是
4600	陕西临潼零口	羊下颌骨	?
4600	陕西宝鸡关桃园	青羊骨	?
4500	陕西扶风案板	羊臼齿、头骨	?
5000～4500	陕西西安半坡	羊下颌骨、臼齿、角	否
4150～3900	陕西神木新华	羊角、肱骨、牙齿	?
4000	陕西神木木柱柱梁	羊骨	是
4300～3800	陕西神木石峁	羊下颌骨、盆骨、牙齿	是
9000～7000	河南舞阳贾湖	羊骨	?
5000	河南渑池笃忠	羊下颌骨	?
4700	河南陕县庙底沟	羊骨	是
4600	河南汤阴白营	羊骨架	是
4100	河南王城岗	羊骨	是

续表

时间（距今）	遗址	相关证据	是否驯化
4100	河南禹县瓦店	羊骨	是
3880～3700	河南新密新砦	羊骨	是
4000	河南二里头	羊骨	是
4500～3900	山西襄汾陶寺	羊骨	是
3800	新疆古墓沟	羊骨	是
3300～3000	新疆石人子沟	羊骨	是
4000	内蒙古朱开沟	羊骨骼	是
4000～3000	辽宁平安堡	羊臼齿	?

注：“？”表示不确定是否为家养

山东章丘黄桑院遗址2012年度炭化植物遗存分析

张　飞[1]　王　青[2]　陈章龙[1]　张　昀[1]　陈雪香[2]

（1. 山东大学历史文化学院；2. 山东大学文化遗产研究院）

内容提要：本文系统分析了章丘黄桑院遗址 2012 年度发掘中采集的龙山、商周、汉及以后三个时期的浮选样品，着重讨论了各个时期的农作物结构及其历时性变化。结果表明从龙山到汉代以后，粟、黍始终占据主导地位，但小麦的地位却在不同时期有较大变化。此外，对于遗址中出土的杂草以及杂草与农作物的关系也展开了论述，认为遗址中某些杂草可能具有特殊功用，农作物杂草的比例可能由多种因素造成的。

关键词：黄桑院遗址　植物考古　农作物结构

一、遗 址 背 景

章丘黄桑院遗址位于山东章丘市党家镇黄桑院村西北部的台地上。遗址北部距济青高速不远，其东北距宁家埠、王推官遗址不到 7 千米，东南距东平陵城 4.8 千米，西南离著名的城子崖遗址仅 6 千米。遗址整体南高北低，其西部有一条南北走向的冲沟，在遗址的西侧有一条断崖（图一）。该遗址最初发现于 1987 年，经钻探确定其面积大约 10 万平方米。文化层包含龙山、岳石、商周、汉唐及其以后。2012 年由山东大学考古系对遗址进行首次发掘，共开 5×5 的探方 26 个，发掘面积共计 650 平方米①。

二、材料与方法

发掘过程中所用的采样方法为针对性采样法，若遗迹分层按层采样，不分层一般在靠近底部采样②。本次发掘在房址、窑址、灶、灰坑四类遗迹中共采集浮选土样 29 份

① 山东大学考古学系：《章丘黄桑院遗址发掘简报》，《海岱考古》第 9 辑，科学出版社，2017 年，11、12 页。
② 赵志军：《植物考古学：理论、方法与实践》，科学出版社，2010 年，38、39 页。

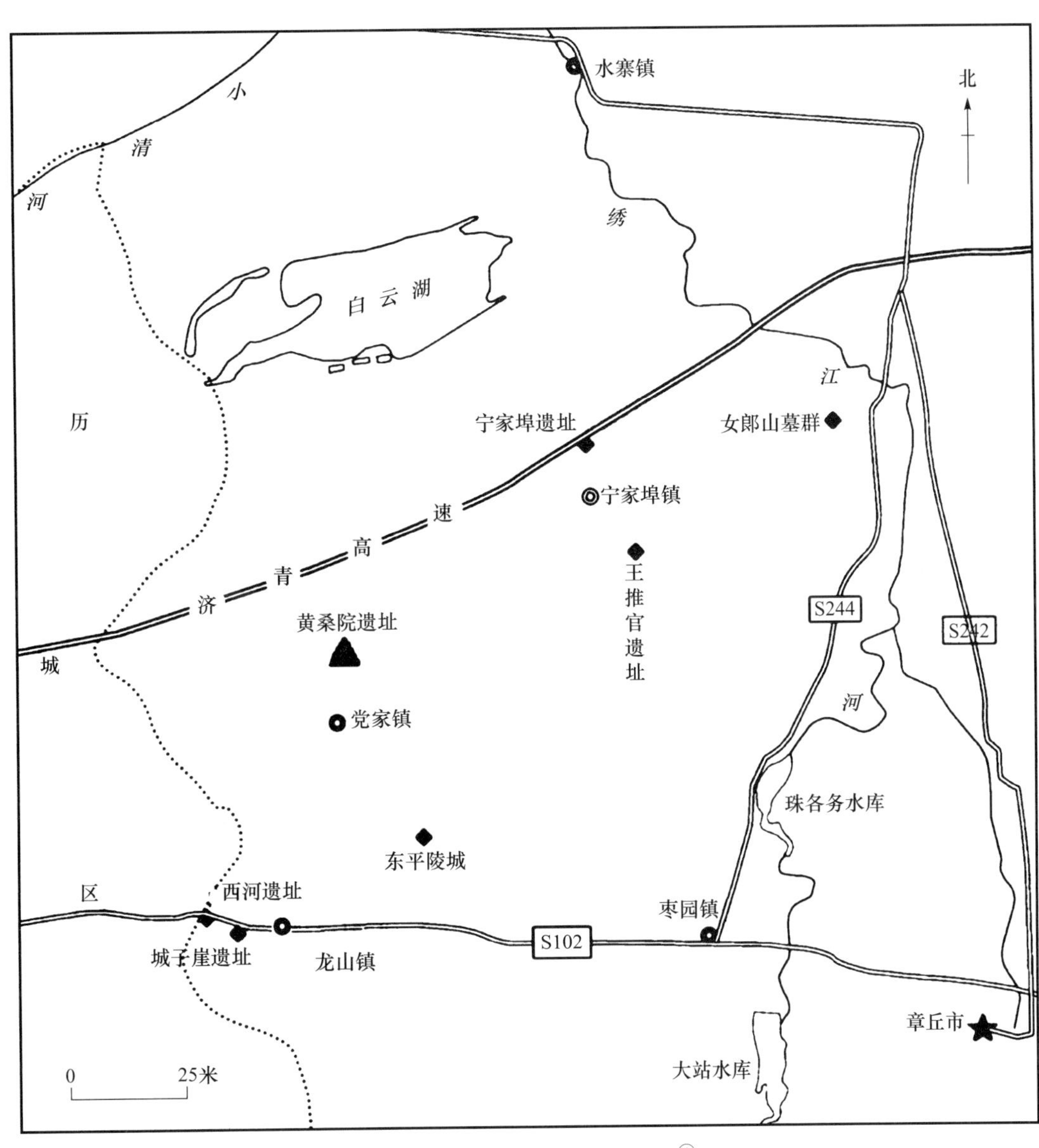

图一 黄桑院遗址位置示意图[①]

（表一），土升量共计190.5升。若从浮选样品的时期上来看，29份浮选样品中属于龙山时期的仅有3份，属于商周的时期的计6份，而汉及汉以后的样品占绝大多数，为20份（见附表）。

土样采集完成之后在当地采用小水桶浮选法完成浮选工作，随后将轻浮和重浮分别阴干。在山东大学植物考古实验室将轻浮中的炭化植物遗存挑出，并对其进行鉴定。在鉴定过程使用SMZ-645体视显微镜进行细致地观察，参考实验室所藏的植物标本以

① 山东大学考古学系：《章丘黄桑院遗址发掘简报》，《海岱考古》第9辑，科学出版社，2017年，11页。

及相关的植物图谱[①]，最后进行了拍照和相关数据的整理统计工作。

表一　章丘黄桑院遗址浮选样品来源表

遗迹 / 时及	房址	窑址	灶（包括房内灶）	灰坑
龙山			1	2
商周			1	5
汉及以后	1	2	2	9

三、浮 选 结 果

章丘黄桑院遗址的浮选结果主要包括木炭和炭化植物种子与果实两大类。

（一）木炭

本次浮选出的炭屑大多较为细碎，在实验室我们将遗址中所出的大于 1 毫米的炭屑挑选出来并进行称重记录。统计出遗址中所出的大于 1 毫米的炭屑总重为 55.897 克，每升土样含炭屑量为 0.293 克，根据以往浮选的材料来看，这一密度不算太低[②]。但实际上，本次浮选中除 Y1 中炭屑达 51.586 克以外，其余各份样品中的炭屑均未超出 1 克，Y1 较大量的炭屑可能来自于作为燃料的木材的残余。如果我们将 Y1 这份样品排除在外，再次计算每升土样中的炭屑含量为 0.022 克，这一数据则是较低的。

（二）炭化植物种子与果实

本次分析的 29 份样品中共发现植物种子 886 粒，其中可鉴定的种子共 462 粒，种子标准密度为 4.65 粒 / 升。可鉴定的炭化植物种子可分为农作物、杂草、果实三类：农作物种子 411 粒，占种子总数的 88.96%；杂草种子 50 粒，占种子总数的 10.82%；果实仅在 F1 ②中发现一块果壳，占 0.22%。需注意的是，本次发现的种子中形态不明以至难以鉴定的部分没有列入量化统计分析中。

1. 农作物

本次发现的 411 粒农作物种子，属于 5 个种属，分别为粟（*Setaria italic*）、黍（*Panicum miliaceum*）、小麦（*Triticum aestivum*）、大豆（*Glycine max* Merr.）、豇豆属（*Vigna* sp.）。

在农作物中以粟的数量最多，达 331 粒，占出土农作物的 80.5%，出土概率达

---

① 陈汉斌、郑亦津、李法曾编：《山东植物志》（上卷），青岛出版社，1992 年；陈汉斌、郑亦津、李法曾编：《山东植物志》（下卷），青岛出版社，1995 年；赵文友编著：《农田杂草种子原色图鉴》，安徽科学技术出版社，2015 年；郭琼霞：《杂草种子彩色鉴定图鉴》，中国农业出版社，1998 年。

② 王城岗遗址的炭屑含量为 0.026g/L，彭家庄遗址为 0.01g/L，唐冶遗址为 0.15g/L，新干牛城为 0.2g/L，陶寺遗址为 0.15g/L。

75.86%，时代从龙山到汉代以后。炭化后粟表面光滑，胚区呈“U”字形，大多数腹部近圆球形，极少量腹部较为扁平，可能为未成熟的谷秕，未发现稃外壳。笔者将其分为粟（直径≥1毫米）、小粟（直径≤1毫米）、粟秕（<1毫米，整体形态较扁）三类，数量分别为280、49、2粒。其中粟相当于宋吉香在其论文中分出的A类成熟粟，小粟接近于B类成熟粟，而粟秕则属于不成熟的C类粟，计算成熟粟与不成熟粟的比例为164.5，远远大于1，根据宋吉香的实验结果可推测这些炭化的粟很可能是作物加工脱壳等后期阶段的废弃物[①]。

黍总计出土68粒，从龙山到汉以后均有出土，占出土农作物的16.5%，出土概率为31.03%。炭化后的黍呈椭圆球状，表面光滑，胚区大多呈“V”字形，未发现稃壳。黍在农作物中出土的概率仅次于粟。

小麦共发现6粒，占出土农作物的1.36%，出土概率为10.34%，主要出现在商周、汉及汉以后两个时间段，龙山文化的遗迹中尚未发现。炭化的小麦基本都为椭圆形，背部隆起，腹部较平，带有较深的腹沟。

大豆发现4粒，占出土农作物的0.97%，出土概率仅为3.4%，且4粒大豆都在H64中被发现，龙山文化与商周时期的遗迹均未出土大豆。大豆由于油脂含量较高，炭化后表面油亮，且带有较多的孔隙，仍可见其椭圆形种脐。

豇豆属发现2粒，由于其炭化过度，难以鉴定到种，占出土农作物的0.48%，仅在一个汉代沟G2中出土。炭化后的种子呈长圆形，两端近浑圆，种脐难以辨清。

2. 杂草种子

杂草是指能够在人类试图维持某种植被状态的生境中不断自然延续其种族，并影响到人工植被状态维持的一类植物[②]。黄桑院遗址的浮选样品中发现的50粒杂草种子分属于13个种属，包括粟草（*Milium effusum*）、马唐（*Digitaria sanguinalis*）、狗尾草（*Setaria viridis*）、野黍（*Eriochloa villosa*）、藜（*Chenopodium album*）、堇菜（*Viola verecumda*）、唇形科（Labiatae）、铁苋菜（*Acalypha australis*）、苜蓿（*Medicago*）、胡枝子（*Lespedeza bicolor*）、草木犀（*Melilotus officinalis*）、豆科（Leguminosae）、赤爬（*Thladiantha dubia*）、大麻属（*Cannabis* sp.）。

狗尾草：一年生草本植物，成株高30～100厘米，多生长于田边、道旁和荒野，狗尾草是全世界最为常见的恶性杂草之一，人类稍一疏忽管理便会肆意蔓延。炭化的狗尾草保存完整的呈阔椭圆形，顶端钝尖，背面拱形，腹面扁平，胚体呈椭圆形。长约占体长的三分之二，长径多在2毫米左右。共发现10粒，占杂草总数的20%，出土概率为6.9%。

藜：一年生草本，株高30～150厘米，常见于路旁、农田、荒地。藜是麦田和旱田恶性杂草之一。但藜也是野菜，种子也有可能作为粮食食用[③]，同时全草可入药，具有清热，治痢疾、腹泻、湿疮等功效。炭化藜的种子呈双凸状，种皮大多较为光滑，

① 宋吉香：《不成熟粟、黍的植物考古学意义——粟的作物加工实验》，《南方文物》2014年3期，63～65页。
② 强胜：《杂草学》（第二版），中国农业出版社，2001年，1、2页。
③ 杨晓燕等：《汉阳陵外藏坑农作物遗存分析及西汉早期农业》，《科学通报》2009年54卷13期，1917页。

有的可见浅浅的沟纹，直径一般在 1 毫米以下。共发现 7 粒，占杂草总数的 14%，出土概率为 6.9%。

赤瓟：多年生蔓性草木，多生长于海拔 300～1800 米的山坡及林地边缘，果实和根可入药，主治反胃、肺结核、黄疸、痢疾便血等。炭化的赤瓟多保存较为完整，呈卵状长圆形，基部稍变狭窄，粒长 4 毫米左右。共发现 12 粒，占杂草种子总数的 24%，出土概率为 10.34%，在所发现的杂草中所占百分比最高。

野黍：一年生草本，成株高 30～40 厘米，多生长于耕地、田边、撂荒地、居民点和林缘，可作饲料和救荒食物。炭化后的野黍多呈卵圆形，一端较尖，另一端略圆钝。共发现 9 粒，占杂草总数的 18%，出土概率为 6.9%。

余下杂草除一类不可辨识其种属的豆科杂草，其余种属的杂草均只出土 1 粒，在此不再一一赘述。

四、农作物结构的分析与讨论

（一）各时期农作物结构分析

本次章丘黄桑院遗址 29 份浮选样品主要出自龙山、商周和汉及汉以后三个阶段的遗迹，以下先将各期土农作物的数量百分比和出土概率进行统计，以便下文进一步进行相关分析（表二）。

表二　章丘黄桑院遗址不同时期农作物出土数量百分比与出土概率

时代 / 农作物	龙山（n=10/3）		商周（n=19/6）		汉及汉以后（n=382/13）	
	百分比	出土概率	百分比	出土概率	百分比	出土概率
粟	70%	100%	78.95%	83.33%	80.89%	76.92%
黍	30%	66.66%	10.53%	16.67%	16.49%	38.46%
小麦	/	/	10.53%	33.33%	1.05%	15.38%
大豆	/	/	/	/	1.05%	7.69%
豇豆属	/	/	/	/	0.52%	7.69%

1. 龙山文化时期

龙山文化时期的样品虽然只有 3 份，来自 3 个单独遗迹，遗迹包括灰坑与房址两类（见附表）。但粟的出土概率依然达到了 100%，占农作物总数的百分比达 70%，其中在灶中发现的 2 粒，应该是当时人炊煮活动的遗存。无论是数量百分比还是出土概率粟都居于首位，其次是黍（表二）。这样的农作物结构在龙山文化时期的山东地区泰沂山区以北是较为常见的，即农业物以粟、黍为主导，且以粟更为普遍[①]。

① 靳桂云：《龙山文化居民食物结构研究》，《文史哲》2013 年 2 期，104 页。

2. 商周时期

商周时期的样品有6份，出自6个单独的遗迹，遗迹包括灰坑和灶两类（见附表）。出土的农作物有三种，分别为粟、黍、小麦，其中粟占农作物总数的百分比和出土概率均为最高，黍的百分比数与小麦相同，但黍的出土概率低于小麦（表二）。以往在山东地区系统进行过浮选工作的商周时期的遗址有济南大辛庄遗址[①]、刘家庄遗址[②]、唐冶遗址[③]、高青陈庄遗址[④]、即墨北阡遗址[⑤]以及郝国故城[⑥]、临淄桐林遗址[⑦]、日照六甲庄[⑧]、临沭东盘[⑨]、济南催马庄[⑩]、胶州赵家庄[⑪]等遗址中商周时期的样品。现运用多元对应分析的方法对上述遗址与章丘黄桑院遗址中农作物的数量百分比与出土概率进行观察。但由于黄桑院遗址农作物仅出土有粟、黍、麦三种，因此本文仅将出土有粟、黍、麦三种农作物的遗址列入考察范围，着重考察商周时期这三种农作物的结构关系（图二、图三）。由图二、图三我们可知，虽然大多数遗址都与粟、黍的关系更加密切，且可以很明显得看出粟在商周时期依然占据主导地位。然而，章丘黄桑院、郝国故城和即墨北阡遗址相对于黍已经开始显示出更加重视小麦的趋势。此外，如果将商周时期的遗址分开观察，则会发现周代遗址相对大辛庄、刘家庄这两个商代遗址与小麦关系更近，暗示出小麦的地位在周代得到明显的提升。安静平用RI分析和CA分析替代传统的计算数量百分比和出土概率的方法，对各种禾谷类作物在遗址中的地位进行了分析，也得出了类似的结论。认为粟、黍在整个青铜时代都处于主导地位，周代小麦的重要性开始凸显出来，甚至有超过黍的趋势[⑫]。尽管从黄桑院遗址在多元对应分析图中所处的位置远离大辛庄和刘家庄这两个商代遗址而与周代遗址的关系更为密切来看，其时代应当更接近周代，或者说样品中以周代的样品居多。这与发掘简报中所公布的陶器大部分出自第2、3层，而这两层都出有西周时期典型的树纹瓦当，属于周代地层[⑬]，一致说明该遗址商周时期的遗存以周代遗存为主。

---

① 陈雪香：《海岱地区新石器时代晚期至青铜时代农业稳定性考察——植物考古学个案分析》，山东大学博士学位论文，2007年；宫玮：《济南大辛庄、刘家庄商代先民食物结构研究——植物大遗存与碳、氮稳定同位素结果》，山东大学硕士学位论文，2013年。

② 宫玮：《济南大辛庄、刘家庄商代先民食物结构研究——植物大遗存与碳、氮稳定同位素结果》，山东大学硕士学位论文，2013年。

③ 王育茜、陈雪香、高继习：《山东济南市唐冶遗址浮选结果分析》，《南方文物》2008年2期；安静平、董文斌、郭荣臻、靳桂云：《山东济南唐冶遗址（2014）西周时期炭化植物遗存研究》，《农业考古》2016年6期。

④ 王传明：《山东高青陈庄遗址炭化植物遗存分析》，山东大学硕士学位论文，2010年。

⑤ 赵敏：《山东省即墨北阡遗址炭化植物遗存研究》，山东大学硕士学位论文，2007年。

⑥ 马方青：《山东邹城郝国故城（2015）年东周至西汉植物考古观察》，山东大学硕士学位论文，2016年。

⑦ 宋吉香：《山东桐林遗址出土植物遗存分析》，中国社会科学院研究生院硕士学位论文，2007年。

⑧ 方辉、陈雪香、惠夕平：《山东日照六甲庄遗址2007年发掘简报》，《考古》2016年11期。

⑨ 王海玉、刘延常、靳桂云：《山东省临沭县东盘遗址2009年度炭化植物遗存分析》，《东方考古》第8集，科学出版社，2011年。

⑩ 吴文婉、韩辉、靳桂云：《济南催马庄遗址植物遗存分析》，《东方考古》第7集，科学出版社，2010年。

⑪ 靳桂云等：《山东胶州赵家庄遗址龙山文化炭化植物遗存研究》，《科技考古》第3辑，科学出版社，2011年。

⑫ 安静平：《山东地区青铜时代农业与野生植物利用考察》，山东大学硕士学位论文，2017年，68页。

⑬ 山东大学考古学系：《章丘市黄桑院遗址发掘简报》，《海岱考古》第9辑，科学出版社，30～39页。

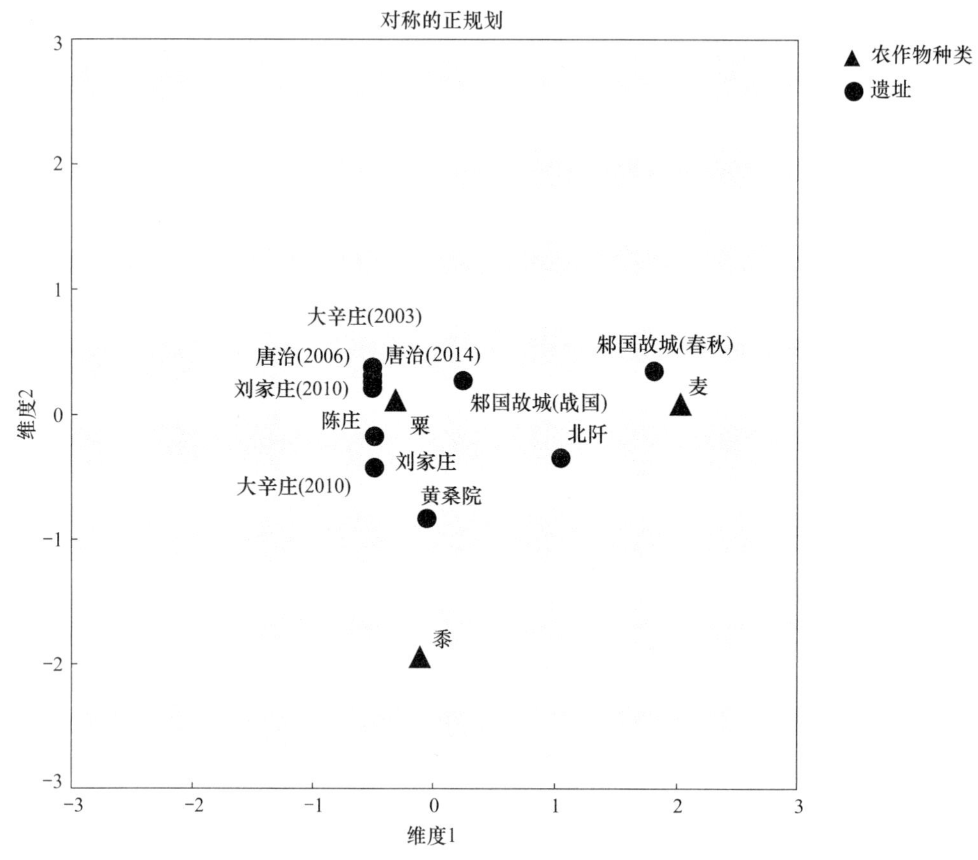

图二　基于农作物数量百分比的多元对应分析①

表三　山东地区商周时期遗址出土粟、黍、小麦数量百分比统计表

遗址	农作物数量百分比（%）		
	粟	黍	小麦
大辛庄（2003）n=5745	97.5	1.2	0.4
大辛庄（2010）n=17377	81.2	6.5	0.1
刘家庄（2010）n=5131	94.06	2.45	0.18
陈庄 n=25806	94.0	5.5	0.3
北阡 n=3769	54.2	6.1	37.1
唐冶（2006）n=1100	97	1.6	0.1
唐冶（2014）n=37182	97.59	1.96	0.32

① 多元对应分析是用于寻求数据列联表的行和列之间联系的一种低维图形表示方法。本图即是用于此项多元对应分析的散点图，其对应分析的目的是考察三种农作物与不同遗址两个属性变量之间有无关系及其关联程度的大小。若某遗址与某农作物在二维散点图中距离较近，则说明两者关系密切，反之则较远。分析所使用的数据见表三，数据来源多见前文注释。分析所使用的软件为 SPSS（19.0 版本），具体运算步骤与方法可参考武松、潘发明等主编:《SPSS 统计分析大全》，清华大学出版社，2014 年，第 25 章。

续表

遗址	农作物数量百分比（%）		
	粟	黍	小麦
黄桑院 n=19	78.95	10.53	10.53
郝国故城（春秋）n=1078	37.8	0.4	49.9
郝国故城（战国）n=8188	73.4	1.5	16.7

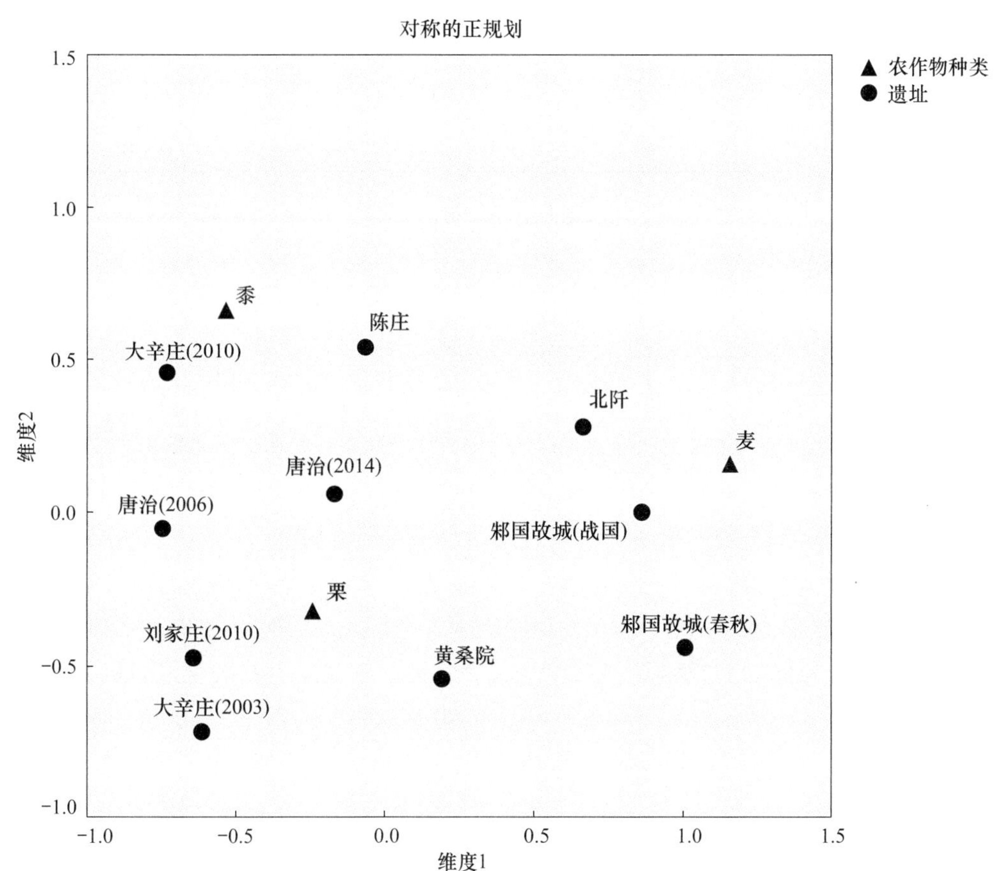

图三　基于农作物出土概率的多元对应分析①

表四　山东地区商周时期遗址出土粟、黍、小麦出土概率统计表

遗址	农作物出土概率（%）		
	粟	黍	小麦
大辛庄（2003）n=165	69.7	18.2	3.6
大辛庄（2010）n=166	98.8	68.7	8.4

① 分析所使用的数据见表三，数据来源为已发表的浮选报告，参见前文注释。

续表

遗址	农作物出土概率（%）		
	粟	黍	小麦
刘家庄（2010）n=128	99.2	32.8	5.5
陈庄 n=75	97.3	68.0	46.7
北阡 n=100	86.0	40.0	83.0
唐冶（2006）n=23	100.0	47.8	4.3
唐冶（2014）n=124	96.77	45.16	30.65
黄桑院 n=6	83.33	16.67	33.33
郑国古城（春秋）n=24	54.2	4.2	50.0
郑国故城（战国）n=117	81.2	23.1	81.2

3. 汉及后代

汉及后代的样品总计 20 份，出自 13 个遗迹单位，遗迹类型有房址、窑、沟、灶四类（见附表）。出土农作物 5 种，分别为粟、黍、麦、大豆、豇豆属，其中粟的数量百分比与出土概率均居首位，其次为黍，再其次为小麦，大豆、豇豆属的数量百分比与出土概率最低（表二）。由上面的统计数据我们可以看出，至少从炭化植物遗存来说，直到汉及后代这个时间段粟依然是生活在黄桑院遗址上的先民们所食用的最主要的粮食作物，小麦在人们食物结构中的比例远没有超过粟。

笔者曾对汉代墓葬中出土的植物遗存做过统计，发现在所统计省份当中几乎所有省份的墓葬之中都出土有粟，无论南北，出土概率均占所有农作物之首。汉代视死如视生的观念强烈，死后带入墓葬中的谷物必然是生前在其生活中占重要地位的农作物。周立刚通过对公元前 2000 年至公元 200 年 27 个北方遗址出土的人骨进行稳定碳同位素的分析，结果显示在中原地区小麦于东周时期被人们大量食用，到汉代小麦在居民的主食中的比例不断增加，但仍未占主导地位①。在班固所著《汉书》中，提到麦的次数为 40 余次，而提到粟的次数约 170 次，是麦 4 倍多②；居延汉简中关于屯戍吏卒粮食供应品种与数量的记载有：

> "令吏□□粟三石三斗三升少十二月□□自取卩
> 尉吏□伊粟三石三斗三升少十二月□□自取卩
> 障令史皇楚粟三石三斗三升少庚子自取卩
> 尉吏郭当粟三石三斗三升少戌十二月戊申自取卩
> ……

① Ligang Zhou, Sandra.J.Carive-Lok. Isotopic enidence for the exoansion of wheat consumption in northern China, *Archaeological Research in Asia*, 2015(4). Ligang Zhou, Sandra. J. Carive-Lok,Wenquan Fan,Xiaolong Chu.Human diets during the social transition from territorial states to empire:Stabie isotope ananlysis of human and animal remains from 770 BCE to 220 CE on the Central Plains of China, *Journal of Archaeological Science: Reports*, 2017(11).

② （汉）班固：《汉书》，中华书局二十四史点校本，中华书局，2002 年。

第四隧长张临五月食粟三石三斗三升少
卒成竟五月食粟三石三斗三升　四月癸未卒魏羽取
卒魏羽五月食粟三石三斗三升　四月癸未自取
卒张常五月食粟三石三斗三升　四月癸未卒□□自取”
（《居延汉简释文合校》180.2，180.3）[①]

说明当时屯边戍守的吏卒的食粮是粟且无论职位高低，粮食品类基本相同，都以粟为主要粮食作物。张家山汉简中记载：“粟米它物，出其半，以半负船人，舳舻负二，徒负一；其可纽䌹而亡之，尽负之，舳舻亦负二，徒负一，罚船啬。”7（C2A、C15B）、“夫、吏各四两。流杀伤人、杀马牛，有亡粟米它物者，不负。”8（C3）[②]这意味粟可以用来作为一种抵债的等价物，某种程度上相当于一般等价物。至唐代前期，官员俸禄仍以粟计。唐人杜佑在其所著《通典·食货》中详细记载了唐天宝以前的社会经济，其中一共提及粟210余次，提及麦70余次[③]。据此，我们可以在一定程度上认为直至汉唐时期小麦仍然没有替代粟成为最重要的农作物品种。因此，上文所分析得出的黄桑院遗址的农作物结构也就不足为奇了。

浮选中发现的少量豇豆属的种子，笔者据其形态推测可能为绿豆或者红小豆，这一现象说明当时的人们除了种植农作物之外还种植一些经济作物作为补充。

（二）历时性分析

黄桑院遗址的浮选结果显示，从龙山到汉代以后，粟、黍在农作物结构中始终保持着优势地位。但就数量百分比和出土概率来看，粟的数量百分比一直处于上升趋势，而出土概率则持续下降，表二说明粟种植规模在一定程度开始出现缩减。黍在龙山至商周阶段无论是数量百分比还是出土概率都出现了下降趋势（表二），这可能跟这一阶段小麦的种植有关。至于小麦，我们可以看出其两项指标最高值均出现在商周时期，这一时期在该地区小麦的地位得到明显的提升。就更大范围来看，中原地区在夏商时期，尤其是在早商时期小麦便开始出现强化种植趋势。而海岱地区从岳石到商代小麦的出土数量与出土概率也都有所上涨，但增幅不大[④]，直到周代小麦的地位才得到明显的提升[⑤]。商周以后黍的出土数量与概率开始上升，而小麦则出现了下降。从文献当中我们也可以看到汉代对小麦进行推广的政策以及对种植小麦的各项技术支持，并推行粟、麦轮作的举措[⑥]。黄桑院遗址呈现出相反的趋势，是由于样品数量的差异导致的，还是由于遗址性质或是地区差异性导致的，有待进一步探究。此外，汉代及以后的样品中已经开始出现大豆、豇豆属这类的经济作物，其丰富了居民的饮食生活并在一定程度上降低了农业生产的风险。

---

① 谢桂华、李均民：《居延汉简释文合校》，文物出版社，1987年。
② （唐）杜佑撰，王文锦、王永兴、刘俊文等点较：《通典》（中国史学基本典籍丛刊），中华书局，2016年。
③ 朱红彬：《张家山汉简（二年律令）集释》，社会科学文献出版社，2005年。
④ 陈雪香：《中国青铜时代小麦种植规模的考古学观察》，《中国农史》2016年3期，5～7页。
⑤ 安静平：《山东地区青铜时代农业与野生植物利用考察》，山东大学硕士学位论文，2014年，68页。
⑥ （汉）班固：《汉书》卷二十四《食货志》，清乾隆武英殿刻本，265～284页。

五、对于杂草的讨论

在龙山时期的样品中仅发现粟草、堇菜和豆科杂草各 1 粒，商周时期的杂草种子只有铁苋菜和藜两种，各有 1 粒，因为数量极少，在此不予讨论。

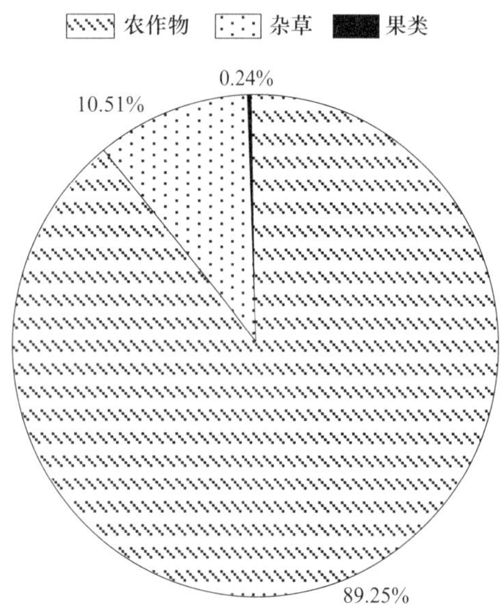

图四　章丘黄桑院遗址汉代样品中农作物、杂草、果类所占百分比统计

本次浮选的汉代样品中发现的农作物、杂草、果类遗存的数量百分比分别为 89.25%、10.51%、0.24%，农作物与杂草种子比为 8.49∶1（图四），低于郕国故城的 19.06∶1，其原因可能是多方面的，如收割方式、收割对象以及加工的精细化程度都会对农田杂草的比例产生影响，黄桑院遗址的农作物杂草比低于郕国故城可能是因为其加工过程更为粗糙。此外，聚落的等级差别也会影响农田杂草比，就目前的材料可知郕国故城在秦汉至两晋时期是邹县的县治所在，是一处具有较大规模的城市[①]，而黄桑院遗址就目前的发掘材料来应当为一处普通的聚落[②]。因此，在郕国故城内会进行更多的粮食贸易与消费活动，而非生产与加工活动，这便导致了其农作物杂草比低于黄桑院遗址。

在出土的杂草中以禾本科的杂草种类最多，包括马唐、狗尾草、野黍，比例也最高，占杂草总数的 44.4%，其次是赤爬，占杂草种子总数的 26.67%，再其次为藜，比例为 13.33%（图五）。这些杂草中除赤爬以外基本都是北方旱作农田中常见的杂草，其所占的比例之和达 57.7%（图五），且这些杂草在遗址中与农作物的关系十分密切，两者在总体上表现出一种正比关系，即发现农作物最多的遗迹，其中杂草种子数量也是最多的。因此，笔者认为禾本科杂草与藜作为当时的农田杂草，它们进入到遗址应当是人们收获农作物时带入的，并在后期的加工处理时将其遗留了下来。当然，也不排除某些杂草可能被当时的人们主动采集后作为其他用途的，如野黍虽然为田间、撂荒地常见的杂草，但它是一种良好的饲料，人们可以用它来喂养家畜。同时，它也是一种可食用的野生植物，《救荒本草》云："野黍，生于荒野……救饥，采子舂去粗糠，或捣或磨面，蒸糕，甚甜"[③]，《农作全书》亦云："野黍生于荒野中……味甜性微温，救饥，采子，舂去粗糠，或捣或磨面，蒸糕，甚甜"[④]。

① 徐龙国：《秦汉城邑考古学研究》，中国社会科学出版社，2013 年，106 页。

② 山东大学考古学系：《章丘市黄桑院遗址发掘简报》，《海岱考古》第 9 辑，科学出版社，2017 年。

③ （明）朱橚：《救荒本草》卷四《草部》，清文渊阁四库全书本，37 页。

④ （明）徐光启：《农政全书》卷五十二《荒政》，明崇祯平露堂本，516 页。

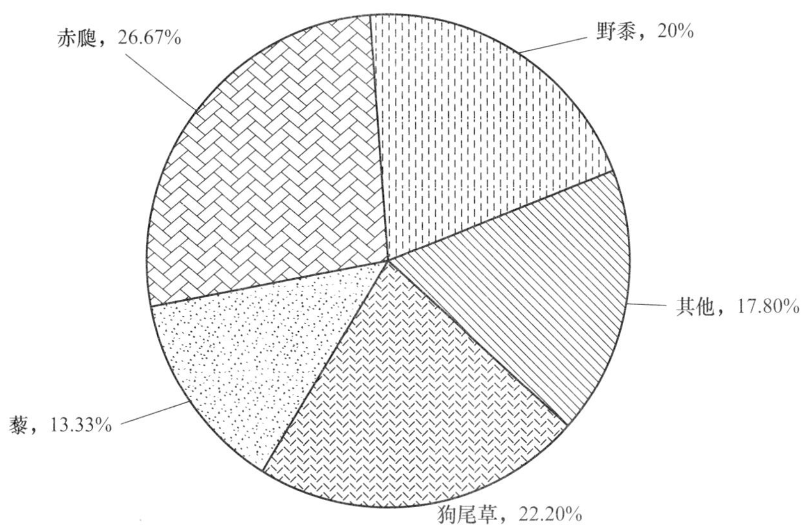

图五　章丘黄桑院遗址汉代样品中各类杂草占百分比统计

在此，必须要提及的是本次浮选中出土的赤瓟，如上文所述，如果就单种杂草而言，赤瓟的比例是最大的，但出土概率并不高，仅为10%，且90%出于一个遗迹单位，这说明赤瓟这类植物可能是某种特殊情况下的遗留，使用并不普遍。赤瓟为多年生蔓性草木，多生长于海拔300～1800米的山坡及林地边缘，具有特殊的功用，其果实和根可入药。《本草纲目》中记载："剪草、通草、草、赤雹儿：并破淤血，血闭"[①]，《医宗金鉴》载："土瓜，即俗名赤雹也。《肘后方》治大便不通，采根捣汁，用筒吹入肛门"[②]，《普济方》又载："赤雹儿、当归右为末，每服三二钱，空心温酒调下血极膏，治妇人干血气"[③]，所以我们推测这些集中出现的赤瓟很可能是作为药用的。

除以上所述植物遗存外还发现了少量其他杂草种子，每种不超过1粒，因此在此不多加讨论。

六、结　　语

章丘黄桑院遗址一共收集浮选样品29份，包括龙山、商周、汉及以后三个阶段。从鉴定结果来看，黄桑院遗址发现的农作物种类从龙山到汉代以后一直不断增加，并且从龙山到汉以后一直以粟作为主要农作物，发展旱作农业。商周时期的样品中开始出现小麦，说明至少在商周时期黄桑院遗址的先民已经开始种植小麦，并且重要性开始凸显出来，甚至出现了与黍角力的趋势。到了第三阶段，小麦的数量百分比与出土概率均呈现下降趋势，黍反而上升，这其中原因暂不明朗。在不同时期遗址中伴随农作物出土的杂草以农田杂草为主，与农作物的种植加工有着密切的关系，很大可能是

① （明）李时珍：《本草纲目》卷十三下《百病主治药》，清文渊阁四库全书本，186页。
② （清）吴谦等编：《医宗金鉴》卷四《订正仲景全书伤寒论注》，清乾隆武英殿刻本，101页。
③ （明）朱橚、滕硕、刘醇等编：《普济方》卷三百十九《妇人诸疾门》，清文渊阁四库全书本，8781页。

当时的人们在收获和加工农作物时的残留。一些杂草种子，如赤瓟、野黍等可能是当时的人们有意采集的，具有特殊的功用。遗址中所出的杂草都属于常见的北方旱地杂草，这对了解当时的气候环境也具有重要的指示意义。

截至目前，商周时期、汉及以后的遗址所做的浮选工作仍然十分不足，本次浮选的结果为结合文献优势对这两个时期山东地区农业结构、气候环境、人地关系的研究又提供了新的材料，具有重要的意义。但总的来说，本次浮选数量较少，并且没有植硅体、淀粉粒等其他材料的辅证，对于很多问题的探讨只能是浅尝辄止。

致谢：感谢中国社会科学院考古研究所杨金刚老师在样品鉴定过程中提供的帮助。

Analysis on the Carbonized Plant Remains from Huangsangyuan Site, 2012, Zhangqiu County, Shandong

Zhang Fei[1] Wang Qing[2] Chen Zhanglong[1] Zhang Yun[1] Chen Xuexiang[2]
(1. School of History and Culture , Shandong University; 2. Institute of Cultural Heritage, Shandong University)

Abstract: This paper takes the method of paleoethnobotany, and systematically analyzes the flotation samples collected in 2012 excavation of Longshan period, Shang and Zhou Dynasty, Han Dynasty and later Periods in the Huangsangyuan site of Zhangqiu county. The paper mainly focuses on the crop assemblage and its diachronic changes. Research results indicated that foxtail millet and broomcorn millet always occupied the dominant position from Longshan period to the Han Dynasty, but the status of wheat had changed greatly in different periods. In addition, we also discussed the weeds excavated in the site and the relationship between weeds and crops.

Key words: Huangsangyuan site, paleoethnobotany, the crop assemblage

附表　章丘黄桑院遗址浮选结果统计表

年代	出土单位	土升量（L）	种子总重（g）	炭屑重（g）>1mm	粟	小粟	粟秕	黍	残黍	小麦		大豆	豇豆属	果壳	禾本科				藜科	堇菜科	唇形科	大戟科	豆科				桑科	葫芦科	不可鉴定
										整	残	完			粟草	马唐	狗尾草	野稷	藜	堇菜		铁苋菜	苜蓿	胡枝子	草木犀	其他	大麻属	赤瓟	
龙山	F2-Z	4	0.001	0.001	3																								
龙山	H34	5	0.012	0.922	3			2												1						1			18
龙山	H79	12	0.056	0.776	1			1							1														35
商周	ZK1	7	0.001	0.038	5																	1							
商周	H36	7	0.018	0.024	3														1										6
商周	H51	2	0.007	0.001				2			1																		2
商周	H53	4	0.032	0	3																								
商周	H63	4	0.001	0.04	2																								
商周	H66	9	0.027	0.272	2						1																		26
汉及以后	F1 ①	9	0.004	0.011																									1
汉及以后	F1 ①	5	0.006	0.003	4																					1			4
汉及以后	F1 ②	6	0.031	0.127										1															5
汉及以后	F1 ③	6	0.005	0.02																									2
汉及以后	F1 ④	5	0.002	0.017	1																								8
汉及以后	Y1	7	0.052	0.71	31	7		4			1						1	8						1					34

续表

年代	出土单位	土升量（L）	种子总重（g）	炭屑重（g）>1mm	粟	小粟	粟秕	黍	残黍	小麦		大豆	豇豆属	果壳	禾本科				藜科	堇菜科	唇形科	大戟科	豆科				桑科	葫芦科	不可鉴定
										整	残	完			粟草	马唐	狗尾草	野稷	藜	堇菜		铁苋菜	苜蓿	胡枝子	草木犀	其他	大麻属	赤瓟	
汉及以后	Y1附属灰烬	7	0.258	0.042	59	37	1	47								1	9		6		1		1			1	1	9	114
汉及以后	Y2	8	0.001	0	8																								3
汉及以后	Y2火膛	12	0.061	0.848	99			2																					17
汉及以后	G2	10	0.049	0.027	2			6		3			2															1	14
汉及以后	Z1	1	0.275	51.586	10		1	1																				1	84
汉及以后	Z2	7	0.01	0.034	4																								10
汉及以后	H10①	8	0.005	0.098																									3
汉及以后	H39⑤	10	0.022	0.024	31	5		2	1									1							1				8
汉及以后	H44	3.5	0	0.007																									
汉及以后	H48	6	0.006	0.155	1																								1
汉及以后	H57南部	6	0.013	0.006	4																								6

续表

年代	出土单位	土升量（L）	种子总重（g）	炭屑重（g）>1mm	粟	小粟	粟秕	黍	残黍	小麦		大豆	豇豆属	果壳	禾本科				藜科	堇菜科	唇形科	大戟科	豆科				桑科	葫芦科	不可鉴定
										整	残	完			粟草	马唐	狗尾草	野稷	藜	堇菜		铁苋菜	苜蓿	胡枝子	草木犀	其他	大麻属	赤瓟	
汉及以后	H64	5	0.009	0.014	1																							1	3
汉及以后	H64	7	0.051	0.074	3							4																	20
汉及以后	H68	8	0	0.02																									

曲阜奥体中心战国两汉与宋代墓地人骨的病理学观察*

张晓雯[1]　王子孟[1、2]　赵永生[1]

（1. 山东大学考古系；2. 山东省文物考古研究院）

内容提要： 曲阜奥体中心墓地遗址共发掘墓葬362座，从其中147座墓葬中共采集人骨159具。除6座墓葬属于宋代，其余皆为战国及汉代墓葬。受保存条件限制，该墓葬内出土人骨标本虽数量巨大但保存较差，绝大多数难以进行测量观察，故本文主要对该墓地内出土人骨进行了性别年龄鉴定及古病理学观察。经鉴定，曲阜奥体中心墓地内发现男性37例，女性31例，性别不明者91例，年龄大致在8～55岁之间。古病理学观察主要发现了一些常见的口腔疾病、非特异性感染、关节疾病及创伤。

关键词： 曲阜奥体中心墓地　人骨　战国及两汉　宋代　古病理

曲阜奥体中心墓地位于曲阜市小雪街道办事处姜家村北。2012年，山东省文物考古研究所联合曲阜市文物旅游局对该遗址进行了发掘，此次发掘共清理墓葬362座，出土各类文物420余件。曲阜奥体中心墓地分属于战国、两汉和宋代，其中以两汉墓葬数量最多，其次为战国墓葬，宋代墓葬发现较少，仅发现6座①。由于保存环境较差，战国至两汉墓地内人骨多已腐朽，仅从其中141座墓葬中采集到人骨。经整理鉴定，这些人骨标本分属于147个个体。宋代墓葬保存情况相对较好，且多为合葬墓，从6座墓葬中发现12具人骨（图一）。

2016年4月初，笔者开始对这159具人骨标本进行清理及古病理学观察、统计。曲阜奥体中心遗址内所发现的墓葬大致属于战国、两汉及宋代，由于宋与战国、两汉时代相距较远，且战国与两汉具有一定的连续性，故本文将该墓地内出土人骨分为两组进行统计分析，即战国—汉代组和宋代组，以便观察不同时代人群的生活状态。

---

* 本课题得到国家社科基金青年项目“济南大辛庄遗址出土人骨的整理与研究”（14CKG002）、国家社科基金青年项目“即墨北阡遗址大汶口文化时期古代居民的DNA研究”（15CKG013）、山东大学人文社会科学青年团队项目“海岱地区先秦时期古代居民生业模式和生存状况分析”（IFYT17003）、山东大学基本科研业务费自然科学专项交叉学科培育项目“基于牙结石古DNA高通量测序数据的人体微生物组进化研究”（2017JC026）共同资助。

① 中国考古学会主编：《中国考古学年鉴（2013）》，文物出版社，2014年，285页。

图一 曲阜奥体中心墓地发掘区

一、性别年龄鉴定

本文根据《人体测量手册》[①]中对颅骨性别特征的描述推测了该墓地内居民的两性特征倾向。对于成年人年龄的判断依据来自于《Human Bone Manual》[②]中Lovejoy对牙齿磨耗与年龄关系的推测，对未成年个体的年龄鉴定，则依据《体质人类学》[③]中所介绍的青少年肢骨骨骺愈合情况及牙齿萌出情况判断。由于曲阜奥体中心墓地内人骨保存情况较差，除宋代两具人骨保存有较完整的髋骨，其余个体多仅存部分颅骨及肢骨碎片，给性别、年龄鉴定带来极大的困难，故本文仅对该墓地内部分保存相对较完整的个体进行了性别和年龄的推测。经鉴定，共发现男性37例，女性31例，性别不明者91例，鉴定率为42.77%。年龄范围大致在8～55岁之间，由于本次年龄鉴定依据主要来自于牙齿磨耗，致使本次鉴定结果在一定程度上受到饮食习惯等方面的影响。具体鉴定结果见表一。

表一 曲阜奥体中心出土人骨性别年龄鉴定表

时代	出土单位	性别	年龄	出土单位	性别	年龄	出土单位	性别	年龄
战国—汉代组居民	M4	男	——	M162	——	——	M277	——	20～24
	M7	——	——	M164①	男	——	M278	女?	16～20
	M11	——	——	M164②	——	——	M281	——	——
	M12	女	40～50	M165	男?	35～45	M282	男	——
	M13	男	未到25	M167	男?	——	M283	——	25～30
	M17	女?	30～40	M171	——	——	M285	——	——
	M19	男	30～40	M172	男	18～25	M286	——	——
	M20	——	——	M174	——	12月18日	M289	女	30～35

① 邵象清编著：《人体测量手册》，上海辞书出版社，1985年，40～42页。

② White TD, Folkens PA. The Human Bone Manual. Elsevier academic press, 2005: 369.

③ 朱泓主编：《体质人类学》，高等教育出版社，2004年，97～103页。

续表

时代	出土单位	性别	年龄	出土单位	性别	年龄	出土单位	性别	年龄
战国—汉代组居民	M23	——	8月10日	M176	——	14～16	M292	——	——
	M24	男	30～40	M177	女	10月20日	M293	——	——
	M26	女?	30～40	M178	——	——	M294	——	——
	M29	——	——	M180	女	——	M296	——	——
	M30①	男?	45～55	M181	——	——	M297	女?	40～50
	M30②	女	26～35	M182	男?	30～35	M298	——	10月20日
	M32	男?	——	M183	男?	35～45	M299	——	——
	M33	——	16～20	M191	女	16～20	M300	——	16～20
	M34	——	——	M195	女?	40～50	M301	——	16～20
	M41	——	——	M196	女	40～45	M303	——	——
	M42	——	——	M197	——	35～40	M304	男	40～50
	M44	男?	——	M199	男	20～30	M305	——	——
	M53	——	——	M202	男	35～45	M308	男	40～45
	M58	——	18～24	M203	女	35～45	M309	女?	——
	M60	——	16～20	M207	男?	——	M311	——	——
	M66	女?	20～25	M209	——	——	M313	——	——
	M67	女?	30～40	M211	女	35～40	M314	——	——
	M69	——	30～40	M214东	——	——	M315	——	——
	M70东	——	40～50	M214西	男	45～55	M316	——	——
	M70西	男?	16～20	M215西	男	40～45	M317	——	——
	M73	——	——	M223	——	20～30	M319	——	25～35
	M75	女?	——	M224	——	——	M320①	——	——
	M76	男	30～40	M227	——	——	M320②	——	——
	M77	——	——	M228	——	——	M321	——	——
	M78	——	35～45	M229	——	25～30	M324	——	35～40
	M80	男?	35～40	M230	——	——	M325	——	——
	M89	——	16～20	M234	男	——	M328	——	——
	M91	男?	——	M235	——	25～35	M332	——	——
	M94	男?	——	M236	男	25～35	M334	——	——
	M95	——	——	M239	女?	16～19	M335	——	——
	M97	——	——	M247	——	16～20	M336	——	15～25
	M100	——	16～20	M250	——	——	M344	——	——
	M120	男?	40～50	M257	——	——	M345	男	40～50
	M122	女?	35～45	M258	——	40～50	M346	——	——
	M129	——	35～40	M259右	——	20～30	M347	——	——

续表

时代	出土单位	性别	年龄	出土单位	性别	年龄	出土单位	性别	年龄
战国—汉代组居民	M131	女	15～25	M259 左	——	25～35	M351	——	——
	M137	女	18～24	M264	——	——	M355	——	35～45
	M141	——	20～25	M266	——	——	M357	——	40～50
	M152	——	20～30	M267	——	——	M360	——	20～25
	M154	男	——	M268	男	——	M361	——	——
	M155	男	16～22	M269	——	——	——	女?	16～22
宋代组居民	M118 东	女	——	M130 东	男?	——	M186 西	女	35～40
	M118 西	男	35～40	M130 西①	男	——	M205 东	女	25～30
	M127	女	25～30	M130 西②	女	——	M205 中	男	40～50
	M128	女?	30～40	M186 东	女	45～55	M205 西	女	——

二、病理学观察

"古病理学是一门研究疾病在较长时间内的演变和发展过程及人类对周围环境变化的适应性的学科"[①]，通过对古代人类遗骸上反映出的病理现象的观察与分析，不仅可以了解到历史上人类各种疾病的产生及其发展轨迹，对我们认识古代人群的健康状况、生存环境及生产生活方式等诸多方面的问题均具有重要的参考价值，为研究古代社会提供了重要的人类学证据。

（一）口腔疾病

牙齿是人类身体结构中最坚硬、化学性质最稳定的组织，因此在古代人类遗骸中多能较好地保存下来。古代人类的牙齿可以为我们提供诸多信息，如齿科疾病、饮食习惯、生计模式、文化行为及生存压力等，对研究古代人群、复原古代社会具有重要价值。而口腔疾病作为一种既古老又常见的疾病，存在于人类产生和发展的各个阶段。

曲阜奥体中心墓地内共有 139 个个体可被用于口腔疾病的观察，其中战国—汉代组有 127 个个体，共 1970 枚牙齿；宋代组 12 个个体，共 159 枚牙齿。由于本次观察统计的牙齿多为散牙、无齿槽，可能对统计结果造成一定的影响。在该墓地中所发现的口腔疾病主要包括龋病、牙周病及根尖周病。

1. 龋病（Dental caries）

龋病（Dental caries）是在以细菌为主的多种因素影响下，牙体硬组织发生慢性进行性破坏的一种疾病[②]，它使牙齿表面产生模糊的斑点或形成较大的洞[③]。对古代人群患

① 〔英〕夏洛特 • 罗伯茨、基思 • 曼彻斯特著、张桦译：《疾病考古学》，山东画报出版社，2010 年，1 页。
② 樊明文主编：《牙体牙髓病学》，人民卫生出版社，2000 年，3 页。
③ 〔英〕夏洛特 • 罗伯茨、基思 • 曼彻斯特著、张桦译：《疾病考古学》，山东画报出版社，2010 年，71 页。

龋情况的研究，有助于揭示古人的食物类型、饮食习惯及生存条件等。本文依据《牙体牙髓病学》中对龋病的诊断方法，对曲阜奥体中心古代居民的患龋情况进行了观察与统计。

（1）材料与方法

研究材料：本次调查的牙齿标本分属于139个个体，其中战国—汉代组127例，共1970枚牙齿；宋代组12例，共159枚牙齿。

诊断方法：根据病变深度分为浅龋、中龋和深龋。浅龋仅发生于牙齿表层，一般为釉质龋；中龋时，龋坏深度达到牙本质表层，可见明显的龋洞；深龋时，病变进展到牙本质深层，可见很深的龋洞[①]。

（2）统计结果

根据以上诊断方法，本文对曲阜奥体中心墓地出土人骨的患龋情况进行了观察，并统计了该墓地内古代人群的患龋率、龋病程度及患龋牙位。以下分为两组进行介绍：

战国—汉代组：在本次调查的127个个体中发现34例罹患不同程度的龋病，患龋率为26.77%。由于本次受检样本保存情况较差且多为零散牙齿，而患龋牙齿更加不易保存，故本次统计结果可能与实际情况有一定出入。从患龋程度来看，多为深龋，中龋、浅龋相对较少。患龋位置多集中于邻面，𬌗面龋较少见。该结果与现代临床统计正好相反，造成这种现象的原因可能是多方面的：①张璇等[②]认为，这是由于古人所食用的食物比较粗糙，致使牙齿磨耗加重，从而导致食物残渣向齿缝楔入，引发细菌堆积，导致邻面龋发生率增高；②古代较为坚硬、粗糙的食物可能导致齿冠部位的咬合面过早磨损，从而提早减弱了牙齿𬌗面的复杂程度，降低了罹患𬌗面龋的风险；③在人类进化过程中，咀嚼器官的退化存在不平衡现象，即齿槽、颌骨的退化速度大于牙齿[③]，从而导致齿列越来越拥挤，使齿缝之间难以隐藏过多的食物残渣，降低了罹患邻面龋的风险；④现代人清洁牙齿的工具及方式的改善，可能同样影响着人们患龋的位置。

从患龋牙齿的齿种来看，多集中于臼齿（39，15.98%），犬齿（5，5.62%）及前臼齿（14，8%）相对较少，而门齿（0，0）则未发现患龋情况。这可能是由于臼齿在人类咀嚼过程中承担着较重要的任务，且其位置靠后，不易清理，特别是第三臼齿，其周围容易积聚食物残渣，导致细菌滋生，从而增加了患龋风险（表二）。

表二 战国—汉代组居民患龋齿种统计表

位置	左上颌								右上颌							
齿种	M3	M2	M1	P2	P1	C	I2	I1	I1	I2	C	P1	P2	M1	M2	M3
患龋牙数（枚）	2	3	0	2	1	1	0	0	0	0	2	2	3	6	2	2
总牙数（枚）	12	24	18	20	17	18	16	17	21	19	24	24	22	25	25	14

① 樊明文主编：《牙体牙髓病学》，人民卫生出版社，2000年，54、55页。
② 张璇、韩迎星：《古代人类口腔疾病流行概况》，《牙体牙髓牙周病学杂志》2005年15卷8期，467～470页。
③ 张世采、孙卫斌：《牙齿大小与牙列拥挤》，《口腔医学》1982年4期，193～195页。

续表

位置	左下颌								右下颌							
齿种	M3	M2	M1	P2	P1	C	I2	I1	I1	I2	C	P1	P2	M1	M2	M3
患龋牙数（枚）	4	4	2	1	2	1	0	0	0	0	1	2	1	4	5	5
总牙数（枚）	23	23	21	23	25	24	16	11	16	15	24	22	22	18	23	18

宋代组：在12个个体中发现10例患龋病例，患龋率为83.33%。从龋病程度来看，宋代组居民多罹患深龋，中龋和浅龋相对较少。可见这些居民已经有了较长时间的病史，并长期忍受龋病带来的痛苦，此外一些生前脱落的牙齿可能也与龋病有关。从患龋位置来看，邻面龋占绝对数量（包括近中面及远中面），达到80.56%，其余为殆面龋，在颊侧及舌侧未发现龋病，该结果与战国—汉代组相似。

宋代组罹患龋病的牙齿同样集中于后部，主要为前臼齿（13，28.89%）和臼齿（15，33.33%），二者患龋牙数相近，可能是由于相当一部分的臼齿在生前已脱落，从而影响了统计结果（表三）。

表三　宋代组居民患龋齿种统计表

位置	左上颌								右上颌							
齿种	M3	M2	M1	P2	P1	C	I2	I1	I1	I2	C	P1	P2	M1	M2	M3
患龋牙数（枚）	0	2	1	2	4	3	0	0	0	0	1	2	1	2	2	0
总牙数（枚）	2	5	6	7	6	7	7	6	3	2	5	4	4	5	4	1
位置	左下颌								右下颌							
齿种	M3	M2	M1	P2	P1	C	I2	I1	I1	I2	C	P1	P2	M1	M2	M3
患龋牙数（枚）	2	2	2	1	1	1	0	0	0	0	0	0	2	1	0	1
总牙数（枚）	3	4	4	5	7	6	3	4	2	5	4	6	6	4	5	2

综上可见，曲阜奥体中心墓地从战国到宋代这一千四百余年，龋病的流行程度发生了几何式的增长，人们的饮食变化可能是造成这种情况发生的至关重要的原因。随着时代的发展，农作物种类及加工技术都有了长足发展，可发酵的碳水化合物逐渐成为人们的主要食物来源。对外贸易、交流的加深，使许多外国农作物传入中国，丰富了当时人们的食物种类。生产加工技术的提高，带来了食物制作的精细化，一方面，提高了食物在口腔中的分解速率，使食物中的糖分解发酵产生可以腐蚀牙釉质的酸；另一方面，细小的食物残渣容易隐藏于牙齿殆面结构复杂的沟槽内或齿缝间，与口腔中的细菌及唾液结合，形成牙菌斑从而破坏牙齿硬体组织，形成龋洞①。此外，“糖”②的广泛使用及提炼技术的提高可能是古代人群患龋率增长的重要原因之一。古代民间最常食用的糖主要有三大类，分别为蜂蜜、饴糖及蔗糖。早在魏晋南北朝时期，人们

① 〔英〕夏洛特·罗伯茨、基思·曼彻斯特著、张桦译：《疾病考古学》，山东画报出版社，2010年，71页。
② 此处的“糖”泛指所有糖类化合物。

已从原始的采集野生蜂蜜发展为人工养殖蜜蜂来采蜜，且当时的家蜂蜜在市场上已成为一种独立的商品。至迟自秦代起，我国已开始制作并食用“饴糖”①，到宋代，饴糖的品种开始增多，产量有所增大，是广大百姓喜好的食品。甘蔗是我国古代最主要的糖料来源，至少有两千多年的栽培历史，战国时人们便将蔗浆作为一种日常饮品，汉晋以后则广泛应用于多种食物的调味②。可见，秦汉以来“糖”已普遍存在于百姓的生活中，到宋代，制糖技术显著提高，多种多样的含糖食品成为百姓生活的必需品。因此，龋齿发病率的显著提高则不难理解，特别是到宋代，曲阜奥体中心墓地宋代组居民的患龋率已达到甚至超过 17～18 世纪欧洲人的患龋率③，而与近现代人的患龋率相近。

2. 牙周病（Periodontal disease）

大多数哺乳动物口腔内的牙龈组织，或多或少都会出现一些低水平的、慢性的感染，这是口腔中的软组织对大量聚居在口腔内的微生物的常规反应。若微生物不再继续侵蚀软组织，免疫系统便无法清除它们，致使炎症反应长期存在，形成牙龈炎。在大多数成年人的口腔中会偶尔发生一些免疫系统的激剧反应，这是由于原本处于平衡状态下的免疫力与细菌之间产生了一些变化，从而引发的炎症反应。这种反应往往对口腔组织产生比细菌侵蚀更为严重的伤害，被称之为过敏反应。如果这种损伤首先发生于牙周组织，则被称之为牙周炎（牙周病）④。目前学者们普遍认为，“牙结石堆积在牙齿、软组织和齿槽骨骼之间的缝隙内是牙周病的主要诱病因素”⑤。

大多数情况下，慢性牙周炎的发展可分为四个阶段，即初期损伤、早期损伤、损伤形成及损伤加剧。大致表现为初期的软组织感染，到感染转移到骨组织，从而导致骨吸收、牙周系带脱落，使齿根暴露部分越来越多，最终导致牙齿脱落⑥。

（1）材料与方法

研究材料：本文选取残存的上颌或下颌部分达到 25% 以上的个体用于观察统计。经统计，曲阜奥体中心墓地战国—汉代组共有 47 个个体可供观察，宋代组有 10 个个体可供观察。

诊断方法：本文将齿槽骨萎缩且齿根暴露达到 1/3 以上者视为患有牙周病⑦。

（2）统计结果

根据以上诊断方法，曲阜奥体中心战国—汉代组中有 32 例患有不同程度的牙周病，罹患率为 68.09%。宋代组有 8 例患有牙周病，患病率为 80%。

从统计结果看，曲阜奥体中心墓地中无论是战国—汉代组还是宋代组的居民皆存在较高的牙周病罹患率。这一方面可能是由于恶劣的口腔环境或食用碳水化合物含量

① 饴糖是以高粱、米、大麦、粟、玉米等淀粉质的粮食为原料，经发酵糖化制成的食品。
② 刘丹：《中国古代糖史研究》，西北农林科技大学硕士学位论文，2009 年，7～26 页。
③ 樊明文主编：《牙体牙髓病学》，人民卫生出版社，2000 年，7 页。17～18 世纪欧洲人的患龋率普遍上升到 70%～80%，或者更高。
④ Hillson S. Teeth. Cambridge university press, 2005: 304-305.
⑤ 〔英〕夏洛特·罗伯茨、基思·曼彻斯特著、张桦译：《疾病考古学》，山东画报出版社，2010 年，80 页。
⑥ Hillson S. Teeth. Cambridge university press, 2005: 305～306.
⑦ 王明辉：《人骨综合研究》，《灵宝西坡墓地》，文物出版社，2010 年，140～141 页。

较高的食品，从而增加了罹患牙周病的风险；另一方面可能与饮食结构有关，以植物性碳水化合物饮食为主，或以加工食品为主的人群存在较高的牙周病罹患率①。但有些学者也表示，古代牙周病的流行率被高估了，有些病变可能是牙齿对过度磨耗的代偿性反应，表现为牙齿持续萌出，从而增大了牙齿与上下颌之间的距离②。

此外，有学者指出，人群的饮食和营养状况可能与牙周病的发生存在密切的关系，“维生素 C 的缺乏、维生素 D 和钙、磷的缺乏或不平衡、营养不良等”③可能导致牙周病的进一步发展。现代口腔医学方面的一些学者倡导通过补充维生素 D 来预防或抑制牙周炎的发展，他们认为维生素 D 在骨骼的维护和免疫系统中起到重要作用，缺乏维生素 D 会增加牙周炎的发病率④。但维生素 D 主要由皮肤内的 7- 脱氢胆固醇经紫外线照射转化而来，难以从日常饮食中获得，且维生素 D 的状态受年龄、性别、遗传因素、营养、疾病等多方面影响，即使处于日光充沛的地区，仍普遍存在缺乏维生素 D 的情况⑤。因此，单从牙周病罹患情况看古代人群的饮食健康还是比较困难的，还需综合考察其他一些与营养代谢相关的病理现象。

3. 根尖周病（Periapical abscesses）

牙体组织十分坚硬，有很强的抵抗力，然而一旦由于磨耗、龋病、创伤等原因破坏了牙釉质和牙骨质，便会使牙髓腔暴露，致使病菌通过髓腔通道进入颌骨深处，直接侵蚀组织细胞或通过引发炎症和免疫反应间接导致组织损伤⑥。病菌积聚于牙髓腔内，引发感染，随之形成脓肿。当脓液积聚到一定程度，在受到压力后会穿透骨骼向外溢出，之后在骨骼表面形成漏道。

曲阜奥体中心战国—汉代组的人骨上共发现 4 例根尖周病，宋代组发现 5 例（表四；图二）。

表四　曲阜奥体中心墓地内发现的根尖周病

战国—汉代组		宋代组	
出土单位	患病牙位	出土单位	患病牙位
M26	右下颌 M2	M118 东	右下颌 C
M66	左下颌 M2	M118 西	左上颌 P1

① Larsen CS. Bioarchaeology: interpreting behavior from the human skeleton，转引自〔英〕夏洛特·罗伯茨、基思·曼彻斯特著、张桦译：《疾病考古学》，山东画报出版社，2010 年，81 页。

② Clarke NG, Hirsch RS. Physiological, Pulpal, and Periodontal Factors Influencing Alveolar Bone, Advances in Dental Anthropology. Wiley-Liss, 1991: 241～266.

③ 王明辉：《中原地区古代居民的健康状况——以贾湖遗址和西坡墓地为例》，《第四纪研究》2014 年 1 期，51～59 页。

④ 仝春实、邹永巍、王雷、宫俊霞、李文然、刘长欢、卢建忠：《维生素 D 及其与牙周炎的关系》，《国际口腔医学杂志》2014 年 4 期，474～477 页。

⑤ 闫艳梅、贺涛、马灿灿、郑品轩：《维生素 D 对牙周炎的影响》，《口腔疾病防治》2016 年 2 期，114～117 页；廖祥鹏、张增利、张红红、朱汉民、周建烈、黄琪仁、汪之顼、王亮、刘忠厚：《维生素 D 与成年人骨骼健康应用指南（2014 年标准版）》，《中国骨质疏松杂志》2014 年 9 期，1011～1030 页。

⑥ Hillson S. Teeth. Cambridge university press, 2005: 307-308. 樊明文主编：《牙体牙髓病学》，人民卫生出版社，2000 年，150～152 页。

续表

战国—汉代组		宋代组	
出土单位	患病牙位	出土单位	患病牙位
M164	左上颌 C	M128	上颌两侧 M2
M214 西	右上颌 M1	M186 东	左上颌 P1；P2
		M186 西	左上颌 M1

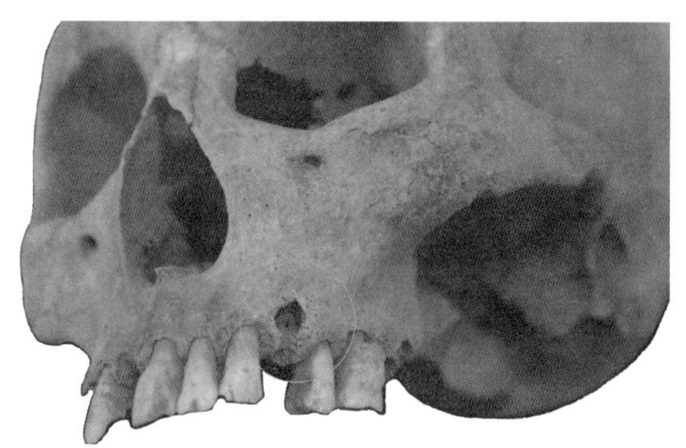

图二　曲阜奥体中心 M118 西的根尖周病

（二）牙颌特殊状况观察

本文所指牙齿特殊形态包括错殆畸形和牙齿畸形两个方面。

1. 错殆畸形（Malocclution）

殆指上颌牙齿与下颌牙齿的接触，根据下颌位置的不同而存在不同的接触关系[①]。殆有正常殆与错殆之分，正常殆需符合齿列整齐无间隙，臼齿咬合关系为中性，正常覆颌，咬合接触点符合生物学规律等形态特征[②]，否则为错殆。常见的错殆包括牙齿错位、牙齿拥挤、近中错殆、反殆、第三臼齿阻生及颌骨 - 颅面关系异常等[③]。

曲阜奥体中心战国—汉代组中共有 25 个个体具有较为完整的上下颌可供观察，其中 9 例发现有错殆现象，错殆畸形罹患率为 36.00%。该组居民的错殆畸形主要表现为牙齿错位（40%），其次为牙齿拥挤（30.00%）和第三臼齿阻生（30.00%）。此外在 M67、M78、M80、M214 西、M215 西这 5 个个体上还发现有第三臼齿先天缺失的现象。

宋代组共有 8 个个体的上下颌较为完整可供观察，其中 5 例患有错殆畸形，患病率为 62.50%，其中以牙齿错位（50.00%）最为常见。此外，M186 东的男性个体还伴有右下颌 M3 先天缺失的情况（表五；图三）。

---

① 皮昕主编：《口腔解剖生理学》，人民卫生出版社，2000 年，65、66 页。

② 李容花：《正常颌与错颌患者第三磨牙先天缺失的比较》，《中国社区医师（医学专业半月刊）》2009 年 12 期，124 页；皮昕主编：《口腔解剖生理学》，人民卫生出版社，2000 年，50～56 页。

③ 曾祥龙、黄金芳、林久祥：《宝鸡、华县新石器时代人骨的错殆畸形》，《人类学学报》1983 年 4 期，352～358 页。

表五　曲阜奥体中心墓地居民错殆畸形情况统计

战国—汉代组		宋代组	
出土单位	错颌畸形表现	出土单位	错颌畸形表现
M26	前部牙齿拥挤	M118 东	右下颌 P2 向近中倾斜
M41	左下颌 P1、P2 向远中扭转	M130 西①	右下颌 M3 阻生
M76	左下颌 I2 与 C 齿列拥挤	M186 东	左下颌 M3 阻生
M100	左下颌 P1、P2 向远中扭转	M186 西	后部齿列拥挤
M152	下颌中门齿向近中扭转	M205 中	下颌中门齿向近中扭转
M155	下颌中门齿向近中扭转		左下颌 M1 向近中倾斜
	右下颌 M3 阻生		
M177	右下颌 M3 阻生		
M191	上颌齿列拥挤		
M304	左下颌 M3 阻生		

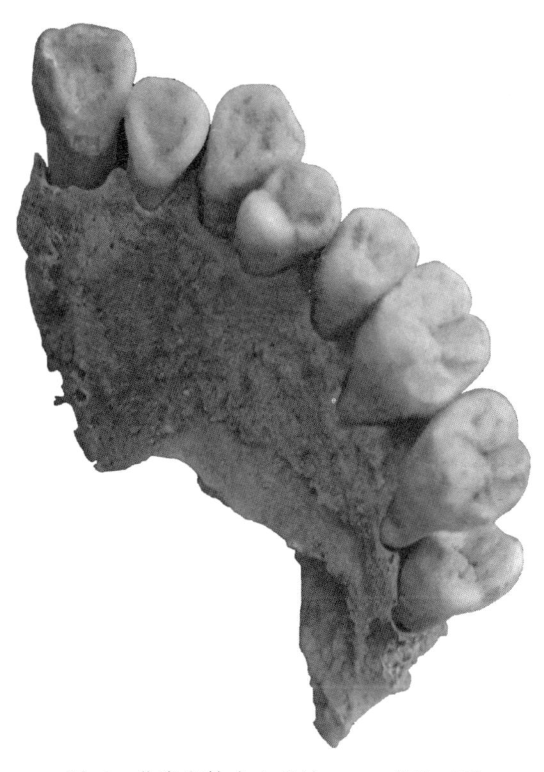

图三　曲阜奥体中心墓地 M191 错殆畸形

综上可见，在两组居民中，牙齿错位和牙齿拥挤均较多见，特别是在宋代组居民中，牙齿错位已成为错殆畸形的主要表现形式。从人类开始制造工具并学会利用火来烹煮食物到制作的食物越来越精细，人类的咀嚼压力也随之变小，致使咀嚼器官退化。这种退化在骨骼上表现为颌骨变短并向后退缩，致使齿列拥挤、第三臼齿牙位不足或牙胚发育异常[①]。因此，这种牙齿拥挤、错位、阻生甚至第三臼齿先天缺失的现象属于一种适应性的演化表现。

2. 牙齿畸形（Tooth deformity）

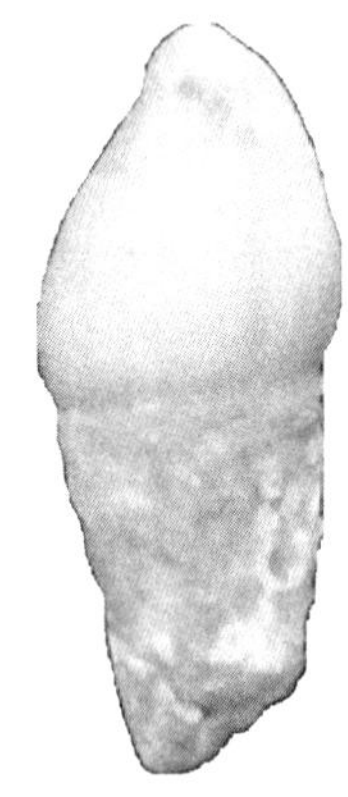

图四　M259 右侧人骨的钉形齿

曲阜奥体中心墓地所发现的牙齿畸形主要表现为钉形齿和牙齿增生。钉形齿共发现三例，分别为 M229、M259 右（图四）和 M357，均属于战国—汉代组。增生齿发现 1 例，属于 M181，增生牙齿位于该个体的上颌矢状缝中间。

3. 特殊磨耗（Special dental wear）

曲阜奥体中心墓地战国—汉代组中共发现 7 例特殊磨耗（表六），其中 6 例表现为上颌前部牙齿特别是门齿的舌侧大面积磨耗，与 Turner 报道的美洲史前印第安人的“上颌前部牙齿舌侧磨耗”极为相似。Turner 等认为这种特殊的磨耗形式可能与用牙齿处理富含粗纤维的食物有关，如剥离薯类植物的根茎等[②]。而 M182 的这种沿齿冠根部发生的磨损可能与某种特殊行为习惯有关（图五）。

表六　曲阜奥体中心战国—汉代组居民的牙齿特殊磨耗

出土单位	性别	年龄	磨耗情况
M26	女	30～40	上颌前部牙齿舌侧大面积磨耗
M70 西	男	16～20	上颌门齿舌侧大面积磨耗
M75	女	——	上颌门齿舌侧大面积磨耗
M172	男	18～25	上颌犬齿舌侧大面积磨耗
M182	男	30～35	左下颌犬齿齿冠根部环状磨耗
M202	男	35～45	上颌门齿舌侧大面积磨耗
M259 左	——	25～35	上颌门齿舌侧大面积磨耗

在宋代组中仅发现一例特殊磨耗，即 M186 西，表现为左侧上颌及下颌 I1 对应的凹坑状磨损。上颌凹坑较深，下颌相对较浅，当上下颌闭合时便形成类似“梭形”的缺口，推测其可能与食用某些坚果有关，比如“瓜子”。中国对“瓜子”的记载可追溯至北宋初年，明清时期嗑瓜子的习俗已十分流行[③]，但从古代骨骼标本上观察到这种疑似“嗑瓜子”的行为所留下的痕迹，还是极为少见的（图六）。

① 毛燮均：《演化途中的人类口腔》，《口腔正畸学》2002 年 3 期，97～103 页。

② Turner CG, Machado LM. A new dental wear pattern and evidence for high carbohydrate consumption in a Brazilian archaic skeletal population. *American journal of physical anthropology*, 1983(61): 125-130.

③ 李昕升、王思明：《嗑瓜子的历史与习俗——兼及西瓜子利用史略》，《广州大学学报》2015 年 2 期，90～96 页。

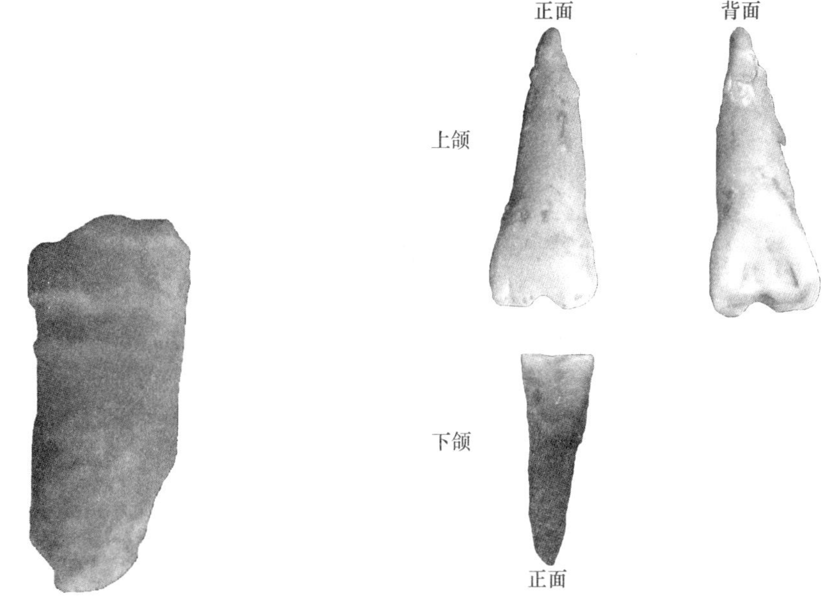

图五　M182 左下颌犬齿齿冠根部环状磨耗　　图六　M186 西墓主牙齿特殊磨耗

（三）非特异性感染

由细菌造成的骨骼病理改变大都是非特异性的，因为与感染有关的致病微生物通常无法在古代人骨遗存中存活，致使我们难以将一种细菌引发的感染同另一种细菌区分开来。非特异性的感染可能累及每一层骨板，因此，医学上分别用骨膜炎、骨炎和骨髓炎来描述相应的骨膜、骨皮质和骨髓腔的感染①。在曲阜奥体中心墓地中发现有较多的骨膜炎病例。此外，还发现几例在古代人骨标本中较为罕见的中耳及乳突部位感染的病例。

1. 骨膜炎（Periostitis）

骨膜炎通常是由感染引发的炎症刺激或创伤造成的血肿而引起的②。胫骨是最常见的发病部位，创伤、功能压力、静脉曲张、溃疡等均可引发下肢骨表面的轻微感染，因此，单纯通过观察骨骼标本上的病理变化来推测骨膜炎的致病因素是极为困难的。

曲阜奥体中心战国—汉代墓葬内的人骨保存情况较差，仅 17 个个体可用于观察。笔者在这 17 个个体中发现有 11 例骨膜炎情况，发病率为 64.71%。这些骨膜炎病例均发现于四肢骨，特别是下肢长骨，表现为沿着长骨的长轴形成条纹状的瘢痕，属于轻微骨膜炎或骨膜炎的初期形态。宋代组中共 11 个个体可供观察，在其中 4 例个体上发现骨膜炎痕迹，发病率约为 36.36%。这 4 个宋代个体的骨膜炎病变部位皆位于两侧胫骨，有学者认为骨膜炎在胫骨部位的高发，可能是由于胫骨表面温度较低且其在生理

① 〔英〕夏洛特·罗伯茨、基思·曼彻斯特著，张桦译：《疾病考古学》，山东画报出版社，2010 年，183 页。

② Mann RW, Hunt DR. Photographic regional atlas of bone disease. Charles C Thomas publisher, 2012: 155-157.

学上属于惰性表面，致使其容易受到细菌的侵袭[①]。其中宋墓 M205 西侧个体的两侧胫骨与腓骨之间可见明显的条带状新骨生成，因此推测该个体在死亡时仍处于感染的发展阶段（图七）。

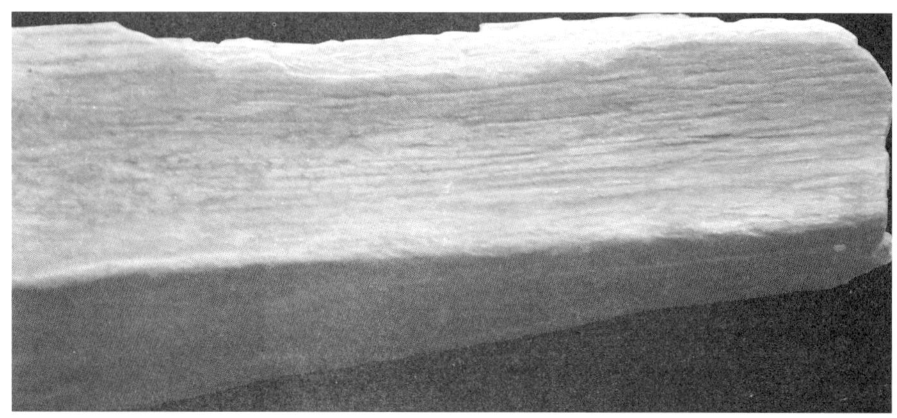

选自M78(战国—汉代)

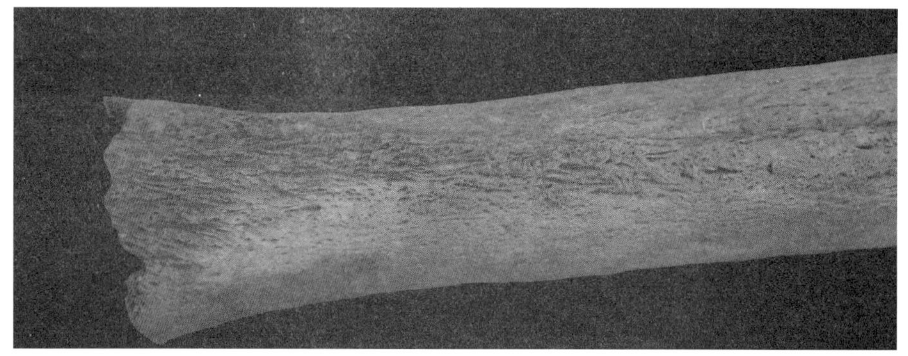

选自M205西(宋代)

图七　曲阜奥体中心墓地内发现的骨膜炎

2. 耳部感染

曲阜奥体中心墓地中共发现 4 例个体存在颞骨部位的感染。其中，M137 和 M199 的病变形态与中耳炎类似；M297 的病变情况较少见，笔者推测与耳部胆脂瘤有关；M91 保存下来部分较少，但在左侧颞骨茎突旁发现新生骨刺，推测与耳部感染有关。

（1）中耳炎（Otitis media）

中耳炎是一种较为常见的疾病，好发于儿童时期，通常是由普通感冒或咽喉感染等上呼吸道感染引发。中耳部位感染后会出现化脓性炎症[②]，若脓液进入周围骨组织，

① Schultz M. Paleohistopathology of bone: a new approach to the study of ancient diseases. *American Journal of Physical Anthropology*, 2001, 116(s33):106-147.

② 刘跃祥、王魁英：《慢性化脓性中耳乳突炎 70 例临床及 X 线分析》，《哈尔滨医药》1987 年 3 期，9～11 页。

则可能引发乳突炎。“若不经治疗，耳后乳突的感染最终会破坏乳突骨壁而向颅内或颅外穿破。如果乳突分泌物进入颅内，那么结果可能是致命的；但如果开口朝向颅骨外部，那么也有痊愈的可能。”[①]

在 M137 和 M199 的右侧乳突部位分别发现一个和两个周缘圆盾内有空腔的瘘道（图八）。根据国外一些类似的病例报道[②]，判断其为中耳炎化脓后在乳突部位形成的穿孔，临床医学方面有人称其为“自然根治腔”[③]。这种自然根治腔使脓液经乳突骨壁上的穿孔向外排出，避免了颅内感染的发生。

图八　M199 乳突部位的“自然根治腔”

（2）疑似胆脂瘤

与 M137 和 M199 不同，在 M297 的右侧颞骨上发现类似溶蚀状的病变，并可见两三个孔洞互相融合的现象，这与 Schultz 报道的胆脂瘤病例十分类似。胆脂瘤是一种复层扁平上皮源性的囊性团块样组织，具有破坏骨质的特征。外耳道胆脂瘤不仅可以破坏外耳道骨壁，还可侵犯上鼓室、乳突等中耳结构，病变甚至波及面神经及颞骨外结构[④]。胆脂瘤不仅可以引起压迫性骨质吸收，且由于其含有蛋白分解酶，还会导致局部骨质溶解吸收[⑤]。这种胆脂瘤的特征似乎与 M297 上所反映的情况类似（图九）。

（3）不明原因的感染

在 M91 的左侧颞骨茎突旁发现有新生的小骨片，但由于保存下来的部分较少，因此无法观察其颞骨的整体面貌，仅大致推测其可能与耳部的感染有关（图一〇）。

① 〔英〕夏洛特·罗伯茨、基思·曼彻斯特著、张桦译：《疾病考古学》，山东画报出版社，2010 年，194 页。

② Mann RW, Hunt DR. Photographic regional atlas of bone disease. Charles C Thomas publisher, 2012: 40-41. Schultz M. Diseases in the ear region in early and prehistoric population. *Journal of human evolution*, 1979, 8(6):575-579.

③ 樊玉林、刘志毅、张全安、张晓彤：《骷髅右侧颞骨“自然根治腔”1 例》，《陕西医学杂志》2010 年 6 期，768 页；范智勇：《左侧中耳乳突根治腔自然形成 1 例》，《皖南医学院学报》1997 年 3 期，274 页。

④ 陈蓓、叶放蕾、王乐：《外耳道胆脂瘤的临床特点及手术方法的选择》，《临床耳鼻喉头颈外科杂志》2011 年 19 期，868～870 页。

⑤ 尹兆富：《外耳道胆脂瘤的诊断和治疗》，《中华耳科学杂志》2006 年 3 期，217～219 页。

图九　M297 乳突部位的溶蚀状病变

图一〇　M91 茎突旁的新生骨刺

（四）营养及代谢类疾病

受保存条件限制，目前在曲阜奥体中心墓地人骨上所见的关于营养缺乏及新陈代谢方面的疾病仅发现两类，即牙釉质发育不全以及眶上筛孔样病变。

1. 牙釉质发育不全（Enamel hypoplasia）

牙釉质发育不全“是一种生长发育缺陷，在釉质形成过程中，造釉细胞分泌代谢紊乱，导致釉质的基质形成障碍或基质形成正常但钙化受到影响”①。我们通常所见的牙釉质发育不全主要表现为，环绕于齿冠表面的或深或浅的线状沟槽②，且最常见于门齿和犬齿的颊侧面③。造成牙釉质发育不全可能是多方面的，遗传因素、局部创伤、营养不良或新陈代谢压力、儿童时期罹患一些特殊疾病等都会对釉质发育造成影响，但目前学者们普遍认为，儿童时期的营养情况是影响牙釉质发育的主要因素④。

（1）材料与方法

研究材料：由于牙釉质发育不全更多见于门齿和犬齿的颊侧面，因此本文选取上颌或下颌保存有任意门齿或犬齿的个体作为本次观察和统计的对象。经观察，曲阜奥体中心墓地战国—汉代组共有 106 例个体可供观察，宋代组有 9 例可供观察。

诊断方法：以齿冠上是否存在线状沟槽作为牙釉质发育不全有无的标准。

（2）统计结果

经统计，战国—汉代组共有 53 个个体发现有牙釉质发育不全的现象，占可观察总数的 50%；宋代组有 7 个个体表现出牙釉质发育不全的状态，罹患率为 77.78%。

从以上统计结果来看，曲阜奥体中心墓地古代居民普遍存在牙釉质发育不全现象，且随着时间的推移呈现出上升的趋势。

---

① 王翠斌、赵凌霞：《禄丰古猿带状牙釉质发育不全的再观察》，《人类学学报》2015 年 4 期，544～552 页。

② Mann RW, Hunt DR. Photographic regional atlas of bone disease. Charles C Thomas publisher, 2012: 30.

③ 〔英〕夏洛特 • 罗伯茨、基思 • 曼彻斯特著、张桦译：《疾病考古学》，山东画报出版社，2010 年，82 页。

④ Goodman AH, Rose JC. Dental enamel hypoplasias as indicators of nutritional status. Advances in dental anthropology. Wiley-Liss, 1991: 279-293.

2. 眶上筛孔样变（cribra orbitalia）

眶上筛孔样变在古代骨骼标本中是较为常见的，20 世纪以来一直受到学术界的广泛关注。目前普遍将其视为贫血的表现，但造成贫血的原因是十分复杂的。以农业经济为主导的人群的饮食中肉类比重较低而谷物类比重较高，致使他们一方面减少了对肉类中血红素铁的获得，另一方面又因谷物中所含的肌醇六磷酸而抑制了铁的吸收，因而更易罹患缺铁性贫血①。但饮食并不是造成贫血的唯一原因，饮食结构单一、癌症等慢性疾病、感染性疾病、创伤等都可能引起贫血。因此，在农业经济人群和畜牧业经济人群中都可能普遍存在贫血的情况，贫血并不是农业人群的特征，这在目前国内的许多遗址中已得到验证②。

曲阜奥体中心墓地位于山东曲阜，山东地区自新石器时代晚期便已进入原始农业社会。因此，曲阜奥体中心古代居民应属于农业人群且可观察的样本量不小，但在该墓地中仅在一例宋代女性个体上发现有眶上筛状样变，即 M127（图一一）。可见，贫血与经济类型并不一定存在必然联系。

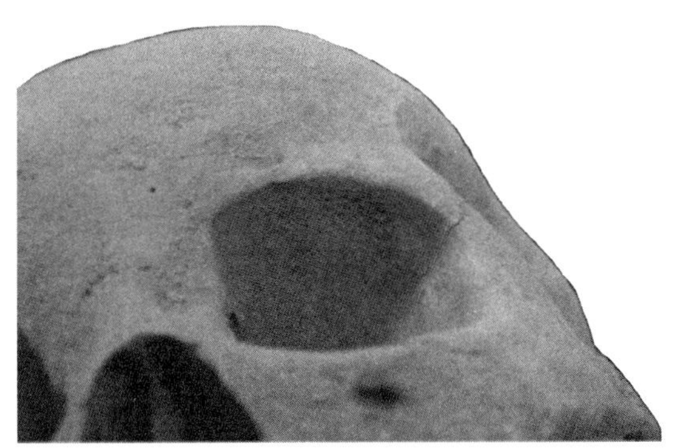

图一一　M127 墓主的眶上筛状样变

（五）关节疾病

曲阜奥体中心墓地中共发现 3 个个体患有关节炎（Osteoarthritis）。战国—汉代组的 M30 ②的寰锥存在骨质疏松并伴随有边缘的增生和骨质象牙化（图一二）。

宋代组中，M118 西的枕髁边缘出现骨质增生并伴随有疏松的小孔，左侧股骨远端也发现有骨质增生及骨质象牙化的痕迹（图一三）。在 M186 东的第三至第五颈椎上也发现有退行性关节病变（图一四）。

（六）创伤

受保存条件影响，在曲阜奥体中心墓地中仅发现两例与创伤相关的骨骼改变。

---

① 〔英〕夏洛特 • 罗伯茨、基思 • 曼彻斯特著、张桦译：《疾病考古学》，山东画报出版社，2010 年，245～254 页。

② 张君：《从筛状眶和多孔骨肥厚考察中国古代人骨上的贫血现象》，《考古》2009 年 11 期，86～90 页。

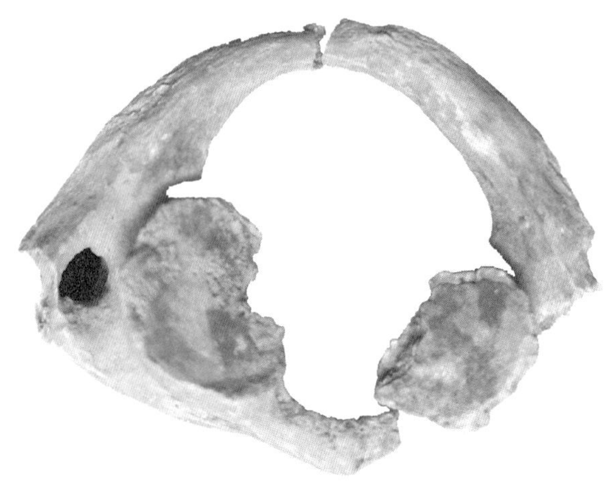

图一二　M30 ②寰椎部位的关节病

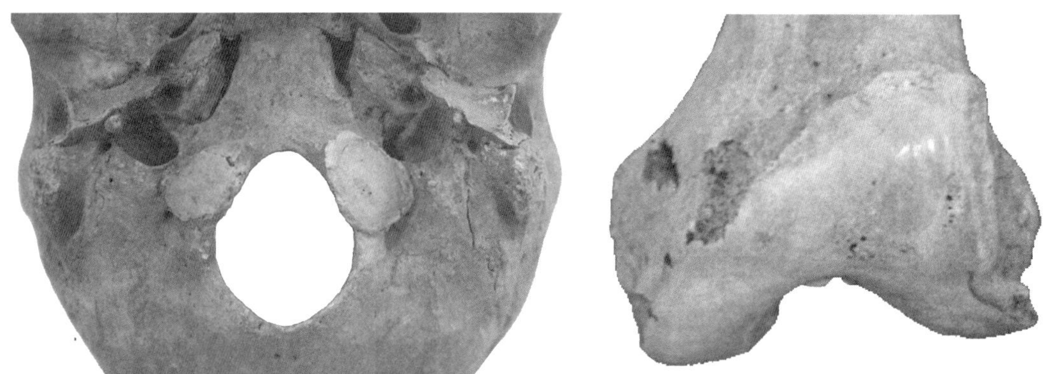

图一三　M118 西枕髁部位的关节炎和左侧股骨外上髁处的骨质象牙化

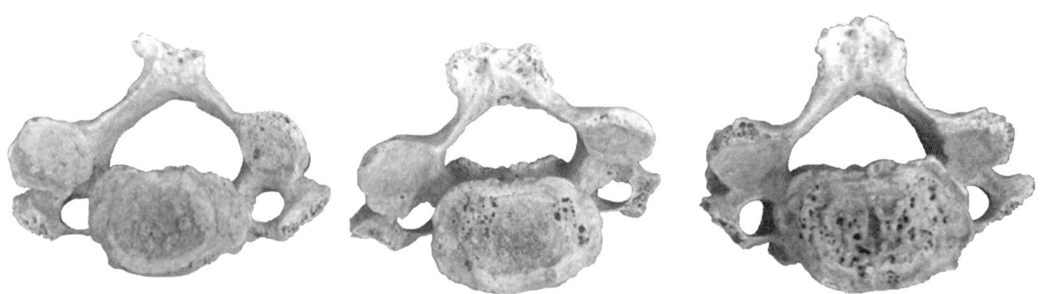

图一四　M186 东颈椎部位的关节炎

其中，战国—汉代组中发现一例女性个体的右下颌颏突部位基本磨平，颞下颌关节凹变大变浅，鉴于该个体的年龄在 25～35 岁之间，不太可能发生退行性病理改变，因此推测该个体右侧下颌关节的形态变化可能与创伤有关。由创伤而引发颞下颌关节的习惯性脱臼，从而形成一个新的关节面（图一五）。

在 M130 西②的右侧腓骨远端发现一处骨折，并存在错位愈合（图一六）。

图一五　M30 ②颞下颌部位的创伤

图一六　M130 西②腓骨骨折

（七）发育异常

在战国—汉代组中发现一例发育异常的个体。根据牙齿萌出及骨骺愈合情况判断，M176 的年龄大致在 14～16 岁，但该个体的枢椎却未愈合，且椎体与横突存在错位生长的情况，但其他颈椎形态正常，因此推测其与发育异常有关（图一七）。

图一七　M176 枢椎发育异常

三、结　　语

在曲阜奥体中心墓地居民的口腔疾病观察中，宋代组居民的患龋率明显高于战国—汉代组，一方面可能是受到保存条件和样本量的影响，另一方面可能是由于食物日益精细化以及“糖”摄入的增多。两组人群均有较高的牙周病罹患率，可能与口腔卫生条件较差有关。此外，在这些人骨的牙齿上存在一些特殊磨耗现象，特别是在M186 西宋代人骨的左侧上下中门齿上对应出现的凹坑状磨耗，可能是我国古代食用瓜子的证据。

曲阜奥体中心古代人群的骨膜炎罹患率较高，但除宋墓 M205 西外均为骨膜炎发展的初期阶段。该墓地中还发现在古代骨骼标本中较为罕见的耳部感染。其中，M137 和 M199 可能是由中耳感染引发的乳突炎，M297 上的病理改变可能与外耳道胆脂瘤有关。

曲阜奥体墓地内人骨上的牙釉质发育不全现象较为普遍，且随着时间的推移呈现出上升的趋势，这可能揭示了该人群承受了较重的生存压力。

在曲阜奥体中心战国—汉代组中未发现与贫血有关的证据，仅在宋代组中的 M127 上发现有眶上筛状样变。曲阜奥体中心墓地位于山东曲阜，山东地区自新石器时代晚期便已进入原始农业社会。因此，曲阜奥体中心古代居民应属农业人群且可观察的样本量不小，因此推测贫血与经济类型并不一定存在必然联系。

在曲阜奥体中心墓地中仅发现 3 例关节疾病，且病变位置集中于颈椎，这可能是由于绝大多数的胸椎和腰椎等部位未能保存下来所致。创伤仅发现两例，表现为骨折和关节错位。

Pathological Observation of Human Skeletons from Warring States, Han and Song Dynasty in Qufu Olympic Sports Center Site

Zhang Xiaowen[1]　Wang Zimeng[2]　Zhao Yongsheng[1]

(1. Department of Archaeology, Shandong University; 2. Shandong Province Institute of Culture Relics and Archaeology)

Abstract: A total of 362 tombs were excavated at the cemetery of Qufu Olympic Sports Center site, and 159 human skeletons were collected from 147 tombs. In addition to the 6 tombs belonging to the Song Dynasty, the rest were came from the Warring States and Han dynasty. The vast majority of unearthed human bone specimens only survived a small part of skull and limb bone fragments, the torso part only remaining a small amount of cervical vertebrae. After identification, 37 males and 31 females were founded, 91 unknown gender, ages range roughly between 8-55 years old. The pathological changes on these bones were observed in this paper, and some common oral diseases, nonspecific infections, joint diseases and trauma were founded.

Key words: Qufu Olympic Sports Center site, human bone, Warring States and Han Dynasty, Song Dynasty, palaeopathology

“孤木”与“丛林”
——从博物馆是什么说起*

宋向光

（北京大学考古文博学院）

内容提要：“博物馆是什么”是博物馆学研究必须回答的问题。作者通过对国际博协和中国博物馆界关于博物馆定义演变的考查，注意到对博物馆的认识从博物馆是建筑到博物馆是机构，博物馆从“内向的复合结构”转变为“外向的开放结构”。与此同时，博物馆学研究的重点也从发现博物馆发展规律到认识和解释博物馆现象。博物馆定义的变化反映了博物馆学研究的深入，博物馆学研究也从探究博物馆的特性和博物馆发展规律，到解释以博物馆现象所反映的社会发展条件，以及对研究成果及局限的批判。

关键词：博物馆学　博物馆　博物馆定义　发展规律　博物馆现象

“博物馆是什么”这个问题属于博物馆学研究的“终极之问”还是“起步之问”？换句话说，当我们从事博物馆学研究时，是最终为了回答“博物馆是什么”？还是要从“博物馆是什么”开始呢？我认为，应当是后者，即理解博物馆是什么，这是我们进行博物馆学研究的基础和前提。当然，在研究中不时修订目标，不时回望初心，也是确定研究进程和方向的重要措施。

要解释“博物馆是什么”，一个重要的认知来源，就是博物馆的定义。无论是国内还是国外，对博物馆的定义都有一个发展与转变的过程。中华人民共和国成立以来，对博物馆的定义经历了四次比较大的调整，分别发生在1956年、1979年、2006年、2015年。相比之下，1956年的定义最早，也最不明确，因为它只是把博物馆的一些基本性质任务做了一个比较具体实用的表述。1956年，全国博物馆工作会议提出博物馆是科学、文化教育机构、物质文化和精神文化遗存以及自然标本的主要收藏所，要为科学研究服务，为广大人民群众服务。进入21世纪，中国博物馆逐渐融入世界博物馆发展大潮，对博物馆的定义也与国际逐渐接轨。2015年国务院发布《博物馆条例》，指出博物馆“是指以教育、研究和欣赏为目的，收藏、保护并向公众展示人类活动和自然环境的见证物，经登记管理机关依法登记的非营利组织。”

* 本文为“首届博物馆学青年学者论坛”发言记录，经作者本人审阅。

世界各国出于规范和促进博物馆事业发展考虑，对博物馆的性质、功能等进行规定，形成适合本国制度体系的博物馆定义。国际博物馆协会为推进各国博物馆的交流和发展，加强博物馆专业化建设，综合各国博物馆定义要点，发布了博物馆定义，并得到各国博物馆专业组织及从业人员的认同。国际博物馆协会制定的博物馆定义先后经历了八次调整。比较具有代表性的调整包括以下几次：1946年，博物馆被认为是一个对公众开放的收藏机构；1951年，博物馆被认定为常设性的组织；1961年，对博物馆组织形式的表述更为严谨、更加制度化，叫作常设性机构。1961年，博物馆的“常设性机构”这一个性质就确定了下来，此后，博物馆定义的修订主要围绕博物馆工作的内容、对象以及博物馆职能等方面展开。最新的博物馆定义是2007年国际博协“博物馆职业道德准则”表述的，“博物馆是一个为社会及其发展服务的、向公众开放的非营利性常设机构，为研究、教育、欣赏的目的征集、保护、研究、传播并展出人类及人类环境的物质及非物质（无形）遗产。”

综上所述，博物馆定义的演变路径，是从一个收藏机构到一个组织机构、最终成为一种制度性机构。

国外对博物馆定义的认识过程，反映出他们在博物馆领域的关注点的变化，即从一种“内向的复合结构”向一种“外向的开放结构”变化。以前博物馆可能更多关注藏品，关注收藏，关注博物馆的内在业务。而现在，则更多地关注博物馆的职能、博物馆的社会作用、博物馆的外部联系、博物馆的发展，这就是一个“外向开放”的过程。在这个过程中，表现最突出的就是博物馆社会联系的多元化。如今，博物馆的利益相关方较以前更加多元。过去在谈论博物馆时，主要以博物馆内部工作为核心，进而讨论如何更好地完成馆内的业务工作。如今，这一讨论的范围已经超过了博物馆的实体边界，涉及政府、企业、普通民众、学校、学者等等。博物馆学也是如此，曾经，博物馆学的研究者都是博物馆的工作者，但是在近30年间，除了高校博物馆学专业的研究人员外，社科院、中科院、计算机研究所、文化产业、艺术等方向或领域中都有专业的博物馆学研究者。由于博物馆的社会关系和外部联系更加多元，使得博物馆的社会环境更趋复杂，在这样的社会条件下，博物管的业务偏向外向型业务，从而导致博物馆呈现“服务”的色彩。

博物馆的关注点长期以来都聚焦于知识的建构、知识的创造或者知识的优化上。如今，这一关注点逐渐移向开放与服务，更持续的关注社会、并为社会的发展服务。因此，这使得博物馆不仅有她固有的利益相关方，更有其服务的对象。博物馆的价值也从学术研究的科学价值逐渐向社会责任和社会效益转换。这种转换使博物馆更趋向一个“政治”机构。这里的“政治”并不仅仅是指政府层面的意思，其中还涉及权力、权力的安排、社会阶层等内容，这也对博物馆的包容度提出了更大的要求。

随着外部条件的逐渐成熟，对博物馆的认知也呈现出多元的状态。在传统认知中，博物馆是一座建筑、一个收藏机构，这也是一般博物馆学认知中对博物馆的理解。但在如今新的社会条件下，博物馆更像是一个结构、一个过程、一个系统、一个媒介、一个记忆、一种权力、一个坟墓，等等。这些说法反映了研究者对博物馆关注点及研究兴趣的多样性。具体而言，将博物馆视为一种结构的观点，其实是把博物馆的一个比较常态性、持续性、抽象性的东西提取出来。这里主要是指博物馆的工作结构，例如业务结构，如今更倾向于称之为"制度结构"；将博物馆视为一个过程的观点，也是从博物馆业务的角度出发，从业务先后次序、顺序或秩序的角度来探讨博物馆怎样做会更合理，遵照某种秩序，是否能够让博物馆的产品更具有博物馆色彩；将博物馆视为一种系统的观点，是基于系统论而对博物馆做出的一种全新认识。通常，博物馆会被视为一个机械性的链与环的关系，而在系统论视角下，博物馆可以看作是一个大系统、子系统、微系统，各个系统有它自身的一个结构。此外，不同系统之间还存在相互关系；将博物馆视为一种媒介的观点，是在信息和信息教育影响下关注博物馆在信息传播方面的作用，以及博物馆作为信息载体的特有形态；将博物馆视为一种记忆的观点，是在全球化背景下对民族文化、国家文化的关注的结果。虽然用"记忆"一词来表述，但实际上是在探讨如何通过博物馆来构建一种文化认同、国家认同；将博物馆视为一种权力的观点，涉及博物馆与社会文化之间的关系，属于后现代主义的一种观点；将博物馆视为一种坟墓的观点，主要是把博物馆放在艺术家的艺术创作实践语境中来讨论。总的来看，尽管不同学术背景的研究者对博物馆有着不同的认识焦点，但每一种焦点背后实际上都有一套相应的理论和问题做支撑。

基于研究者自身的学养、知识积淀和研究兴趣，以及个人的研究惯性，博物馆学研究的重点或任务发生了一些新的变化，那就是从认识博物馆的发展规律到理解博物馆现象。这二者的分界显现于 19 世纪 80 年代，随着社会科学的语言学转向、文化研究的后现代结构转向等新的研究思路和方法的发展，博物馆、博物馆学的研究也发生了转变。从 50 年代到 80 年代，中国博物馆学的研究基本停留在认识发展规律的阶段，就如《中国博物馆学基础》这本书的内容所反映出来的。从 90 年代开始到现在，研究主要集中在对博物馆现象、博物馆行为、博物馆效果以及对博物馆客观存在的理解上。基于不同的研究目的，研究方法之间也存在较大的差异，研究成果对学科建设的影响也强弱有别。早年对博物馆认识发展规律的研究，研究者们的基本任务是统一的，这一阶段可以称之为"孤木"。而到了理解博物馆的阶段，博物馆学的研究课题、任务和成果更加丰富多彩，可以称之为"丛林"。是否可以说，当前的中国博物馆学正处在十分重要的转换期，或者说进入一个新的时间段。在这个时间段中，博物馆学研究的重点可能更多的是博物馆存在的意义与价值。此外，博物馆学研究成果要相对优化、发散和拓展，对研究成果和理解要进行批判和反思，以加深对博物馆的理解。

我将我国博物馆学研究分为三个阶段，第一个阶段是认识博物馆规律，第二个阶段是将博物馆作为文本进行阐释，第三个阶段是新技术引发的新问题。在认识博物馆规律阶段，博物馆学学者讨论博物馆的本质、内容、表象、客观现实、内容形式、物质精神、实物的重要性，等等。这些讨论都是基于哲学的认识论以及客观决定论、物质决定论的思路衍生而成。此后，将博物馆作为文本进行阐释的阶段涉及语言学转向、解构主义、具象表征、发散性等问题。如今，数字时代对博物馆学研究的影响已初见端倪，这里更多的是应用大数据设定的标准去进行陈述，呈现一个算法方面的问题。在一些"智慧"博物馆中，人们可以看到即时呈现某种行为、某种现象的当前状态。数字时代的大数据阶段，更多的是一种问题导向，即通过对某一现状的直观了解，去预判可能会出现或存在什么样的问题，及时采取一些应对的方法，也就是提出解决方案。在该语境下，研究的重点可能是解决问题的方法，也就是应对措施，更加倾向于使用和应用。数字时代对今后的博物馆学研究者将会产生重要影响，原因在于研究者即将面对的信息环境或数据环境，以及问题解决研究的一种惯性思路。

相对于“孤木”，博物馆学的“丛林”是指博物馆研究者中形成多个个性化的话语体系。早年我国博物馆学研究者的研究思路和问题导向均源自《中国博物馆学基础》的述说框架。随着研究的深入，研究者的研究实践逐渐偏离《中国博物馆学基础》所界定的范畴，形成研究者自己的个性化话语体系。不同的研究者有着特定的研究对象和问题，各自又基于特定的理论来进行分析，问题解决的思路和逻辑也不尽相同。例如，有关博物馆记忆的研究，它的理论基础更多地运用集体记忆、文化记忆的观点，强调的是社会条件的影响和外部的动力；关于博物馆传播的研究，更多地强调公众、观众之间的信息流动与信息的交换，交换的动力是在信息需求中产生的；关于物与人之间的关系，研究中往往把人作为一个变量，在人和物的关系里面，人是作为一个活力的对物施加影响，物怎么满足动态的人的需求。当然，人在这种关系中也对物有影响，如人的研究能力、对物的理解等会呈现为对物的属性内涵有不同理解的话语体系。

博物馆学“丛林”会产生哪些影响？每个研究者都有其各自研究的重点，这些重点作为博物馆学的构成成分会涉及整个博物馆的场域，但是在这些话题中有主要问题和次要问题，有核心话题和边缘话题，会产生个性化的知识树。博物馆学研究中，每一个研究体系都有自己的“一棵树”，很多知识树就构成了博物馆学的丛林。客观上，博物馆学“丛林”必然会对博物馆学的核心问题认知，以及博物馆学学科体系建构产生影响，进而导致“分类化”倾向，产生博物馆学学说或学派。这些分散的研究中，不可避免地会涉及一些共同的问题，这一部分共性问题恰好就建构了博物馆学的核心问题。同时，对相似问题的不同认知、不同认识、不同论述、不同学术逻辑的表达，同样有助于博物馆学知识体系的建构，丰富博物馆学的知识。

这种“丛林”有利于博物馆学的学术活跃。创新往往发生在边缘地带和交流地带，因为核心地区往往研究思路和逻辑比较成熟，研究惯性很大，不易发生变化。因此，“丛林”有助于研究者从不同视角来阐释各自对一些新问题的思考，这会促进博物馆学研究方向的发展。

学术“丛林”有助于博物馆学与相关学科之间的交流。目前，一些“兄弟学科”仍在质疑博物馆学，原因在于他们并没有进入到博物馆学的话语体系中。类似于部分民众质疑考古为盗墓一样，因为他们对考古学的专业词汇不理解，因而只能用“盗墓”“挖宝”来形容考古专业。因此，如果博物馆学的用词过于“专业”，自然会容易将“圈外人士”隔离在外，也会引人质疑——“博物馆到底是什么”。但是，如果在博物馆学的学科体系中使用不同学科的不同语言，并且促进不同学科之间的交流和互动的话，一方面可以让更多学科的研究者了解博物馆，另一方面也可以让不同学科的研究者通过自己熟悉的语言去阐释博物馆，那么博物馆的影响力也就因此扩大了。

从“孤木”到“丛林”，博物馆学的学科体系和学科发展正在发生着显著的变化，在未来，这一现象会带来四点显著的影响。

第一，博物馆学“丛林”现象反映了博物馆学发展的活力。正如此次论坛所表现出来的，来自 23 所院校的近百名与会同学，从五个不同的话题来阐释博物馆，且各自的学科背景也不完全一致，这本身就是博物馆学丛林化的直接体现。

第二，博物馆学“丛林”有助于研究的规范和深入。特定学术领域都要完善相应的“知识树”，包括纵向结构和横向结构。完善纵向结构是指能够从博物馆现象、博物馆实践提出问题，还要能进行科学的论证，提出问题并不是目的，促进知识发展、促进对博物馆的理解才是最终的目的所在。完善横向结构是指要注意术语的使用、概念的建立以及学术规范的培养等。

第三，提倡对话，寻求博物馆与其他学科的接触地带和学术生长点。就如同在真正的丛林中，树冠和树冠交界处的景色最为壮观一样，博物馆学研究的边缘地带可能是最活跃和生动的。当然，在学术交流中，也应当像树冠那样，既坚持自己的观点，也尊重对方的研究，同时寻求双方对话与接触的适宜地带和距离。

第四，要在博物馆学丛林中呼唤“元博物馆学”，这是对博物馆学各个学派知识体系的认识论、价值观的一个“真”的拷问。例如，既然数码相机能够“制造出”非常出色的照片，那么照片和真实的景象之间是怎样的一种关系？同样，博物馆学研究也需要这样的“拷问”，在事情前面添加与真实、真正相关的“真”的规定后，似乎又会带来一点局限性，这也是本文留下的余思。

“Solitary Wood” and “Jungle”: What is the Museum

Song Xiangguang
(School of Archaeology and Museology, Peking University)

Abstract: “What is a museum” is a question that must be answered by museum studies. According to evolution of definition defined by ICOM and the field of Chinese Museum, the author noted that understanding of museum changes from the museum is a building to the museum is an institution, from “introverted composite structure” into “outgoing open structure”. At the same time, the focus of the museum studies is also from the discovery of the development of museums to the understanding and interpretation of museum phenomena. The changes of museum definition reflect in-depth study of museum, the museum studies also from exploring the characteristics of the museum to explore the law of development, and to explain to the social development condition reflected by museums, and the criticism of the research results and limitations.

Key words: museum studies, museum, museum definition, law of development, museum phenomenon

描述·解释·改变
——博物馆观众研究的三重境界*

史吉祥

（吉林大学考古学院博物馆发展研究中心）

内容提要：观众研究是一个递进的过程，每一个层次都有特定的内容、方法和意义。“描述”意在了解观众的基本情况，解决观众“是什么”的问题；“解释”意在对观众的心理与行为做出阐释，解决观众“为什么”的问题；“改变”则是站在一个更加宏观的立场上，去探讨博物馆与观众之间的相互作用。如今，国内的观众研究已经在“描述”和“解释”上做出了许多有益的尝试，在未来，除了进一步在方法论上进行完善，还要在“改变”上作出努力，以体现博物馆的社会价值和意义。

关键词：博物馆　观众研究　研究层次　研究目的

提到描述，我们每个人都非常熟悉。描述是人类社会信息交流最主要的途径，描述指“通过使用交流双方彼此都能够知晓的一些符号（主要是语言和文字）向对方描写和叙述事物”。描述自古以来就存在于人类社会之中，没有描述便没有历史。所有的客观现象都是被人类描述的，描述构成了人类社会所构造的一切外部世界。没有描述便没有现实，也没有未来。

一般认为，描述包括简单描述与复杂描述、专业描述与非专业描述、定量描述与定性描述、自我描述与他者描述。而博物馆观众描述是博物馆学意义的描述，它既有简单描述也有复杂描述，既有专业描述也有非专业描述，既有定量描述也有定性描述，既有自我描述也有他者描述。研究博物馆观众，最重要的是尽量收集观众的自我描述。

一、描 述 观 众

博物馆观众的自我描述，即观众对自己参观博物馆过程的记录，是构成博物馆观众研究至关重要的一类描述。自从博物馆开放接待参观以来，便存在这种形式的描述。

* 本文为“首届博物馆学青年学者论坛”发言记录，经作者本人审阅。

无论西方还是中国，在历史文献中都可以找到这类文字。文人墨客将自己的点滴感悟记录下来，收入作品集或者发表于刊物上，这就构成了博物馆观众研究的早期历史。

互联网时代的各类媒体，为观众的自我描述提供了一片崭新的天地，观众的自我描述呈现出爆炸趋势。普通观众可以在微信、微博、博客及其他社交平台上，发表自己参观博物馆的感想心得。搜索任何一家新媒体，都可以得到很多文字和图像的材料，而此类动态数据，则是博物馆观众行为研究的重要数据来源之一。

相对于观众而言，我们博物馆人就是他者，博物馆人出于研究目的所进行的描述即为他者描述。博物馆出于提升服务的考量，通常会安排人力开展观众调查。在实施观众调查的过程中，他者描述须遵从的原则是：尽量做到全面、客观；定量和定性相结合；历史与现实相结合；微观与宏观相结合；个案与整体相结合。

此外，每一次展开的博物馆观众研究，都应确立明确的研究重点，调查活动也主要围绕着研究重点展开。通过观众背景情况的全面了解，即通过人口统计学方法，可以了解观众年龄、职业等背景信息。就调查操作而言，西方女士年龄并不是一个可以随意问询的问题，但在中国语境下，这却是一个可以调查的问题。相较而言，观众职业调查的实际操作则最为复杂。通常采取选择题或填空题两种方式，而这两种方式各有利弊。将职业调查设置为选择题，则必须预先归纳职业，但是难免存在观众和调查者对于职业的理解有所偏差的情况；而将职业调查设置为填空题，开放式的问题又为研究者后期统计带来了不必要的、难以负荷的工作量。所以这是一个在操作层面上仍未得到妥善解决的问题，期待晚生后学能够有所突破。

二、解释观众

描述是博物馆观众研究的第一层境界，是观众研究的第一步，它解决了“是什么”这个问题，而到了第二步就是解释，这里要解决的是“为什么”的问题。对于博物馆观众的解释，目前多是借助其他学科的种种理论来进行。通常，需要借助心理学、教育学、人类学、社会学、传播学等学科的有关理论来解释观众。比如心理学中关于动机、需求、记忆、印象、冲突等问题的理论，教育学中建构主义、学习模型、教育效果等问题的理论。

观众研究过程中运用的各种理论解释，均推动了观众研究不断逼近事实真相。一方面，借助其他学科理论来解释博物馆观众，反映了这一学科还处于发展状态。当我们博物馆学自己的解释理论，被其他学科所接纳时，那就是博物馆学学科走向成熟的标志。另一方面，博物馆观众研究借助其他学科理论的这一现象，也表现出博物馆学的开放胸襟，而非实践中的画地为牢。此外，除了借助其他学科的理论之外，博物馆学还须提出博物馆学的学科主张和系统理论。从这个层面看，博物馆观众研究具有两层意义：第一，博物馆观众研究为博物馆展览、服务优化提供依据；第二，博物馆观众研究实践对于改进博物馆管理有所帮助，这也是能够顺利开展观众研究的重要前提。

值得注意的是，博物馆观众研究不仅是为了解决诸如观众满意度、展览优化、展览评估等问题。当代国内外的博物馆观众研究，都始终与“人”这个研究对象密切相关。在学科发展的同时，不断丰富对“人”的全方位认识，是一个至关重要的问题。

三、改变观众和博物馆人

博物馆观众研究的第三重境界，就是改变。改变，对人类世界而言，就是变化。人类社会的变化与人类的观念、意识有关，当观念、意识发生改变，人类的行为就会随之发生改变。因此，博物馆学不应以描述、解释为限度，还要有能动性和实践性。改变，就是博物馆学能动性和实践性的生动体现。

观众的观念是由知识观、审美观、道德观、博物馆观、价值观、世界观、人生观等一系列观念构成，这一系列观念进一步构成了观众的知识观。而观众参观博物馆的行为是由方位判断、驻足、互动、蹭听、拍照、休息、购物、赞扬、批评等一系列行为构成的总和。博物馆观众研究正是要努力改变观众固有观念中陈旧的、与现代社会认知和博物馆实践不相适应的内容。

在博物馆展开观众研究的同时，博物馆人还要不断自我叩问，博物馆应该以何种形象展现在观众面前？我认为，博物馆观众研究，不仅应致力于改变观众，还要在改变观众的过程中，改变我们博物馆人自己。博物馆是一个社会组织，而这个社会组织是由一群人构成的。人不是一成不变的事物，是需要改变的。博物馆人必须对博物馆人自身的博物馆观、收集观、展陈观、教育观、传播观等观念做出改变。唯有如此，在这个改变过程中，博物馆才能达到理想状态。

四、马克思主义实践观与三重境界

德国海格尔公墓的马克思墓碑下方刻着两行字：“以往的哲学家只是解释世界，而问题在于改造世界。”这是马克思在《关于费尔巴哈的提纲》中的一句名言。直到今天，还有很多研究者用这句话来概括马克思哲学的本质特征。马克思在这个提纲中说：客观世界不仅仅是待在那里，等着我们去认识和解释，它同时也是需要我们去改造的对象，我们也只有在实践中才能够认识对象。离开了社会实践，人的认识不但不可能发生，而且认识的正确性也没法证明。所以，马克思说：“人的思维是否具有客观的真理性，这不是一个理论问题，而是一个实践问题。……离开了实践的思维是否具有现实性，这样的争论是一个纯粹经院哲学的问题。”

马克思把“实践”引入了自己的哲学，又科学地说明了实践的决定作用和基础地位，而且还强调，一切理论都应付诸实践、指导实践。在庞大的社会科学领域里，博物馆学属于应用学科，而观众研究更是一个多学科交叉的应用领域。观众研究在汲取心理学、教育学、学习学以及行为科学的相关理论和方法的同时，还要注意到哲学的指导作用。马克思哲学实践性的主张，我以为应该作为博物馆观众研究的基石。观众既是我们的认识对象，也是我们的服务对象，更是我们的改造对象。我们在这一实践过程中，也要逐步改变我们自己，适应观众更高的精神需求。只有这样，我们的博物馆才能真正做到为社会发展做出自己应有的贡献，不负、不辱使命。寄希望于每一位年轻博物馆学者！

Description · Explanation · Change: The Triple Realm of Museum Visitor Studies

Shi Jixiang
(Museum Development Research Center, Institute of Archaeology, Jilin University)

Abstract: Visitor Studies is a progressive process, each level of it has specific content, method and meaning. "Description" aims to understand the basic situation of the visitors and solve the problem of "what". "Explanation" is intended to explain the visitors' psychology and behavior and solve the problem of "why". "Change" is to stand in a more macroscopic position, to explore the interaction between the museum and the visitor. Now, the domestic visitor studies has been on the "Description" and "Explaining" made many beneficial attempt. In the future, in addition to further improve on the methodology, and make efforts on the "Change", which shows the social value and significance of the museum.

Key words: museum, visitor studies, research level, purpose of research

国外考古文博类学科与专业的设置及启示

黄　洋

（南京师范大学文物与博物馆学系）

内容提要：美国的学科专业目录中考古学与人类学关系密切，而与历史学分属于不同学科群，博物馆学是交叉学科。英国的学科专业分类体系中，博物馆研究属于信息服务，考古学隶属于历史和哲学研究，还专门设立了遗产研究一级学科。俄罗斯的学科专业目录注重培养实用型人才。我国先后实行了四份学位授予和人才培养学科目录，目前最新的目录仍然有很多问题。考古学成为一级学科后，二级学科设置不合理，博物馆学的学科地位下降，且现行目录对博物馆学理解有误，文物学的合理性与合法性仍然困扰着学界。借鉴国外经验，结合中国国情，目前学界应该合理设置考古学二级学科，重新认识博物馆学的性质，更加重视文物学的发展。

关键词：学科与专业　考古学　博物馆学　文物学　文化遗产学

一、国外考古文博类学科、专业的设置

（一）美国考古文博类学科、专业的设置

美国的学科专业目录（Classification of Instructional Programs，CIP）最早于1980年由美国国家教育统计中心研制开发并由教育部颁布，后经过1985年和1990年两次修订，2000年又进行了最新一次修订，于2002年4月最后定稿（即CIP-2000）。CIP适用于研究生专业、本科专业、专科专业、职业技术专业等，主要用于各类教育统计，广泛应用于教育部的各部门和其他政府机构，还在收集、报道、整理有关学科专业目录资料，指导教育规划、资源配置以及教育整体布局等方面发挥作用。该目录是通过采集美国各研究生培养院校的有关数据形成的，是个统计型的目录，反映的是美国高校学科划分与专业设置的现实基本状况，虽然对美国高校的学科划分不具有指令性作用，但是近年来对高校的指导性作用却越来越明显。CIP-2000划分出38个学科群（相当于门类），下设326个学科（相当于一级学科），再下设若干专业。学科群按照学位的差别分为三大类：一是以学术型学位教育为主，二是以应用型与专业学位教育为主，三是以职业技术教育为主。

美国的考古文博类学科、专业的设置情况如表一[①]。从中可见，美国学科目录有以下特点：一、在学科群中设立了交叉学科，为已兴起的新兴、交叉学科找到归属地，充分体现了美国教育的与时俱进性。二、考古学和历史学分别属于不同的学科群，这与中国的考古学历来归属于历史学不同。三、考古学专业分散属于不同的学科，一部分为社会科学学科群下的考古学科，还有古典、地中海、东方研究与考古学专业属于古老、古典、东方研究学科。

表一　美国考古文博类学科、专业的设置

<table>
<tr><th>学科群</th><th>学科</th><th>专业</th><th>专业介绍</th><th>相关专业的对照</th></tr>
<tr><td rowspan="6">30. 交叉学科</td><td rowspan="3">30.12 历史建筑、名胜保护</td><td>30.1201 历史建筑、名胜保护</td><td>—</td><td>—</td></tr>
<tr><td>30.1202 文化资源管理与政策分析</td><td>—</td><td>—</td></tr>
<tr><td>30.1299 历史建筑、名胜保护（其他）</td><td>—</td><td>—</td></tr>
<tr><td>30.14 博物馆学</td><td>30.1401 博物馆学</td><td>主要研究发展、准备、组织、管理、保护、存放和检索博物馆与美术馆的手工制品、展品和所有藏品的态度、知识和技能，以便个人能够胜任博物馆的展览、技术和管理职位。授课课程包括机构的管理、募捐、展览设计、保护、包装技术以及公共关系</td><td>—</td></tr>
<tr><td rowspan="2">30.22 古老、古典、东方研究</td><td>30.2201 古老研究与文明</td><td>—</td><td>—</td></tr>
<tr><td>30.2202 古典、地中海、东方研究与考古学</td><td>—</td><td>—</td></tr>
<tr><td rowspan="4">45. 社会科学</td><td rowspan="3">45.02 人类学</td><td>45.0201 人类学</td><td>—</td><td>30.1401 博物馆学
……</td></tr>
<tr><td>45.0202 自然人类学</td><td>—</td><td>—</td></tr>
<tr><td>45.0203 人类学（其他）</td><td>—</td><td>—</td></tr>
<tr><td>45.03 考古学</td><td>45.0301 考古学</td><td>通过发掘、分析和诠释它们的人工制品、人类和相关的遗迹来系统研究已经消失的社群或现存社群的过去。授课课程包括考古理论、田野考古方法、年代测定方法、博物馆学、文化和物质的演变以及其他特定的过去文化的研究</td><td>13.1301 中世纪与文艺复兴时期的研究
30.1401 博物馆学
30.2201 古老研究与文明
30.2202 古典、地中海、东方研究与考古学
30.1202 文化资源管理与政策分析
50.0703 艺术史，批评与保护</td></tr>
</table>

① National Center for Education Statistics. Classification of Instructional Programs:2000 Edition. 2002.

续表

学科群	学科	专业	专业介绍	相关专业的对照
54. 历史学	54.01 历史学	54.0101 历史学（综合） 54.0102 美国史 54.0103 欧洲史 54.0104 科学技术史与科学技术哲学 54.0105 公共历史与档案管理 54.0106 亚洲史 54.0107 加拿大史 54.0199 历史学（其他）	—	—

（二）英国考古文博类学科、专业的设置

从 2002 年开始，英国高等教育统计处与大学招生委员会这两个机构通过协作发展了一个具有普适性的学科专业分类体系（Joint Academic Coding System，简称 JACS）。2012 年进行了修改，现在为 JACS 3.0 版本。这一体系是研究生教育和普通高等教育通用的。JACS 3.0 是一个分等级的学科专业分类体系，由一个字母和三个数字进行表征，字母和第一个数字表示学科群和该学科群的第一级学科，第二、三位数字依次表示对上一级学科更细的划分，若数字为 0 则表示该编码已经穷尽了这一学科的细分。JACS 3.0 共由 19 个学科群组成，下设若干个一级学科和二级学科。

英国的考古文博类学科、专业的设置情况如表二①。从中可见，英国学科目录有以下特点：一、考古学较为分散。在“F 自然科学”学科群下有“F400 法医和考古科学”一级学科，而“V 历史和哲学研究”学科群下也有“V400 考古学”一级学科。从目录上介绍的学科偏重方向看，两者各有侧重。二、博物馆研究与图书馆、档案馆研究等一起属于“P 大众传媒和文件”学科群。确切地说，其是“P100 信息服务”一级学科下的“P130 管理研究”二级学科的一个三级学科。三、重视遗产研究。相对于 JACS 2.0 而言，新修订的 JACS 3.0 的一个重要变化就是在“V 历史和哲学研究”学科群下增设了“V700 遗产研究”一级学科和 5 个二级学科。

表二　英国考古文博类学科、专业的设置

学科群	一级学科	二级学科	备注
F 自然科学	F400 法医和考古科学	F410 法医科学	—
		F420 考古科学	对过去文化的物质遗存进行科学分析。包括对过去重构和理解的方法。还包括应用物理、化学和生物技术对科学、考古和地理的调查提供帮助

① *Joint Academic Coding System (JACS) Version 3.0*. https://www.hesa.ac.uk/content/view/1776/649/，2016-6-20.

续表

学科群	一级学科	二级学科		备注
P 大众传媒和文件	P100 信息服务	P130 管理研究	P131 博物馆研究	研究博物馆资源和服务的专业管理和创新。可能包括展品、艺术品、装置、室内和室外藏品的保存、管理和组织
			P132 档案研究	—
V 历史和哲学研究	V100 断代史	—		—
	V200 地区史	—		—
	V300 专题史	—		—
	V400 考古学	V410 埃及古物学		古埃及文明的考古研究
		V420 石器时代		以石质工具和工艺品的制作和使用为特点的人类文化时期的考古学
		V430 铜器时代		以铜质工具和工艺品的制作和使用为特点的人类文化时期的考古学，约公元前 4500 年～前 500 年
		V440 铁器时代		以铁质工具和工艺品的制作和使用为特点的人类文化时期的考古学，约公元前 1100 年～约公元 1 世纪
		V450 考古保存		保存考古发掘品以进行考古信息检索和分析的方法
		V460 考古技术		测量、田野考古和古文字学的方法
		V470 古典艺术与考古学	V471 罗马艺术与考古学	从公元前 700 年到公元 500 年的罗马物质文化的研究
			V472 希腊艺术与考古学	从铜器时代到公元 500 年的希腊物质文化的研究
		V490 该一级学科领域未分类学科		不能划分到其他类别的考古研究
	V700 遗产研究	V710 遗产理论		遗产的教育、管理、保护和保护措施的理论研究
		V720 遗产地管理		现有的和新确认的重要遗产地的管理研究，包括与遗产组织、法律顾问、志愿部门、政府和国际机构的合作
		V730 自然遗产	V731 海岸遗产管理	在自然遗产视野下的特定的沿海遗产的研究，包括休闲、旅游、行业、社区和景观
		V740 游客管理包括诠释		遗产地的个人或者团体游客的管理研究。包括游客的动线、身份、来源地的诠释
		V750 口述史、遗产与家谱		包括儿童和成人传统习惯在内的口头遗产的保存、保护和传播研究。包括家庭历史和遗产的研究，包括与超过两代人的特定的家庭，或与特殊群体文化相联系的遗产地
	V900 历史和哲学领域的其他研究	—		—

（三）俄罗斯考古文博类学科、专业的设置

俄罗斯的学科专业目录是在苏联的学科专业目录基础上形成的。1994 年 3 月 5 日，俄罗斯高等教育国家委员会以第 180 号命令公布了俄罗斯的教育培养方向与专业目录，培养方向 89 个，专业 420 个。2000 年 3 月，俄罗斯联邦教育部发布了最新的学科专业、方向目录，较以前做了很大修改。该目录分为三个部分：一、培养学士和硕士的方向目录，包括自然科学与数学类、人文与社会科学类、教育类、技术科学类和农业科学类，共 5 大类，95 个方向。这部分的划分是同国际接轨的，分为本科、硕士、副博士三个等级。二、培养文凭专家的专业目录，包括自然科学类、人文社科类、经济管理类、文化艺术类、教育类、农业经济类、医学类、服务类、跨学科以及信息安全领域中的专业类，共计 10 类，170 个专业。这部分是原东欧体制的延续，分为文凭专家、副博士两层。三、培养文凭专家的方向目录，包括技术与工艺类、农业类、艺术与建筑类、语言学与信息学类，共 4 大类，84 个方向。这个培养目录带有一定的指令性色彩，各高校可以从联邦教育部颁布的专业目录或方向目录进行选择。

俄罗斯的考古文博类学科、专业的设置情况如表三①。从中可见，俄罗斯学科目录有三个特点：一、考古文博类学科分散于两个目录中，在培养学士和硕士的方向目录中，人文与社会—经济科学大类下有历史学方向，考古学属于历史学，各高校的历史系一般设有考古学专业，学生毕业后授予历史学学士。而博物馆学则在培养文凭专家的专业目录中，而且博物馆学属于人文—社会专业类，博物馆业与文物保存属于文化与艺术专业类。二、专业目录只有两级，即大类 / 专业类和方向 / 专业，相当于学科门类和二级学科，没有通常意义上的一级学科。可见俄罗斯是“宽口径”式培养。三、在文化与艺术专业类里面设了博物馆业与文物保存，区别于博物馆学，一方面突出文物保存的特殊性，这是博物馆学与艺术学的交叉，另一方面从俄罗斯对博物馆学的细分程度也可以看出其对博物馆学研究的重视程度。

俄罗斯的教育是为了培养出能把深奥的基础知识与以具体部门为目标进行严格的实际训练结合起来的专家②，所以其目录的设置也突出实用性。

表三　俄罗斯考古文博类学科、专业的设置

目录类别	大类 / 专业类	方向 / 专业	与之相适应的职业教育等级种类与学位 / 技能名称
培养学士和硕士的方向目录	520000 人文与社会—经济科学	520800—历史学	2—历史学学士 3—历史学硕士
培养文凭专家的专业目录	020000 人文—社会专业	021000—博物馆学	3—博物馆学家
	050000 文化与艺术专业	052800—博物馆业与文物保存	—

① 李丕宇：《中外艺术类学科、专业目录设置的比较研究》，《艺术百家》2013 年 2 期，108～118 页。
② 李晓杰：《俄罗斯专家文凭初探》，《湖南农业大学学报（社会科学版）》2008 年 3 期，53、58 页。

二、中国考古文博类学科、专业设置的历史与现状

中国曾于20世纪五六十年代先后两次起草《学位条例》草案，但由于种种原因没能通过。1980年2月12日，第五届全国人大常务委员会第13次会议通过了《中华人民共和国学位条例》，确立了我国学士、硕士和博士三级学位制度，并于1981年1月1日起正式实施。至今，我国先后实行了四份学位授予和人才培养学科目录（见表四）。

表四　中国考古文博类学科、专业设置变迁

时间	门类	一级学科	二级学科
1983年	历史学	历史学	考古学（含：古文字学、原始社会史） ……
1990年	06历史学	0601历史学	060103考古学（含：古文字学、原始社会史） 060105博物馆学（含：文物学、古器物学） ……
1997年	06历史学	0601历史学	060102考古学及博物馆学 ……
2011年	06历史学	0601考古学	考古学理论与考古学史 史前及夏商周考古 秦汉至元明清考古 科技考古 文化遗产与博物馆 专门考古

第一份是1983年3月15日国务院学位委员会第4次会议决定公布、试行的《高等学校和科研机构授予博士和硕士学位的学科专业目录（试行草案）》，目录有10个门类，63个一级学科，638个二级学科。由于当时学位制度尚未十分成熟，授予学位的学科、专业大体上相当于二级学科的范围。历史学门类下设“考古学（含：古文字学、原始社会史）”等13个二级学科。

第二份是1990年10月国务院学位委员会第九次会议正式批准的《授予博士、硕士学位和培养研究生的学科、专业目录》，目录有11个门类，72个一级学科，654个二级学科。“06历史学”门类下设“0601历史学”唯一一个一级学科，再下设“060103考古学（含：古文字学、原始社会史）”和“060105博物馆学（含：文物学、古器物学）”等14个二级学科。与1983年的目录相比，增设了“060105博物馆学”这个二级学科。

第三份是1997年国务院学位委员会、国家教育委员会联合发布的《授予博士、硕士学位和培养研究生的学科、专业目录（1997年颁布）》。在逐步规范和理顺一级学科，拓宽和调整二级学科的目标指引下，目录下设12个门类，89个一级学科，386种二级学科。“060102考古学及博物馆学”仍然属于“06历史学”门类，是“0601历史学”一级学科下的二级学科。该目录对二级学科进行了调整合并，“060102考古学和博物馆”由1990年目录里的两个二级学科合并成为一个二级学科。

第四份是 2011 年 2 月国务院学位委员会第二十八次会议审议批准的《学位授予和人才培养学科目录（2011 年）》，新目录有 13 个门类，110 个一级学科。该目录对考古学进行了重大调整。“06 历史学”门类原来仅下设“0601 历史学”这一个一级学科，2011 调整后，“06 历史学”门类下设“0601 考古学、0602 中国史、0603 世界史”三个一级学科，也就是说，考古学从以往历史学底下的二级学科升级为了与中国史、世界史平起平坐的一级学科。经过评议，考古学一级学科下设 6 个二级学科，即考古学理论与考古学史、史前及夏商周考古、秦汉至元明清考古、科技考古、文化遗产与博物馆、专门考古[①]。

三、国外考古文博类学科、专业设置的启示

英、美、俄三国的考古文博类学科、专业目录设置各有特点，总结并思考其中的逻辑关系和人才培养理念，可以为我国的考古文博人才培养提供借鉴。三十年来，经过数次专业、目录的修订，考古学由历史学一级学科下的二级学科升为了一级学科，虽然升级是好事，但其下如何合理设置二级学科等问题也随之而来。在国外经验的基础上，我们可以更好地反思我国考古文博类学科的几个问题。

（一）考古学与历史学、人类学的关系

考古学究竟与历史学还是人类学的关系更为密切？此问题一直争论不休。西方国家对于这个问题的看法也不相同。近代考古学起源于欧洲。欧洲文化的传统始自古希腊罗马，而古希腊罗马文明又来自埃及和西亚，因此欧洲考古学也不得不面对这些古老文明的研究，最先创立埃及学和亚述学以及古典考古。因此欧洲考古的传统一直都是史学取向的[②]。从英国的学科目录即可看出，考古学属于历史和哲学研究，然后二级学科按照时代划分不同时期的考古，最为重要的是，埃及、罗马和希腊考古单独从中分列出来为二级学科。

美国本土考古学源自北美洲土著考古和与之密切相关的美洲考古，开始出现的时候属于民族学和人类学的学科分支。因此美国的考古学一直有人类学传统，考古学的理论与人类学密不可分，研究的目标和学科体系也都是人类学取向的[③]。1962 年，路易斯·宾福德发表《作为人类学的考古学》，掀起了“新考古学”浪潮的序幕。新考古学将人类学的文化功能观、文化生态学等理论引入考古学研究，尽管有很多问题，但其仍然是美国考古学 20 世纪 60 至 90 年代的主流。因此，美国的学科目录中，考古学和历史学分属于不同的学科群，而考古学和人类学同在一个学科群下，顺序紧挨。但美国同样很重视东方研究，近东考古和东亚考古在世界考古研究中地位显著。因此，美国的学科目录在古老、古典、东方研究学科下设立了古典、地中海、东方研究与考古

---

① 王巍：《考古学成为一级学科的前前后后》，《中国文物报》2012 年 6 月 15 日第 3 版。

② 张弛：《关于在教育部学科分类中增设“考古学”为一级学科的建议》，《南方文物》2009 年 2 期，1～6 页。

③ 同注②。

学专业，并将其视为交叉学科。

我国的考古学自诞生之日起，就担负着“证经补史”的作用。考古学和历史学的关系也被看作是车之两轮，鸟之两翼，相辅相成，缺一不可。因此，1952年，最先设立考古学专业的北京大学就将其设于历史系之下。随后，参考北京大学的模式，很多高校都在历史系下设立考古学专业，培养了大批专业的考古人才。因此，长期以来，我国考古学作为历史学之下的二级学科，学科架构也参照历史学学科的建设模式，按时代划分学科分支，符合历史学研究规律，也适应了建立考古学文化谱系这一学科时代任务的需要[①]。但是也有将考古学归属人类学学院的，如中山大学自20世纪20年代始，傅斯年先生、顾颉刚先生就在中山大学开创将考古学与语言学、民俗学、人类学、民族学及历史学相结合的学术传统。1956年在历史系建立考古教研室，1961年招收民族考古方向研究生，1972年正式招收考古专业学生。1981年考古专业并入人类学系，将考古学与人类学、民族学结合，使中山大学的考古学在中国独树一帜。改革开放后，随着考古学学科内容的不断丰富，一些高校考古专业的力量也日益壮大，很多高校将考古专业独立建系，通行做法是设立历史学院，下设历史系、考古系。有的高校甚至将考古专业发展为学院，与历史学院平级，比如1983年，北京大学的考古专业从历史系分出独立建立考古系，1998年又发展成立考古文博学院。但即使考古学脱离历史学升级为一级学科，其还是属于历史学门类之下，因此，2011年我国学科目录的调整，考古学只是学科地位的提升，而非学科性质的变化。

就我国目前的情况而言，考古学与历史学关系密切无可厚非，也非常必要。史前时期的考古学与人类学、民族学的关系密切。而历史时期考古学从其名称上就可看出其与历史学的关系，因为该研究除了依据考古材料外，还要结合文献双重印证。但随着科技的发展，考古学也逐渐成为一门交叉学科，中国考古学界逐渐认识到考古学的研究重点应该从分型定式的类型学逐渐拓展为古代人类社会生活的重建，即由物到人。就目前的学科、专业目录设置上，我国与俄罗斯情况接近，可以根据历史情况，维持现状，不一定非要向欧美那样严格区分。

（二）博物馆学的性质与归属

19世纪末期我国出现公共博物馆，百余年来，博物馆的数量和质量都显著提升，博物馆学也日益受到重视。本文着重讨论在高校教学和科研方面，博物馆学的学科问题。

1978年，杭州大学率先向国家文物局申请创办文物与博物馆学本科专业，未果；1979年，南开大学得到教育部批准，组建博物馆学本科专业，1980年秋在历史系正式招收本科生，此是1949年后首次将博物馆学专业纳入大学正规招生教育体系之开端[②]。三十多年来，博物馆学的学科地位一直很尴尬。从表四可以看出，1983年没有博物馆学二级学科，1990年单列为二级学科，1997年考古学与博物馆学两个二级学科合

① 童明康：《遵循学科规律结合事业发展需求稳步推进考古学学科建设——在考古学学科建设发展研讨会上的讲话》，《中国文物报》2012年6月1日第3版。

② 徐玲：《中国博物馆学学科发展的回顾与反思》，《东南文化》2014年5期，101～109页。

并，2011 年，考古学升级为一级学科之后，博物馆学没有像 1990 年那样单列为二级学科，反倒地位下降，与文化遗产合并为了一个二级学科。更为不妥的是，博物馆学变为了博物馆，少了一个“学”字则意义大相径庭，博物馆学是个学科，而博物馆是机构名称，即使认为加“学”字则不妥，也可以参考英国做法称为博物馆研究。曾有学者指出，在考古学一级学科下面设置二级学科的时候，在充分考虑已有优势方向和团队的同时，一定要对“文物保护”、“外国考古”和“博物馆学”三个方向给予足够的重视①。目前来看，博物馆学不仅没有被重视，反而更加模糊不清。

1992 年，我国发布了《中华人民共和国学科分类与代码国家标准》，目前的最新版本是 GB/T 13745—2009。此标准中，一级学科“870 图书馆、情报与文献学”下设二级学科“87050 博物馆学”。这也造成了我国博物馆学在教育系统和科研系统分别属于不同一级学科的现状。在《中国图书馆图书分类法》中，“G2 信息与知识传播”下设“G26 博物馆学、博物馆事业”，而文物考古代码则为 K85。

1994 年，荷兰学者冯 · 门施就提出博物馆学属于信息科学，其最主要之点在于信息②。就目前博物馆学的研究来看，博物馆学主要是研究物与人的关系。因此，《中华人民共和国学科分类与代码国家标准》和《中国图书馆图书分类法》中对博物馆学的定性比《专业学位授予和人才培养目录》更为科学。但是由于历史原因，博物馆学专业的申请与招生起源于历史系，而我国博物馆的类型绝大多数都是历史类博物馆，藏品与展品也以文物为大宗，所以我国博物馆学与历史学、考古学的关系一直纠缠不清。

（三）文物学的合理性与合法性

文物学的合理性是指其命名是否恰当，而合法性是指如果该学科命名合适，也确实应该存在，其在学科目录中应该是什么样的地位。

首先来讨论文物学合理性的问题。民国早期，国民政府颁布的条例法令、成立的管理机构等大多使用“古物”一词。但解放战争后期，中共山东人民政府成立的胶东文物管理委员会等机构开始使用“文物”一词，中共东北行政委员会成立的东北文物管理委员会还颁布了《东北解放区文物古迹保管办法》、《文物奖励规则》两部法令。1949 年后，文化部颁布的法令、公文皆使用“文物”，全国最高的行政管理机构也命名为“文物局”，这一词语作为官方正式用语沿用至今。但是目前文物的内涵与外延逐渐不能满足考古文博事业的发展需求，所以文化遗产一词逐渐取代文物，因此是文物学还是文化遗产学表述更为合适，仍需斟酌讨论。

下面的重点就是讨论文物学作为学科的合法性问题。文物研究在中国是一门古老的学问，古人以不同种类的文物为研究对象，逐渐形成了金石学、甲骨学、敦煌学等；但文物学在我国又是一门起步较晚的年轻学科，学科意识产生较晚，20 世纪 80 年代才逐渐建立，90 年代《中国大百科全书 · 文物博物馆卷》中尚未出现文物学的词条。就高校而言，“文物”一词虽然出现在了院系等教学机构名称中，但“文物学”作为学

① 赵宾福：《考古学学科建设和人才培养存在的问题及建议》，《中国文物报》2012 年 6 月 22 日第 3 版。
② 王宏钧：《中国博物馆学基础》，上海古籍出版社，2001 年，9 页。

科名称始终未能得到国家正式承认①。所以从表四可以看出，历次学科调整，文物学始终没有成为单列的二级学科，唯一一次出现文物学是在1990年博物馆学作为二级学科时，注明其中包含文物学、古器物学。2011年，文物学上升为二级学科，但是名称表述变成了“文化遗产”，并且与博物馆合并。无论是文物学抑或文化遗产学，其地位应该更受重视。值得一提的是，GB/T 13745—2009中新增设了“8507030文化遗产学”，但其是一级学科“850民族学与文化学”下二级学科“85070文化学”下的三级学科。这与我们通常将文化遗产与考古文博联系起来不同，值得进一步探讨。

四、结　　语

我国的考古文博类学科由于历史原因存在很多问题，并且随着社会的发展，在实际工作中这些问题更为突出。学科、专业的设置影响着本科、研究生培养的方案计划和质量，甚至学科设置混乱已经影响到了学生的就业，从长远来说，对我国考古文博事业的健康有序发展也有一定影响。行业的发展需要优秀的人才，国家文物局制定《全国文博人才发展中长期规划纲要（2014～2020年）》，实施“金鼎工程”，大力培养行业人才。同时也希望教育部在进行学科、专业设置上切合行业需要，根据行业现状和特点，更为合理地进行人才培养。

The Setting of the Disciplines and Specialties of Foreign Archaeology and Museology and the Inspiration

Huang Yang
(Department of Cultural Heritage and Museology, Nanjing Normal University)

Abstract: According to CIP of US, archeology is closely related to anthropology, while history is divided into different disciplines and museology is an interdisciplinary. In JACS of UK, the museum research is an information service, archaeology is a kind of historical and philosophical research and it has a discipline named heritage study. The discipline establishment of Russia focuses on cultivating practical talents. There are four directories of degree awarding and personnel training, although the latest directory still has various problems. After archaeology became a first stair subject, the setting of second stair subject is unreasonable, in which the status of museum science disciplines decline. The current directory understands museology wrongly, meanwhile, the rationality and legitimacy of the study of culture relics bothered the scholars. Combined the disciplines setting both home and aboard, the setting of second stair subject of archaeology should be more reasonable and re-

① 陈红京：《文博考古学科类属关系梳理》，《东南文化》2011年5期，6、7页。

understand the nature of museology, furthermore, pay more attention to the development of cultural relics.

Key words: disciplines and specialties, archaeology, museology, cultural relics, cultural heritage

文化之创意与衍生
——中国博物馆文化产品的概念辨析

王旭东[1]　赵　鹏[2]

（1. 清华大学艺术与科学研究中心；2. 泰安市博物馆）

内容提要：中国博物馆免费开放政策实施以来，博物馆文化产品研发工作备受关注，尽管一些大中型博物馆此项工作取得了一些成绩，但总体上看仍然处于初级阶段，人们对其概念认知比较模糊，尚未形成共识。从事博物馆文化产品研究与实践的一线人员对其概念的表述方式达23种；相关部门和机构公开发布的法令办法、规章制度、政策文件、会议纪要等对其概念的表述方式也多达7种。这反映出人们对该对象本质属性从不同的角度的理解，概念的内涵和外延认识较模糊，对其本质属性、价值构成也未能形成准确判断。本文通过对不同概念进行分析和对比，认为“文化属性”是此对象最主要的特征。相比较而言，“博物馆文化产品”更贴近该对象的本质属性，也能较全面的覆盖该对象的各种表现形式和内容，它包含着“博物馆文化创意产品”和“博物馆（文化、艺术）衍生产品”。“创意”和“衍生”是“博物馆文化产品”最为有效的2种设计思维路径，二者间既有区别又相互联系紧密，甚至交叠。在中国特定的国情背景下，以建立文化自信、实现中华民族文化复兴为目标，我们要兼容并蓄，以开放的心态、广阔的胸怀、务实的精神做好中国的“博物馆文化产品”。

关键词：博物馆　文化产品　文化创意　艺术衍生

中国博物馆馆藏的各类文化资源是中华民族五千多年文明发展进程中创造的博大精深灿烂文化的重要组成部分。中国博物馆免费开放政策实施以后，博物馆文化产品开发备受关注，参观者将博物馆文化产品带回家，就是将民族优秀文化带回家，在促进博物馆文化资源潜力开发的同时，也为城市文化建设注入了新的活力。尽管我国一些大中型博物馆在文化产品开发方面取得了一些成绩，但从总体上看，我国的博物馆文化产品研究与实践仍然处于起步、探索、培育、发展的初级阶段。

一、概念使用的现状

我国博物馆文化产品的研究和实践尚处于起步阶段，首先表现在对其概念认知比较模糊，尚未形成统一的认识。概念是反映对象的本质属性的思维形式，是人类对一个复杂的过程或事物的理解。人类在认识的过程中由感性认识上升到理性认识，把所感知的事物的共同本质特点抽象出来，加以概括形成概念，用词或词组来表达。大家从不同的角度出发来理解博物馆文化产品，因而对同一对象使用了若干种不同的概念称谓，给研究和沟通带来很大的困扰。

为了了解大家对该概念的使用状况，我们以《中国学术文献总库（网络版）》（CNKI）为数据源，以“博物馆文化产品”“博物馆文化创意”“博物馆衍生品”“博物馆纪念品”“博物馆商品”等为检索关键词，共检索到相关文献 246 篇。其中 2000 年 2 篇，2002 年 2 篇，2007 年 4 篇，2008 年 5 篇，2009 年 5 篇，2010 年 5 篇，2011 年 10 篇，2012 年 15 篇，2013 年 16 篇，2014 年 30 篇，2015 年 63 篇，2016 年 70 篇，2017 年（4 月之前）19 篇。

经过对上述文章标题中使用的概念词汇进行统计，共获得表述该对象的 23 种概念词，可归为 6 类，如表一所示：

表一　概念词汇统计

分类	概念用词	篇数	举例
文化创意	文创产品	56	赵淑华、张力丽：博物馆文创产品叙事性设计方法 周明：博物馆文创产业何去何从 付远书：“卖萌”文创产品让游客把博物馆“带回家”
	文化创意产品	40	刘芳、刘娟：谈博物馆文化创意产品的包装设计原则 张学勤：博物院文化创意产品开发模式探析 马自树：博物馆文化创意产品要有精准定位
	文化创意商品	1	赵希玉：博物馆文化创意商品的开发设计研究——以大英博物馆为例
汇总		97	
文化产品	文化产品	53	李峰、胡绪雯：博物馆商店生态与文化产品的观察与思考 章义平：博物馆文化产品开发断想 乔欣：文化产品开发——博物馆的创意经济
汇总		53	
纪念	纪念品	20	陈婷：台北故宫博物院纪念品设计的文化符号研究
	旅游纪念品	12	李珊姗：浅析博物馆创意旅游纪念品的开发与设计
	旅游产品	3	杨晓犁：满清文化背景下的新旅游产品开发——沈阳故宫博物院的旅游产品研发
	文化纪念品	2	陈皓瑜：基于扎根理论的博物馆文化纪念品开发设计研究
	纪念产品	1	刘雅丽：基于消费者行为学的良渚博物院纪念产品设计与研究
	文博纪念品	1	张立敏：挖掘特色资源开创文化品牌——秦皇岛市文博纪念品在旅游市场的定位
汇总		39	
衍生	文化衍生产品	11	李馥颖：浅谈博物馆文化衍生产品设计
	衍生产品	7	杨思凝：包头市博物馆馆藏资源衍生产品设计研究
	衍生品	4	薛帅：英国博物馆衍生品 注重标志性元素提取
	艺术衍生品	3	王敏：衍生与延伸——博物馆的艺术品衍生设计

续表

分类	概念用词	篇数	举例
衍生	艺术衍生产品	3	张爱红：博物馆艺术衍生品创意开发模式研究
	文化衍生品	3	任宏、苏阳、刘洋、杨猛、杨红：沈阳故宫文化衍生品创新设计策略与途径研究
	衍生商品	2	吴晓宏、孙琳：浅谈上海中国航海博物馆衍生商品的开发与经营
	衍生文化产品	1	孙玉军：关于博物馆应用馆藏文物资源开发衍生文化产品的思考
	创意衍生品	1	方云：试析“博物馆 + 非遗”模式下的文博创意衍生品开发路径
汇总		35	
产品或商品	博物馆产品	3	胡锐韬：博物馆产品与博物馆品牌建设探析——基于市场与营销学的思考
	博物馆商品	2	童江波：论博物馆商品的开发
	文旅产品	1	李静远：金沙遗址博物馆文旅产品陶瓷茶具设计
	产品	1	高崇：馆藏品文化符号在系列化产品设计中的应用
汇总		7	
其他	其他称谓	15	孙雨：故宫礼物一天成交 1.6 万单
汇总		15	
总计		246	

这些文章作者既有博物馆管理者、研究人员、设计人员，也有高校教师、学生，还有企业、媒体等相关人员，其中大多数从事、参与或接触过博物馆文化产品开发的工作。可见这些从事博物馆文化产品研究与实践的一线人员，对这一对象的概念持有不同观点。各种概念类别的使用比例情况见表二。

表二　概念类别的使用比例

序号	概念	使用比例
1	文化创意产品（含文创产品、文创商品等）	39.4%
2	文化产品	21.5%
3	纪念品（含旅游纪念品、文化纪念品、文博纪念品等）	15.9%
4	衍生品（含文化衍生品、艺术衍生品）	14.2%
5	产品或商品	0.3%
6	其他称谓	0.6%

接下来我们从国家政策角度来研究文化部、国家文物局、中国博物馆协会等相关部门和机构对这一对象的概念使用情况。为此，我们收集整理了 2006 年以来公开发布的有关内容的法令办法、规章制度、政策文件、会议纪要等，共计 16 篇，其中对该对象的概念使用情况统计如表三所示。

表三　概念使用情况统计

序号	时间	内容	使用概念
1	2006 年	中华人民共和国文化部令 2006 年第 35 号《博物馆管理办法》第四章《展示与服务》第三十条："鼓励博物馆研发相关文化产品，传播科学文化知识，开展专业培训、科技成果转让等形式的有偿服务活动。"	文化产品
2	2009 年	国家文物局组织全国博物馆文化产品开发情况调研，结果显示中国博物馆文化产业还处于起步和探索阶段，能将文化创意与博物馆文化产品进行融合的博物馆主要集中在北京、上海、深圳和台湾地区	文化产品
3	2009 年	国家文物局拟定了《关于促进博物馆文化产品开发工作的意见（讨论稿）》	文化产品
4	2010 年	国家文物局主办，故宫博物院和中国博物馆协会承办"全国博物馆文化产品开发工作座谈会"，发布《关于加强博物馆文化产品开发的倡议书》。主要观点："文化产品开发是博物馆参与文化产业发展的具体行动，是推动博物馆事业发展新的经济支撑，是博物馆持续发展的内在要求。"	文化产品
5	2012 年	国家文物局正式印发《博物馆事业中长期发展规划纲要（2011～2020 年）》，指出："博物馆要通过各种方式加强文化产品开发……增强博物馆文化产品在文化产业和消费体系中的竞争力。"	文化产品
6	2014 年	国务院出台《关于推进文化创意和设计服务与相关产业融合发展的若干意见》，标志文化创意和设计服务与相关产业融合发展已经成为国家战略。"坚持保护传承和创新发展相结合，促进艺术衍生产品、艺术授权产品的开发生产，加快工艺美术产品、传统手工艺品与现代科技和时代元素融合。完善博物馆、美术馆等公共文化设施功能，提高展陈水平。"	艺术衍生产品 艺术授权产品 工艺美术产品 传统手工艺品
7	2015 年	国家文物局印发《关于提升博物馆陈列展览质量的指导意见》，其中明确指出"提高博物馆文化创意产品设计水平，依托展览开发文化创意产品"。	文化创意产品
8	2015 年	国务院总理李克强签署第 659 号国务院令，公布《博物馆条例》。"国家鼓励博物馆挖掘藏品内涵，与文化创意、旅游等产业相结合，开发衍生产品，增强博物馆发展能力。"	衍生产品
9	2016 年	国务院总理李克强主持召开国务院常务会议，会上提出要发挥文物资源在旅游业中的重要作用，推动文博创意产业发展	文博创意产业
10	2016 年	国务院副总理刘延东在故宫博物院与各大博物馆馆长座谈，共商文创发展现状	文创
11	2016 年	国务院总理李克强主持召开国务院常务会议，确定推动文化文物单位文化创意产品开发的措施	文化创意产品
12	2016 年	国务院办公厅转发文化部、国家发展改革委、财政部、国家文物局四部委《关于推动文化文物单位文化创意产品开发的若干意见》	文化创意产品
13	2016 年	文化部在京召开关于推动文化创意产品开发工作新闻发布会。文化部、国家文物局及故宫博物院、中国国家博物馆、文化部恭王府管理中心相关负责人现场解读《关于推动文化文物单位文化创意产品开发的若干意见》	文化创意产品
14	2016 年	国家文物局拟定《贯彻落实国办转发"关于推动文化文物单位文化创意产品开发的若干意见"实施方案》，并与 6 月 22 日召开全国文博单位文化创意产品开发工作推进会	文化创意产品
15	2016 年	国家文物局公布《关于促进文物合理利用的若干意见》，"鼓励众创、众包、众扶、众筹，以创新创意为动力，以文化创意设计企业为主体，开发文化创意产品，打造文化创意品牌。"	文化创意产品

续表

序号	时间	内容	使用概念
16	2016年	国家文物局下发了《关于公布全国博物馆文化创意产品开发试点单位名单的通知》，全国92家博物馆入围	文化创意产品

从以上统计可以看出政府管理层面对该对象的概念认知也不完全一致，文化产品、衍生产品、文化创意产品等称谓也都有使用。

由此可见无论是研究、实践层面，还是管理导向层面，对这一对象的概念使用都比较混乱。使用不同的概念反映了人们对该对象本质属性的不同理解，从不同的角度、不同的出发点去理解对象的本质。正如“盲人摸象”一样，只了解事物的某些局部，产生了认识上的片面性，不仅影响到沟通和交流，也难以形成完整的认识，导致概念的内涵和外延存在模糊认识，对其本质属性、价值构成也难以形成准确判断。因此有必要对这些概念进行辨析，厘清其中的联系与区别。

二、概念辨析

通过对上述246篇文章中关于概念阐述的分析，我们不难发现人们对“博物馆文化产品”这一概念认识较为一致，普遍认为“博物馆文化产品”是一个较宏观的概念，包含着“博物馆文化创意产品”和“博物馆文化（艺术）衍生品”。人们对“博物馆纪念品”这一概念的认识也比较一致，认为博物馆的纪念品是旅游商品的重要组成部分，在旅游经济中有着突出的地位[①]。

但是纪念品这一概念较为局限，不能凸显对象的文化属性。认为“博物馆商品（产品）”此类概念比较突出博物馆零售业的语境，强调对象的商品或消费品性质，也不能凸显对象的文化属性。可见人们普遍认可“文化属性”是此对象最主要的特征属性。下面我们对各个概念进行逐一分析。

（一）博物馆文化产品

“博物馆文化产品”是由“博物馆”和“文化产品”组成的短语。“文化产品”是以“一般物质产品”互为参考系而定义的。“一般物质产品”具有承载文化内容的能力，为其赋予一定意义和文化就可能转化为“文化产品”。“文化产品”的根本就是意义的寻求与赋予。“文化产品在本质上具有文化属性，且通常受版权保护。文化产品的首要经济价值来源于它们的文化价值，通过产生和利用知识产权，它们有创造财富和工作岗位的潜力。”[②]“文化产品是指那些能够传达生活理念、表现生活方式的消费品，或者是指那些传递思想、符号和生活方式的生活消耗品。”[③]它能够提供信息、娱乐，进而形成群体认同并影响文化行为。基于个人和集体的创造成果的文化产品在产业化和

① 杨静、余隋怀：《博物馆纪念品的设计研究与开发》，《包装工程》2011年1期，37～40页。

② “世界主要经济体文化产业发展现状研究”课题组：《世界主要经济体文化产业发展状况及特点》，《调研世界》2014年10期，3～6页。

③ 白寅、何泽仪：《论文化产品的基本特征》，《湖南商学院学报》2006年2期，20～23页。

世界范围内的销售过程中，被不断复制并附加新的价值。可见“文化产品”是一个比较成熟、规范的概念。

博物馆属于公共文化服务体系，将“文化产品”限定到“博物馆”的情境之中就形成了“博物馆文化产品”，它“是指博物馆作为公共文化服务机构，对外提供的所有有形和无形的产品。人们观赏展览时的审美体验，以及博物馆围绕教育功能开展的社会服务活动等，也可纳入其中。因此，博物馆文创产品是博物馆文化产品的一部分。”[①]“博物馆文化产品”不同于一般的消费品，一般的消费品受益者仅限于消费者个体，而“博物馆文化产品”的消费不仅是个人获得精神满足的过程，更是培育健全人格，提升国民素质的有效途径，可以提高公众对博物馆的文化认知，从而推动文化的深层次传播，对社会的发展与进步具有积极意义。该概念强调对象的本质属性具有以下几点：

（1）强调文化价值的创造，品牌效应的积累。博物馆文化产品开发重视文化价值和品牌影响力的建设，影响力越大其价值越高。

（2）强调文化价值的永恒意义。博物馆文化产品经过消费，虽然它的物质载体会被损耗，但它的文化价值不会被磨损，通过复制、再生产和消费，其价值反而会随之提升。

（3）强调创新性。一般物质产品的生产特性具有同一性、标准性及可替代性，它的重复是普遍的、经常的、大量的。而博物馆文化产品应独具匠心，避免雷同。

（4）强调其知识、教育、审美、娱乐等满足人们的精神需求的功能。

（5）强调与“一般物质产品”的区别与联系。博物馆文化产品与一般物质产品并非“井水不犯河水”各自独立，一般物质产品通过意义和文化的渗透和赋予可以向文化产品转化，这为博物馆文化产品的开发指明了方向。

（二）博物馆文化创意产品

“博物馆文化创意产品”，简称“博物馆文创产品”，“是指在博物馆商店或者电商平台销售的，创新性提取、运用馆藏文物的文化艺术元素设计、制作的融观赏性、纪念性、实用性为一体的特殊商品”[②]。博物馆文创产品“以传播与弘扬先进民族文化和价值观为核心，以满足社会公众个性化文化需求，推动社会发展为导向，以文物藏品信息、历史文化知识、文物科学研究成果及其衍生品的创新性加工、利用为基础，以现代高新科技，特别是大规模复制和传播技术的应用为基本手段”[③]，“通过与文化创意产业的结合，将创造性思维与博物馆馆藏文化进行结合，将文化和创意思维这两种抽象的意识相统一，并整合加工成带有博物馆文化特色的创意产品”[④]。可见，“博物馆文化创意产品”通过吸收和转化博物馆藏品所具有的符号意义、美学特征、人文精神等文化元素，同时关照消费者的精神与文化偏好，以创意重构产品的艺术价值、文化价值和

① 陈凌云：《博物馆文创产品的价值、设计方式和原则》，《文化产业研究》2016 年 3 期，144～158 页。

② 陈凌云：《博物馆文创产品的价值、设计方式和原则》，《文化产业研究》2016 年 3 期，144～158 页。

③ 张艺军：《博物馆文创产品架起传播的桥梁》，《中国博物馆文化产业研究》2015 年 12 期，61～66 页。

④ 金青梅、张鑫：《博物馆文创产品开发研究》，《西安建筑科技大学学报（社会科学版）》2016 年 6 期，42～46 页。

娱乐价值，最终寻求面向市场的价值认同。该概念强调对象的本质属性具有以下几点：

（1）强调文化的再造与创新。文化创意既以文化为出发点，又以文化为目标点，实现文化的创造性发展。

（2）强调差异化。在原有基础上进行差异化的创造，使之成为新的东西，和原有基础不同也和别人不同，以新的角度创造新的附加价值。

（3）强调审美，倡导生活美学。重视其审美价值、思想、内容、愉悦功能等，满足的是其精神文化的需求。

但是，"博物馆文化创意产品"不等于"博物馆文化产品"，而是被"文化产品"所包含。"文化产品"中有很大比例是制造和延续传统经典的产品，但是文化创意产品是创造新的前所未有的产品。博物馆文物复仿制品、传统工艺美术品都是博物馆文化产品的重要组成部分，但不能归入文化创意产品，因为它们的文化形式本身没有新增的附加值，体现出的是原有的价值而非创新创意价值。

（三）博物馆（文化、艺术）衍生品

"博物馆（文化、艺术）衍生品"也是一个偏正短语，其中心词"衍生品（derivatives）"是指从原生事物中派生出来的物品。中国艺术品市场研究院副院长贾杲认为：艺术衍生品这一概念源自欧美发达国家，是指博物馆（美术馆）系统零售的艺术商品，营销途径一般是博物馆（美术馆）或者艺术商店。"艺术衍生品顾名思义是指从原创艺术品派生出来，经艺术家授权，商家开发出来的艺术产品。"①

"艺术衍生品是以艺术授权为核心，以艺术原创或其要素为媒介，经过创意设计与加工的价值整合，形成具有一定收藏价值、可供大众收藏消费的一大类艺术品的通称。"②

"博物馆（文化、艺术）衍生品"的概念是将"艺术衍生品"引申到博物馆的情境之中，是指以具有文化、艺术价值的博物馆藏品作为原型，将文化、艺术价值寓于新的载体之中，设计、生产的特殊产品。"博物馆衍生品在表现形式和文化内涵等方面与原藏品有着密切的关联，且承载着设计者的感悟与理念，因此，相比一般商品而言更具有艺术性和附加值。"③

"艺术衍生品的文化附加值是文化资源的商业升华，其价值的实现离不开艺术授权。任何艺术衍生品必须首先经过艺术创作者的授权，获得'商业签证'之后，才可进行产业开发。"④

可见，"博物馆（文化、艺术）衍生品"是通过对博物馆原生文化进行时代性的价值解读，在具备一定功能性的产品形式之中选择对其价值进行合理、有效和规范化承载的物质产品。该概念强调对象的本质属性具有以下几点：

（1）强调授权机制。衍生行为建立在规范的授权系统上。

---

① 张爱红：《博物馆艺术衍生品创意开发模式研究》，《艺术百家》2015 年 4 期，210～214 页。

② 王志琴：《艺术衍生品的产业化之路有多远》，《中国新时代》2014 年 4 期，59～63 页。

③ 李广海：《博物馆衍生品开发策略研究》，北京印刷学院硕士学位论文，2016 年。

④ 张爱红：《博物馆艺术衍生品创意开发模式研究》，《艺术百家》2015 年 4 期，210～214 页。

（2）强调原生文化。要求原生文化比较成熟，内容比较完善丰富。衍生产品是对原生文化内容的反复、强化和巩固。

（3）强调规范性和系统性 。衍生过程须按照衍生规范系统化进行，不能任意为之，更不能违背规范与原生文化的内容、价值观念相违背。

博物馆（文化、艺术）衍生品也不等于“博物馆文化产品”，只是其中的一部分。因为在中国博物馆藏品当中许多的藏品是“文物”，也就是历史遗留下来的在文化发展史上有价值的东西，如建筑、碑刻、工具、武器、生活器皿，当然也包括各种艺术品。“中国博物馆的藏品的著作财产权大多已过保护期，博物馆与原创作者一般也无直接法律关系。博物馆藏品作为历史文化遗产，归属于全人类共有，任何人都可对其再创作。目前中国大多数博物馆对藏品物权、藏品版权等知识产权的概念不清，不了解藏品知识产权的涵义、藏品产权归属、版权权益内容、侵权责任后果等，缺乏版权授权与知识产权维权意识。”①

在这种大背景下，原生文化资源的版权归属较具有不确定性，“衍生”这个概念就非常受限制。

（四）博物馆（文化、旅游）纪念品

“纪念品”是指可以承载纪念意义的物品，通常是以实物形式存在的，能较长时间保存，在人际间的交往中，可以起到增进感情、加深印象的作用。“博物馆纪念品”往往被作为旅游纪念品的一种，是旅游者在博物馆参观游览过程中购买的具有博物馆和地域文化特色的实物商品，体现博物馆和该地域独特的文化内涵，具有一定的工艺水平，保存旅游者对一次参观游览经历的纪念，具有欣赏价值、使用价值和收藏价值。

但是，“博物馆文化产品”与“博物馆（文化、旅游）纪念品”并不是对等概念。纪念品强调纪念意义，配合参观游览的体验，而文化产品强调文化、艺术、思想的承载和传播，即便消费者没有参观游览博物馆也有可能购买博物馆文化产品。

（五）博物馆产品（商品）

博物馆产品（商品）这一概念最早在西方的博物馆商店中使用，指在博物馆商店中出售的产品，并特别关注此类产品（商品）与博物馆非盈利性质的矛盾，只有与博物馆文化宣传、教育职能有关的产品（商品），才被认作为博物馆产品（商品），例如饮料、食品、电池等产品，尽管也可以在博物馆商店售卖，但是与博物馆文化宣传、教育职能没有直接关联，也不被认为是博物馆产品（商品）。这个概念是在零售业语境下强调商品交易性质，对其文化属性指向不明确，因而在中国很少被采用。

三、结　　语

通过对以上概念的分析和对比，可知“文化属性”是此对象最主要的特征属性。

---

① 胡卫萍、刘靓夏、赵志刚：《博物馆文化资源开发中的产权确认与授权思考》，《重庆大学学报（社会科学版）》2017 年 4 期，103～110 页。

“博物馆文化创意产品”和“博物馆（文化、艺术）衍生产品”都从各自的角度揭示了由“文化”如何转化为“产品”的路径，但又都不能全面的覆盖该对象的全部内容。“博物馆（文化、旅游）纪念品”更适合于在旅游情景下表述，“博物馆产品（商品）”未能突出该对象的文化属性特征。我们可以得出以下结论：

（1）相比较而言，“博物馆文化产品”更贴近该对象的本质属性，也能较全面的覆盖该对象的各种表现形式和内容。

以往有研究者或认为“文化产品”这一概念的范畴过于宽泛，在博物馆的情境下未必都能有所涉及。我们认为，在“文化产品”前加上“博物馆”这一修饰限定，能够有效地对概念的范畴加以限定，“博物馆文化产品”不必要呈现“文化产品”包含的所有样态和类别。反而，“文化产品”丰富的样态和类别给“博物馆文化产品”的更广阔的发展空间和更多延展的可能性，例如，金沙遗址博物馆已经提供音乐剧表演，湖北省博物馆提供编钟演奏表演，故宫博物院开发的APP应用，很多博物馆提供例如陶艺、剪纸、游艺等参与性活动，这些都是“博物馆文化产品”的新形态。未来，博物馆文化产品亦有可能渗透到影视、动漫、游戏、文学等领域。因此，我们认为“博物馆文化产品”这一概念更为确切。

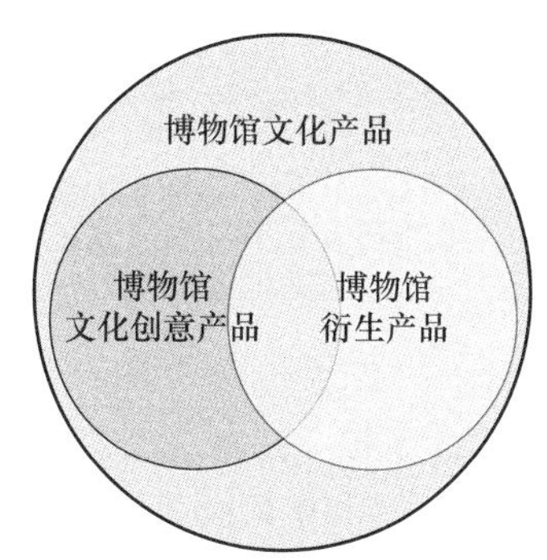

图一　博物馆文化产品与文化创意产品、衍生产品的关系示意图

（2）“博物馆文化产品”包含“博物馆文化创意产品”和“博物馆（文化、艺术）衍生产品”，“文化创意”和“文化（艺术）衍生”是“博物馆文化产品”最为有效的2种研发思维路径，二者既有区别又相互联系紧密，甚至交叠。如图一所示：

“博物馆文化创意产品”研发的思维路径：通过对一般事物导入博物馆藏品所具有的符号意义、美学特征、人文精神等文化元素，同时关照消费者的精神与文化偏好和生活方式，以创意重构产品的使用价值、艺术价值、文化价值和娱乐价值，最终寻求面向市场的价值认同。如图二所示：

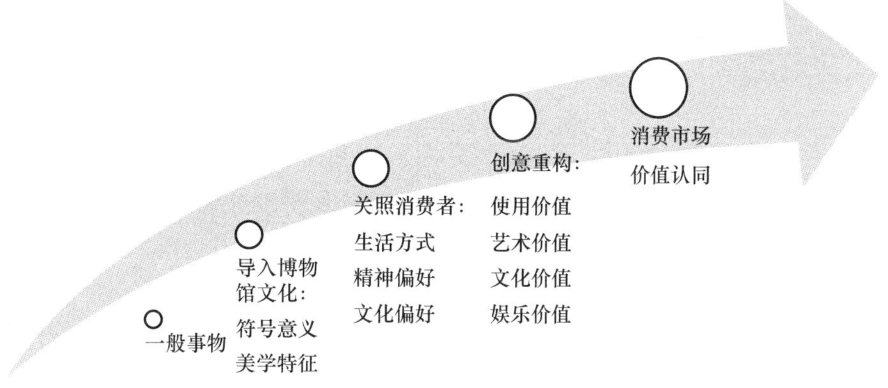

图二　“博物馆文化创意产品”研发的思维路径示意图

“博物馆（文化、艺术）衍生产品”研发的思维路径：通过对博物馆原生文化或代表元素进行时代性的价值解读和规范设定，在具备一定功能性的产品形式之中选择对其价值进行合理、有效和规范化承载的物质产品投放于消费市场，巩固、强化原生文化价值，同时取得经济价值，如图三所示：

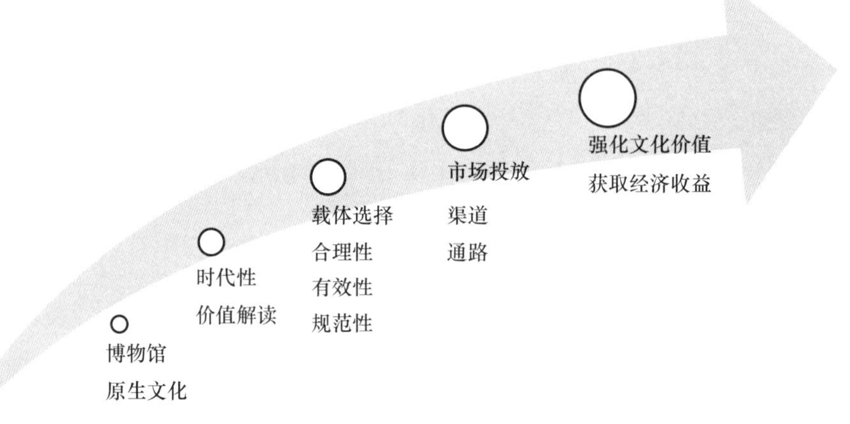

图三　“博物馆（文化、艺术）衍生产品”研发的思维路径示意图

“创意”和“衍生”是“博物馆文化产品”研发最主要的 2 中思维路径，二者有各自不同的思维特点，但并不是非此即彼的关系，同一个“结果”可以从不同的思维路径去考虑。例如下图四所示，假如我们在一个普通苹果上附加一个恭王府康熙御笔“福”字，那么我们既可以认为这个印有福字的苹果是由普通苹果附加了文化价值的文化创意产品，也可以认为它是由“福”文化元素附着在苹果上的文化衍生产品。

图四　苹果的“创意”和“衍生”

（3）在具体使用时也可根据实际情况灵活选择，例如当从产业或者从设计开发的角度谈论时，如果明确按照某种开发路径进行时，可使用“博物馆文化创意产品”，或“博物馆艺术衍生品”。如果没有明确的开发路径，可使用“博物馆文化产品”，或“博物馆文化创意和衍生产品”；当从消费者或者游客角度谈论时，可使用“博物馆纪念品”；应尽量避免随意叠加造词，使概念含混不清，难以指向其本质属性。例如，“旅游文化衍生品”、“博物馆文化创意衍生品”、“博物馆旅游衍生纪念品”等。

（4）不同国家国情不同，对文化产业和文化产品的发展定位、策略、概念称谓不尽相同。美国将文化产业称为“版权产业”，更符合“文化、艺术衍生品”的开发思维；英国、新加坡等将文化产业称作“创意创业”，更符合“文化创意产品”的开发思维；在特定的国情背景下，我国文化产业的目标是建立文化自信，实现中华民族文化复兴，坚持创造性转化和创新性发展，传承与创新并重。因而，我们既要借鉴的美国“版权产业”发展特点，也要学习英国、新加坡“创意产业”的发展特点，兼容并蓄，以开放的心态、广阔的胸怀、务实的精神做好中国的“博物馆文化产品”。

Creativity and Derivation of Culture: Concept Distinction for Cultural Products in Chinese Museums

Wang Xudong[1] Zhao Peng[2]

(1. Art & Science Research Center, Tsinghua University; 2. Tai'an Museum)

Abstract: Since the policy of free visit to museums was launched around China, the R&D of cultural products in museums has drawn wide attention. Indeed, some large and medium museums have somehow achieved in this job, but it's generally at the primary stage and people are not really clear in the cognition of its concept, not yet reaching consensus. Grass-root staffs engaged in research and practice of cultural products in museums have come to as many as 23 expressions about its concept; in the codes and measures, rules and regulations, policy documents and minutes of meetings released by relevant departments and organizations, there're as many as 7 expressions about its concept. This fully shows that people have very different understandings about the essential property of the object and their knowledge of the connotation and extension of the concept tends to be vague; there're also no correct judgments as to its essential property and value composition. By analyzing and comparing different concepts, the paper believes the "cultural attribute" must be the most significant character of this object. Comparatively, "museum cultural product" corresponds to the essential property of the object and is able to cover the manifestations and contents of the object in a comprehensive way, consisting of the ideas of "museum cultural and creative products" and "museum (cultural and artistic) derivatives". "Creativity" and "derivation" are two most effective design thinking paths of museum cultural products; they are somehow different but closely related, and they even overlap. In the setting of China's specific national conditions, we must be aimed at building cultural confidence and fulfilling cultural revival of the Chinese nation to absorb strengths of all sources, so as to create better "museum cultural products" for China with an open mind, a far sight and a down-to-earth style.

Key words: museum, cultural product, cultural creativity, artistic derivative

心理学“图形—背景”视域下的提喻法在博物馆的辩证运用

张　睿

（南京师范大学文物与博馆学）

内容提要： 提喻作为一种修辞格手法在以展品还原人类文化面貌的博物馆中尤为常用，它包括两方面，即一对逆向思维：提个体喻整体、提整体喻个体，但以往的研究更强调前者的运用而忽略后者。两者区别于从“概念域”中选取“基体”的角度不同，致使观众认知切入的焦点相异，适用于不同展览：“基体”为个体的手法可用于文化人类学理念下的展览，将代表性的文物个案作为民族整体政治权利、文化认同的表征；而“基体”为整体的手法可用于阐释隐晦问题等“难以言说的历史”，或文物不足的展览之中。前者通过提喻以中立温和的方式处理争议性问题，后者将个案放于大背景下进行解读暗示，弥补实物的不足。本文引入格式塔心理学家的“图形—背景”理论，并通过丹麦心理学家 Rubin 提出的“人脸 / 花瓶”图来辩证分析提喻的两种思维在博物馆展品信息构建过程中的工作机制。

关键词： 提喻法　博物馆传播　“图形—背景”理论　展品解读

一、引　　言

展品是博物馆实现其知识生产、身份建构、文化认同的重要依托，而合适的陈列语言是最大限度实现此功能的手段，往往需要借鉴不同领域的多种手法。提喻（synecdoche）最初是修辞学上的一个概念，指在同一性质或种类的事物中，以包罗性广的（more comprehensive）词语代替包罗性更窄的（less comprehensive）词语，或者以包罗性更窄的代替包罗性更广的词语，目的是不用明确提起某种事物就可以使人明白其所指。[①]

在理论研究方面，隐喻、转喻、提喻和反讽四种手法原本是英语修辞学中的古老话题，古典修辞学起源于古希腊时期的“雄辩术”，亚里士多德是古典修辞学的集大成者，他在《修辞学》一书中为修辞学下了如下定义：“一种能在任何一个问题上找出可

① Cuddon • J. Dictionary of Literary Terms and Literary Theory. Penguin Books, 1992: 945.

能的说服方式的功能。”以其为代表的古希腊修辞学对之后的修辞学研究产生了深远的影响，直到 19 世纪左右，修辞学的研究范式仍无法摆脱其影响，之后又难有突破，经历了一段低谷。20 世纪修辞学的发展冲破了低糜期，诞生了“新修辞学”。“如果古典修辞学的理论是以言辞为重点,那么新修辞学可以说是以‘心理’为重点。”① 这一时期的修辞学研究富有活力，并善于与其他领域进行多边开放的结合与互鉴。著名的修辞学家 Kenneth Burke 将修辞学与社会学、历史学、政治学等学科相结合，认为“提喻的用法是再现性的”，并将其引入到博物馆展陈之中，使其契合修辞学的“心理”核心，成为博物馆学领域的一种新视角。

实践方面，在 19 世纪末的美国，“提喻法”是大多数自然历史博物馆依赖的根基，在以物品为中心的认识论指导下，每一件、每一组展品都能够反映历史的不同侧面。史蒂芬·康恩在其著作《博物馆与美国的智识生活》例举案例时多次提及这种手法，例如在 1904 年的路易斯安那州购地庆典博览会的菲律宾展，在这次“异文化”的展示中，威尔逊通过民族标本以及 1200 名活生生的展品——菲律宾人，清晰地向观众展示了菲律宾地区族群的民众、市场面貌等文化因素，成为美国进行扩张、控制“异族”的一个缩影式展览；亨利·默塞尔强调物品的重要意义，力求改良革新展览方式来讲述美国人的历史。他改变了以往类型学主导的展览范式，将不同类别的物品放在一起，常常通过某一件具体的器物或花纹样式等微观处讲述更宏伟的历史故事。他收集了数量众多的展品，并反对以文本为基础的博物馆展览计划，例如，他从民众的镰刀为题材切入宏大的独立战争，认为正是人民辛勤收割才使得战争得以继续。凡此种种，他的博物馆是其实践其物品观的重要场所，通过其展览我们可以窥探不同展品组合所构成的文化图景面貌。

然而提喻的两个视角切入的方向不同，其结果也是相异的，以小窥大或以大窥小即使是运用同样的素材也会产生不同的解读效果。要想使这个观点更加通俗的被解读出来，可以借助格式塔心理学家的“图形—背景”理论，这种理论的主要内容即认为知觉场始终被分为“图形”与“背景”两部分，两者是相对的。“图形”是看上去有完整结构且首先引起被知觉者注意的部分，“背景”则是细节模糊、未分化的部分②。然而“背景”和“图形”的划分并不是固定绝对的，丹麦心理学家 Rubin 的“人脸 / 花瓶”图（The face/Vase illusion）可以很好地解释“图形”和“背景”相互转换的观点③。在这幅图片中，如若将黑色色块作为“背景”，那么“图形”是一个酒杯；而如果将白色色块作为“背景”，那么图形是两个相对的人脸。两个色块同属于一张图片中，即为理论上的同一“概念域”，而当选取的视图焦点不同，即“基体”不同，在这样一个小小正方形中呈现出的图像，留给被感知者的认知印象就是完全不同的，这就是提喻法的两个不同透视角度（图一）。

---

① 王一如：《亚里士多德与佩雷尔曼修辞学比较——兼论修辞学在法律中的应用》，中国政法大学硕士学位论文，2013 年，9 页。

② 周岩：《图形与背景理论与介词用法、句法选择》，《淮北煤炭师范学院学报（哲学社会科学版）》2004 年 25 卷 1 期，115～117 页。

③ UNGERER · F, SCHMID · H. An Introduction to Cognitive Linguistics. Foreign Language Teaching andResearch Press, 2001: 157.

图一 “人脸 / 花瓶”图

当基体选用个体时，提喻法可应用于文化人类学理念下的展览，所选展品就成为了整体文化面貌的表征。而当基体选为整体时，提喻法适用于争议性、隐晦性的展览以及文物不足的展览中，前者通过中立温和的方式弱化争议，后者将个案放于大背景下暗示解读，弥补实物的不足。

博物馆对于展品价值的呈现主要依靠其阐释、展现手法，博物馆在从早期“珍宝馆”到现代公共展览机构的转型和变迁之中，“秩序”（order）扮演着至关重要的角色。① 提喻法则是实现展陈“秩序”的一个重要陈列语言形式，使展品在主线的引导下各居其所。需要注意的是，“基体”的维度无论如何选择，都应确保和“喻体”属于同一“概念域”，即包含关系，笔者认为只有一个“概念域”是界定提喻的先行标准，而非以往认为的暗示关系的存在，这是与“转喻”的两个并列“概念域”相区别的。在中文语境中有一个类似的概念，中国自古讲究“赋比兴”，因此我们常用“比喻”的手法。然而两者也是不同的，“转喻”是英语中的一种手法，而“比喻”的两本体的概念域可以相同也可以不同。因此，概念域的统一与否，才是“提喻”法的根本特征。引入博物馆展览，就要保证展品与其暗示的文化层位的对等。例如，在厦门大学的人类博物馆中，通过泰礁刀、排湾刀、雅美短剑等典型器物及其上面的花纹等文化表征来喻示整个台湾高山族的生活面貌，所用的器物和展现出的生活面貌同属于高山族文化范围内；而如若想要展现一个地区、民族的文化发展面貌或规律，却先从其他地区的民族相类似的发展特点和历程讲起，启发观众对展览对象面貌和规律的掌握，很明显这属于两个不同的概念域，后者即运用了“转喻”的手法。因此，提喻运用的前提是要保证展览文化的层位统一：“区分部分和整体的目的仅仅是为了将整体确认为一个全体，这个全体在性质上是与构成他的部分等同的。”下文将介绍两种不同的视角的应用范围及相关案例，以及提喻展示手法的艺术效果。

二、以小喻大的提喻视角

以小喻大的提喻视角目前应用较为广泛。19～20 世纪博物馆的三次革命逐渐改变了博物馆的功能和价值实现途径，博物馆不再是过去注重奇珍异宝之数量堆积的“仓库”，而成为了实现教育功能和传播文化的公共机构，展品数量的减少对其质量提出了更高的要求，展品不一定是精美、吸引眼球的，但一定是有代表性、具有典型表征的，曾经任日本国立民族学博物馆馆长的梅棹忠夫甚至抱怨“如今流传于民间的东西……仅仅是惊叹而已。如果再有些与日常生活相关联的‘不值钱的破东西’就好了。可实际全都是些相当高级的美术品和古董。”② 加之“讲故事”的叙述手法在博物馆展陈中的

① 安琪：《表述异文化：人类学博物馆的民族志类型研究》，《思想战线》2011 年 2 期，1～26 页。
② 索文清、张吉伟：《日本民族学博物馆的展示与研究对谈》，《中国博物馆》1987 年 3 期，72～76 页。

逐渐推广，展品也从独立的个体成为整体故事链下的有机组成部分，因此作为个体的展品意义不仅体现在其本身的科学、艺术、历史价值上，更体现在和作为整体的故事或主题之间愈发紧密的联系上。博物馆为展品提供的空间一方面能够作为文化集中传播的场域，将有某方面价值的物品从原生环境中有目的的集中于博物馆的空间语境下进行收藏、研究、展示，对这些物品来说，这个过程可以称为“博物馆化”，物品由此变成展品；另一方面也不可避免的对展品的数量提出了限制，同时也割裂了展品与原生环境的紧密关系，使得展品“去情景化”。“博物馆化”不仅仅是空间的转换，也包括手法的运用，有限的物和后期营造的展陈要最大限度地“再情景化”，否则，“博物馆化”的过程就是人类物质文化的坟墓。综上所述，博物馆种种性质和功能的变化演进对其工作的物质基础，即展品的选择提出了内涵上更高的要求。

值得一提的是，由于学科的性质，以小喻大的“提喻”手法在民族学博物馆、人类学博物馆常常是大篇幅的使用。人类学、民族学博物馆藏品的“象征视域”功能突出，“还原人类物质文化”的人类学研究目的对博物馆展示秩序与知识生产模式提出了特殊的要求，同时文化人类学的整体认知论也一定程度上缓解了“博物馆化”过程中的“去情景化”问题，避免了博物馆的碎片化展示。早期博物馆是人类学实践的收藏场所和重要研究场域，直到博厄斯《博物馆管理之原则》一文发表，才标志着人类学从博物馆的认识论中脱离出来。因此，人类学看待人与物之间关系的视角也长期的影响着博物馆的策展方式。默塞尔的博物馆收集大量的、不起眼也不精美的民族生活用品，这些用品和工具来自美国各地，绝非日本学界所认为的“相当高级的美术品和古董”。他们以小喻大，而非简单地按照考古类型学或时间顺序排列，展览“将文化变化中的人类学模式应用到了美国的历史变化过程之中”，这也是他所极力想展现的。

如上所述，早期人类学、民族学的方法论研究和实践与博物馆的收藏展示密切相关。早期民族志研究的重要途径，大多依赖博物馆的展品来还原族群生活面貌，虽然田野调查方法论的出现冲击了这一早期传统，但近年来这种方法被借鉴到博物馆展陈结构之中，引发了复兴的趋势，民族学甚至也提出了“博物馆田野调查”的研究方法。这两种博物馆与一般博物馆的展览手法不同，一般博物馆或通过时间顺序，或通过空间顺序，或按照一定的线性故事情节构建起展览的框架，人类学博物馆的展示秩序“可构建一个关于博物馆藏品的完整意义解释系统，并引领博物馆将其工作内容不仅局限于收藏与保护文物本身，而是延展到对于文化遗产的整个价值体系的保护与珍藏。[①]”相对于其他类型的博物馆，人类学与民族学文物也前所未有的强调身份认同的建构，甚至成为此类博物馆的目标之一，因此，如何以有限的文物使观众认识上升到文化面貌间接的层面？如何选择文物能够更加有说服力和代表性？如何通过物的表面特征解读出隐藏在物背后的人的行为及其在社会中的角色？就是此种提喻手法所要研究的和期望的目标。一句话来说，这种建立在资料范畴研究基础上的“复活”物质标本、使藏品解读上升到历史观的阐释、最终使其作为人类文明见证的文物意义，就是从数量有限的藏品中提喻宏观广阔的物质文化面貌的过程。

① 摘自2017年8月1日博物馆人类学会议上中国民族博物馆副馆长、研究员郑茜《作为方法论的民族文物》之摘要部分。

例如，在中南民族大学民族博物馆中，吴泽霖先生为展现不同民族的文化样收集了为数众多的民族标本、藏品。在展厅中既有极为珍贵濒临灭绝的物品，也有最为平常甚至不起眼的生活用品。无论如何，博物馆不会为了全面展现原生面貌而全部罗列藏品，藏品要成为陈列品必然要经过一定标准的选择而非多多益善。例如馆中“京族‘绣花彩’宗教服装、仫佬族对襟绣花服、黎族刻木记事等在民间几近失传，”这些珍品、孤品、失传技艺无疑使该博物馆成为相关文化“代表性”“典型性”的重要承载者，如若不是博物馆作为一种机构来保存这些物质，其所代表的整个民族的相关技艺、文化以及记忆将会灭绝。策展人想要通过珍贵的文物来展示这个民族不同于其他地区的风俗习惯，通过稀缺性来烘托其典型性，这是可行的；除此之外，土家族的洗脸盆架是生活中随处可见的用品，但是其雕刻纹饰不仅代表了土家族的审美以及自然宇宙观，体现其雕刻技术；更重要的是，“其构图中表达的古代巴楚之争的文化内涵，与湖北荆州地区出土的战国时期反映同样内容的木雕文物具有同等的价值”①。类似的展品还有很多，从这个层面来说，非稀缺的、具有普遍性的文物也具有代表性。如此，中南民族大学的民族博物馆通过以提喻为代表的博物馆修辞手法，很大程度地还原了物品因脱离原生环境而切断的文化脉络，较为完全的还原构建出各民族独具特色的生活面貌，在有限的空间内实现了高效的展览，成为民族文化遗产保护的践行者。

三、以大喻小的提喻视角

如人脸花瓶图所示，如果我们将面积较大的黑色色块作为“背景”，整个图像呈现出来的就是中间面积较小的酒杯图案。在知觉场内，将关注的焦点放在外围的、能够称之为“底色”的大面积图形上面，用以衬托中心的、突出的小面积部分，即以大窥小，它与以点带面的手法是相异的。后现代主义兴起的时代对博物馆传播的知识权威性提出了挑战，许多时候，博物馆对于难以界定的、材料不足的问题需要采取“擦边球”的方式，这并不是对观众的不负责任，而是采用一种启发性的方式引导观众形成自我的看法，使博物馆从“主导者”的身份定位中跳脱出来，而与观众进行平等交互、点睛之笔式的交流。在这个过程中，我们往往不自觉地用到了“以大喻小”的提喻手法。

例如，在许多县乡镇博物馆大纲撰写过程中，往往面临着早期（尤其是史前时代）文化面貌不清晰的现象，或者缺少直接的考古发现，或者缺少对此阶段的史料记载，因此难以对其早期文化类型作出界定，想要还原其生活面貌更是难上加难。例如笔者实习训练的“浙江宁海县博物馆”陈列大纲历史沿革部分，其史前考古发现零散，但有以往的研究提及钱塘江以南的文化序列为：“上山文化—跨湖桥文化—河姆渡文化”，较为保守的做法即先寻找其文化序列中最晚的河姆渡文化是否存在于这一地区。我们根据零星出土的器物与河姆渡文化典型石器进行比对，推测其可能属于河姆渡文化区域内；另一方面，宁海以北的象山、东北的奉化以及南部的台州地区都有发现河姆渡

① 刘卫国：《文化遗产保护视角下的民族文物研究——从中南民族大学民族学博物馆藏品说起》，《中国民族文博》第二辑，2007 年，11 页。

文化遗址，考古发现证明这一带许多地区都呈现出河姆渡文化的特征，夹在中间的宁海县很可能也受到了辐射影响。因此，虽然没有明确宁海这一地区具体的考古文化类型，从大背景的角度来看仍然可以推测这一地区稍晚于河姆渡第四层文化，在还原宁海先民史前生活面貌时，就可以采用争议较小的、具有普适性的河姆渡文化特征来展现，这就是“以大喻小”的典型案例。但在大纲语言撰写过程中，并没有使用“确凿性”的词语，而使用“可能”、“据推测”等词语来提高脚本的科学性。并且在展览效果预想中，这部分也没有占据很大的空间和篇幅，留待以后的考古发现来解决目前未解的问题。我们使用这种通过“外围文化”来旁敲侧击“核心问题”的方式之目的是使观众能够在自己思考的基础上对文化的大体面貌有宏观性的把握。

除了资料不明确的展览，对于争议性的问题，也可以使用这种提喻视角。这些争议性的问题通常没有普遍认可的定论，不同的人可能持有不同的看法，因此也往往容易成为话语知识、政治权力的偏颇宣传活动。人们需要一个场所、空间去了解、思考甚至反省这些问题，这也赋予了博物馆一个重要使命——博物馆需要通过正确的手法刺激新的思考方式，减轻社会舆论的质疑或压力，使观众能够通过这个平台透视世界文化的多元和复杂。提喻的手法能够对争议问题的能见度做可调控的处理，为观众提供一个自由的思考方式的同时尽量减少政治权利对博物馆文化的影响。通过这种方式他们能对某种具体的议题、人群或事物产生自己的看法，这个过程就如同一个漏斗一般，通过一个宏观模糊的层面聚焦热点问题，切中要害，然而不提供标准性的答案，因为在“从大到小”的视角中观众可能产生的认知是千差万别的，但是聚焦的对象却是同样的。例如位于美国旧金山的男同志、女同志、双性恋、跨性别史博物馆（Gay, Lesbian, Bisexual, Transgender History Museum）在展现多样的性别认同的过程中“刻意抹除性倾向标签与能见度高的典型人物事迹”[①]，通过描述这个群体的日常状态以及他们的生活故事来引导观众对其中的每一个个体聚焦思考和尊重，从群体的遭遇影射每一个 GLBT 个体的经历。例如其划分的几个展览模块，“激情斗争：旧金山不断变化的 GLBT 历史”（Passionate Struggle: Dynamics of San Francisco’s GLBT History）、“优先权：从二战到伊拉克战争的 GLBT 军事服役”（ OutRanks: GLBT Military Service From World War II to the Iraq War）、“血统：档案文件中的牵线”（Lineage: Matchmaking in the Archives）、“宗教同性恋理事会”（Council on Religion and the Homosexual）[②]，实质上是将男同志、女同志、双性恋、跨性别群体放置在“政治斗争”“军队化”“婚姻”“宗教”的背景下，划分成几个拥有特定语境的人群来进行展示。一方面，这些语境是与正常人的生活密切相关的，将 GLBT 群体融入到共通的社会文化领域之中，表现出他们与普通民众一样也在创造着历史，能够引发普通民众对于 GLBT 个体的感同身受与尊重理解；另一方面，这些能够引发观众共鸣的社会文化领域同样也是沉重或宽泛的，GLBT 如若作为个体与这些领域发生联接，往往使展览主题不具有说服力和震撼效果，

---

① 王思怡：《博物馆怎样讲述难以言说的历史・美国篇》，弘博网，http://www.hongbowang.net/hongboshuo/2017-05-08/6876.html，2017 年 5 月 8 日。

② Online exihibition：《GLBT Historical Society archives&museum》，http://www.glbthistory.org/museum/online-exhibitions/，2017 年 7 月 4 日。

毕竟个人在历史洪流中的力量是微小而容易被遗忘的，而通过群体的形式发生联接，则将其上升为一种“力量”，而非寡薄的个体，但却更能映射个体。同时，在社会生活中，这些边缘群体往往是被主流文化所排斥甚至被政治权利所打压的，因而展览中任何肯定性的描述都可能带有个人的政治话语倾向，而使用“提喻”手法来另辟蹊径、隐喻暗示，构建逻辑体系，能够很大程度地避免对这些人群的界定从而导致其更加边缘化，对于其他隐晦性问题亦然。

此外，这种手法经常在专题性的灾难纪念馆中使用，例如常见的受难者姓名或图片的展示，将个体放置于群体之中，弱化个人的突出位置，通过某一个角度，切入而引导观众向某一个方位思考，这个角度往往需要根据展览方的意图而设定。例如，南京大屠杀纪念馆的受难者姓名墙，观众在参观完之后并不会记住多少详细的名字，并且单独的名字也并没有震撼效果。策展人和形式设计者通过压抑的颜色、立体有棱角的锲刻文字和漫长的步行距离使观众感叹于受难者数量之多，用密集的文字和距离的感受等具象的概念间接地表现出 30 万数字的抽象概念，配合阴暗的颜色达到使观众铭记历史的目的（图二）。馆内结束部分的档案墙也有同样的效果：通过一面巨大的、排列整齐的档案墙带给观众视觉上的震撼，其中只有低层的档案中放有实物，大部分只为营造一种展览视觉效果而没有文字上的解说。高大的档案墙与二楼楼梯上的观众体型形成大小鲜明的对比，在形象上就表现出了 30 万的抽象数量。

而在美国 9·11 纪念馆，则通过明亮的底色、受难者生前照片和一些基本信息，营造出一面色彩斑斓、类似于马赛克效果的展示墙，策展人选择的这些照片往往是受难者生前微笑的照片，与整体明亮的色彩一起不会给观众造成一种抑郁的心理感受，但

图二　南京大屠杀纪念馆受难者姓名墙

生前的美好又与9·11受难者死后的沉寂形成了鲜明的对比，通过一面墙的视觉体验冲击，带给观众的更多的是触动和思考，以及对生命的惋惜和对未来的祈望。这种手法的运行机制与单独展示其中一个受难者的经历或讲述一个人的口述史的效果是完全不同的，它通过整体的模糊印象切入展览的主题，以特殊的视觉语言弱化了此类展览的冲击和尖锐，以最小的伤害和更有力的叙事方式引导观众沉思，体现展览主题（图三、图四）。

图三　美国9·11纪念馆 Memorial Exhibitions 受难者图片墙（视频截图）①

图四　美国9·11纪念馆 Memorial Exhibitions 受难者图片墙（网页截图）

四、提喻的艺术效果

在文学修辞领域，提喻相对直接陈述的语言来说，一方面着墨经济，使表达贴切生动，具有表现力，引起读者的情感反应；另一方面，“提喻具有认识论的价值，即能从表面的视觉提高到深刻的洞察。②”隐藏在焦点文字背后的文化意义更为宏观广阔，因此也使得焦点物象因承载了透视的功能而具有比其本身文化价值更大的意义。

在博物馆中，不管是以小喻大还是以大喻小都具有以上两个各方面的基本功能：

① 9/11 memorial&museum：《Memorial Exhibition》, https://www.911memorial.org/memorial-exhibition-0，2017年7月6日。

② F Boers, M Demecheleer. A Few Metaphorical Models in (Western) Economic Discourse. *Discourseand perspective in cognitive linguistics*. Benjamins, 1997: 115-129.

首先，借助正确的切入点和视角，即使是有限的展品，也能有力地展现出文化面貌或体现展览的主旨大意，有力地回应了博物馆第三次革命以来由于展品数量减少而对其功能实现方式提出的挑战；其次，呈现在观众面前的物品永远不是为展现而展现，它配合着文化背景和展览主题，需要独特的透视阐释机制，其深层次的意义往往是无法直观看到的，通过提喻的桥梁能够链接物品的直观印象和代表的文化表征意义。除此之外，相对于以文字展现的文学来说，博物馆场域最大的特点在于它的空间性、实物性，运用提喻能使展览文字成为这种方法论的一部分，将博物馆的展线、空间，展览的实物、氛围囊括于这种手法之中。在博物馆中，藏品是开展一切工作的物质基础，也是实现教育目的的重要载体，提喻的手法能够很好地帮助展品实现其功能，使展品“开口说话”。博物馆通过三维立体的实物形式来上升至抽象的概念价值层面，与通过二维的书面文字相异，提喻在这个过程中能够实现展品与观众的交互，通过隐藏一部分内容不直接命中主旨，激发观众的思考和质疑，实现展品与观众的交流与问答，避免灌输式和官方主导式的模式和有失偏颇的政治话语，而以启发性的人与物之关系替代。总结起来提喻的工作机制可以用下图来说明，当提个体喻整体时，透过狭义的代表性展品透视广义的文化含义，这是一种内涵辐射的过程，往往带有策展方的目的和引导，因此具有某种程度上的定向性。而当整体喻个体时，透过周边的广义展览物象聚焦隐晦性、残缺性的内容，将其烘托出来。因为这个过程往往是观众自由思考的过程，而一千个读者眼中有一千个哈姆雷特，因此答案往往是开放式的（图五）。

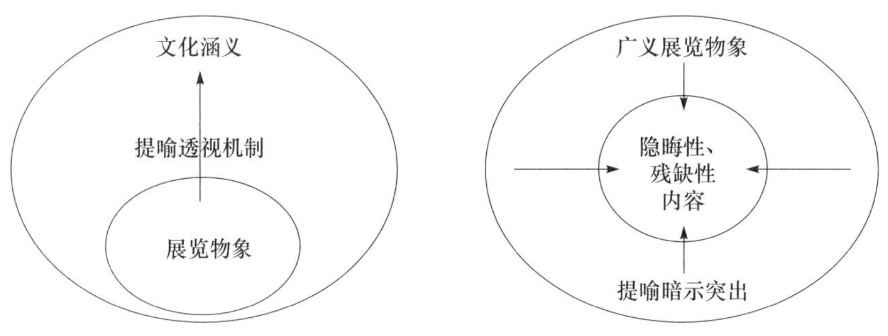

图五　提喻的两种工作机制

五、结　　语

White 认为：“（与换喻）相反，提喻则沿另一方向运动，它将所有显然是个别的现象整合为一个整体，这个整体的性质使我们相信，可以将个体理解为一个宏观总体的微观世界，而这恰恰是一切有机论解释系统的目标所在。”伴随着解构主义、叙事学、诗学逐渐被引入博物馆策展手法之中，提喻也亦然。对提喻的应用首先应建立在统一的概念域判定基础之上，对展览物象整体与部分要合理切入，通过以小喻大、以大喻小两种漏斗式的解读视角，挖掘或衬托展品视觉层面之后隐藏的内容。

以往被放置于修辞学讨论范围之内的提喻“使文字提供了思想可能采取的不同方向，以便将意义赋予那些还没有被常识、传统和科学充分认识的经验领域。”从早期作为人类学的研究视角与博物馆紧密结合，到20世纪20年代，博物馆中人类学、历史学的含义和展品不再依赖提喻式的解读，再到如今博物馆又开始作为田野调查的一个全新领域，提喻法提供了阐释的一种新模式，使展览语境、策展人、观众之间的交流更富有探索性。这种螺旋式的发展历程值得我们再次借鉴复兴这种古典的策展手法。但总体来说，目前该手法的运用还是偏向于以小喻大的方面，实则两者各有侧重点不同罢了，以大喻小的手法也有运用，只不过鲜有人将其归结于“提喻”的手法。对于这种手法，在不同的展览中区别对待使用，促使提喻修辞的工作机制能够最大限度地阐释展览的内涵意义，实现观众接受效率的最大化。

最后，提喻两种视角的应用并不仅限于笔者在文中提到的情景，望在之后的实践中，有更多的同行能注意到这种手法，并给予更为全面的补充！

Synecdoche's Dialectic Application in Museum from the Psychology Persective of “Figure-Ground” Theory

Zhang Rui
(Department of Cultural Relics and Museums, Nanjing Normal University)

Abstract: As a rhetoric device, Synecdoche is especially common used in the museums which aim at restoring human cultural.It contains two aspects, in another word, a pair of reverse mindsets:comparing the part to the whole and comparing the whole to the part. However, the previous studies emphasised more on the former but latter. The distinction lies in the angle of choosing“base”from the“conceptual domain”,causing the different focus of audiences’cognition.These two aspects can be used in different exhibitons:when the “base”is the part,It can be applied in the exhibiton that under the logic of cultural anthropology,in which it put the typical cultural relics as the characterization of ethnic’s political rights and cultural identity;The another can be used in interpreting obscure issues like some“unspeakable histories”,or the exhibitons which are lack of items. The former solves the contested issues by a neutral and mild way;The latter put the individual case into the huge background to hint the theme as well as to compensate the lack of items. In this paper, the“Face/Vase Illusion”,which was proposed by Rubin, a Danish Psychologist,for the Gestalt Psychologist’s “Figure-Ground”Theory,is introduced to analyse the working mechanism of synecdoche’s two mindsets in museum exhibits’ meaning construction.

Key words: synecdoche, museum cognition,“Figure-Ground”theory, exhibits interpreting

“禁止摄影”：由观众拍照观察中国博物馆的公共性

赵郁颖

（复旦大学文物与博物馆学系）

内容提要：一度被视为西洋“奇淫巧技”的摄影术与现代国家的产物——公共博物馆及其理念，大约于同时传入近代中国，在历史进程中交织并进，分别以二维图像与三维实物展陈的方式为中国观者塑造了现代主义的观看之道。观众拍照与博物馆禁止拍照之争由来已久，其中牵涉文物保护、商业版权、博物馆教育、政治象征与心理需求等多项因素。本文聚焦这一矛盾在中国发展与演进的脉络，以文化研究兼及史料梳理的方法，试窥视我国博物馆公共性的发展状况。围绕观众摄影的争论，已伴随着势不可挡的摄影大众化渐入尾声，而留给博物馆的课题才刚刚开始。藏品信息的数字化是解决问题的第一步，而非一劳永逸的答案，博物馆界需要寻求更有深度的展览与教育方式，以改善大多数观众仅满足甚至沉迷于对表层图像进行视觉消费的行为。

关键词：摄影　中国博物馆　公共性　共同体

一、引　　言

2016年，一国有博物馆管理者在一档央视节目中公开表示，“在博物馆拍照很傻，不如去官网下载”。此番言论在社交网络引发轩然大波，话题一度登上微博热搜。虽然这一言论有媒体断章取义、故意炒作之嫌，但由此引发的争议不失为一次广泛有益的公共讨论，而观众在博物馆内拍照的热情由此也可见一斑。第二次世界大战后，便携式相机开启了大众摄影与图像爆炸的新时代，这一趋势随着21世纪数码相机与智能手机的普及而愈演愈烈。苏珊·桑塔格（Susan Songtag）曾写到，“大多数游客都感到有必要把相机搁在他们与他们遇到的任何瞩目的东西之间”[①]，博物馆与美术馆作为旅游与文化消费的重地，自然也不能免俗。以至于近日有评论者戏言，“现在的美术馆都是用来拍照的，真正关心文化生产的都去蹦迪了”[②]。观众摄影已经成为一种文化现象，但学

---

① 〔美〕苏珊·桑塔格著，黄灿然译：《论摄影》，上海译文出版社，2012年，8页。

② Ambxin：《氛围之夜AMBIENT NIGHT》，Basement 6公众号推送。http://mp.weixin.qq.com/s/NsyEVGEYyCCIDC9RTs5i4g，2017年8月24日。

界普遍视其为实际工作层面的问题，往往在专业著作中一笔带过。反观博物馆、美术馆之外的其他公共领域，是否禁止在参观时摄影一直是观众群体十分关心的话题，相关讨论更是自20世纪初便时常见诸各国报端。时至今日，若不是出于文物与版权保护的合理原因，即使最为保守的博物馆管理者，也不会冒着被观众"群起而攻之"的风险贸然禁止拍照，因此大可以说有关观众拍照的争论已经渐入尾声。在VR技术再一次颠覆观看的方式之前，我们正处于一个适宜的节点去回顾这一现象背后的多样动因。

回顾此前的相关学术研究，利用观众研究的方法，进而讨论拍照行为的较多，观众与观众、观众与博物馆之间的矛盾不是观察的重点。如德布拉·雷顿（Debra Leighton）在《相框：对使用手机在博物馆内拍照行为的调查》一文中表示，智能手机的普及是博物馆开展教育的新机遇，博物馆可以充分利用手机拍照这一生活习惯拉近与观众的距离①。类似的，《博物馆观众拍照现象探析》一文中，朱丹丹以80人的样本统计观众拍照的行为与动机，提出拍照作为当代观众建构个人记忆与自我认同的某种仪式，已成为大势所趋。博物馆禁止拍照只会引发不满，唯有引导观众遵守秩序地拍照才可达成多方关系的平衡②。与正面观点相对，也有学者对于观众沉迷拍照提出批判，例如时任保罗·盖蒂博物馆荣誉馆长的约翰·华尔士（John Walsh）就在《画作、眼泪、光线和座椅》一文中，以诗性的语言着力描写了沉浸与专注在欣赏艺术中的重要性③。此文被收入《谁的缪斯：美术馆与公信力》一书，多位西方著名博物馆的馆长均在该书中表达了对美术馆公信力逐渐丧失的焦虑，并试图通过禁止拍照等政策抵制流行文化对传统美术馆的渗透。埃里克·吉布森（Eric Gibson）也在一本文化评论杂志上发表了《过度曝光的博物馆》，表达与之类似的担忧④。基于法国文化部所组织的专题讨论，马里昂·罗塞特（Marion Rousset）在2013年发表《博物馆拍照应该合法化吗？》一文，客观收集了知识产权与文物保护等领域专家的意见，预测到博物馆拍照的合法化将不可避免⑤。以上列举的研究分别聚焦于"观众是否可以在馆内拍照"这一问题的两面，一面是不停举起相机的观众，一面是努力维持传统参观秩序（这种秩序不仅仅是不破坏展品，还包括欣赏与学习的方式）的博物馆，因此两方研究稍显断裂，未能形成互文。观众与博物馆为何就摄影问题产生紧张的对立？我国博物馆的拍照规定历经过哪些变化？通过观察由摄影引发的争议能看到博物馆公共性的哪些侧面？今日被消费与流行文化裹挟的博物馆还有何可为之事？本文尝试回应这些问题。

二、中国博物馆摄影规定的历时性考察

1839年，法国政府购得达盖尔银版摄影术的专利，同年宣布摄影技术诞生，此后

① Leighton Debra. In the frame: investigating the use of mobile phone photography in museums. *International Journal of Nonprofit and Voluntary Sector Marketing*. Dec., 2007: 308-319.

② 朱丹丹：《博物馆观众拍照现象探析》，《中国文物报》2014年4月16日第6版。

③ 〔美〕约翰·华尔士著，张婷等译：《画作、眼泪、光线和座椅》，《谁的缪斯：美术馆与公信力》，中国青年出版社，2013年，69～94页。

④ Gibson Eric. The overexposed museum. *New Criterion*, 2013, 32(4): 19-21.

⑤ Rousset Marion. Faut-il Légaliser La Photo Dans Les Musées?. *Beaux Arts Magazine*, Jan 2013, 343: 94-95.

珂罗版（Collotype）等便捷廉价的照相复制技术相继发明，并很快应用于艺术出版与印刷。五年后，法国海关总检察官于勒 • 埃及尔（Jules Itier）来华，不仅为清廷官员拍摄肖像，还留下了澳门与广州等开放口岸的风景写真，一般认为这些是关于中国最早的照片，也是摄影进入中国的开端。摄影在晚清民国时期的发展始终较为缓慢，除了耗材昂贵、民智未开等原因外，外国人在中国境内拍照一直受到当局的严格限制。民国成立以后，《申报》发布过数次“禁止外人在内地摄影”与“限制摄影决定办法”等通知①。在艺术界拒绝承认业余摄影所具有的诗性，同时新闻摄影还处在草创阶段时，名胜古迹与艺术作品复制成为早期摄影实践的大宗题材之一。相关图版被大量制成明信片、画册与图录，一方面成为存留着异国风情的私人纪念品行销海内外，另一方面也部分降低了学习的成本，为艺术与科学的普及助力。如河北第一博物院曾编辑出版《河北第一博物院半月刊》，刊发不少文物与古迹的照片；另有学者考察 19 世纪二三十年代面向广大有闲阶级的《良友画报》之选材，其中也有许多通过摄影技术翻印的世界美术杰作与奇人奇观；但单纯以教育为目的的摄影只是一个面向，《图画》周刊最早的发刊词就表示，发行此周刊的目的是要“开拓少见多怪者之眼界”②。这似乎早早印证了罗兰 • 巴特（Roland Barthes）所说的，“奇特这一要素得以使我觉得摄影有存在的价值。反过来，没有奇特性，也就没有照片”③。

摄影追寻奇特事物的天然属性，与西方早期博物馆对他文化的收藏与展示理念不谋而合。但正如后者不断被诟病的殖民主义逻辑，以远东地区为写真对象的摄影也有同样的问题。1930 年《公安旬刊》刊发《故宫博物院禁止摄影》一文，时任院长易培基在所呈文书中写到：

> 为呈请事，籍查故宫所藏金石字画各种物品，与历史文化均有重要之关系，现在以次摄照，广为流传。惟此项物品，出自历代秘藏，与普通照张不同，诚恐中西摄影家辗转复制，渐失其真，反与历史固有之文化有碍。兹为保存古物真相起见，特请令饬内政部准予立案，凡盖有本院图章之各种照片，一律禁止翻制，以重公物，是为公便，谨呈行政院院长谨。④

以精确复制见长的摄影技术，如何会在“辗转”中“渐失其真”，损害古物“真相”？今日来看以此作为禁止摄影的理由，自然是站不住脚的。然晚清以降，民族主义席卷中国，尤以知识分子对中国外在的形象特别敏感。加之当时报刊的印刷质量低下，发行的摄影作品往往色彩失真，尺寸大小有限，给观者的印象与客观现实总有距离⑤，因而易培基的担忧在其时不无道理。只是禁止对古物的摄影复制，对于抗争西方强加于东方的观看机制实在收效甚微。

---

① 《禁止外人在内地摄影》，《申报》1930 年 8 月 16 日第 14 版。

② 许绮玲：《鲁迅写摄影》，《画中有话：近代中国的视觉表述与文化构图》，“中央研究院”近代史研究所，2003 年，403 页。

③ 〔法〕罗兰 • 巴特著，赵克非译：《明室：摄影纵横谈》，文化艺术出版社，2003 年，29 页。

④ 易培基：《故宫博物院禁止摄影》，《公安旬刊》1930 年 28 期，10 页。

⑤ 许绮玲：《鲁迅写摄影》，《画中有话：近代中国的视觉表述与文化构图》，“中央研究院”近代史研究所，2003 年，402 页。

上文中，易培基特别声明“凡盖有本院图章之各种照片，一律禁止翻制”，这一规定虽不以版权为主要考量，但实际上是起到了保护版权的作用，与今日藏品数字化工作中为照片加水印的做法如出一辙。作为知识生产机构，博物馆在展示、收藏、研究与公共教育（其时主要是出版书刊）等各项主要工作中，都需考虑版权（著作权）的归属与保护问题。早在1933年，《申报》刊发一则私人所藏古今书画展览的广告，其中明确表示“场内禁止摄影”[①]。1937年，上海举办以私人藏品为主的文献展览会，也特别注明“陈列室内禁止摄影速写吸烟吐痰哗笑驰突”[②]。可见虽然民国时期还未出现针对照相版权的详细法规，但在艺术品展示实践中也已引起相当的注意。然而，以故宫为代表的公共博物馆，其藏品具有公共属性，机构本身又承担公共教育之责，与私人藏家、出版社的性质有所不同，其保护商业版权的行为不免受到质疑。1946年，施翀鹏在《申报》发表《艺术品的复制问题》一文，公开批评故宫博物院禁止摄影：

> 最近大公报载，北平故宫博物院古画一百幅，在成都举行展览，特别郑重地宣告：“展览期中禁止拍照与临摹”。这是什么理由？国家收藏的古画，为什么不准国人的“拍照与临摹”？拍照与临摹，无非是阐扬国粹与研究艺术；欧美的美术馆，都是公开展览任人临摹的，为什么我们故宫博物院对此摄影和临摹，悬为禁例？试问这数百年以至千余年的古画，倘不公开任人临摹，从事复制，那末，再数百年以至千余年以后，故宫博物院用什么科学方法永久保藏下去？担保它不致自然毁灭？[③]

此文是近代中国博物馆观众少数几次公开对禁止摄影表达不满之一，触及多方对于博物馆版权的恒久争论，下文将对该问题展开更详细的讨论。

1949年后的较长一段时间内，我国博物馆观众群体的绝对数量稳步扩大，但相机的普及率依旧很低，观众与博物馆在公共领域的发声也双双转入低潮。1975年，国家文物局与外交部发布《国家文物局、外交部关于外国人在文物保护单位和博物馆照相问题的通知》（以下简称《通知》），《通知》表示许多外国人在参观国内的文物保护单位时，系统地拍摄了大量照片，这样使一些“在国内因印刷条件”还未发表的重要文物资料，在国外却抢先出版，对出版工作非常不利。因此通知要求各文保单位与博物馆在参观前通知观众，石窟寺、古建筑等不能系统地照相（可以规定只许拍摄数张），还未发表过的“壁画、雕塑、博物馆陈列室内文物展品和馆藏文物，按国际上一般惯例也不能照相”[④]。事实上除特别针对外国人外，许多石窟寺与古建筑时至今日也未向国内普通公众开放拍照。改革开放后，国家文物局再次针对外国人摄影问题下发新的通知，名为《国家文物局对〈关于外国人在中国摄影问题的规定〉第二项具体说明》（以下简称《具体说明》）：

---

① 《古今书画禁止摄影》，《申报》1933年11月4日第4版。

② 《上海文献展览会昨召开发起人会议通过章程及征品办法等七月二日在博物馆开幕》，《申报》1937年5月11日第11版。

③ 施翀鹏：《艺术品的复制问题》，《申报》1946年12月3日第11版。

④ 国家文物局：《国家文物局、外交部关于外国人在文物保护单位和博物馆照相问题的通知（1975年）》，http://www.law-lib.com/lawhtm/1949-1979/43741.htm，2015年4月29日检索。

经请示中央宣传部同意，我局根据中共中央、国务院一九七九年二月十九日（中发〔1979〕15 号）印发的《关于外国人在中国摄影问题的规定》，对其中第二项具体说明如下：

一、文物保护单位和博物馆展品，已发表过照片的，可以允许拍照。为保护我出版权益，未发表过的，不准外国人拍照。凡不准拍照的文物，应在文物前标志“请勿照相”的中外文说明。

二、拍摄壁画、字画、纺织品等，不准使用强光灯（如碘钨灯），以免损伤文物。

三、非开放地区的文物保护单位，需经国家文物局征求有关单位意见，报请中央宣传部批准，方可允许外国人照相。

以上意见，请各地参照执行。①

这份《具体说明》的内容已有现今通用的拍照规定之原型。第一条保护版权，第二条保护文物不受损害，如今国内各大博物馆禁止使用三脚架、闪光灯与自拍杆正是出于这两方面的考虑。当时两份文件的执行情况，可由 1980 年《泰晤士报》刊发的一篇中国游记得到证明。作者在文中写到，中国大多数博物馆与古迹均禁止拍照，游览之处，唯有郑州市博物馆允许外国游客摄影②。

2001 年，国家文物局发布条款详细的《文物拍摄管理暂行办法》（该《办法》已申明于 2016 年起废止，但暂未有相关替代文件发布），《办法》主要针对产出高质量图像的专业摄影，包括学者研究所需摄影、电视节目与纪录片摄制、高清画册摄制等，此类摄影需报文物管理部门审批，向博物馆及文保单位支付一定的合理费用，并签订文物保护责任书。其中第十六条规定：

对公众开放的各级文物保护单位和博物馆公开展出的文物，除因文物保护的特殊需要而另有专门规定及说明者外，参观者可以拍照留念。但参观者不得以收集资料为目的对文物进行系统拍摄，如有需要，应参照本办法执行。③

《办法》的发行可看作是博物馆及其上级文物管理部门对于新时代形势的适应，强调摄影涉及的知识产权与文物保护问题，同时也注意到参观者携便携式相机合影留念的普遍需求。据非权威数据统计，2003 年国内数码相机保有量为 110 万台，2004 年底为 380 万台，2006 年这一数字为 700 万台④。虽然数据存疑，但进入新世纪后，数码相机增速极快是不争的事实。

2006 年，《中国文物报》发表文章《在展览上要接近群众，在服务上要贴近群众》，

① 国家文物局：《国家文物局对〈关于外国人在中国摄影问题的规定〉第二项具体说明（1979 年）》，http://www.law-lib.com/lawhtm/1949-1979/43741.htm，2015 年 4 月 29 日检索。

② Half a million years of Chinese history. *The Times*, 01 March 1980.

③ 国家文物局：《文物拍摄管理暂行办法（2006 年）》，http://www.haww.gov.cn/zwdt/2006-11/15/content_108298.htm，2017 年 8 月 21 日检索。

④《博物馆“禁止拍照”，不合理！！？》，http://www.china.com.cn/chinese/CU-c/1264345.htm（中国网），2006 年 7 月 4 日，2017 年 8 月 21 日检索。

批评我国博物馆不分情况，一概“禁止拍照”的规定不合理，“保护知识产权与文物安全”只是借口，实际上是国内博物馆缺乏对观众的服务意识[①]。《中国青年报》当年也发表社评《博物馆“禁止拍照”，不合理！！？》，文章还提到即使有“禁止拍照”的标识，大部分观众也会在自己认为无伤大雅的情况下，偷偷拍几张作为留念。自2006年起，观众拍照在我国博物馆中逐渐解禁，并逐渐形成“除馆方特别声明外，观众可以在参观时拍照，但禁止使用三脚架与闪光灯”的惯例。

经上文梳理，不难看出促使博物馆限定摄影的因素主要有维护版权、参观秩序与文物安全三项考虑。在保护文物安全，减少日常与意外损害一项上，观众与博物馆早已达成共识，甚至可以说，否认这一理念的博物馆参观者不可以称其为“博物馆观众”。但在版权与观看秩序的问题上，观众持续冲击着博物馆的现有规则。下文将就这两个方向展开讨论。

三、版权与博物馆的公共职能

观察公共博物馆在历史上出台过的大部分摄影规则，保护知识产权——或缩小其范围，版权——几乎无一例外是馆方首要的着眼点。举例来说，2015年以前，英国国家美术馆禁止观众在其馆内摄影，在废除该禁令时，馆方特别在公告中写到，“国家美术馆允许非商业目的的个人摄影行为，而保护博物馆的版权不受侵犯也是拍摄者的责任。[②]”故宫博物院也在馆方网站中声明，“在我院与其他博物馆合作举办的展览以及特色商品店，因有版权协议，不允许观众拍照展品，请注意警示标志并服从展厅工作人员的管理。[③]”

由于现代博物馆将自身定位为公共教育机构，知识生产与传布便自然成为其核心工作之一。以精确与低成本复制取胜的摄影技术，其介入博物馆日常实践的重要性不言而喻。而公共博物馆在版权的保护下，利用馆藏资源获取一定的经济利益也是历史悠久的做法。瓦尔特·本雅明（Walter Benjamin）曾在《绘画与摄影》一文中记载，19世纪下半叶，法国政府曾将复制卢浮宫艺术收藏的独占权利转让给了专业摄影师迪斯德里（André - Adolphe - Eugène Disdèri）[④]。1906年，大英博物馆也执行新规，规定在博物馆内摄影者，需为一张底片支付两先令的费用；或对携带摄影器材参观的观众，按照每小时一先令的标准收费。伦敦当地的出版商为此致信《泰晤士报》表示抗议，信中声称“出版商作为与此事关系最大的群体，有权对这项因使用公共财产而要缴纳的费用提出申诉”[⑤]，这与施翀鹏在《艺术品的复制问题》一文中对故宫博物院的诘问如出一辙：施翀鹏在其公开出版的著作中使用了几幅观展时拍摄的照片作为插图，故

① 崔波：《在展览上要接近群众，在服务上要贴近群众》，《中国文物报》2006年2月24日第6版。

② Visitor-photography, http://www.nationalgallery.org.uk/visiting/visitor-photography（英国国家美术馆），2015年5月28日检索。

③ 《游览需知》，http://www.dpm.org.cn/Visit.html#block6（故宫博物院），2017年8月21日检索。

④ 〔德〕瓦尔特·本雅明著，许绮玲，林志明译：《迎向灵光消逝的年代——本雅明论艺术》，广西师范大学出版社，2008年，122、137页。

⑤ Bell Edward. Photography at the British Museum. *The Times*, 29 May 1906.

宫博物院原本要诉诸法律，起诉其侵犯版权，最后由熟人调节才作罢。在施翀鹏看来，这些古书画没收自皇室收藏，应属于公共资源，版权一说并没有道理。

近代诞生的版权法带有与生俱来的悖论，一方面它并不是为了提供一种特殊的私人利益而存在的，它强调个体的知识生产与艺术创作对公共领域的形成具有重要意义。版权为知识生产与艺术创作者提供继续创作和传播的经济激励，并在此基础上形成一个自由市场，使得他们获得独立于政府的经济保障。经济独立不仅能够保护原创者，也能够实现公共领域对政府或其他形式权力的监督。但另一方面，版权法产生的诸多限制无疑不利于知识在更大范围中的传播与持续创新[①]。

博物馆需要考虑的不仅是版权自身的矛盾，例如博物馆作为以保存人类文明与遗存为使命的公共机构，利用人类共同的文明成果营利（即便不以营利为目的）是否妥当？近年来，版权在英美法系中的扩张，使得收藏古代遗存与艺术品的博物馆常常面对这种质疑。有时，博物馆等公共机构垄断这部分公共财产（或公共物品）的知识产权不仅是商业问题，更有民族主义与地方保护主义的焦虑夹杂其中，这在各国近现代学术发展史中屡见不鲜。例如 1911 年，《申报》所载一则新闻称，考古学家在庞贝古城近郊新发现一座保存完好的古代别墅，但由于联合发掘的相关事宜未定，意大利政府“故暂禁开掘并禁人民将墅内之物摄影”[②]。照片的公开与流传包含丰富的信息，与此相伴的风险则在民族主义思潮下被放大，民族国家不仅顾虑外邦学者率先展开学术研究，将占领智识高地，更担心相关信息在媒体上的大肆传播将引来非法盗掘与文物流失。这与我国博物馆在 19 世纪很长一段时间内特别“警惕”国外游客与外地学者的心理是相似的。当版权事实上变成为民族主义与地方保护主义正名的工具，情况往往变得更加复杂。尤其是当民族主义风向长期占据优势时，对版权的过度保护将从根本上损害当代博物馆应当葆有的公共性，这一问题不仅值得在博物馆实践工作中注意，也应得到更多的理论关注。

虽然有关版权的许多讨论依旧悬而未决，但对于观众来说近来博物馆数字化的努力无疑是一种可喜的趋势。互联网与信息技术的飞速进展正在颠覆知识传播在印刷时代的种种限制。普通观众无需再购买昂贵的展览图录或刻录 CD，只需动动鼠标就能够轻松浏览古代遗存与大师杰作。荷兰国家博物馆（Rijksmuseum）甚至更为激进，在互联网公开了几乎所有藏品的高清图片，并且不限制它们被用于商业营利。目前为止，我国博物馆在知识与信息公开化方面与西方还有一定距离，但鉴于公开藏品信息对于公共教育普及、促成知识再生产、启发当代艺术创作与吸引更多观众的重要意义，可以预见这将是我国博物馆未来的重点工作之一。新技术是否会为解答传统版权悖论提供新的思路，我们拭目以待。

四、观看秩序与博物馆观众共同体（community）

如前所述，近年来除了部分古建筑与石窟，我国大部分公共博物馆与美术馆的拍

---

① 尤杰：《在私有与共享之间：对版权与表达权之争的哲学反思》，上海交通大学出版社，2014 年，26、27 页。
② 《地中古别墅发现》，《申报》1911 年 9 月 7 日第 34 版。

照政策已经较为成熟与稳定。有趣的是，观众对此事的评论却是在近几年内才呈现井喷式的增长。不妨观察最近几次拍照问题引起大范围讨论的起因：

2010 年，奥赛美术馆馆长公开发表言论，称在美术馆内拍照“简直是野蛮行为！”引发诸多观众在其官方网站留言抗议，有观众不无讽刺地建议博物馆以后在每个作品前面都放一个箱子，观众要投一法郎才能在这幅作品前观看几分钟；还有人质疑博物馆禁止拍照只不过是想增加官方明信片和图录的销量。

2011 年，发表于《人民日报（海外版）》的《国家博物馆缺点“人性化”》一文称，中国国家博物馆展厅中少有“禁止摄影”的标识，展厅里却满是工作人员上前制止观众拍照的声音，造成了极差的参观体验。

2014 年，中国国家博物馆举办《丝绸之路》特展开幕，展览现场记者多次使用闪光灯拍照引发网友不满。同年，自拍杆风靡全球，引发观众在参观博物馆时是否可以携带自拍杆的疑问，南京博物院向媒体表示，出于保护文物及其他观众的考虑，禁止在馆内使用自拍杆。

2015 年，法国文化部部长佩勒兰（Fleur Pellerin）在社交网络上发布了两张于奥赛博物馆内拍摄的艺术品照片，引发网友大面积抗议美术馆制定双重标准，奥赛美术馆紧急决定修改其拍照规定，改为允许普通观众观展时的私人摄影行为。

2013～2015 年间，位于阿姆斯特丹的梵高博物馆两次修改其拍照规定。第一次是由于许多观众反映博物馆禁止摄影的做法过于精英化，不够亲民；第二次则是由于开放拍照后，更多的观众反映在展厅内拍照的观众严重影响了其他希望安静欣赏杰作的观众，因此馆方再次禁止在参观时拍照。

2015 年，美国大都会博物馆举办《中国：镜花水月》特展，诸多名流在中国元代壁画前开闪光灯留影，引发国内舆论谴责。亚洲部主任向媒体解释大都会博物馆在日常展览中为保护壁画所做的努力，希望平息争议，然而收效甚微。

2016 年，中国国家博物馆副馆长陈履生在央视《开讲啦》节目中表示“在博物馆拍照很傻，不如去官网下载”，引发社交网络大规模讨论。有网友对此表示支持，认为大多数观众在博物馆拍照的同时并没有欣赏艺术和学习知识；也有网友反驳称此言论过于精英化，而且国家博物馆网站并未提供可下载的文物高清图片。同年，敦煌研究院举办“丝路敦煌”摄影活动，邀请专业摄影师携带专业器材进入莫高窟进行摄影创作活动，同时一篇名为《敦煌莫高窟中，闪光灯闪不停》的文章在网络流传，再次引发争议。院方回应，根据最新科学研究成果，闪光灯对壁画的伤害可以忽略不计。该事件引发网友质疑院方特殊对待专家与摄影师，并缺少科学证据可佐证闪光灯对壁画的影响。

由此可见，观众在拍照这一问题上，对于“双重标准”“区别对待”与“精英”等语词较为敏感。即使摄影师在敦煌石窟中使用闪光灯的问题是以文物保护为出发点展开讨论的，最后话题也逐渐向“不平等对待”的方向转化。

出现上述关涉到不同群体的争议，表明不同的共同体（community，或德文称 gemeinschaft）正在公共领域中形成，其中有观众的共同体、博物馆的共同体、媒体的共同体、专业摄影师的共同体以及摄影爱好者的共同体等等。共同体这一概念最早由德国社会学家斐迪南·滕尼斯（Ferdinand Tönnies）提出，其词义与所指在不断丰富的同时，也趋向模糊。本文使用这一语词时采纳后现代视角下的“共同体 ”概念，弱化其在地性，而是“以各种原因、方式，在不同时空与条件下相互联结在一起的一群人”为其定义①。近年来，博物馆观众共同体以自身独有的方式冲击着传统参观秩序。例如在摄影问题上，持不同观点的观众可通过抗议等方式，一定程度上左右馆方对拍照规则的决定；大量喜爱在馆内摄影的观众的出现，直接促成了各大博物馆在社交网络上举办各类“最美自拍”活动，以扩展年轻观众；沉迷拍照的观众又迫使策展人放弃以枯燥的编年史式说教来策划展览的理念，转而以“能否让观众放下手机”为目标重新安排展品、动线与空间。因此，虽然有关摄影的争议暴露出业界不少问题，但从积极的方面观察，首先我国博物馆观众近年来能够以共同体的形态集结，通过媒体与社交网络发出自己的声音；其次博物馆机构也逐渐为观众“赋权（empower)”，使观众在一定程度上有权干预观看秩序，这正是我国博物馆公共性近来大幅提升的表现。

五、反思与总结

通过考察版权与参观秩序两个方面，不难看出，近年来我国博物馆的公共性还有稳步上升的空间。阿伦特（Hannah Arendt）认为，“公共性”指出现于公共场合的东西都能够为每个人所看见和听见②。对于“公共性”概念的阐释与批判一直在进行，但这一概念始终与“公众”“大众”挂钩，因而似乎无法摆脱哈贝马斯（Jürgen Habermas）“大众文化将最终消解公共领域”的悲观预言。在他看来，大众文化总是试图迎合教育水平较低的消费集体的娱乐和消闲需求，以增加销售，而不是将广大观众导向一种实质未受损的文化，近年来西方博物馆的商业化似乎正印证了这种忧虑③。依照普遍的意见，我国博物馆在开放与公共服务上需要量与质的提升，因此暂时没有反思公共性的必要。但正如于连（François Jullien）提醒我们的那样，要时刻警惕机械复制与商业消费对于真正的知识生产悄无声息的代换④——作为知识生产与公共教育的重要机构，这一问题在今日拍照泛滥的博物馆中显得特别突出。观众拍照是一种私人行为，镜头背后有着无数种动机，若要从桑塔格的“拍照与占有”，或弗洛伊德的“自恋”，又或者阿伦特“展示与虚荣”的概念切入批判，未免有过于精英化之嫌。虽然如此，

① Ted K. Bradshaw. The Post-Place Community: Contributions to the Debate about the Definition of Community *Journal of the Community Development Society*, 2008, 39(1): 10.

② 〔美〕汉娜·阿伦特著，刘锋等译：《公共领域和私人领域》，《文化与公共性》，生活·读书·新知三联书店，1998 年，87 页。

③ 〔德〕尤尔根·哈贝马斯著，曹卫东等译：《公共领域的结构转型》，学林出版社，1999 年，191 页。

④ 〔法〕朱利安著，吴泓缈、赵鸣译：《论普世》，北京大学出版社，2016 年，13～27 页。

博物馆却不能不重视这种参观习惯（或称其为生活习惯）为知识传播、信息接收与美学欣赏所带来的负面影响——观众越来越满足于表层视觉消费带来的快感，却忽略了严肃智识与美学欣赏。博物馆作为公共机构，在道德上有责任引导公共教育的健康发展，促成优质的公共意见在共同体内部及相互碰撞中不断形成。若出于经济与政绩原因，对大众文化不加选择地接受，必然导致馆方公信力的丧失，实际上依然损害了其公共性。

围绕观众摄影的争论，已伴随着势不可挡的摄影大众化渐入尾声，而留给博物馆的课题才刚刚开始。藏品信息的数字化不过是解决问题的第一步，而非一劳永逸的答案，目前博物馆更需要寻求具有深度与创意的展览教育方式，以改善观众沉迷拍照的现状。例如，荷兰国家博物馆近几年持续开展“You See More When You Draw”活动，免费向观众发放素描本与铅笔，鼓励观众暂时放下相机，拿起画笔，在艺术作品前多作停留①。此外，当代艺术领域的某些实践或可为我们提供一点借鉴。近年来，许多艺术家与策展人尝试反抗观者不断拍照的习惯，以法国哲学家梅洛·庞蒂（Maurice Merleau-Ponty）的知觉现象学学说为依，减弱展览中的视觉成分，引导观众发掘嗅觉、味觉、听觉与触觉，调动身体的各项机能去欣赏与理解艺术。虽然考古与历史类的展览，与当代艺术之间的鸿沟有时难以逾越，教育理论也不尽相同，但这不失为可以深入挖掘的思路。

展示科技日新月异地发展，不啻为一把悬在业界头上的达摩克利斯之剑。例如根据传统的“公共性”概念，则博物馆公共性的一个重要方面，即在于其本身是一个开放的社交场域。而今日 VR 设施已经进入西方博物馆及我国许多商业展览之中，“一人一盒”的观展方式是否会减少博物馆参观过程中的社交行为，并因此削弱博物馆的公共性？亦或这种新技术将颠覆“公共性”的传统定义？笔者能力所限，暂且不作深入探讨。不论技术如何演变，都希望我们能够如《爱丽丝梦游仙境》中所写的那样，对世界与未来“越来越好奇”②。

致谢：本文的写作特别感谢四川大学代丽鹃老师的悉心指导，刘耀春老师、周静老师与董华锋老师亦为笔者提出了宝贵的建议；此外还要感谢上海公共艺术协同创新中心（PACC）姜俊老师与上海外滩美术馆教育主管陈丹老师在公共性等理论方面给予笔者的启发；亦感谢复旦大学与丹麦奥胡斯大学各位师友与笔者的交流讨论，文中不当之处皆为笔者的责任。

① You See More When You Draw, https://www.rijksmuseum.nl/en/startdrawing（荷兰国家博物馆），2016 年 11 月 30 日检索。

② 转引自陈秋帆：“从柏拉图到 Angelica—虚拟现实如何改变艺术”（公开讲座），上海外滩美术馆，2017 年 8 月 19 日。

"No Photography": The Publicness of Chinese Museums

Zhao Yuying
(Department of Cultural Relics and Museums, Fudan University)

Abstract: Photography once described as a kind of technology interesting but strange was introduced into modern China almost at the same time with modern museum and its concept. These two exotic shaped the modernism way of seeing for the Chinese in two dimensions and three dimensions respectively along with their historic process. As visitor photography and its controversy related with conversation, copyright, education, politic symbol and personal psychological need has a very long history, this essay focuses on the transitional process of the debate based on the particular Chinese historical background. The publicness of Chinese museums is examined through historical literature and cultural study methods. The argument around visitor photography comes to an end already, but for the museum, the new educational task just begins. The museum needs to develop more profound ways to operate displays and programs tackling with the audience who addicted into the superficial consumption of images.

Key words: photography, Chinese museums, publicness, community

杨家圈遗址水田遗迹探查

宇田津澈朗[1]　宫本一夫[2]　栾丰实[3]　靳桂云[3]　王富强[4]

（1. 宫崎大学；2. 九州大学；3. 山东大学文化遗产研究院；4. 烟台博物馆）

内容提要： 位于胶东半岛中部的杨家圈遗址，主要遗存属于大汶口文化晚期和龙山文化时期。在1979年的发掘发现稻遗存的基础上，2004年山东大学和九州大学联合对遗址周边地区进行了勘察，在遗址之外的北侧小河北岸发现疑似“稻田”的遗迹。2015～2016年冬，双方继续对遗址北侧的低平地段进行调查，在距今地表2米以下的一定范围内，发现密度较大的水稻植硅体，同时还有芦苇等喜水植物伴出。据此推定杨家圈遗址北侧规模不大的扇形低地，可能是早期水田和河道的交错分布地带。而水田的具体结构和准确时代，有待于今后的田野考古发掘加以解决。

关键词： 杨家圈　大汶口—龙山　植硅体　水田

一、引　　言

由秦岭和淮河连成的秦岭淮河一线，可以说是中国气候、植被、土壤的分界线。分界线南侧的降雨量、气温、土壤等条件都适合水稻种植，北侧年降雨量750毫米以下属于不适合水稻种植的区域。

新石器时代的稻作遗址——杨家圈遗址①位于山东省界内，南距秦岭淮河一线500千米（图一）。此遗址属于大汶口—龙山文化，从技术角度可以看出，杨家圈遗址是运用华北地区的杂谷农耕技术使水稻适应了干燥地区。这一说法成立的话，水田稻作技术也离开了其原生地从长江流域北上到山东地区，作为旱地的轮作作物被利用。与粟和黍等杂谷相比，水稻对干燥和低温的适应性较差，需要的肥料也更多。水稻属于一年生植物可以留种连耕，深水栽培又可以减少低温气候的影响，所以在全新世气候最适宜期（Hypsithermal period）之后的寒冷期，作为稳定的食物来源水稻被栽培驯化的可能性较大。

杨家圈遗址的调查工作始于2004年，笔者参考以往中日两国进行的钻探和植硅体

① 北京大学考古实习队、山东省文物考古研究所：《栖霞杨家圈遗址发掘报告》，《胶东考古》，文物出版社，2000年。

分析的研究成果[①]，在遗址周边进行了水田探查工作。在遗址北侧的河道附近，发现了水稻植硅体密度为1000～3000个/克的地层[②]。参照日本的研究实例[③]，推测其属于一定期间内耕作用的水田遗迹。此外，通过地层关系可以看出水田遗迹属于山东龙山文化时期的可能性较高[④]。由于当时的调查有限，关于稻作经营的规模和选址等方面的研究还需要进一步的调查研究。

在 2015 年的山东大学和九州大学的共同研究中，对遗址北侧更广阔的地区进行了水田遗迹的探查。本文即是对这次探查过程和结果的汇报。这一调查研究也是作为

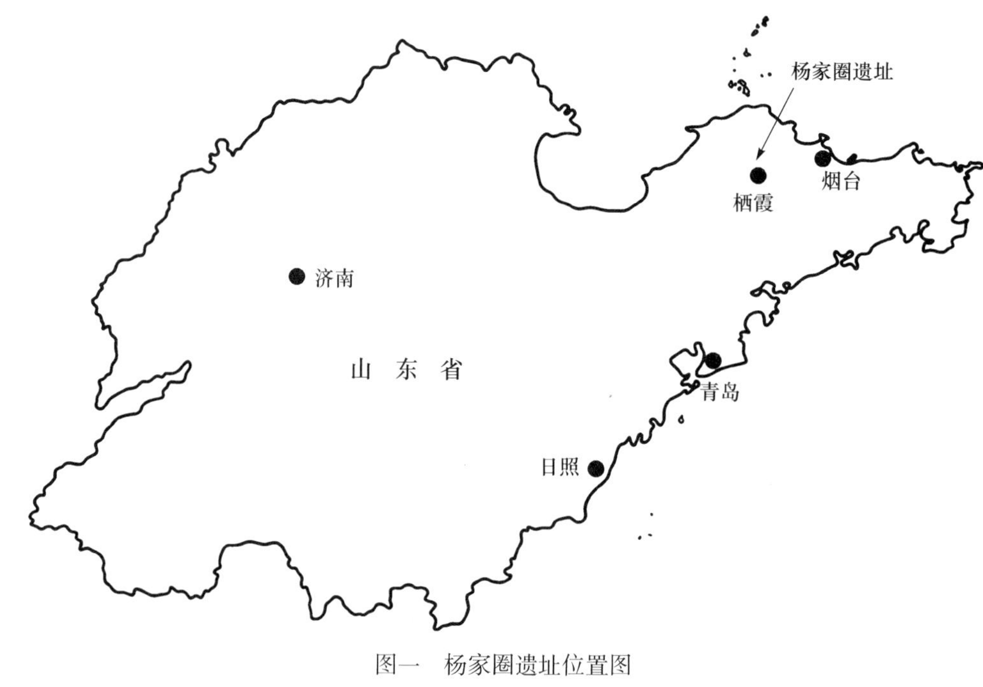

图一　杨家圈遗址位置图

① 宇田津徹朗、王才林、柳沢一男、佐々木章、鄒江石、湯陵華、藤原宏志：《中国・草鞋山遺跡における古代水田址調査（第 1 報）－遺跡周辺部における水田址探査－》，《日本文化財科学会誌》第 30 号，1994 年，23～36 页；王才林、宇田津徹朗、藤原宏志、佐々木章、湯陵華、藤原宏志：《中国・草鞋山遺跡における古代水田址調査（第 2 報）－遺跡土壌におけるプラント・オパール分析－》，《日本文化財科学会誌》第 30 号，1994 年，37～52 页；宇田津徹朗、湯陵華、王才林、鄭雲飛、佐々木章、柳沢一男、藤原宏志：《中国・草鞋山遺跡における古代水田址調査（第 3 報）－広域ボーリング調査による水田遺構分布の推定－》，《日本文化財科学会誌》第 43 号，2002 年，51～66 页；藤原宏志：《プラント・オパール分析法の基礎的研究（3）－福岡・板付遺跡（夜臼期）水田および群馬・日高遺跡（弥生時代）水田におけるイネ（O.sativa. L）生産総量の推定－》，《日本文化財科学会誌》第 12 号，1979 年，29～42 页。

② 栾丰实、靳桂云、王富强、宫本一夫、宇田津澈朗、田崎博之：《山东栖霞县杨家圈遗址稻作遗存的调查和初步研究》，《考古》2007 年 12 期，78～84 页；宫本一夫：《日本水稲農耕の起源地に関する総合的研究》，九州大学大学院人文科学研究院考古学研究室，2008 年，133 页。

③ 宮崎県都城市教育委員会：《横市地区遺跡群　馬渡遺跡（第 2 次調査）・坂元 A 遺跡》，《都城市文化財調査報告書第 55 集》，2001 年，25 页；藤原宏志、杉山真二：《プラント・オパール分析法の基礎的研究（5）－プラント・オパール分析による水田遺構の探査－》，《日本文化財科学会誌》第 17 号，1984 年，73～78 页。

④ 同②；宮本一夫：《農耕の起源を探る　イネの来た道》，吉川弘文館，2009 年，254 页。

2015～2018 年度双方共同研究课题“山东—辽东半岛稻作农耕及其东传的综合研究”的分支而完成的。

二、调 查 概 要

（一）遗址的位置和调查区的选定

杨家圈遗址位于山东省烟台市栖霞县，包含了大汶口文化和山东龙山文化两个时期（图一）。遗址所在地为清水河西侧的土丘之上，南北两侧为通向清水河的小型谷地。2004 年的调查工作主要集中在遗址北侧的台地处（图二的虚线范围内）①，理由是参考日本的水田调查事例认为其作为水田的可能性较高。此外，由于附近有经过科学发掘的遗址，遗址中有年代明晰的地层关系可供参照。2004 年，因调查区北侧为苹果林地未能调查，如今已改做旱田，所以此次调查区紧邻 2004 年调查区北侧，为一边长 200 米、面积 40000 平方米的正方形（图二）。

调查时间为 2015 年 11 月和 2016 年 11 月，方式是通过钻探采集分析样本。2015 年的钻探点有 No.1～10、13～18、21、25 共 18 个，2016 年的钻探点有 No.11、12、19、20、22～24、26～50 共 32 个，两次总计采集了 50 个钻探样本。此外 2016 年还利用全站仪进行了地形测量。

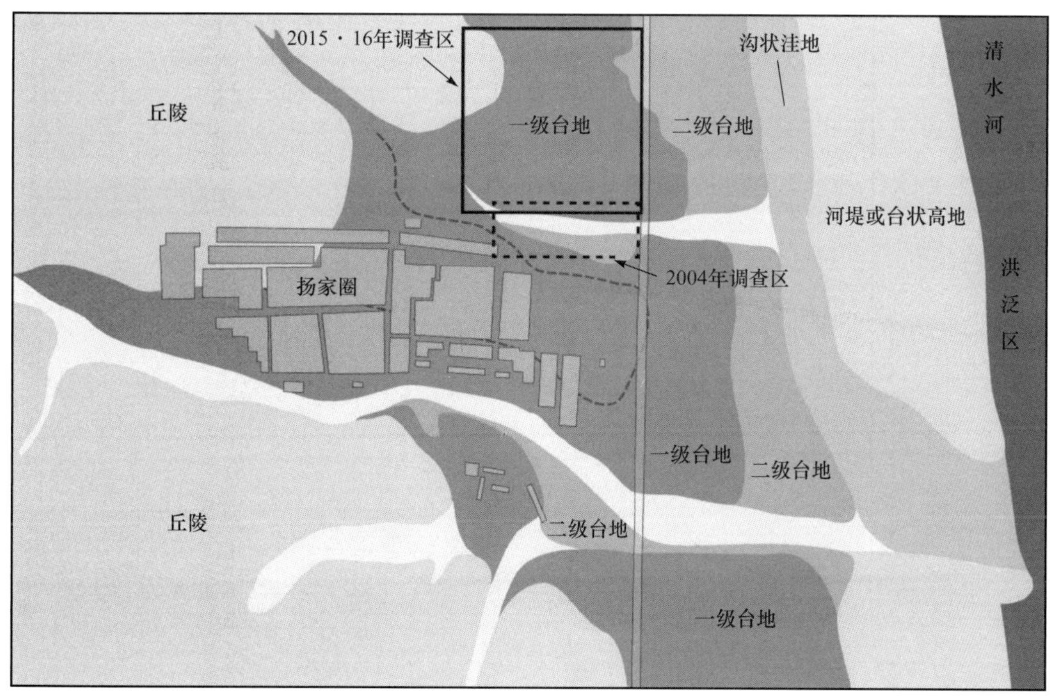

图二 杨家圈遗址周边地形及调查位置

① 宇田津徹朗：《プラント・オパール分析》，《環境考古学マニュアル》，同成社，2003 年，138～146 页。

（二）钻探点的设定和分析样本的提取

生产遗迹的探查首先在选定的调查区进行钻探，从地表到生土层逐层提取土壤样本。对土壤样本进行植硅体的定量分析，并明确发现有水稻植硅体的地层及其范围，进而推定其为含有水田遗迹的埋藏区域。

通过 2004 年的调查工作，已经明确了生土层和含有水稻植硅体地层的海拔高度，大致位于海拔 123～126 米这一范围内，也是本次钻探的重点区域。此次调查区是由苹果林地转耕的旱田，地表堆土层较厚，海拔高度超过 126 米，以往所用的 3 米长的探铲已不适用，改为 4 米长度后方可采集到海拔 123 米左右的土壤样本。

图三为钻探点的分布图，如图所示钻探点呈南北或东西方向覆盖整个调查区，考虑到地面坡度变化，钻探点间的距离设定为 10～20 米不等。参照图二的地形可以看出，在调查区中部有一东西方向延伸到清水河的低凹谷地，如今已被平整为耕地，谷地及其周边的台地也被填埋了。在横切谷地的南北方向上设置了三条基线，钻探点主

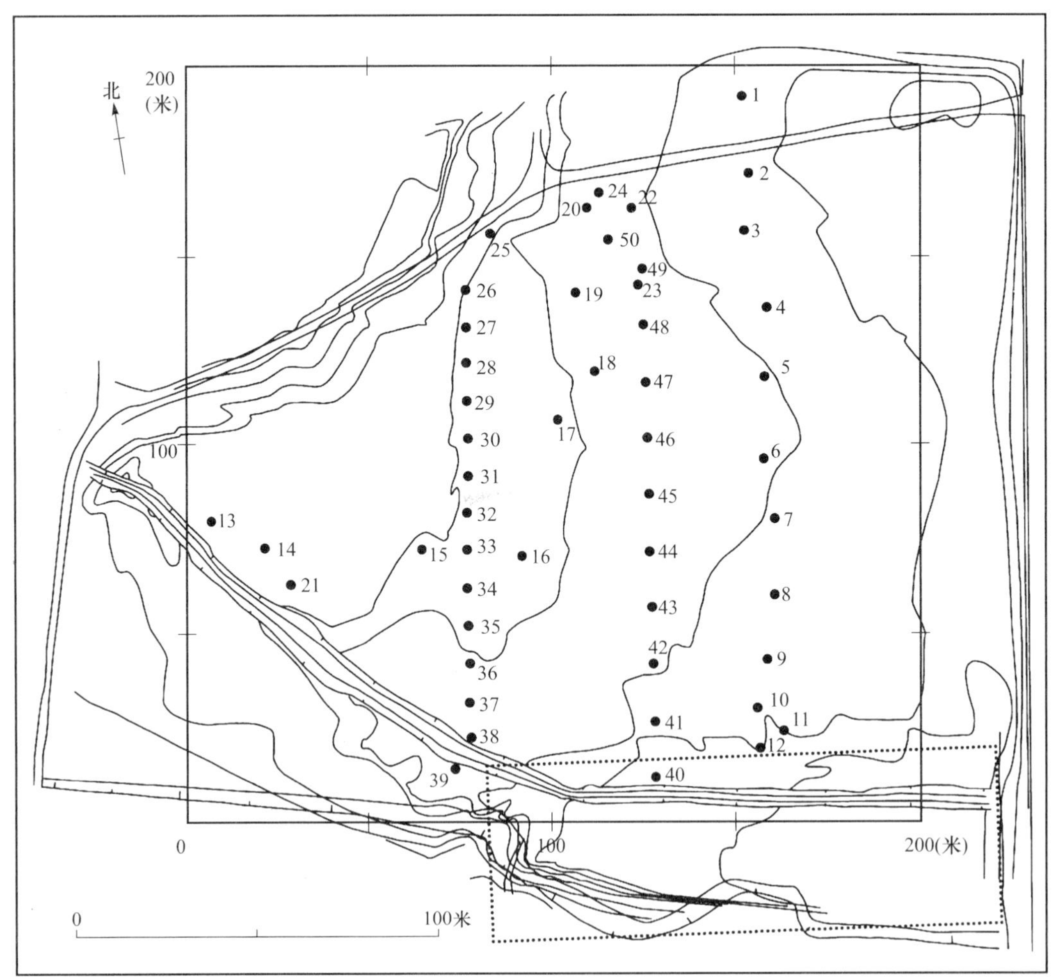

图三　钻探点分布图

要沿着这三条线设定。此外，在掌握谷地和生土层分布的基础上，又向农民咨询了当地土地的平整情况，综合考虑之后，在三条基线之外又设定了 10 个钻探点。

钻探提取土壤样本的具体流程如下。首先，在提取样本之前对探铲前端 50 厘米的盛土部位拍照留存（图版一，1）。然后，依据土质土色和颗粒大小进行分层，以土层为单位保存在样本袋中。最后，根据各层间的观察比较来判断生土层和因流水冲积的沉积层，并记录下来。此外，对于土壤样本中发现的陶片、烧土块、植物遗存等遗物要记录其出土深度，以备后期研究。

三、样本分析

土壤样本按照植硅体定量分析法[①]进行植硅体的定量分析，样本数量共 517 个。植硅体定量分析法指的是统计每克土壤样本中所含植硅体的数量，具体操作流程如图四所示。

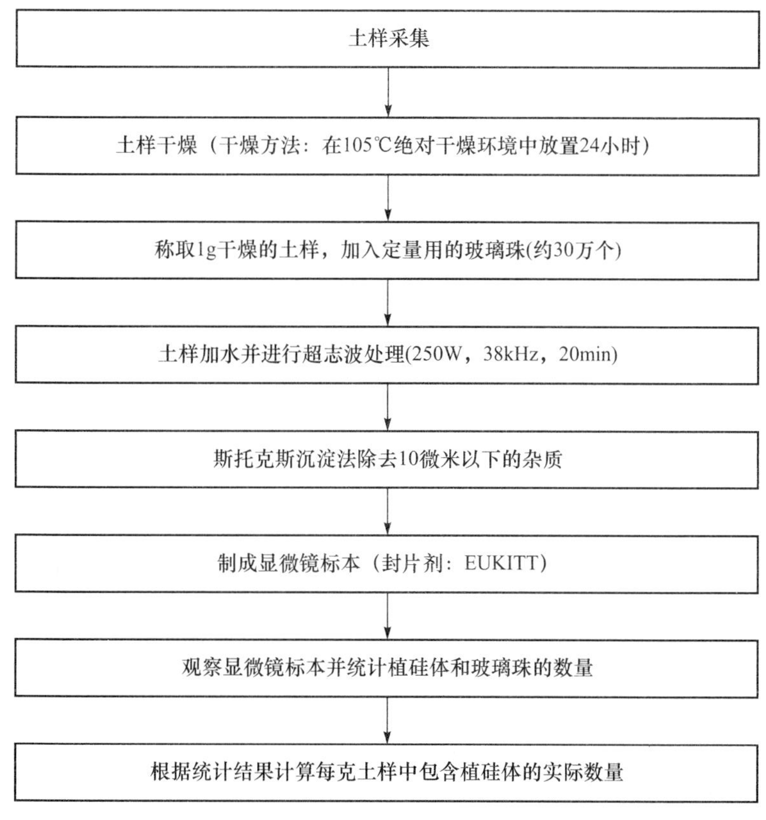

图四　植物蛋白石定量分析流程图

① 栾丰实、靳桂云、王富强、宫本一夫、宇田津澈朗、田崎博之：《山东栖霞县杨家圈遗址稻作遗存的调查和初步研究》，《考古》2007 年 12 期，78～84 页；宫本一夫：《日本水稲農耕の起源地に関する総合的研究》，九州大学大学院人文科学研究院考古学研究室，2008 年，133 页。

定量分析法主要采用玻璃球计算法。玻璃球法的基本原理如下，每克土壤样本中混入玻璃球 30 万个，混入玻璃球的直径要与植硅体相同，约 30 至 40 微米，成分同为玻璃质。因此，对测试样本的筛选调整等操作所产生的物理化学等影响，对于植硅体和玻璃球是均等的，所以不会改变样本中玻璃球与植硅体的比例。

在比例不变的情况下，通过显微镜观察，计算一定数量玻璃球中所含植硅体的比例，进而可以计算出每克土壤样本中各类植硅体的数量。

土壤样本中混入玻璃球后，加入水和六偏磷酸钠溶液，再用功率为 250 瓦、频率为 38 千赫兹的超声波震荡 20 分钟。混入的六偏磷酸钠溶液可以分散样本中的微小颗粒，提高超声波的处理效果。此外，通过超声波的震荡可以除去附着在植硅体上的黏土颗粒。采用斯托克斯（stokes）沉淀法除去直径小于 10 微米的颗粒。最后，将样品干燥后就制成了定量分析的样本。

检测用的显微镜标本是通过将分析样本平铺在封片剂中的方式制成的。封片剂选用的是加拿大枫树香脂。同时，折射率与火山玻璃相近的其他封片剂（EUKITT）也被使用。这样的话，将样本平铺在封片剂中，火山玻璃类物质就不容易被观测到。因此，对含火山灰较多地区的样本进行检测时，可以提高检测效率。如果做成的显微镜标本中出现较多超过 120 微米的颗粒，需要将这类颗粒过滤掉。

通过光学显微镜将植硅体放大 100 至 400 倍，然后观察其大小、形状等特征，进而确定所属植物种属。

本次测定的稻科种属主要有水稻（*Oryza sativa* L.）、芦苇属（*Phragmites*）、竹亚科（*Bambusoideae*）、须芒草属（*Andoropogoneae*）、黍属（*Paniceae*）。

四、结　　果

（一）钻探调查和植硅体分析所见调查区的堆积状况和环境

通过钻探调查基本确认了文化层、沉积层、生土层的情况，由此判断调查区是在人工修田过程中用土石方将谷地填埋而成的。

如图五中上图所示以调查区的西南角为坐标原点，南北向（South-North）为 X 轴，东西向（East-West）为 Y 轴，两方向上的坐标值均为 200 米。下图是在平面坐标系的基础上加上海拔高度 122～129 米的 Z 轴（Alutitude），将 517 个样本按照三维坐标系的方式显示而成的。

图六是在图五的基础上抽选出含有砂砾的钻探点示意图，其中上图又根据砂砾大小划分为粗砂和细砂两类，分别用大、小圆点标识，下图是仅含粗砂的钻探点示意图。海拔 125～126 米的土层是由于近代平整土地形成的。需要注意的是海拔 122～125 米属于谷地中部的土层，粗砂分布比较集中，细砂连续分布。

图七是含有芦苇属植硅体钻探点的三维示意图，其中上图显示了全部钻探点，下图是芦苇属植硅体密度大于 3000 个 / 克的钻探点示意图。芦苇属与水稻相同，都是喜湿类植物，由此通过图七可以看出湿润环境的分布位置。图七中的左侧即谷地南侧属于稳定的湿润场所，海拔较低的早期阶段谷地北侧（图七右侧）同为湿润环境。图八

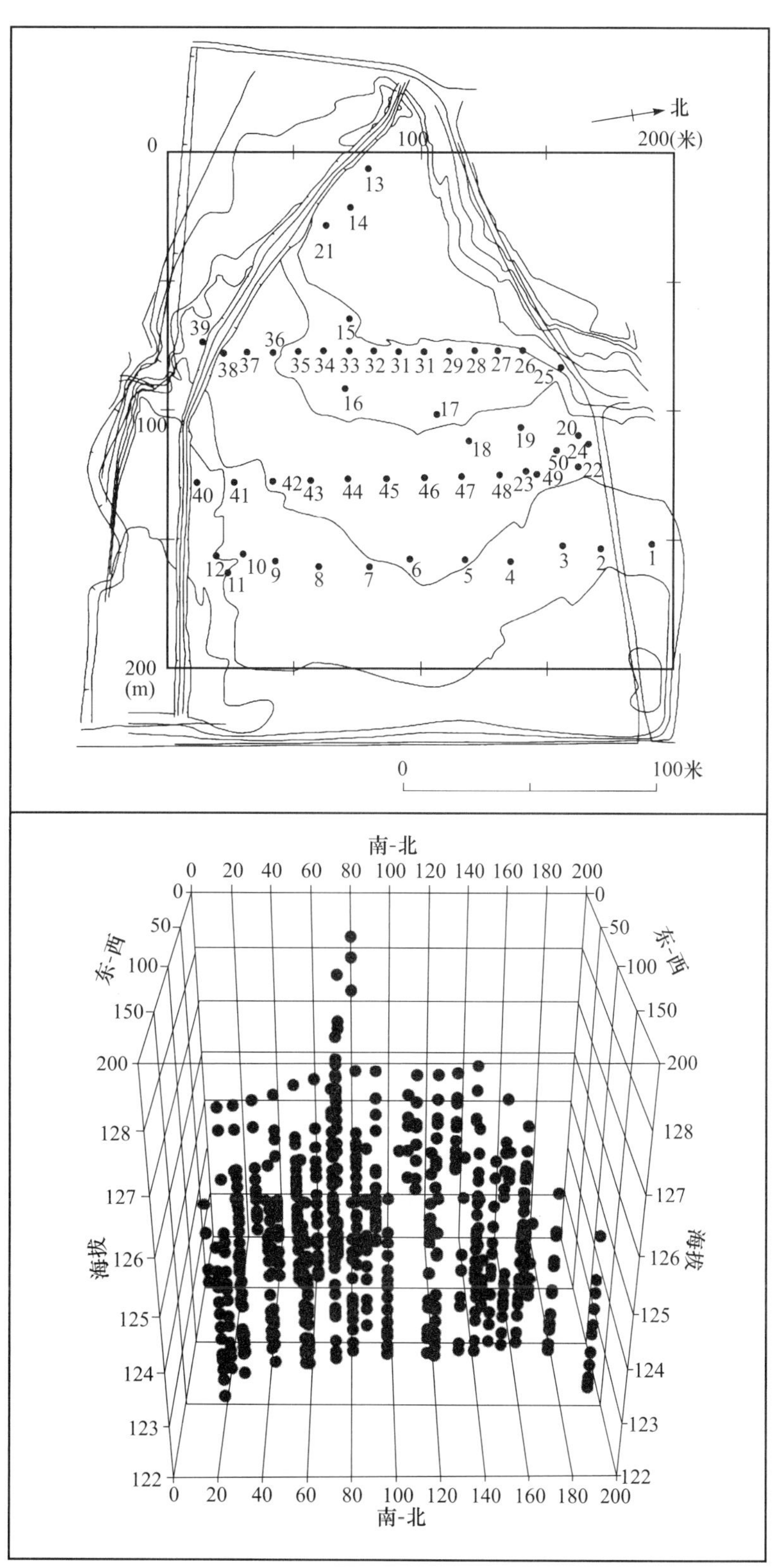

图五　样本采集点的三维分布图

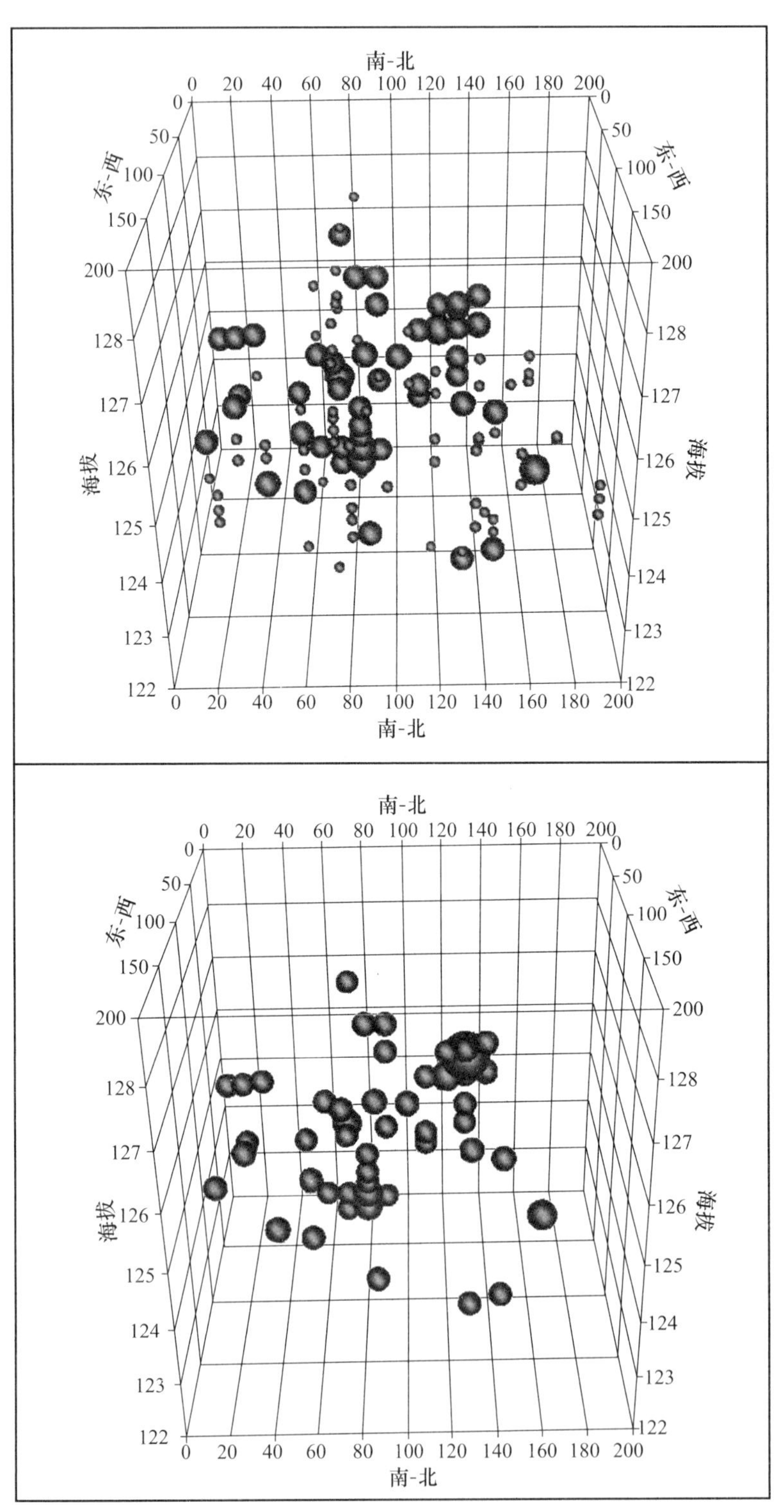

图六 砂砾检测点的三维分布图

上：细砂、粗砂（●小：细砂、大：粗砂） 下：粗砂检测点的三维分布图

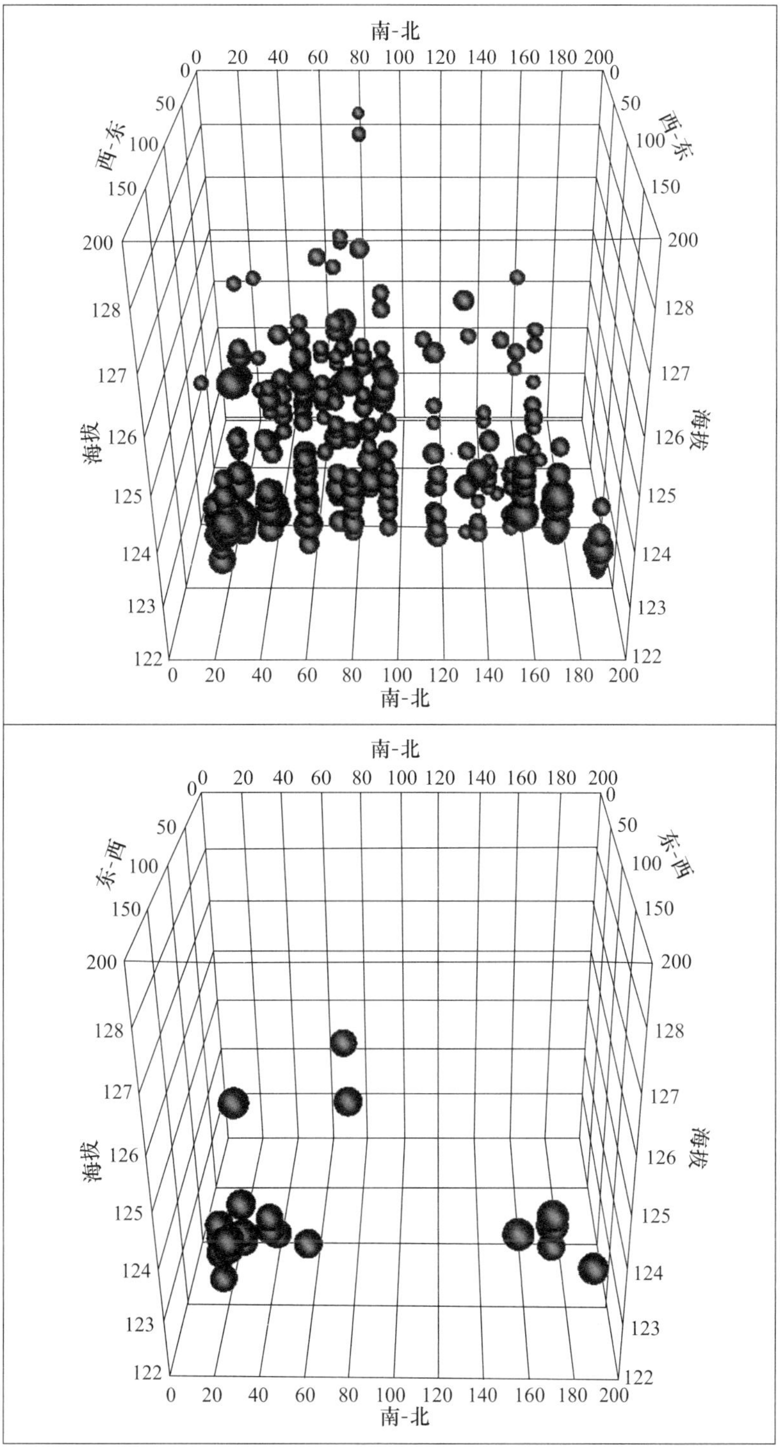

图七　芦苇属植硅体检测点的三维分布图

上：芦苇属植硅体（>0）　下：芦苇属植硅体（>3000个/克）

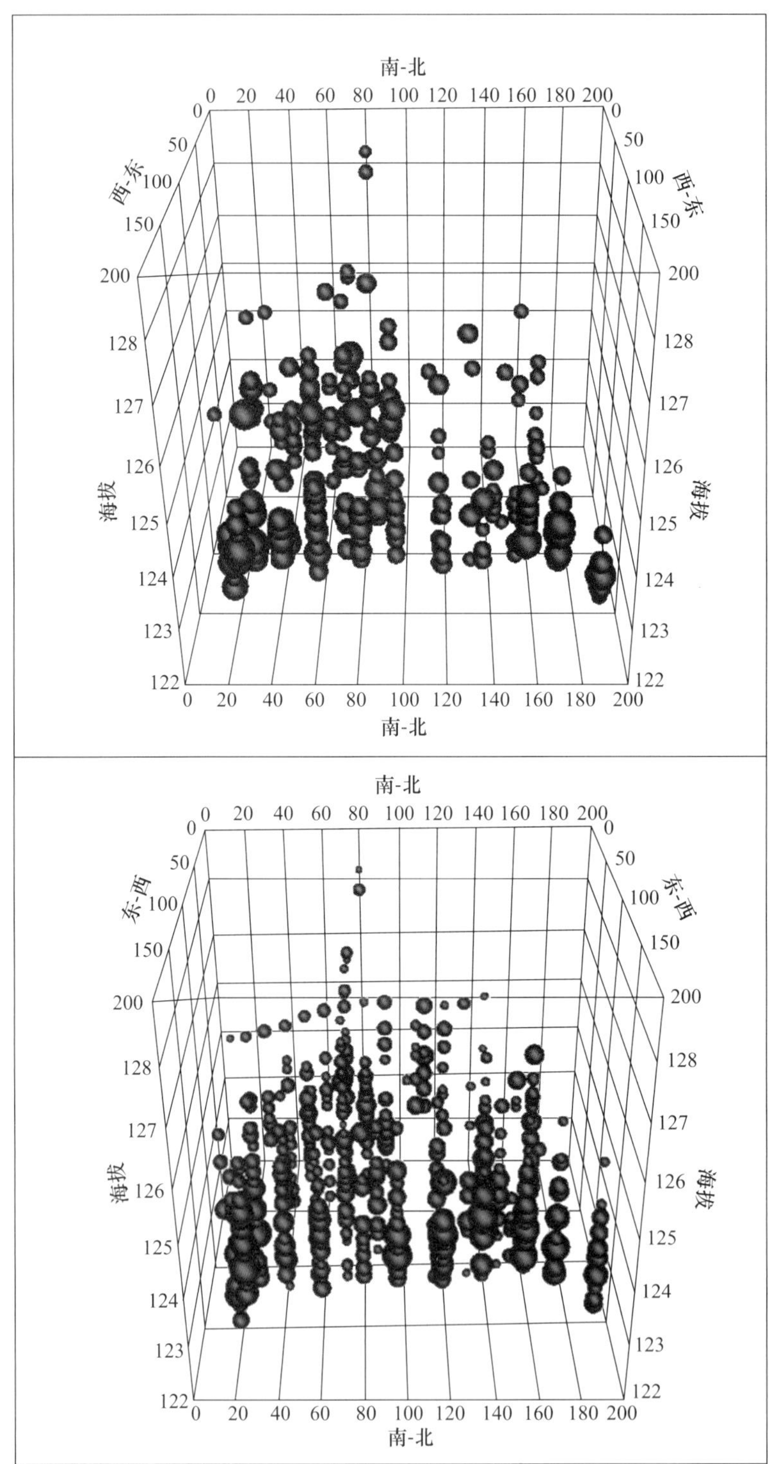

图八　芦苇属（上）和须芒草属（下）植硅体检测点的三维分布图

是与芦苇属相比喜干植物——须芒草属（下图）和芦苇属（上图）植硅体钻探点的三维示意图。芦苇属存在的场所同时也发现了须芒草属，由此判断并不存在芦苇属独占的湿润环境。

图六、七、八综合分析来看，细砂层与芦苇属植物相伴出的情况较少，粗砂层中也很少发现芦苇属和须芒草属植物，可以看出谷地填埋对环境的破坏较为严重。

通过以上分析可以看出，填埋前的谷地中部和南侧以及部分北侧属于适合水稻种植的区域，并且用粗砂填埋谷地的过程并非一蹴而就，在时间和空间上都呈现分散进行的态势。

（二）水稻植硅体的分布情况

土壤样本的植硅体定量分析结果与2004年的调查相同，海拔123～126米的地层中发现了喜湿类植物水稻和芦苇属（图版一，2）。地表及地表以下十几厘米的土层中发现了少量的水稻植硅体，推测为当地二十世纪五十年代种植的水稻或者是苹果林地时期垫土中夹带的水稻秸秆中遗留下来的。

图九、图一〇、图一一分别是在前述横切谷地的三条基准线上，检测出水稻植硅体的地层和密度的示意图。如果算上2004年的调查，就形成了50米的范围内均发现一定密度的水稻植硅体。图九所示钻探点No.25～39基本位于一条基准线上（上图），其中在钻探点No.31～36、37、38发现的水稻植硅体基本处于同一水平深度（下图）。特别是No.37、38的检测密度都要高于日本水田的3000～5000个/克这一标准（表二、三），并且处于同一水平深度，由此推测为水田遗迹。钻探点No.31～36的检测密度尽管低于3000个/克，但仍为水平分布，推测为使用时间较短的水田遗迹。

图一〇是分布有钻探点No.24～40基准线的示意图（上图），尽管检测密度较高的地层较少，但是在钻探点No.43、44、47、48，均在海拔122～123米这一深度发现水稻植硅体（下图）。此外，与2004年调查区相距最远的谷地北侧，大致处于钻探点No.24、47之间这一范围内，特别是在No.22钻探点，海拔123米以下的地层中水稻植硅体的检测密度较高，由此判断谷地北侧存在水田遗迹。

图一一是分布有钻探点No.1～12基准线的示意图（上图），No.9～12的水稻植硅体的检测密度较高（下图、表一）。特别是No.10～12处于同一水平深度，存在水田遗迹的可能性较高。此外，尽管这条基准线的检测密度不高，但是位于谷地中部的钻探点No.4～6，大致在同一水平深度也发现有一定数量的水稻植硅体，推测为使用时间较短的水田遗迹。

五、考　　察

（一）水田遗迹的判定

如前图九、十、十一所述，发现水稻植硅体钻探点的三维示意图为图一二。图一三的上图为水稻植硅体检测情况的三维示意图，与图一二的下图相同，图一三的下图为芦苇属植硅体检测情况的三维示意图。通过图一三可以看出，水稻栽培地散布在

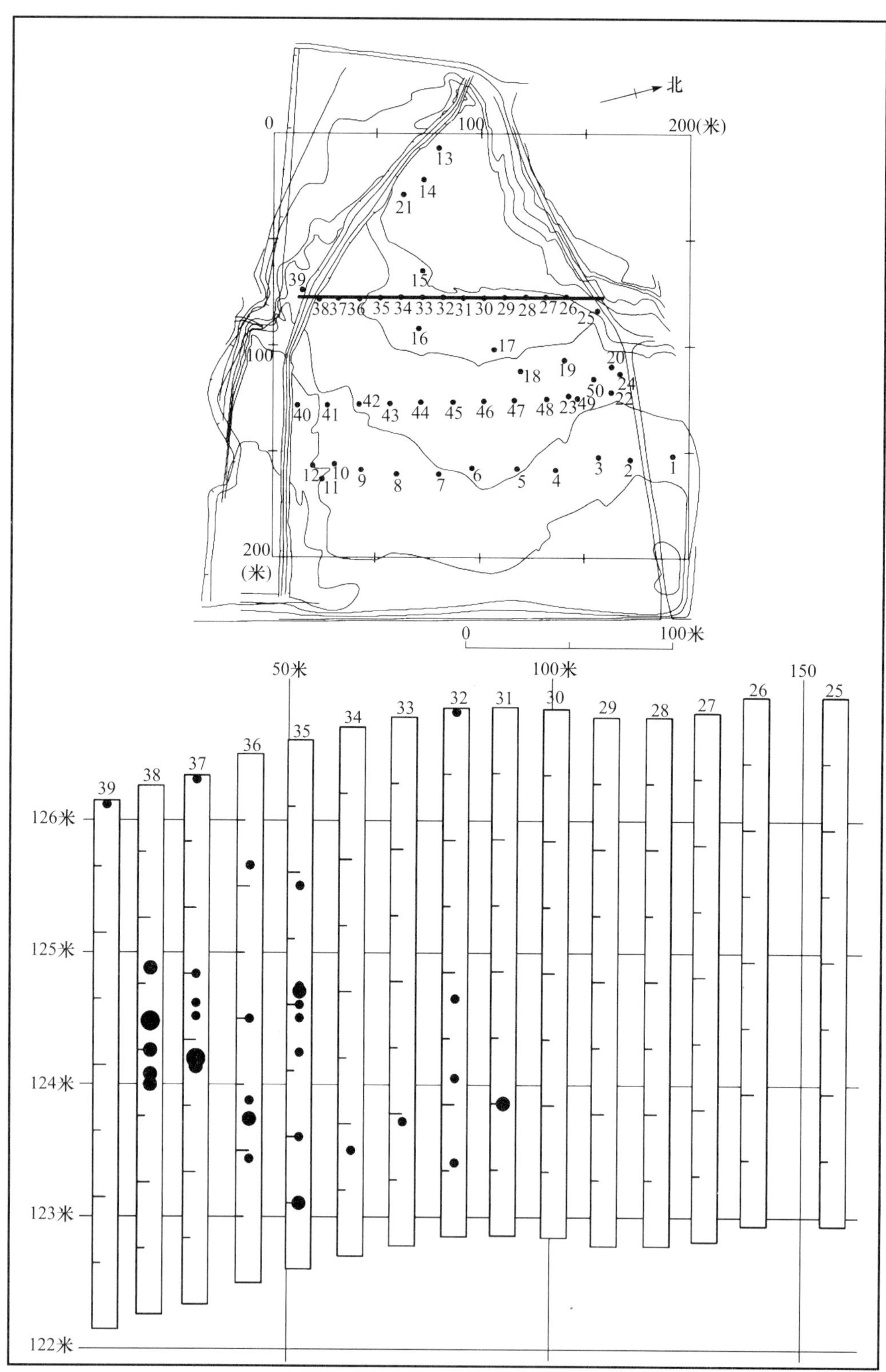

图九　水稻植硅体检测点的三维分布图

（●：小：1000 以下　中：1000～3000　大：3000 以上）

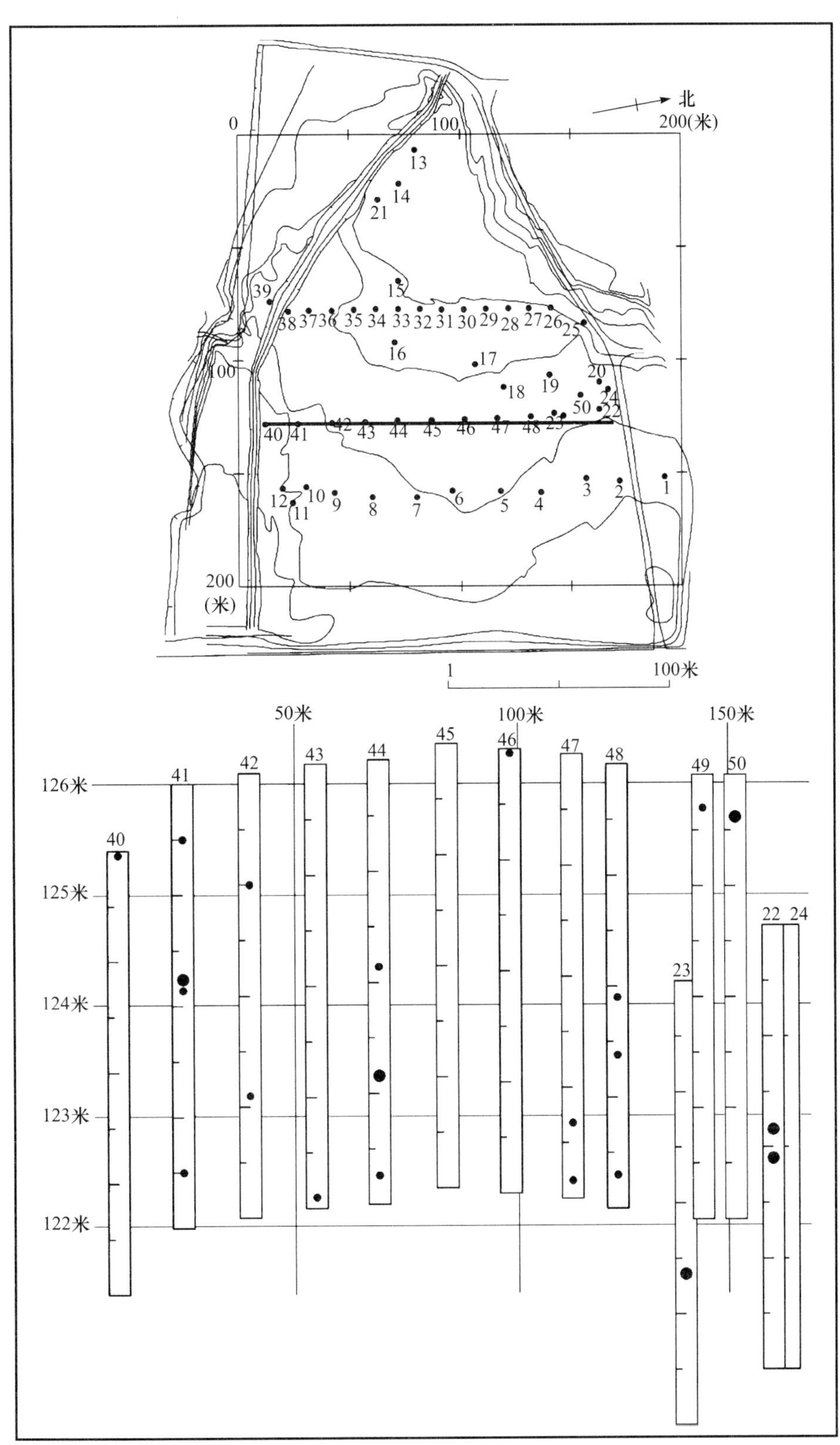

图一〇　水稻植硅体检测点的三维分布图

（●：小：1000 以下　中：1000～3000）

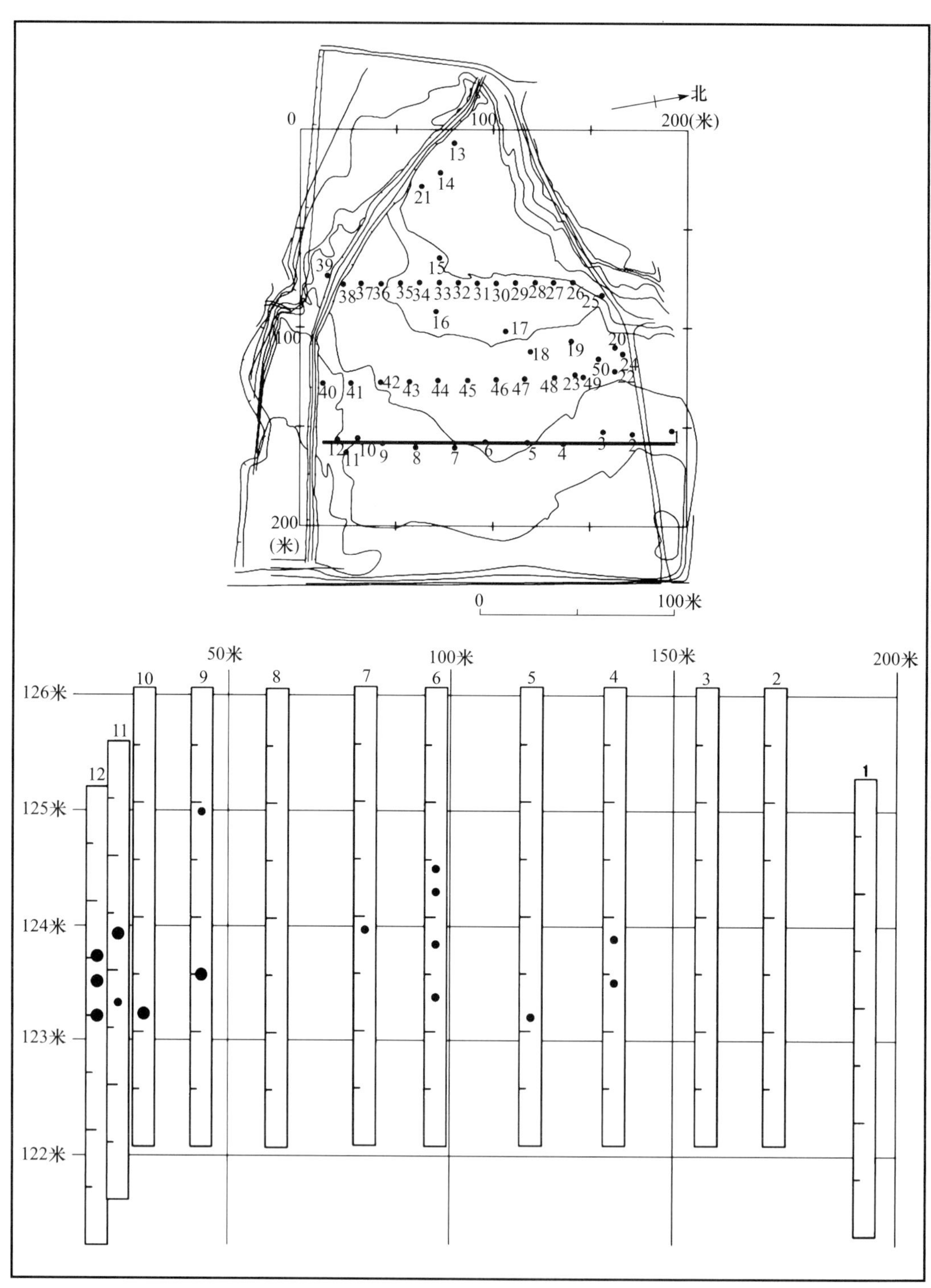

图一一　水稻植硅体检测点的三维分布图

（●：小：1000 以下　中：1000～3000）

表一　植硅体定量分析结果（No.12）　　（个 / 克）

地层	深度（厘米）	海拔（米）	水稻	芦苇属	竹亚科	须芒草属	黍属
1	0	125.21	0	0	0	2,769	0
2	43	124.78	0	0	0	2,989	0
3	60	124.61	0	0	0	2,941	0
4	72	124.49	0	0	0	2,930	0
5	100	124.21	0	0	0	0	0
6	122	123.99	0	0	0	1,960	0
7	147	123.74	1,797	3,594	0	9,883	0
8	170	123.51	4,237	3,390	0	3,390	0
9	200	123.21	1,698	4,245	12,734	0	0
10	211	123.10	0	1,830	0	10,979	0
11	230	122.91	0	979	0	16,647	979
12	250	122.71	0	3,166	0	3,166	0
13	283	122.38	0	0	0	4,012	0

调查区的湿润环境中。通过对水稻植硅体的检测密度及其所在地层海拔高度的综合分析，可以推断水田遗迹的分布范围。如图一四所示，调查区南侧有 2 处地点作为水田遗迹的可能性较高。与前面 2 处相比可能性稍低、位于谷地中部的 4 处地点也判定为水田遗迹。此外，紧邻本次调查区南侧的 2004 年调查区（虚线部分），也可与本次调查区南侧的 2 处地点划归为同一水田范围内。

（二）水田位置及稻作方式

此次水田遗迹探查可以看出，钻探点 No.37、38 的水稻植硅体密度为 5000～7000 个 / 克（表二、三），并且处于同一水平深度，由此推测这一地段为稳定的稻作农业场所。此外，通过砂砾的分布和各类植硅体所反应的环境情况的综合分析可以看出，水田的分布范围有限且使用时间也参差不齐。

通过当前的研究可以看出，谷地北侧在填埋过程中形成的平整面适宜稻作，由此推测其为水田的可能性较高。关于灌溉用的水渠问题，除 2004 年调查区之外，本次调查的谷地范围内存在人工水渠的可能性较低，很可能是利用自然河流或地下泉水进行灌溉，这一点与日本的坂元 A 遗址相类似。

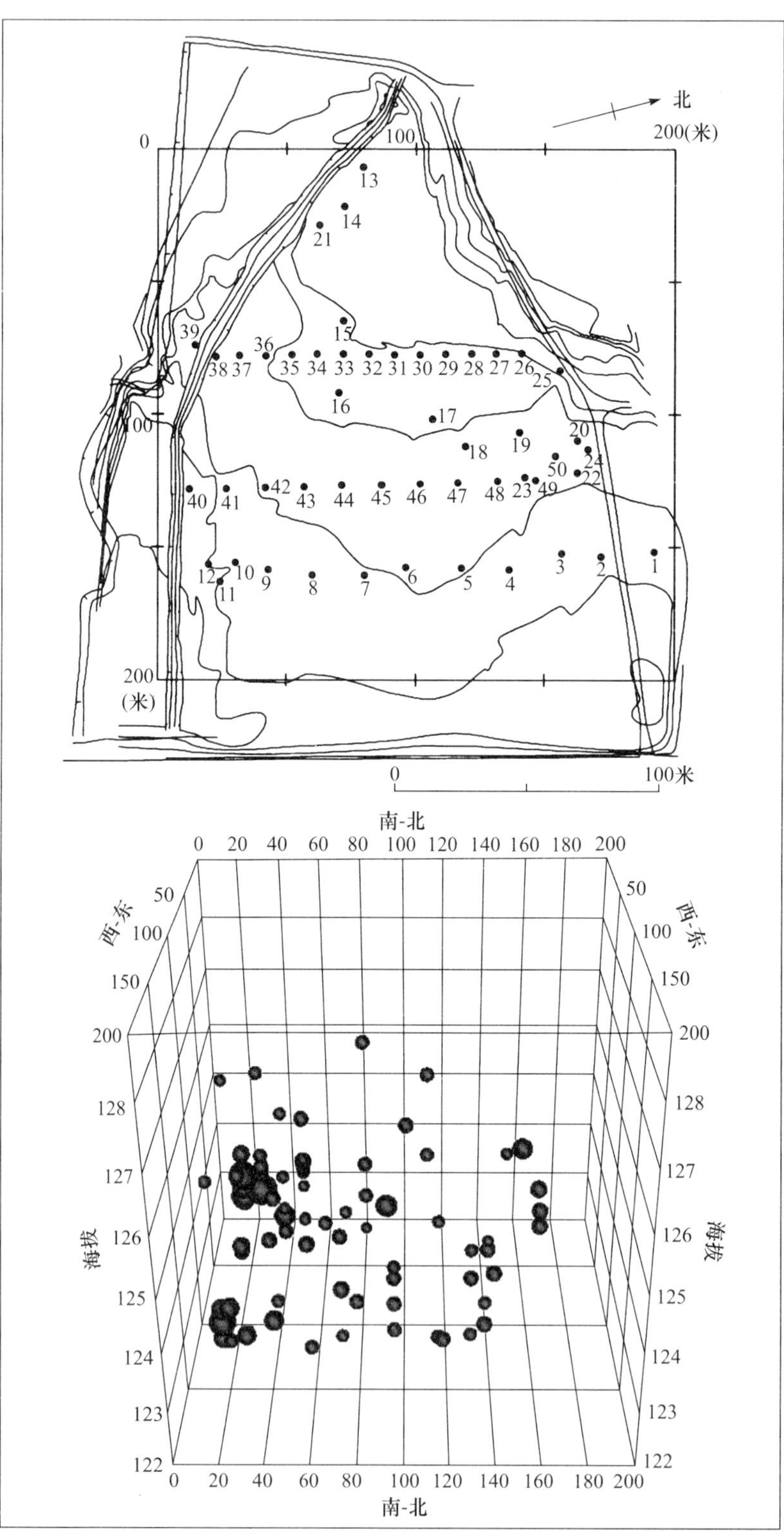

图一二　水稻植硅体检测点的三维分布图

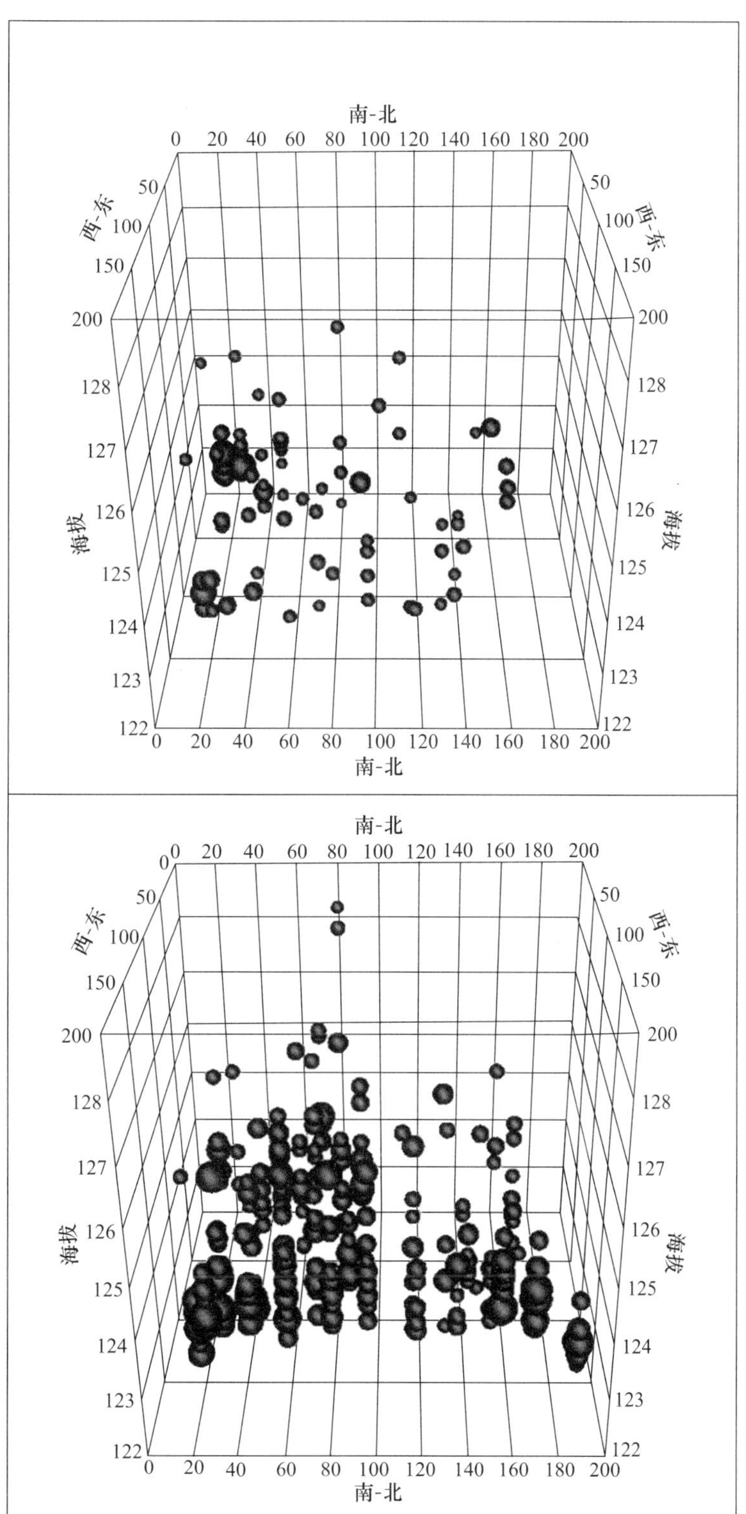

图一三 水稻（上）和芦苇属（下）植硅体检测点的三维分布图

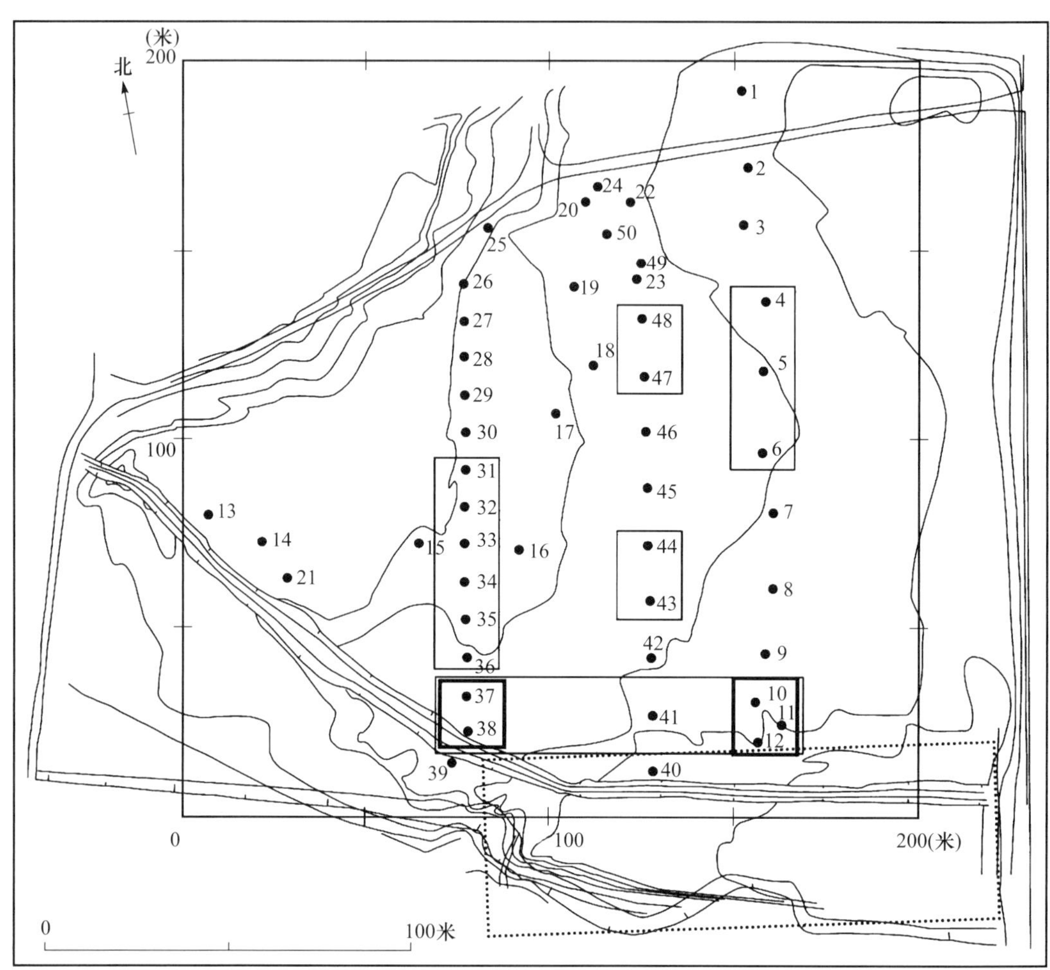

图一四　水田遗迹分布图

表二　植硅体定量分析结果（No.37）　　（个 / 克）

地层	深度（厘米）	海拔（米）	水稻	芦苇科	竹亚科	须芒草属	黍属
1	0	126.35	603	603	0	2,411	0
2	50	125.85	0	0	0	0	0
3	128	125.07	0	0	0	2,450	0
4	150	124.85	688	688	0	2,065	0
5	171	124.64	900	0	0	1,799	0
6	181	124.54	975	0	0	2,924	0
7	190	124.45	0	0	0	1,169	0
8	214	124.21	7,295	912	0	3,647	0
9	220	124.15	1,763	0	0	588	0
10	227	124.08	0	0	0	0	0
11	250	123.85	0	0	0	0	0

表三　植硅体定量分析结果（No.38）　　（个/克）

地层	深度（厘米）	海拔（米）	水稻	芦苇科	竹亚科	须芒草属	黍属
1	0	126.26	0	688	0	1,376	0
2	45	125.81	0	0	0	0	0
3	122	125.04	0	1,473	0	2,947	0
4	137	124.89	1,392	2,784	0	2,088	0
5	155	124.71	0	0	0	0	0
6	178	124.48	5,911	2,217	0	1,478	0
7	200	124.26	2,778	694	0	1,389	0
8	217	124.09	4,321	0	0	1,728	0
9	226	124.00	1,733	0	0	0	0

表四　植硅体定量分析结果（No.36）　　（个/克）

地层	深度（厘米）	海拔（米）	水稻	芦苇科	竹亚科	须芒草属	黍属
1	0	126.45	0	0	0	1,775	0
2	66	125.79	0	0	0	991	0
3	83	125.62	549	0	0	1,099	0
4	115	125.30	0	1,618	0	3,236	0
5	200	124.45	640	1,279	0	3,198	0
6	220	124.25	0	0	892	892	0
7	234	124.11	0	1,542	0	2,312	0
8	261	123.84	552	1,104	0	1,104	0
9	275	123.70	2,766	1,383	0	1,383	0
10	306	123.39	961	961	0	961	0
11	330	123.15	0	0	0	2,621	0
12	355	122.90	0	0	0	3,454	0

六、地形测量和水田遗迹

依据以上植硅体的分布做成了图一四所示的水田遗迹分布图，此次调查区是位于丘陵上的杨家圈遗址聚落北侧的比较大的谷地。钻探调查过程中，没有检测到水稻植硅体的地点同时还发现有砂砾层，推测其为河流水道的可能性较高。综合地形图中等高线勾画出的低洼地形，做成了图一五中所示的河流分布图。其中在钻探点No.33、34，如图一四所示尽管检测到了水稻植硅体，但是如图九中所见，植硅体的数量较少，且其上部有3米厚砂砾层，推测其为河流流经地。也有可能扇形谷地均为水田，只是后来被河流破坏了。其中钻探点No.7、30、45未检测到水稻植硅体，但是发现了砂砾层，推测为河流水道。此外，2004 年调查时确认了水田遗迹[1]。将以上水田和河流重合在一起就是完整的图一五，即河流和水田交错分布图，水田遗迹零星分布在大型谷地中的情形可见一斑。

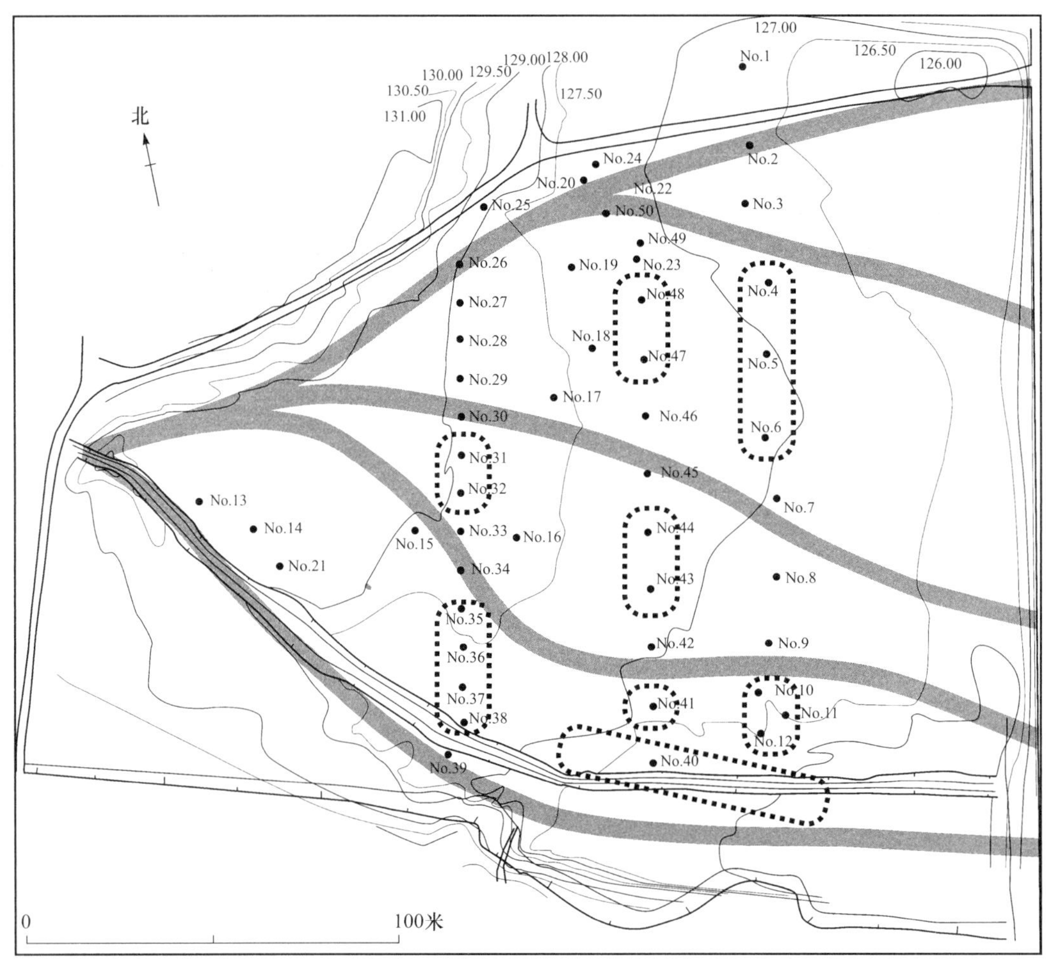

图一五　水稻植硅体和河流分布图

依据水稻植硅体的分布所推定的水田遗迹，位于杨家圈聚落遗址北侧的扇形谷地。如图一五所示，水田散布在河流之间，即有可能是河流和水田交错分布，也有可能是扇形谷地均为水田，后来被河流破坏后形成的。以上两种可能性只有通过考古发掘，在弄清楚水田灌溉系统的基础上才能做进一步的判定。对于目前这种水田沿着河流分布的状况只能做理性的推测，最终的确认还要靠考古发掘。此次检测出的位于地表以下 2～3 米深度的水稻植硅体与 2004 年的调查结果相同，水田遗迹年代早于近现

① 栾丰实、靳桂云、王富强、宫本一夫、宇田津澈朗、田崎博之：《山东栖霞县杨家圈遗址稻作遗存的调查和初步研究》，《考古》2007 年 12 期，78～84 页；宫本一夫：《日本水稲農耕の起源地に関する総合的研究》，九州大学大学院人文科学研究院考古学研究室，2008 年，133 页。

代，属于古代遗迹的结论是明确的。在这一区域仅发现有属于大汶口后期—龙山文化的杨家圈遗址来看，水田遗迹应属于史前时期。当然这也需要后期的发掘工作来进一步确认。

以上结论在明确了考古发掘的必要性之外，对于发现了大汶口后期—龙山文化水田遗迹的重要性也是不言而喻的。此外，水田遗迹的规模较大，如果是同时期遗迹的话，可以想见当时稻作农业的生产水平。关于水田中是否存在田畦一类等更加细致的规划设施，也是今后的考古发掘工作中需要关注的课题。

Exploration of Paddy Field Remains at the Yangjiaquan Site

Tetsuro Udatsu[1] Kazuo Miyamoto[2] Luan Fengshi[3] Jin Guiyun[3] Wang Fuqiang[4]
(1. Miyazaki University; 2. Kyushu University; 3. Shandong University; 4.Yantai Museum)

Abstract: Yangjiaquan site, which mainly consisted of the culture remains of late-Dawenkou and Longshan period, is located in the middle of Jiaodong peninsula. Rice remains was first found in this site in the 1979 excavation. In 2004, the joint investigation team of Shandong university and Kyushu university surveyed the surrounding area of the site, and suspected remains of paddy fields was found on the northern river bank of the site. In 2015-2016, this team investigated the low-lying area in the north of the site. The high-density rice phytolith was found at a depth of 2 meters underground, as well as water-loving plants such as reeds. Therefore, the fan-shaped lowland on the north side of the Yangjiaquan site is presumed to be the intersecting distribution area of early paddy fields and river channels. However, the concrete structure and accurate times of the paddy fields need to be confirmed in the future archaeological excavation.

Key words: Yangjiaquan, Dawenkou-Longshan, phytolith, paddy field

济南市长清区东王宋金墓地发掘简报

邢 琪 房 振 付 欣 王 爽

（济南市考古研究所）

内容提要：2017年8月至9月，济南市考古研究所对长清区东王墓地进行了抢救性发掘。此次工作发现宋金时期墓葬3座及部分瓷器、铁器、铜钱等遗物。这次发掘为济南地区宋金时期的丧葬制度以及社会、历史研究提供了新的材料。出土瓷器也对研究济南地区宋金时期的瓷器生产活动、经济交流活动有推动作用。

关键词：长清区 宋金时期 墓葬

长清区东王墓地位于山东省济南市长清区文昌路以东，凤凰路以西，清河街以南，水鸣街东段以北（图一），地理坐标：E116°45′56.80″，N36°32′55.35″。为配合长清区

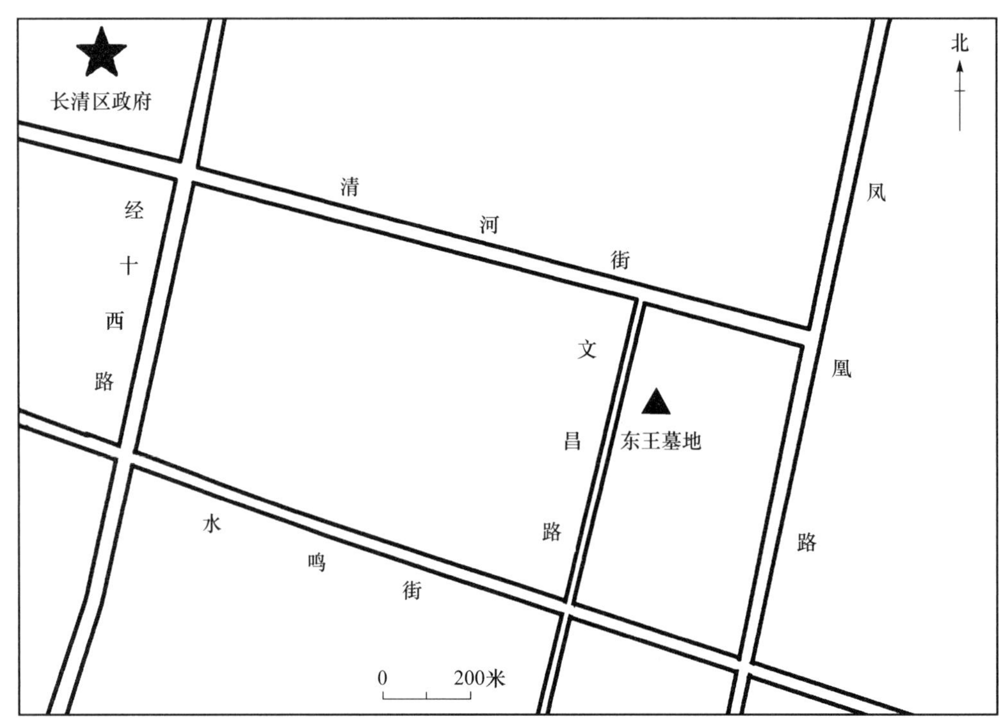

图一 东王墓地位置示意图

文昌街道东王社区城中村改造项目，2017年8月至9月，济南市考古研究所对墓地进行了抢救性发掘。此次工作发现小型墓3座（图二；图版二，1），其时代均在宋金时期。现将墓葬情况报告如下。

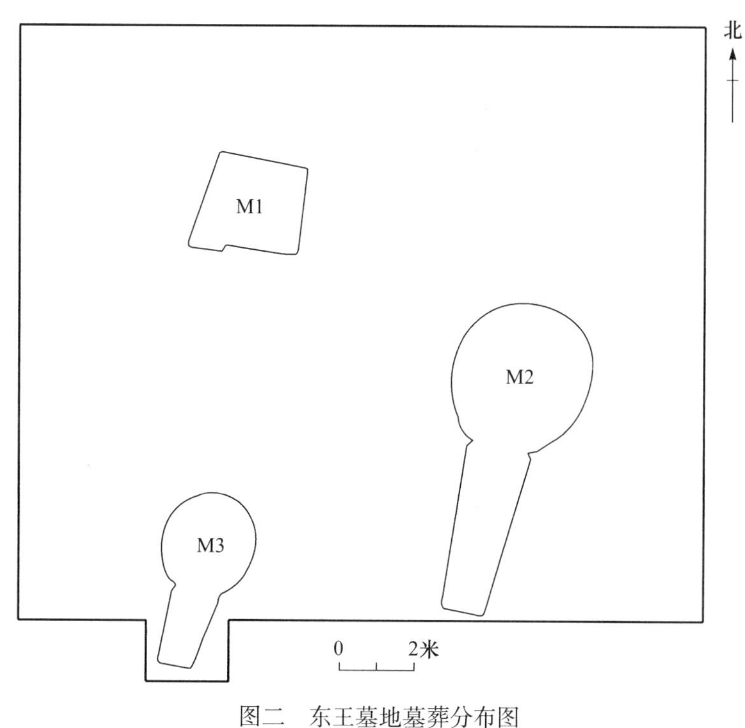

图二 东王墓地墓葬分布图

一、墓葬介绍

发掘区域原为果园，地势较为平缓，地层堆积简单，上部为厚约0.3米的耕土层，其下为0.2米左右的褐色垫土层，再下为黄褐色生土层。墓葬均开口在生土层上。根据形制不同，可分为圆形砖雕壁画墓2座和土坑竖穴墓1座。共随葬器物12件（组），其中瓷器5件，铁勺、铁环、铁箍、锡勺、石球各1件，铜钱2件（组）。下文按照形制分类依次详细介绍各墓。

（一）土坑竖穴墓

M1，位于发掘区西北部，开口距地表约0.5米，被破坏至墓室顶部。形制为土坑竖穴墓，方向190°（图三）。

墓圹平面近梯形，上部被破坏，直壁、底部南高北低，长2.4～2.54、宽2.6～2.9、残深0.66米。填土黄褐色，质较松。圹内用不规则石块砌成东西两个椁室，平面均呈梯形，顶部盖有形状不规则的石板。两室东西相隔0.2米。东室长2.4、宽1.4～1.5、高0.66米；西室长2.54、宽0.8～1、残高0.4米。两室内均未见铺地设施，石壁与墓圹之间的空隙内填土。

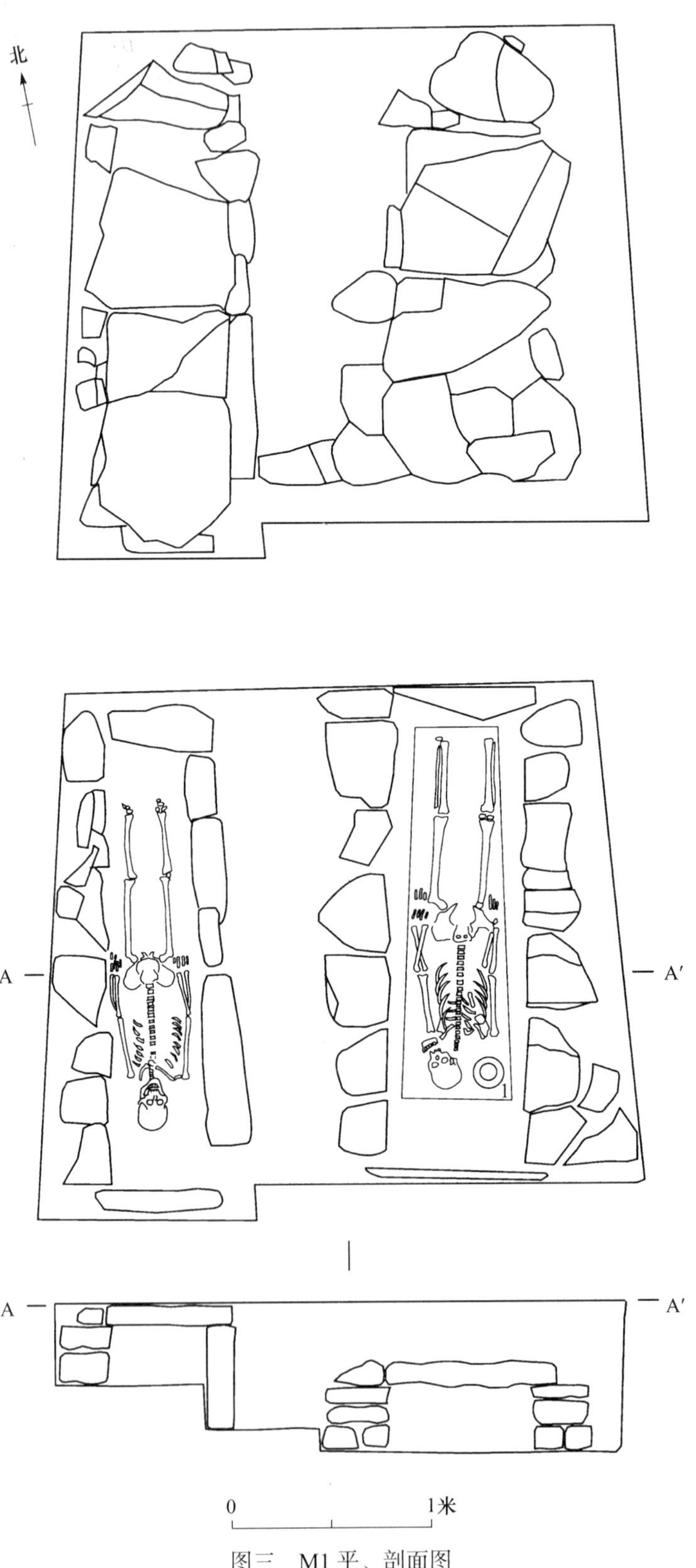

图三　M1 平、剖面图
1. 白釉瓜棱瓷罐

东室有1棺，已朽，平面呈梯形，长1.8、宽0.4～0.56米；棺内有人骨架1具，保存较差，仰身直肢葬，头向南。随葬1件白釉瓜棱瓷罐，位于棺内头部东侧。

西室未见葬具，发现人骨架1具，保存较差，仰身直肢葬，头向南，未见随葬品。

白釉瓜棱瓷罐 1件。M1∶1，浅黄胎，白釉，内外均施釉，内外釉均至腹下部。敞口，卷沿，圆唇，束颈，鼓腹，平底，矮圈足外撇。腹部饰13道瓜棱纹。口径12.7、腹径16.6、圈足径7.7、通高13.6、壁厚0.45～0.7厘米（图四；图版二，2）。

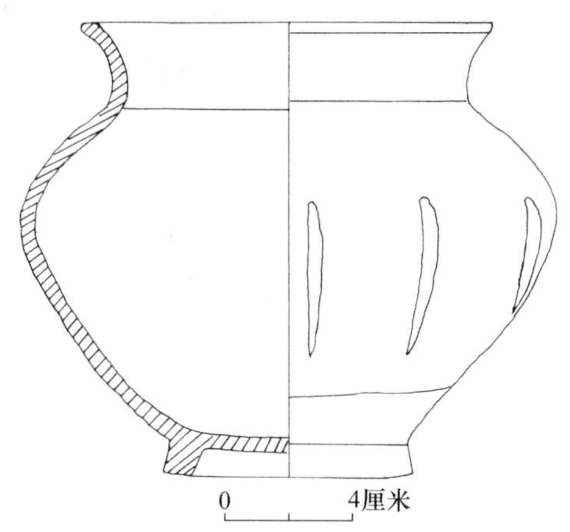

图四 M1出土白釉瓜棱瓷罐（M1∶1）

（二）圆形砖雕壁画墓

1. M2

位于发掘区东南部，开口距地表约0.5米，保存较完整。形制为圆形砖雕壁画墓，由台阶墓道、墓门、甬道、墓室四部分组成，方向185°（图五）。建造方式为先从地表

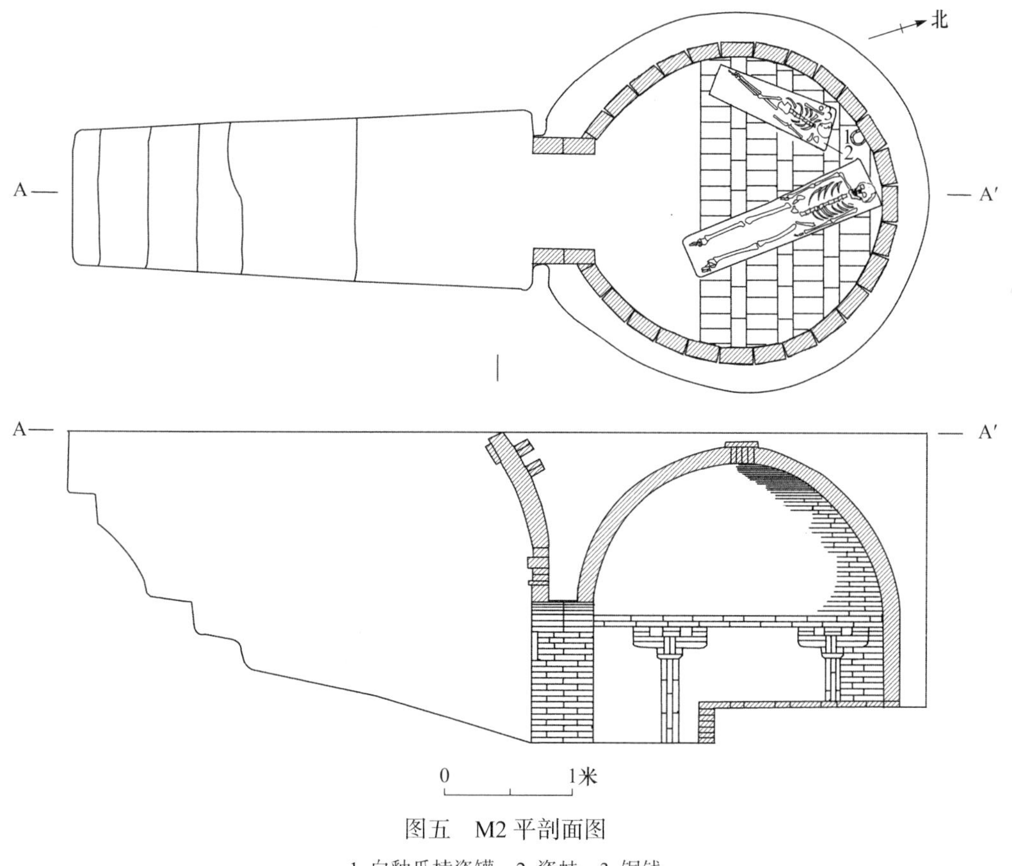

图五 M2平剖面图

1. 白釉瓜棱瓷罐 2. 瓷蛙 3. 铜钱

下挖一带墓道的近圆形土圹，在墓道北端用青砖垒砌墓门和甬道，圹内筑墓室，两砖之间用泥浆黏结，砖墙与土圹之间用黄褐色花土填实。所用青砖长 28、宽 14、厚 5 厘米，均为素面。墓门外表面及甬道、墓室内壁均刷有彩绘，已辨识不清。

台阶墓道位于墓室南侧，平面呈梯形，长 4.5、宽 1.26～1.68、深 0.6～2.9 米。直壁，底部有 6 级台阶，台阶较为粗糙，高 0.25～0.6 米。填土黄褐色，质较疏松，底部含大量砖渣、碎砖块、零星瓷片等。

墓门为仿木结构门楼，上部略宽，宽 1.6、高 2.84 米（图六）。两侧下部为高 0.35 米的长方形基座，座上两侧砌出槫柱、立颊，立颊中部设两枚四瓣花形门簪的门额。其上为普柏枋，枋上斗拱两朵、加工不甚规整，均为补间铺作、残存部分为重拱六铺作。门楼中下部辟有双层纵券顶门洞，宽 0.9、高 1.34 米，两壁错缝平砌，顶部上层为平砖、下层为侧立砖。门洞外侧用青砖砌筑封门墙，纵向平铺。

甬道宽、高同门洞，进深 0.6 米，券顶，两壁错缝平砌。

墓圹平面近圆形，直壁，平底，底部长径 3.7、短径 3.6、残深 2.84 米。填土黄褐色，质较松，含少量砖渣、石块、白灰粒。墓室平面近圆形，直壁、穹窿顶，底部长径 2.7、短径 2.45、残高 2.84 米。底部北侧贴墓室北壁砌出棺床，南北宽 1.8、高 0.4 米。棺床表面铺砖一层，纵向一排、横向一排交替平铺。

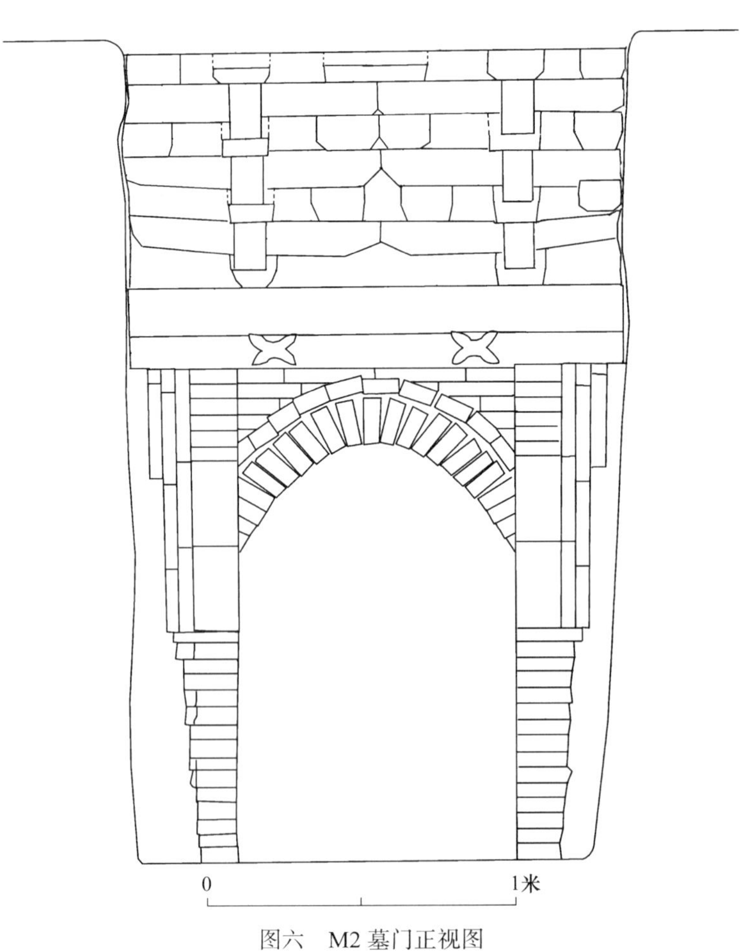

图六　M2 墓门正视图

墓室内壁一周均匀贴砌四根倚柱，柱头上置斗拱，均为把头绞项造，上承素枋，枋上为穹窿顶。

墓门及墓室内壁均残存少量白灰，推测原来绘有壁画，已辨识不清。

墓底棺床上部0.3米处发现葬具两棺，排列杂乱，均仅存少量朽痕，推测是由于地下水上升而导致的葬具的上升、移位。墓内淤土中发现散乱人骨架一具，应为迁葬。棺内有人骨架各一具，东侧为成人，仰身直肢葬，头向北，未见随葬品；西侧为儿童，侧身直肢葬，头向西北，面向西，随葬品7件（组），其中瓷蛙1件位于左肩上部，铁勺、铁环、铁箍、锡勺、石球各1件位于左肩下部，铜钱1组13枚，除1枚位于躯干右侧之外，其余均散布于身下。此外，棺床西北部发现白釉瓜棱瓷罐1件，口沿缺失较多。

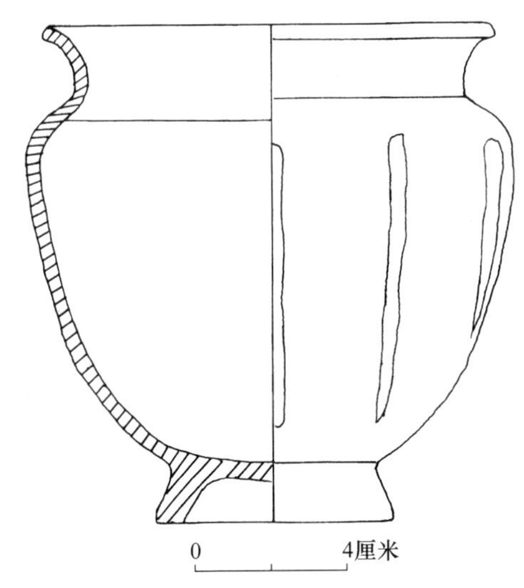

图七　M2出土白釉瓜棱罐（M2：1）

白釉瓜棱瓷罐　1件。M2：1，浅黄胎，白釉，内外均施釉，内釉至颈部，外釉至圈足上部。敞口，卷沿，圆唇，束颈，深直腹微弧，平底，圈足较高且外撇，内有脐底。腹部饰10道瓜棱纹。口径12.2、腹径13.1、圈足径6.4、通高13、壁厚0.4～0.7厘米（图七；图版三，1）。

瓷蛙　1件。M：2，灰胎，酱釉，外部施釉。制作粗糙，口眼依稀可辨，四肢残断，应为模制而成。长5.7、宽4.1、高1.9厘米（图版三，2，⑥）。

铁环　1件。M2：3，直径4.1厘米（图版三，2，①）。

铁箍　1件。M2：4，直径2.4、高2.7、壁厚0.2厘米（图版三，2，②）。

铁勺　1件。M2：5，长10、宽5.1厘米（图版三，2，④）。

锡勺　1件。M2：6，长6.9、宽4厘米（图版三，2，③）。

石球　1件。M2：7，圆球形，由五花石加工而成，表面光滑，直径2.2厘米（图版三，2，⑤）。

铜钱　13枚。

开元通宝　1枚。隶书，直读。M2：8-1，直径2.4厘米（图八，1）。

咸平元宝　1枚。楷书，旋读，M2：8-2，直径2.4厘米（图八，2）。

皇宋通宝　1枚。楷书，直读，M2：8-3，直径2.4厘米（图八，3）。

熙宁元宝　1枚。楷书，旋读，M2：8-4，直径2.4厘米（图八，4）。

元丰通宝　3枚。行书2枚，旋读，M2：8-5、6，直径2.4厘米（图八，5、6）。篆书1枚，旋读，M1：8-7，直径2.4厘米（图八，7）。

元祐通宝　2枚。篆书，旋读，M2：8-8、9，直径2.4厘米（图八，8、9）。

元符通宝　1枚。行书，旋读，M2：8-10，直径2.4厘米（图八，10）。

崇宁通宝　1枚。瘦金体，旋读，M2：8-11，直径3.5厘米（图八，11）。

圣宋元宝　1枚。篆书，旋读，M2：8-12，直径2.4厘米（图八，12）。

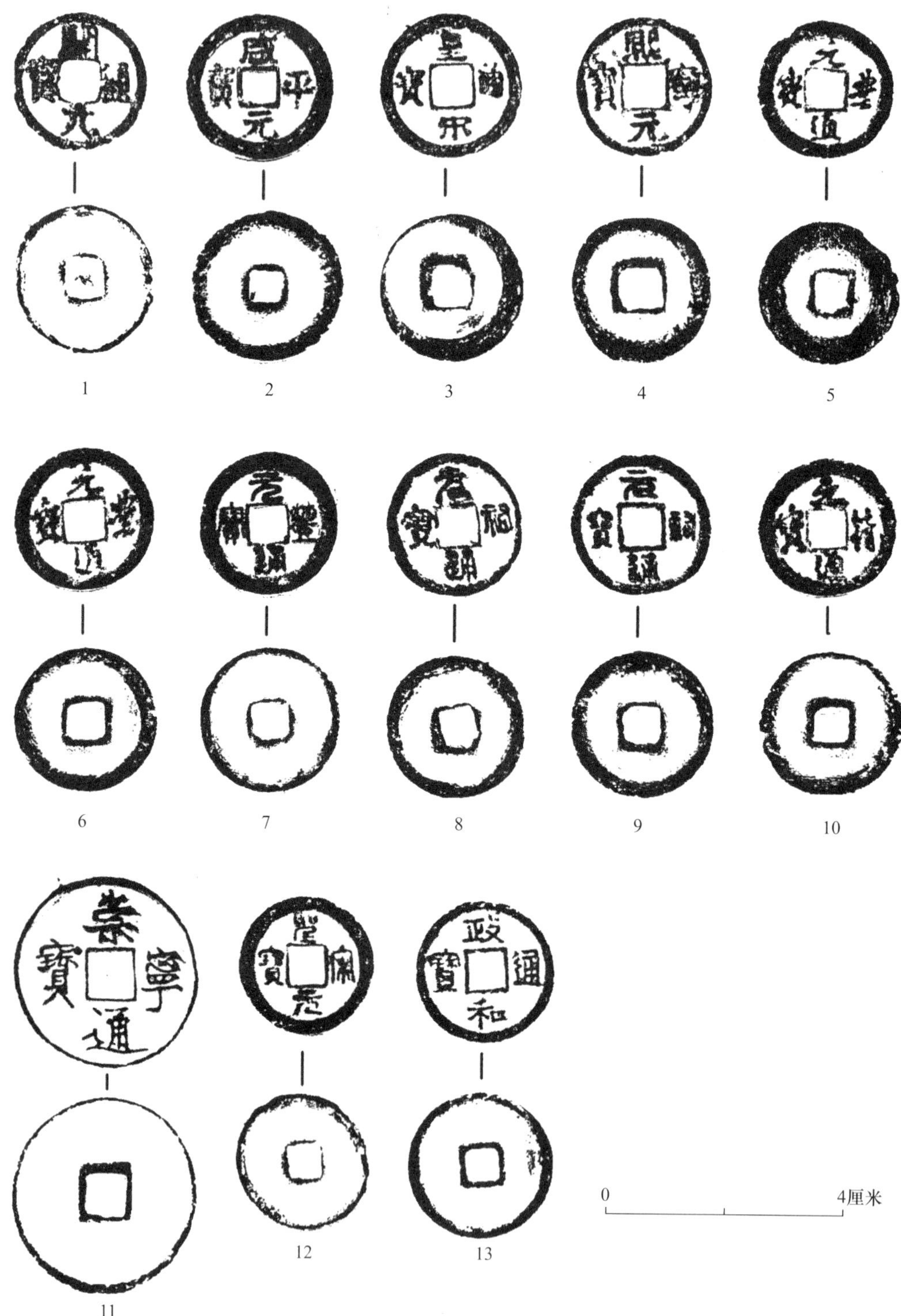

图八　M2 出土铜钱

1. 开元通宝（M2：8-1） 2. 咸平元宝（M2：8-2） 3. 皇宋通宝（M2：8-3） 4. 熙宁元宝（M2：8-4） 5～7. 元丰通宝（M2：8-5、6、7） 8、9. 元祐通宝（M2：8-8、9） 10. 元符通宝（M2：8-10） 11. 崇宁通宝（M2：8-11） 12. 圣宋元宝（M2：8-12） 13. 政和通宝（M2：8-13）

政和通宝　1 枚。楷书，直读，M2：8-13，直径 2.4 厘米（图八，13）。

2. M3

位于发掘区西南部，开口距地表约 0.3 米，墓室及门楼顶部被破坏。形制为圆形砖雕壁画墓，由墓道、墓门、甬道、墓室四部分组成，方向 200° （图九）。构筑方式与 M2 相同，所用青砖长 28、宽 14、厚 5 厘米，两砖之间用黄泥黏结。

墓道位于墓室南侧，斜坡式，接近墓门时变为平底，平面呈梯形，直壁，上口长 2、宽 1～1.34、残深 0.7～1.8 米。填土黄褐色，质较松，含零星碎砖渣。

墓门为仿木结构门楼，上部残缺，宽 1.2～1.3、残高 1.5 米（图一〇）。两侧下部为高 0.9 米的长方形基座，座上仿木结构仅存倚柱、槫柱、立颊下部和门额中部。门楼

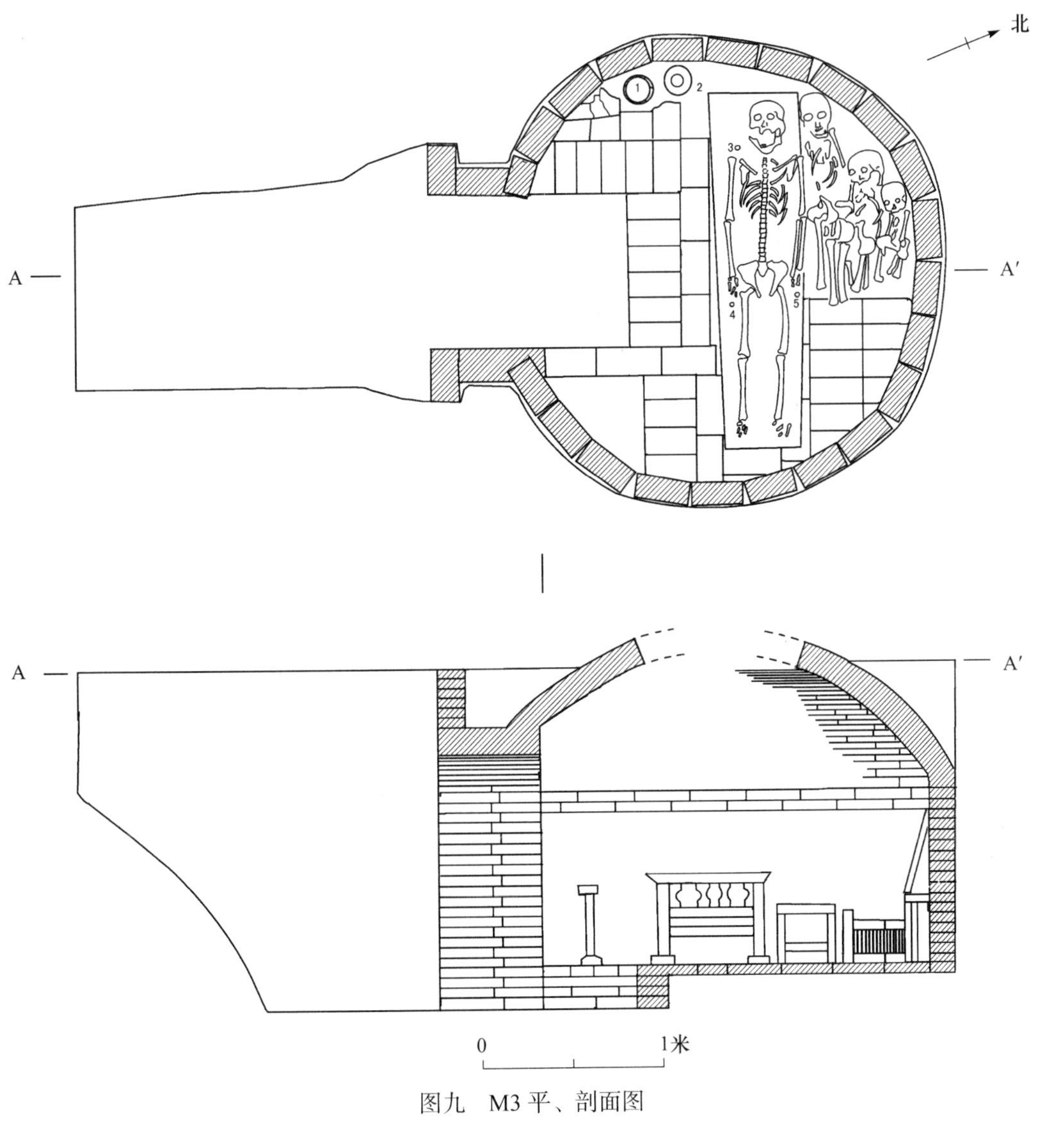

图九　M3 平、剖面图

1. 白釉瓜棱瓷罐　2. 白釉花口印花瓷碗　3～5. 铜钱

图一〇　M3 墓门正视图

中下部辟有双层纵券顶门洞，宽 0.9、高 1.08 米，顶部上层为平砖、下层侧立砖。门洞外侧砌封门砖墙，下部主体用平砖斜铺，两层一组、每组方向相反，中部变为一层一组，上部平砖横铺，砌至门洞下。

甬道宽、高同门洞，进深 0.52 米，两壁错缝平砌，顶部单层侧立砖纵券。

墓圹平面近圆形，直壁，底径 2.5、残深 1.94 米。填土黄褐色，质较松，含少量碎砖渣、白灰粒。墓室平面近圆形，直壁，穹窿顶，直径 2.4、高 2.25 米（自棺床表面至墓顶），底部设“凹”字形棺床。南侧凹口与甬道相连，凹口东西长 0.84、南北宽 0.52 米。棺床表面铺砖，东南部青砖缺失，主体为纵向平铺，部分位置青砖铺设杂乱，凹口三壁用砖错缝平砌。

墓室内壁设有砖雕。北壁为一门两窗，其中假门外砌槫柱，其内砌门额、立颊，下有地袱，中有版门两扇，门额中砌两枚长方形门簪；假窗均为破子棂窗，外围仅砌出上串和立颊（图一一）。东壁为一桌两椅，西壁为简化灯檠、衣架和衣柜各一，上承素枋，枋上之收为穹窿顶。

墓门及墓室内壁均残有少量白灰及零星红彩，推测原有彩绘壁画。

墓底未见葬具，发现有四具人骨，北侧三具人骨摆放痕迹明显，应为迁葬，未见随葬品。南侧人骨为仰身直肢葬，头向西，左肩上部、左右手各有一枚铜钱，躯干下有三枚铜钱。棺床西南部出土白釉瓜棱瓷罐、白釉花口印花瓷碗各 1 件。

白釉瓜棱瓷罐　1 件。M3：1，白胎细腻，白釉，内外均施釉，圈足内部无釉。敞口，卷沿，圆唇，束颈，鼓腹，平底，矮圈足。肩部施有两道凹弦纹，腹部饰 10 道瓜棱纹。口径 11.8、腹径 14.9、圈足径 7、通高 13.7、壁厚 0.4～0.6 厘米（图一二，1；

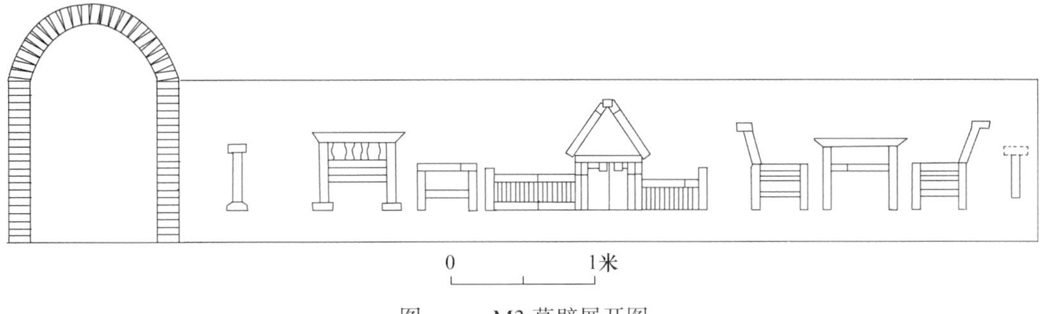

图一一　M3 墓壁展开图

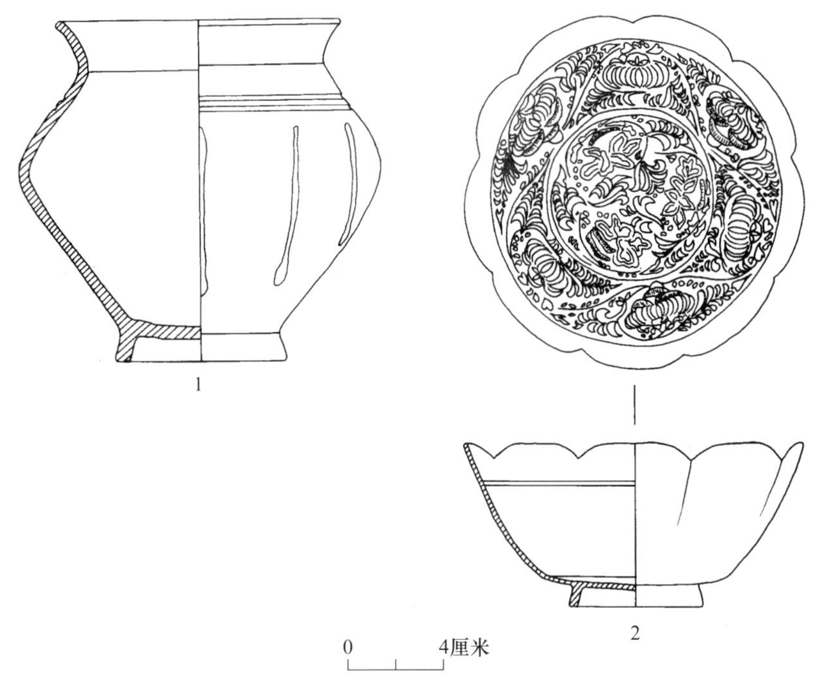

图一二　M3 出土瓷器

1. 白釉瓜棱罐（M3：1）　2. 白釉花口印花瓷碗（M3：2）

图版四，1）。

白釉花口印花瓷碗　1 件。M3：2，白胎细腻，白釉，内外施釉，圈足内部无釉。九瓣花口，圆唇，斜腹微弧，平底，矮圈足。内壁及内底部印有缠枝菊图案。口径 14、圈足径 5.5、壁厚 0.2～0.3、通高 6.5 厘米（图一二，2；图版四，2）。

铜钱　6 枚。

开元通宝　1 枚。隶书，直读，M3：3-1，直径 2.5 厘米（图一三，1）。

至道元宝　1 枚。行书，旋读，M3：3-2，直径 2.5 厘米（图一三，2）。

景德元宝　1 枚。楷书，旋读，M3：3-3，直径 2.5 厘米（图一三，3）。

景祐元宝　1 枚。楷书，旋读，M3：3-4，直径 2.5 厘米（图一三，4）。

祥符元宝　2 枚。楷书，旋读，M3：3-5、6，直径 2.5 厘米（图一三，5、6）。

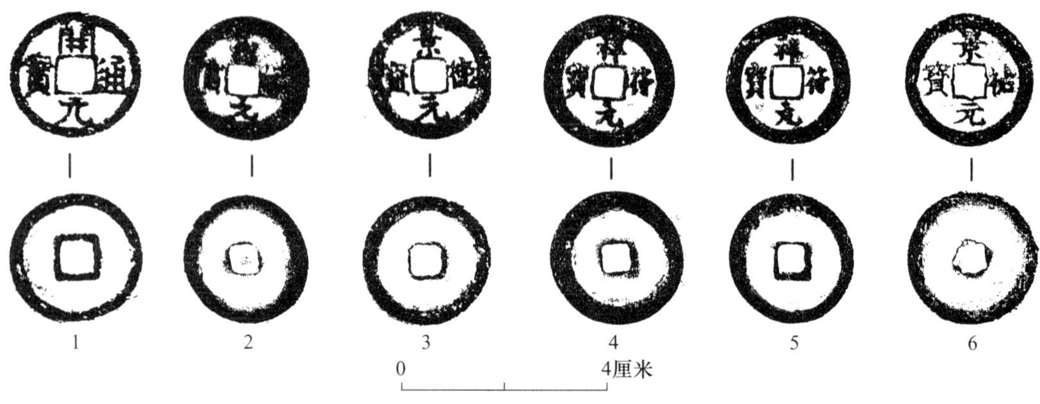

图一三　M3 出土铜钱

1. 开元通宝（M3：3-1） 2. 至道元宝（M3：3-2） 3. 景德元宝（M3：3-3）
4. 景祐元宝（M3：3-4） 5、6. 祥符元宝（M3：3-5、6）

二、墓葬年代

本次发掘没有发现文化层，也未发现有确切年代记载的相关材料，对各墓葬的时代只能根据其形制和随葬器物来推断。

M1 虽然未出土铜钱，但其白釉瓜棱瓷罐与济南十亩园遗址 M18：1[①]、济南章丘女郎山 M336：1[②] 形制相近，因此 M1 年代初步定为北宋。

圆形砖雕壁画墓在济南地区主要流行于宋元时期，其他时期很少见[③]。M2 出土铜钱中时代最晚的为北宋晚期的政和通宝，但白釉瓜棱瓷罐的底部外侧有脐底，一般认为脐底盛行于金末至元代[④]，故推测 M2 年代或在金代末期；M3 所出土铜钱中时代最晚的为北宋早期的祥符元宝，但白釉花口印花瓷碗的印花工艺流行于北宋中期至金代[⑤]，其印花图案与安徽繁昌县老坝冲宋墓 M3：10[⑥] 较为相似，因此 M3 年代初步定为北宋中期。

综上所述，初步推测这些墓葬的时代为：M1 北宋时期、M2 为金代、M3 为北宋中期。

三、结　　语

本次发掘为济南地区宋金时期的丧葬制度以及社会、历史研究提供了新的材料。

① 济南市考古研究所：《济南市十亩园遗址发掘报告》，《东方考古》第 6 集，科学出版社，2009 年。

② 济南市考古研究所：《章丘女郎山》，科学出版社，2013 年，161 页。

③ 2009 年 3～7 月，济南市考古研究所在章丘女郎山墓地发掘了 400 余座汉代至明清时期的墓葬，通过对这批墓葬的分析，我们对济南地区汉代及以后各时期的葬制葬俗演变有了一定程度的了解。详见济南市考古研究所：《章丘女郎山》，科学出版社，2013 年。

④ 中国古陶瓷图典编辑委员会：《中国古陶瓷图典》，文物出版社，1998 年，114 页。

⑤ 秦大树、高美京、李鑫：《定窑涧磁岭窑区发展阶段初探》，《考古》2014 年 3 期。

⑥ 吴晓松、刘焰：《安徽繁昌县老坝冲宋墓的发掘》，《考古》1995 年 10 期。

据墓葬形制及出土器物推测，三座墓葬可能属于家族墓葬，对于研究济南地区宋金时期家族墓地的排列制度有一定的借鉴作用。出土瓷器也对研究济南地区宋金时期的瓷器生产活动、经济交流活动有一定的推动作用。

领队：房振
执行领队：邢琪
发掘：房振、邢琪、付欣、王爽、刘保福、邓文山
绘图：邓文山、刘保福
摄影：邢琪
执笔：邢琪、房振、付欣、王爽

Brief Excavation Report of the Dongwang Cemetery Dated to the Song and Jin Period in Changqing，Jinan

Xing Qi　Fang Zhen　Fu Xin　Wang Shuang
(Ji'nan Municipal Institute of Archaeology)

Abstract: From August to September in 2017, Jinan Municipal Institute of Archaeology excavated a cemetery dated to the Song and Jin period .The excavation yielded three tombs and a few grave relics .The finding of this cemetery provides new materials for the funeral system、social and historical research of the Song and Jin period in Jinan. The unearthed porcelain also promote the study of the production activities and economic exchange activities during the Song and Jin period in Jinan.

Key words: Changqing, Song and Jin period, tombs

图版一

1. 钻探采集土壤样本

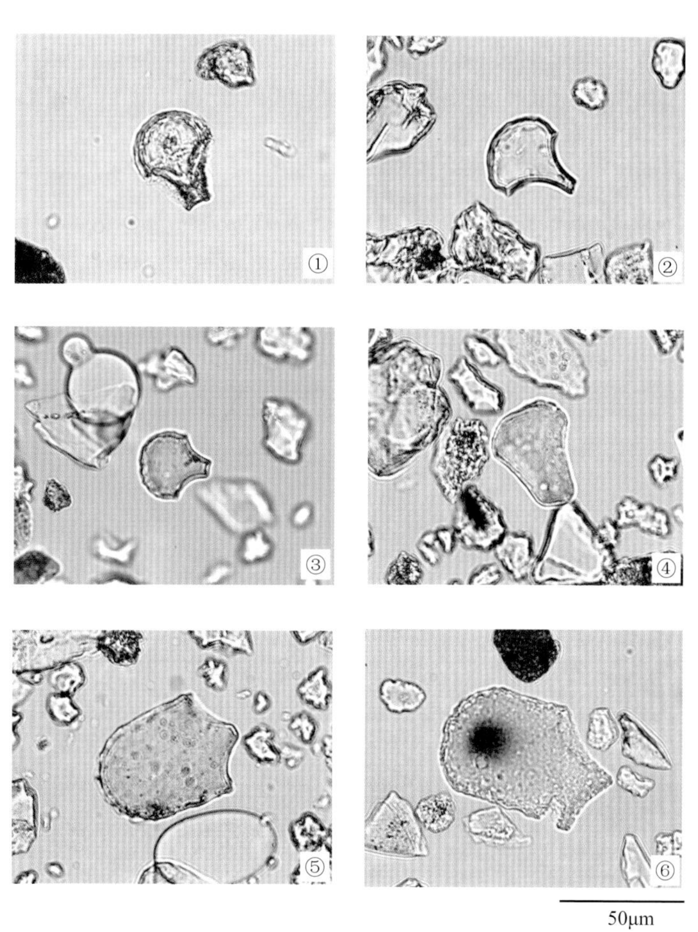

2. 植硅体

①～③. 水稻（*Oryza sativa* L.） ④. 须芒草属（*Andoropogoneae*） ⑤、⑥. 芦苇属（*Phragmites*）

《杨家圈遗址水田遗迹探查》

图版二

1. 王墓地墓葬分布图

2. M1 出土白釉瓜棱罐

《济南市长清区东王宋金墓地发掘简报》

1. M2出土白釉瓜棱罐

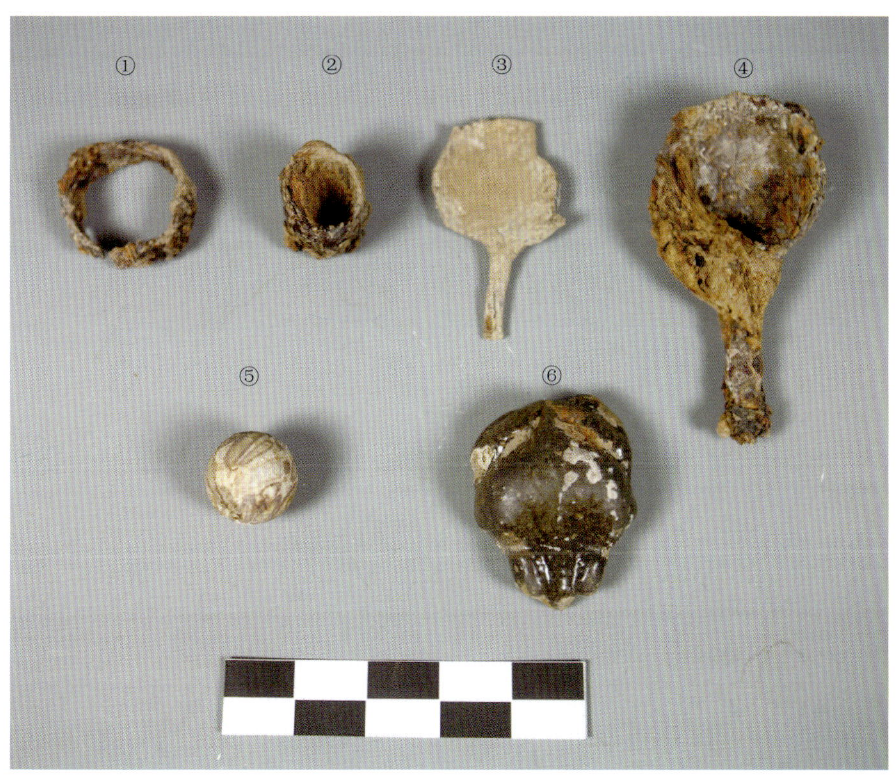

2. M2出土器物

图版四

1. M3 出土白釉瓜棱罐

2. M3 出土白釉花口印花瓷碗

《济南市长清区东王宋金墓地发掘简报》